Protéger la santé du dirigeant au travail et pérenniser son entreprise

Sarl DT - 2, rue Henri Dunant - 34090 Montpellier
Dépot légal : Juin 2024
I.S.B.N. : 979 10 303 04336
EAN : 9791030304336

Achevé d'imprimer en mai 2024 par
ISI PRINT, 139 rue Rateau - 93120 La Courneuve
Imprimé en France

Docteur Philippe LOURIA
Médecin du Travail

Protéger la santé du dirigeant au travail et pérenniser son entreprise

*Prise en charge pratique
des chefs d'entreprise
et travailleurs indépendants*

SAURAMPS MEDICAL

www.sauramps-medical.com

Né le 30 août 1951 à Neuilly sur Seine, le Docteur Philippe LOURIA finalise ses études de Médecine générale à la Pitié-Salpêtrière en 1980. Il pratique ensuite, sous statut libéral, la médecine générale de famille en milieu rural, d'abord sur l'Ile de la Réunion jusqu'en 1981, puis en Eure-et-Loir jusqu'en 2001. Parallèlement à ses activités en France métropolitaine, il prodigue ses soins au sein d'établissements spécialisés dans le handicap (Maison d'accueil spécialisée pendant 5 ans, Institut médico éducatif (IME) pendant 18 ans). Il effectue également une activité de médecin capitaine pour le SDIS sur son secteur d'exercice.

Pour optimiser en milieu rural la fluidité et la réactivité des soins auprès de ses patients, il établit un travail en réseau avec les praticiens des villes les plus proches.

En 2001, Philippe LOURIA réoriente ses activités vers la médecine du travail. En exerçant d'abord dans département de l'Orne jusqu'à fin 2012, sur le secteur du Theil-sur-Huisne, puis, de façon concomitante, sur plusieurs secteurs vacants, L'Aigle et Argentan, tout en poursuivant en soirée son travail de médecine générale à l'IME. En 2013, il rejoint le Service de Prévention et de Santé au Travail Interentreprises (SPSTI) de Nîmes, également sur un poste multisectoriel, basé dans cette même ville et sur Uzès.

Très intéressé par la formation d'Alain JABES et de Jean-Pierre PARAY sur le maintien en emploi et la prévention de la désinsertion professionnelle (PDP) des salariés, il créé la cellule PDP du SPSTI.

En 2020, au décours d'une formation sur la santé des dirigeants, il rencontre Olivier TORRES, Professeur de gestion à l'université de Montpellier (Observatoire AMAROK). Ce dernier lui propose de travailler sur la préparation d'un diplôme universitaire consacrée à cette thématique. C'est dans le cadre de ce projet que Philippe LOURIA a l'idée de se pencher sur le maintien en emploi et la prévention de la désinsertion professionnelle des dirigeants d'entreprise et des travailleurs indépendants. Ce sont les conclusions de ces recherches et recommandations de prise en charge qui vous sont, aujourd'hui, présentées dans cet ouvrage.

Note de l'auteur : Ce document contient quelques données statistiques qui, pour certaines, peuvent sembler relativement anciennes. Je les ai conservées car elles ne me paraissent pas susceptibles de déformer la réalité de la situation à exposer, des enjeux à traiter, ni celles des informations à délivrer.

Table des matières

À propos du travail de recherche Préambule et remerciements

L'aventure de la conception de cet ouvrage destiné à faire bouger les lignes, est le fruit d'une rencontre fortuite dans les locaux d'AMAROK avec le Professeur Olivier TORRES (Professeur de gestion à l'Université de MONTPELLIER, Observatoire AMAROK), rencontre survenue en septembre 2020 dans les suites d'une formation très intéressante en Webinaire, organisée par ses soins en juin et juillet 2020, concernant la santé des dirigeants d'entreprises à laquelle participaient divers intervenants sur différentes thématiques.

Au terme de cet échange, il m'a fait part de son désir de mettre en place au sein de son université, un diplôme universitaire sur la santé des dirigeants et m'a demandé, à ma grande surprise, si je serais d'accord pour participer à cette entreprise. J'ai donné mon accord sur le principe, mais sans vraiment savoir alors, comment et sur quelle thématique je pourrais l'aider dans son projet.

Sur le chemin du retour, l'idée de travailler sur le sujet du maintien en emploi et de la prévention de la désinsertion professionnelle des dirigeants d'entreprises et des travailleurs indépendants a jailli dans mon esprit et s'est d'emblée imposée comme une évidence.

A titre professionnel d'abord, que ce soit en tant que médecin de famille libéral à la campagne durant mes vingt premières années d'exercice, puis, plus tard et de façon de plus en plus prégnante en qualité de Médecin du Travail, j'ai toujours été en contact étroit avec les problématiques liées aux situations de handicap.

Par ailleurs, du fait de mon éloignement géographique par rapport aux univers urbains, je me suis toujours trouvé contraint de gérer des « situations de pénurie » et donc, pour assurer au mieux mes missions, de construire des réseaux.

En outre, l'univers libéral dans lequel j'ai longtemps évolué m'a fait depuis longtemps percevoir les lacunes en termes de prise en charge, la vulnérabilité des dirigeants, des travailleurs indépendants et de leurs entreprises en cas de survenue d'un problème économique et/ou de santé et l'injustice d'une telle situation.

De plus, la formation passionnante et enthousiasmante dispensée par le docteur Alain JABES et Monsieur Jean Pierre PARAY, sociologue (Aljp conseils), sur la méthodologie du maintien en emploi et la prévention de la désinsertion professionnelle des salariés connaissant des restrictions médicales d'aptitude, des inaptitudes et des situations de handicap, ainsi que la gestion en nombre croissant de salariés vulnérabilisés dans ma pratique de médecin du travail m'ont permis de percevoir l'impact en termes d'aventure humaine et de progrès sociétal qui pouvaient être générés par l'aboutissement de ce sujet.

Enfin, l'idée de bâtir la structure d'un cours universitaire sur un support, jusque-là quasi inexistant, m'a parue être un défi intéressant, tant sur le plan intellectuel, technique, qu'humain et je m'y suis investi avec plaisir et intérêt à titre personnel, à côté de mes activités.

En espérant n'oublier personne, je tiens à remercier tout particulièrement :

Le Professeur Olivier TORRES pour sa proposition inattendue, sa collaboratrice Madame Chihiro KAGEURA pour son accueil toujours chaleureux et son empressement constant à faire le lien et à gérer les choses. Je remercie également toute l'équipe qui a travaillé sous sa direction à la conception et à rédaction des chapitres de l'ouvrage « La santé du dirigeant, de la souffrance patronale à l'entrepreneuriat salutaire 3e édition Editions DEBOECK Supérieur » : Alain FAYOLLE, Whalid NAKARA, Yosr BEN TAHAR, Mathias ROSSI, Marie Bernard AUGUSTIN, Laure CHANSELME, Thierno BAH, Sonia BOUSSAGUET, Eric FROMENTY, Caroline DESBRAY, Agnès PARADAS, David GJOSEVSKI, Charlotte KINOWSKI-MOYSAN, Florence GUILIANI, Amandine MERLE, Rose Myriam MONDELUS, Alexandre BENZARI, Marie Josée BERNARD, Moerani RAFFIN, Thomas LECHAT,

Le docteur Nathalie BERNAL-THOMAS, Médecin Inspecteur Régional du Travail, Madame Virginie NEGRE et Monsieur Franck LOPEZ pour la DREETS d'Occitanie, Madame Catherine LEVRAT-PINATEL, chargée de mission à l'ARACT Occitanie, Madame Nathalie CHAZAL chargée de développement et coordination de projets sociaux au service social régional CARSAT Languedoc Roussillon, Monsieur Vincent GOD, responsable régional service social Midi Pyrénées (CARSAT), Mesdames Catherine PETRASZKO (directrice de mission travailleurs indépendants) et Madame Nathalie COUCAUD Chargée de Mission Département Animation et Pilotage du Service Social à la CNAM, le docteur Christian GAY, Médecin chef à la CPAM du Gard) qui m'accompagnent dans ma démarche,

Madame Dominique BARADAT, ARACT Nouvelle Aquitaine pour son accueil et pour son autorisation à utiliser son questionnaire réalisé avec Maxime CESCOSSE, Marion DEFFEZ,

L'ensemble des directions des Services de Santé Interentreprises du Gard, participants en commençant par celle du service où j'exerce, Madame Nancy GIRAUDIER (PREVY), Madame Sylvie GARCIA (CMIST d'Alès-Lozère), Madame Nathalie MONTELEGRINO (AMT Marcoule),

Madame Sandrine QUINOT, directrice adjointe Cap Emploi Gard et ADRH prestations, ainsi que toute son équipe : celle en charge de l'insertion des demandeurs d'emploi en situations de handicap et celle de la gestion des problématiques de maintien en emploi pour les salariés du Gard, (Anne Lise RIVOLET, Sophie ROTA,

Magali BRUNELIERE Mireille Van HUYSSE, Loubna LEFEBVRE, Elodie BRUGUIER, Josie AUBERT, Murielle GILLES, Delphine de SAN ISIDORO, Nicolas TROCHESEC, ...),

Mesdames Frédérique FRAIGNEAU et Bénédicte BOZIO du cabinet « Empreintes ergonomiques »,

Les membres du groupe de travail qui ont participé à l'élaboration de l'action pilote départementale au sein de PREVY (Laure ASTRUC, psychologue, Camille LINKE, Infirmière diplômée en santé au travail, Maxence LECUYER, technicien intervenant en prévention des risques professionnels, Marine COLLADOS et Mathieu RANCK, service communication), ceux qui ont participé, en tant que membres invités des autres services de santé interentreprises (Géraldine DAUDET, psychologue du travail (CMIST)) et des autres institutions,

L'ensemble des adhérents, appartenant ou non à des groupements d'employeurs ainsi que les partenaires extérieurs qui seront intéressés par cette démarche et y participeront (représentants des organismes professionnels (unions patronales et organismes professionnels, conseils de l'ordre divers,...), Agefiph, association Up'Tih, représentants des organismes susceptibles de fournir des solutions de remplacement (pôle emploi, cap emploi, APEC, sociétés de portage salarial, de coaching, Portail du rebond...), représentants de compagnies d'assurances (Entrepreneurs de la cité,...),

Monsieur Yves LEFRAND, Editions Sauramps-Médical, pour sa confiance et son acceptation de m'éditer, ainsi que Madame Myriam MALVAUT, pour la structuration de la présentation de l'ouvrage,

Enfin et bien sûr ma femme, Catherine, mes enfants, Alexis, Martin et Emmanuelle, laquelle a eu la gentillesse de finaliser la mise en page et en forme de ce manuscrit.

Introduction

Généralités

Les TPE, PME, professions libérales, commerçants, artisans, agriculteurs... couvrent, par leur répartition géographique, l'ensemble du territoire. Ces petites et moyennes entreprises, de taille et de nature variables, constituent un tissu d'employeurs de proximité indispensable à la vie des citoyens, au développement des régions, ainsi qu'à à la préservation d'un certain nombre de savoir-faire et au développement de nouveaux procédés et de nouvelles technologies. Elles représentent enfin, par leur nombre et leur diversité, le principal pourvoyeur d'emplois du pays.

La prise en compte d'une façon générale de la santé des dirigeants d'entreprises, qu'ils soient salariés ou a fortiori non-salariés ou indépendants, et en particulier la gestion des problématiques liées au maintien en emploi et à la prévention de la désinsertion professionnelle revêtent donc une importance majeure au plan national en termes de préservation de l'emploi.

Par ailleurs, le dirigeant d'entreprise est, comme les salariés qu'il emploie, soumis à un âge de départ à la retraite plus tardif et peut, tout comme eux, voir sa vie émaillée par des évènements de santé imprévus (maladie, accident, handicap...), la probabilité de survenue de ceux-ci étant accentuée par la vulnérabilité croissante liée au vieillissement.

À titre indicatif et concernant leur répartition et sur le plan quantitatif dans la population salariée [1]:

- 46% des déficiences sont liées au vieillissement et à des maladies non professionnelles,
- 17% à des accidents ou à des maladies professionnelles,
- 15% à un autre accident (dont accident du trajet),
- 15% à un handicap de naissance ou de l'enfance,
- 7% sont de nature non précisée.

1. Source Agefiph 2012

Les déficiences sont donc liées, dans au moins 78% des cas, à des évènements de santé (maladies, accidents) d'origine professionnelle ou non, survenant au cours de la vie, potentiellement susceptibles d'induire une situation de handicap.

De plus, des évènements liés au contexte économique, à la conséquence de certains choix de stratégie ou de gestion, au respect de certaines obligations financières ... peuvent également impacter son entreprise et entraîner des conséquences sur sa santé physique et psychique.

Quoiqu'il en soit, la survenue d'un évènement de santé frappant un dirigeant d'entreprise privée peut entraîner des conséquences plus ou moins délétères sur celle-ci.

Paradoxalement, ces conséquences semblent moins lourdes, voire quasi inexistantes pour des grandes entreprises disposant de fonctions support et capables d'assurer de façon très rapide la continuité de leur fonctionnement que ce soit le dirigeant lui-même ou que cet évènement concerne l'un de ses cadres dirigeants (too big to fail).

En revanche, pour une TPE ou une PME, pour un travailleur indépendant, la survie de l'entreprise peut s'avérer rapidement compromise (« too small to live »), avec possibilité de cessation d'activité et d'impact à la fois sur le dirigeant et ses proches, mais aussi sur l'emploi de ses salariés et de leur famille, de ses sous-traitants éventuels, voire du village où l'entreprise est implantée. Cet impact est d'autant plus important que le problème de santé est survenu de façon brutale et imprévisible.

Dans ces conditions, il est bien évident que, la santé des dirigeants constituant le premier bien immatériel de l'entreprise, l'instauration d'une prise en charge de leur suivi de santé par les services de santé au travail, inexistante jusqu'ici s'ils ne sont pas salariés de leur entreprise (sauf MSA), relève certes de leur intérêt mais également de celui des salariés qu'ils emploient et des pouvoirs publics. Cotisant pour l'ensemble de leurs salariés, mais non bénéficiaires jusqu'à présent des prestations du service de santé au travail, la mise en place de cette mesure constitue en outre la reconnaissance et la réparation d'une injustice de longue date à leur égard [2].

Il faut par ailleurs avoir à l'esprit que l'entrepreneur prend à son entière charge le risque de l'aléa économique ; il s'alloue le revenu résiduel et il ne peut être sûr de la régularité de ses revenus. Ceux-ci peuvent, certes, être colossaux, mais ils ont aussi parfois faibles. Le salaire mensuel moyen d'un dirigeant d'entreprise est de 4273 Euros (Sources INSEE et CPME) mais, derrière cette moyenne, se cachent de grandes disparités selon la taille et le secteur d'activité. La sécurisation des

2. Source La santé du dirigeant : de la souffrance patronale à l'entrepreneuriat salutaire 3ème édition Editions DE BOECK supérieur) Il est vrai, néanmoins que le patronat français n'a jamais voulu s'astreindre au régime général de santé des salariés, s'est souvent opposé à la législation des caisses de sécurité sociale at aux cotisations obligatoires (UDCA Pierre POUJADE, CID-UNATI Gérard NICOUD, CDCA Christian POUCET) L'absence de préoccupation sociétale concernant la santé patronale résulte donc d'un double déni : celui de la société dans son ensemble, mais aussi celui des personnes concernées

parcours entrepreneuriaux, via un système de sécurité sociale entrepreneuriale, qui mettrait en place des « filets de sécurité » visant à atténuer les chutes volontiers brutales et parfois mortelles, s'avère une nécessité au sein des sociétés qui prônent l'esprit d'entreprise, qui font de la créativité et de l'innovation le moteur de la croissance [3].

Dans cette perspective, le travail entrepris de création et de mise en place d'une méthodologie de maintien en emploi et de prévention de la désinsertion professionnelle des dirigeants d'entreprise et des travailleurs indépendants s'inscrit parfaitement dans ce processus de sécurisation. Il essaie de s'intéresser de façon globale à la santé de la personne, définie par l'OMS comme « un état de bien-être complet physique, mental et social » et, non pas seulement, comme une absence de maladie ou d'infirmité[4] et donc de gérer la problématique de santé du dirigeant dans l'environnement qui est le sien.

Il est enfin avéré, faute de prise en compte antérieure de leurs problèmes de santé, que les méthodologies de maintien en emploi et de prévention de la désinsertion professionnelle pratiquées actuellement au sein des Services de Santé au Travail et des réseaux qu'ils animent sont essentiellement dédiées et adaptées à la protection des travailleurs salariés et que l'élargissement de celles-ci aux dirigeants d'entreprise non-salariés, va réclamer une prise en charge médicale spécifique en termes de suivi et d'accompagnement et donc, l'élaboration progressive de mesures complémentaires plus spécifiques et l'interactivité avec d'autres réseaux.

Le contexte gēnēral

L'évolution du système de soins

Dans la période de pléthore en praticiens qui existait sur le territoire à la fin des années 1960 et pour réduire la démographie médicale, la mise en place d'un concours d'entrée assorti d'un numérus clausus par les pouvoirs publics en première année de médecine au cours de l'année universitaire 1971-1972 et l'absence ultérieure d'anticipation et de gestion par ceux-ci de l'évolution de la pyramide des âges, ont profondément et progressivement désorganisé de façon importante la couverture médicale et l'exercice médical effectué majoritairement sous statut libéral sur le territoire français et ont entraîné une désertification inéluctable de la couverture médicale en milieu rural ainsi qu'un engorgement et une mise sous tension des urgences.

Les raisons en sont :

- Une féminisation relative de la profession (bon taux de réussite pour les femmes au concours de première année) avec, à la clé, désir plus fréquent

---

3. *Ibid.*
4. *Ibid*

d'installation ultérieure en milieu urbain, au mieux universitaire et si possible dans une spécialité sur rendez-vous et sans astreintes pour gérer les enfants,

- La disparition progressive par départ à la retraite, avec absence de repreneur [5], des praticiens libéraux exerçant en milieu rural ou mixte avec, d'une part et par conséquent, un exercice de plus en plus isolé, stressant, contrôlé et dissuasif, malgré la mise en place de maisons médicales, pour la personne désirant éventuellement s'implanter localement, d'autre part un allongement des délais pour l'obtention de rendez-vous spécialisés et donc, par ricochet, un allongement du fait de cette moindre fluidité, de la durée des arrêts de travail,
- La modification de l'exercice avec moindre nombre de visites à domicile, des consultations libres ou sur rendez-vous, un arrêt des tours de garde avec renvoi au 15 à partir de 19H et du samedi midi ;
- Le statut libéral peu attractif et l'aspiration accrue à un exercice salarié ;
- Le recours par ailleurs accru, dans la situation de pénurie créée aux dépens d'étudiants français désireux d'exercer une profession médicale ou paramédicale, à des médecins non formés en France.

L'évolution des services de prévention et de santé au travail

La diminution progressive des effectifs médicaux a également entraîné des conséquences en termes organisationnels au sein des services interprofessionnels de santé au travail qui suivent l'ensemble des TPE et PME (les grandes entreprises disposent la plupart du temps d'un service de santé autonome et leurs dirigeants sont, en règle générale, salariés).

La quantité de salariés et d'entreprises attribuées pour suivi au médecin du travail a été majorée et, d'un exercice autrefois relativement individuel et plus global (médical et technique), le médecin du travail est progressivement passé à un exercice beaucoup plus pluridisciplinaire et beaucoup plus managérial.

Sur le plan de la pluridisciplinarité, ont en effet été progressivement implantés dans les services de santé au travail divers professionnels dotés de compétences techniques particulières : intervenants en prévention des risques professionnels, assistant(e)s de santé au travail, toxicologues, ergonomes, psychologues, assistantes sociales, infirmières diplômées en santé au travail (IDEST), juristes, informaticiens... Le médecin du travail, par ailleurs et dans le cadre de son activité médicale et de terrain, est amené à tisser des liens et à collaborer avec des

5. Naguère et jusqu'à approximativement l'année 2000, époque où les effets délétères de cette sélection en termes démographiques ont commencé à apparaître du fait du non-remplacement des praticiens en exercice, les praticiens libéraux avaient la possibilité, en particulier en fin de carrière mais aussi en cas d'évènement familial, de santé ou autre, de céder leur patientèle à un jeune médecin ou à un autre praticien souhaitant s'implanter ou s'associer. Cette possibilité de transmettre, qui représentait pour le praticien cédant la reconnaissance de son investissement professionnel et du travail accompli, était un facteur d'ancrage local dans la durée de son implantation.

partenaires extérieurs au service de santé (cellules maintien cap emploi, médecin conseil CPAM, médecine de soins...)

Par ailleurs, la périodicité et les modalités de suivi des salariés ont été ajustées pour dégager du temps en matière de visite médicale (introduction des entretiens infirmiers) et pour faciliter la délégation de certaines missions par le médecin du travail aux professionnels concernés, l'orchestration du travail et de la réactivité de l'équipe par rapport aux demandes des adhérents, le travail concerté et en réseau avec les partenaires extérieurs lui incombant.

Dans ce contexte de diminution des effectifs médicaux, d'autres paramètres sont intervenus pour modifier les modalités d'exercice du Médecin du Travail. Le recul de l'âge de départ à la retraite, la proportion grandissante de salariés vieillissants, plus volontiers malades ou en situation de handicap a modifié la typologie des visites médicales qu'il effectue en lui affectant de façon exclusive....

- Les visites réclamant une expertise médicale et la délivrance d'un avis d'aptitude ou d'inaptitude (visites d'embauche (salariés en Surveillance individuelle renforcée (SIR)), de reprises (maladie, accident du travail maladie professionnelle, maternité), les visites occasionnelles (demande employeur ou salarié),
- Les visites jusqu'ici dénommées, après 3 mois d'arrêt, de pré-reprise effectuées à la demande du médecin traitant, du médecin conseil ou du salarié dans le cadre d'une incertitude sur les possibilités à terme de la personne à reprendre son activité antérieure sans problème.

...au détriment des activités nécessitant une technicité qui sont plus volontiers déléguées au pôle technique pluridisciplinaire ou effectuées en lien avec lui.

Suite à cette modification des pratiques et à l'accroissement constant de cette typologie de visites volontiers complexes et chronophages, la vision du médecin du travail s'est focalisée en grande partie sur la gestion de ces salariés fragilisés et donc sur la prévention de la désinsertion professionnelle, le maintien en emploi, le handicap et le travail des salariés présentant des restrictions d'aptitude ou des inaptitudes.

En pratiquant ces activités pour des travailleurs salariés en situation de handicap, il apparaît à l'évidence que le signalement puis l'étude précoce, au cours de l'arrêt de travail, des possibilités de reprise du travail antérieur avec ou sans aménagement du poste, les recherches d'un autre emploi dans l' entreprise ou dans le groupe, la mise en route, le cas échéant, d'un processus alternatif de formation et/ou de reconversion , la préservation sociale de l'individu, sont de nature à apporter à la personne fragilisée des effets « salutogènes » et font partie intégrante de la récupération de sa santé et de son intégrité.

Il est par ailleurs à noter que le Médecin du travail a pour mission d'assurer un rôle de conseiller auprès de l'employeur et de ses salariés. Dans ce contexte, la prise en compte des problèmes de santé du dirigeant d'entreprise pouvant compromettre la poursuite de l'activité de l'entreprise et l'emploi de ses salariés, la traçabilité des actions engagées, revêt un caractère logique, incontournable et légitime.

Enfin, avec l'évolution de la législation qui rend possible et effective la prise en charge de la santé du dirigeant et du travailleur indépendant par les services de prévention et de santé au travail, le médecin du travail devient, de fait, le « médecin traitant de l'entreprise ». Il n'est donc plus uniquement soumis à des missions de conseil et de prestations de services, mais se retrouve propulsé vers une prise en charge beaucoup plus globale de celle-ci puisqu'elle concerne la santé de tous ses membres ; cela ne peut que générer des liens plus intimes avec l'entreprise, analogues à ceux qui existent dans la médecine de famille, c'est-à-dire basés sur un travail en confiance et dans la durée, au plus près et de façon aussi réactive, préventive et adaptative que possible avec celle-ci vis-à-vis des problématiques qu'elle peut rencontrer dans toutes les circonstances.

Partie 1

Le handicap

Pourquoi une partie sur le handicap ?

- D'abord pour informer le dirigeant sur les différents types de handicaps et sur l'évolution des législations et des modalités de prise en charge des personnes en situation de handicap,
- Ensuite, pour dédiaboliser la perception sociétale et individuelle stigmatisante des personnes en situation de handicap dans la vie courante, mais aussi dans le monde du travail de façon à permettre à celles-ci de déposer, plus sereinement et dans des situations plus diverses, une demande de reconnaissance de leur qualité de travailleur handicapé (RQTH) auprès de la Maison Départementale des personnes handicapées (MDPH),
- De plus pour préciser que cette demande RQTH leur confère un statut de travailleur handicapé et leur ouvre l'accès à un réseau de soutien, d'aides et /ou d'accompagnements spécifiques,
- Enfin pour aborder et informer le dirigeant d'entreprise et/ou le travailleur indépendant sur les risques liés, pour l'entreprise, à la notion de discrimination.

Chapitre 1

La définition du handicap[6]

L'article L114 du Code de l'Action Sociale et des Familles (suite à la loi du 11 Février 2005 cf : infra) énonce que « constitue un handicap toute limitation d'activité ou de restriction de participation à la vie en société subie dans son environnement par une personne en raison d'une altération substantielle durable ou définitive d'une ou plusieurs fonctions physiques, sensorielles, mentales, cognitives ou psychiques ou d'un trouble de santé invalidant », le cadre juridique adjoignant à cette définition la notion de polyhandicap.

La classification de l'OMS (1980) = classification internationale du handicap

Elle définit le handicap comme étant « un sujet dont l'intégrité physique, mentale est passagèrement ou définitivement diminuée, soit congénitalement, soit sous l'effet de l'âge, d'une maladie ou d'un accident en sorte que son autonomie, son aptitude à fréquenter l'école ou à occuper un emploi s'en trouvent compromis. »

Cette définition, à l'abord » médical », met en évidence les trois dimensions du handicap :

- *La déficience* : Elle regroupe des altérations perceptibles d'organe ou de fonctions (déficience intellectuelle, oculaire, auditive...), fait référence à l'aspect lésionnel engendré par le handicap, ne concerne qu'une partie de l'individu.
- *L'incapacité* : c'est la réduction (secondaire à la déficience) totale ou partielle de la capacité à réaliser certaines tâches et certaines activités de la vie quotidienne considérées comme normales pour l'Homme. L'incapacité peut ainsi concerner différents domaines, dont, notamment, les problèmes comportementaux de la personne ou sa capacité à communiquer. Elle concerne l'individu dans son ensemble. On parle de capacité résiduelle.

6. Sources : Moerani RAFFIN (Thèse de doctorat en médecine Université de Montpellier L'impact sur la santé de la transition entrepreneuriale des dirigeants de PME en situation de handicap, Aljp Conseil et formation), les différents types de handicap-CCAH)

- *Le désavantage* : C'est le préjudice résultant de la déficience ou de son incapacité induite. Il « limite ou interdit l'accomplissement normal d'un rôle social en rapport avec l'âge, le sexe, les facteurs sociaux et culturels ». Il y a désavantage social si, en raison du handicap, la personne se retrouve défavorisée par rapport à ce qui aurait pu être si elle n'avait pas eu de handicap. Bref, le désavantage traduit ici l'interaction entre l'individu et son environnement de travail. On parle d'adéquation entre l'individu et son poste de travail.

Toutefois, le lien entre ces trois dimensions du handicap n'est ni linéaire ni systématique :

Des déficiences importantes ne génèrent pas forcément des incapacités et désavantages importants et, a contrario, des déficiences mineures n'aboutissent pas toujours à des incapacités et désavantages mineurs.

Indépendamment de sa reconnaissance en qualité de travailleur handicapé, en pratique, il n'y aura pas désavantage si les capacités résiduelles d'une personne sont supérieures ou égales aux contraintes du poste de travail. Il n'y aura désavantage que si les capacités résiduelles de la personne handicapée sont inférieures aux contraintes du poste.

La classification Internationale du Fonctionnement, du handicap et de la santé (CIF)

Elaborée et adoptée en 2001 par l'Organisation Mondiale de la Santé (OMS), elle permet une approche plus globale du handicap qui n'est plus vu uniquement sous l'aspect médical. Elle s'intéresse, non plus à la déficience, mais au fonctionnement de l'être humain, permet d'identifier des limitations éventuelles à celui-ci et d'apprécier en termes de sévérité de la limitation, le besoin d'aide nécessaire et l'impact facilitateur ou pénalisant de l'environnement qui est le sien. Elle introduit le concept de participation à la vie en société et introduit une très large liste de facteurs environnementaux (facteurs liés à l'individu (relations de l'individu par exemple), et de facteurs liés à son environnement global (services et systèmes politiques par exemple). Cette approche basée sur l'environnement de la personne handicapée est également la base de la définition de la loi française du 11 février 2005 (N° 2005-102).

Ainsi les difficultés rencontrées par une personne donnée à un moment donné sont avant tout liées à la situation de l'individu, plutôt qu'à l'individu lui-même (notion d'individu en situation de handicap).

Elle est structurée en plusieurs classifications hiérarchiques constituées de catégories :

- Les fonctions organiques et les structures anatomiques des individus,

- Les activités que font les individus et les domaines de la vie auxquels ils participent,
- Les facteurs environnementaux qui influencent leur participation,
- Les facteurs personnels.

Chaque catégorie est formulée de façon neutre et cela implique de recourir à des codes qualificatifs pour décrire, selon les déficiences, les limitations d'activité, les restrictions de participation, les obstacles ou les facilitateurs environnementaux présents.

Cette classification présente plusieurs intérêts. Sur le plan scientifique, elle a été utilisée dans divers travaux de recherches, en particulier en réadaptation et pourrait être utile dans le cadre de la réadaptation professionnelle. Sur le plan clinique, elle peut être utilisée pour mieux analyser les situations de handicaps complexes et mieux appréhender les facteurs individuels et les facteurs de l'environnement.

Les différents types de handicap

Leur prise en charge fait appel à des méthodologies de maintien dans l'emploi particulières effectuées par des structures spécialisées, dans la problématique rencontrée (prestations d'appui spécifiques).

Sur le plan quantitatif et statistique (Source lettre ad'ap 16 février 2015), on dénombre en France :

- **6 millions de personnes présentant un handicap moteur isolé (dont 594 000 personnes sont en fauteuil).**

Le handicap moteur concerne toutes les affections restreignant la motricité de la personne (capacité à se déplacer, obstacles partiels ou complets à la mobilisation des membres supérieurs et/ou inférieurs...) Les causes sont extrêmement diverses (affections traumatiques, troubles musculosquelettiques, maladies génétiques, neurologiques, infectieuses...)

- **2,4 millions de personnes handicapées mentales (1 à 2 % de la population).**

Le handicap mental ou déficience intellectuelle (source Inserm) est, au sens de l'Organisation mondiale de la santé, « la capacité sensiblement réduite de comprendre une information nouvelle ou complexe et d'apprendre et d'appliquer de nouvelles compétences (trouble de l'intelligence).

Il s'ensuit une aptitude diminuée à faire face à toute situation de manière indépendante (trouble du fonctionnement social), un phénomène qui commence avant l'âge adulte et exerce un effet durable sur le développement ». La limitation significative du fonctionnement adaptatif est visible dans divers secteurs d'aptitudes tels que la communication, les apprentissages scolaires, l'autonomie, la responsabilité individuelle, la vie sociale, le travail, les loisirs, la santé, ou encore la sécurité. Le handicap est le produit de l'interaction entre des facteurs personnels et ceux du contexte de la personne. La situation de handicap ne dépend pas seulement de la présence de la déficience intellectuelle, mais aussi des facteurs environnementaux ne favorisant pas la pleine participation de la personne à la communauté et son insertion totale dans la société.

L'appréciation de son importance ne se réduit pas à la seule mesure d'un quotient intellectuel inférieur à la moyenne de la population générale, d'environ deux écarts-types, soit < 70, le QI moyen étant fixé par convention à 100 et l'écart-type à 15...

- Retard mental léger : QI 50/55 – 70 ou 2 écarts-types en dessous de la moyenne ;
- Retard mental moyen : QI 35/40 – 50/55 ou 3 écarts-types en dessous de la moyenne ;
- Retard mental grave : QI 20/25 – 35/40 ou 4 écarts-types en dessous de la moyenne ;
- Retard mental profond : QI inférieur à 20/25 ou 5 écarts-types en dessous de la moyenne.

...et d'autres méthodes d'appréciation ont vu le jour :

En 2013, le DSM-5 et l'AAIDD ont complété la classification basée sur le QI en proposant une typologie descriptive fondée sur le comportement adaptatif cognitif, social et pratique. Les niveaux de gravité de la déficience intellectuelle sont toujours classés en léger, modéré, grave et profond, mais les deux autorités soulignent l'importance de les définir à partir de critères d'intensité des soutiens.

Le modèle du processus de production du handicap (selon P. Fougeyrollas), MDH-PPH résulte d'une approche anthropologique : il vise à documenter et expliquer les causes et conséquences des maladies, traumatismes et autres atteintes à l'intégrité ou au développement de la personne.

Dans ce modèle, le fonctionnement individuel est représenté comme le produit ou le résultat dynamique d'interactions entre facteurs personnels (intégrité des systèmes organiques et aptitudes) et facteurs environnementaux (sociaux et physiques) et les habitudes de vie (activités courantes et rôles sociaux).

Le diagnostic étiologique des DI reste indéterminé pour près de 40 % des cas mais, globalement, en termes d'étiologies, on peut cependant retenir

- Complications de la prématurité 5 %
- Causes environnementales 13 %
- Anomalies chromosomiques 15 %
- Maladies métaboliques 8 %
- Syndromes reconnaissables 2 %
- DI liées au chromosome X 10 %
- Autres maladies monogéniques connues 10 %
- DI idiopathiques 35-40 %

Sur le plan du maintien en emploi, réduire une telle situation de handicap implique de prendre en compte les facteurs de vulnérabilité et les facultés préservées de la personne en agissant à travers les facteurs obstacles ou facilitateurs de l'environnement. La déficience intellectuelle est fréquente puisqu'environ 1 à 2 % de la population seraient concernés. La reconnaissance et l'intégration des personnes concernées constituent un enjeu et une responsabilité importants pour une société démocratique basée sur l'universalité des droits. L'explosion récente des connaissances, tant sur les causes des DI que sur les processus cognitifs et adaptatifs sous-jacents, permet de mieux appréhender le fonctionnement des personnes avec déficience intellectuelle et d'envisager des stratégies adaptées d'apprentissages, d'accompagnements et de soutien

- **1,7 millions de personnes non ou malvoyantes.**

Le handicap visuel est caractérisé par une perte totale (aveugle) ou partielle (malvoyant) de la vision et une personne est considérée comme aveugle dès lors que l'acuité visuelle de son meilleur œil après correction est inférieure à 1/20e de la normale ou que son champ visuel est réduit à 1/10ème pour chaque œil).

Selon le rapport annuel de la Fédération des Aveugles de France, en France, 207 000 personnes sont aveugles et malvoyantes profonds (vision résiduelle limitée à la distinction des silhouettes) et 932 000 personnes sont malvoyantes moyens (incapacité visuelle sévère : en vision de loin, ils ne peuvent distinguer un visage à 4 mètres et en vision de près, la lecture est impossible.

- **5,4 millions de personnes handicapées auditives.**

Le handicap auditif est caractérisé par une perte totale (sourd) ou partielle (malentendant), unilatérale ou bilatérale de l'ouïe. De cette déficience, peuvent parfois découler des troubles de la parole et, donc, le recours à certaines méthodes de communication (langage des signes, lecture labiale).

La Direction de la Recherche, des Etudes, et de l'Evaluation et des Statistiques (DREES) a publié en août 2014 un document de travail intitulé « Etude quantitative sur le handicap auditif à partir de l'enquête « Handicap-Santé » ». Selon ce document, si 182 000 personnes se définissent comme atteints d'une surdité complète, plus de 7 millions de personnes reconnaissent avoir une déficience auditive.

- **3,3 millions de personnes handicapées psychiques** (source OETH).

Le handicap, jamais inné mais toujours acquis, revêt des origines et des formes variées., n'affecte pas de façon directe les capacités de la personne mais plutôt leur mise en œuvre, ce qui engendre un handicap comportemental et affectif caractéristique. ; Il est toujours associé à des soins.et ses manifestations sont variables dans le temps. En outre, même « stabilisé » par un traitement médical adapté, la personne handicapée conserve des séquelles profondes et, notamment, des difficultés à acquérir ou exprimer des habiletés psychosociales (déficits d'attention, difficultés à élaborer et suivre un plan d'actions ou à établir des relations sociales et professionnelles, alternance d'états calmes et tendus. Tout ceci peut se résumer par un déficit d'appréhension de la réalité.

Ce handicap regroupe les conséquences durables en termes de dépendance des maladies mentales dans les situations de la vie sociale et professionnelle. C'est un trouble de l'intégration de la personnalité et des réalités du monde. C'est, en d'autres termes, l'impact personnel et social des maladies mentales sur les capacités relationnelles, d'autonomie et d'adaptation de certaines personnes. Le handicap psychique se définit plus particulièrement par l'atteinte d'une pathologie mentale avérée, diagnostiquée comme telle et confirmée. Les antécédents et le pronostic peuvent alors laisser à penser qu'il s'agira d'une maladie à longue évolution. Quoi qu'il en soit, même lorsqu'elles sont stabilisées, ces pathologies chroniques génèrent une multitude de conséquences. Ces répercussions, de l'ordre de l'incapacité et du désavantage, sont regroupées sous la terminologie de handicap psychique. Celui-ci, du fait de ses particularités, ses conséquences, ses modalités évolutives, implique, en termes d'insertion professionnelle ou de maintien en emploi, des procédures spécifiques.

Par ailleurs, en 2005, une enquête internationale estimait que plus d'un tiers de la population française a été ou sera concerné par au moins un trouble mental au cours de sa vie. Il faut préciser que le handicap psychique ne concerne pas uniquement des personnes atteintes de maladies psychiatriques sévères. Les troubles mentaux sont nombreux et ne sont pas tous synonymes de handicap. En effet, la souffrance psychique est un état de mal-être qui n'est pas forcément révélateur d'une pathologie ou d'un trouble mental. C'est la mesure de son degré d'intensité, sa permanence et sa durée ainsi que ses conséquences qui peuvent conduire à la nécessité d'une prise en charge sanitaire.

Autre différence, le handicap psychique, contrairement au handicap mental n'est pas la conséquence d'une déficience innée mais acquise. Ces spécificités du handicap psychique d'une part et du handicap mental de l'autre font que les conséquences, l'évolution et l'insertion professionnelle de ces deux affections vont être très différentes.

Quelques chiffres[7] :

- 11 % des personnes interrogées ont connu un épisode dépressif avant l'enquête, dont 5.6 % de manière récurrente ;
- 12,8 % souffrent d'une anxiété généralisée ;
- 2,1 % sont victimes d'agoraphobie ;
- 7,2 % des hommes en moyenne ont une conduite addictive à l'alcool contre 1,5 % des femmes, avec des variations notables selon l'âge et la situation socioprofessionnelle ;
- Les professionnels estiment qu'environ 1% de la population souffre de schizophrénie, soit plus de 600 000 personnes en France, dont 250 000 seulement sont diagnostiquées.

En sus des handicaps que nous venons de décrire et sans aborder les pluri et poly handicaps, il faut également rajouter :

7. Sources : Drees Etudes et Résultats n° 347 – Troubles mentaux et représentations de la santé mentale, premiers résultats de l'enquête SMPG Octobre 2004 Enquête Santé Mentale en Population Générale (OMS) Bhugra D, « The global prevalence of schizophrenia », dans PLoS Medicine, vol. 2, n° 5, May 2005

- **L'autisme et les troubles envahissants du comportement (60 000 à 120 000 personnes en France)**

L'autisme est un trouble envahissant du développement, d'origine inconnue, se manifestant avant l'âge de trois ans, touchant 3 à 4 garçons pour une fille, nécessitant un accompagnement varié (éducatif, rééducatif, social et/ou soins médicaux spécialisés), caractérisé par un développement anormal ou déficient et l'existence d'une perturbation caractéristique du fonctionnement dans les trois domaines suivants : interactions sociales réciproques, communication, comportements au caractère restreint et répétitif. Les troubles du spectre autistique comprennent trois grandes catégories de diagnostics :

- Le trouble autistique en tant que diagnostic clinique distinct (autisme infantile ou autisme de Kanner) ;
- Le syndrome d'Asperger, avec des délais marqués dans le développement cognitif et du langage mais des îlots de compétences qui, parfois peuvent être impressionnantes et conduire à la réussite professionnelle en mathématiques, physique informatique, ...
- Le diagnostic de troubles envahissants du développement non spécifié, si tous les critères du syndrome d'Asperger ou de l'autisme ne sont pas observés.

Il se caractérise par des manifestations variables (mutisme partiel ou total, hyperactivité ou hypoactivité, agressivité, automutilation, insensibilité à la douleur...), auxquelles peuvent s'associer des mouvements stéréotypés, des perturbations métaboliques et des difficultés à s'adapter aux changements de l'environnement

- **Les troubles dys**

Il s'agit de troubles cognitifs spécifiques, apparaissant au cours du développement de l'enfant et persistants à l'âge adulte, induisant des troubles des apprentissages et ayant des répercussions sur la vie scolaire, professionnelle et sociale. Pour la plupart innés, ils peuvent provoquer un déséquilibre psycho-affectif. On les regroupe en 6 catégories :

- Les troubles spécifiques de l'acquisition du langage écrit ou dyslexie et dysorthographie ;
- Les troubles spécifiques du langage oral ou dysphasie ;
- Les troubles spécifiques du développement moteur et/ou des fonctions visuo-spatiales ou dyspraxie ;
- Les troubles spécifiques du développement des processus attentionnels et/ou des fonctions exécutives appelés troubles d'attention avec ou sans hyperactivité ;
- Les troubles spécifiques du développement des processus mnésiques ;
- Les troubles spécifiques des activités numériques ou dyscalculie.

La reconnaissance de la qualité de travailleur handicapé (RQTH)[8]

Elle est définie par l'article L5213-1 du Code du Travail :

« *Est considérée comme travailleur handicapé toute personne dont les possibilités d'obtenir ou de conserver un emploi sont effectivement réduites par suite de l'altération d'une ou plusieurs fonctions physique, sensorielle, mentale ou psychique* ».

Selon la loi N° 2005-102 pour l'égalité des droits et des chances et la citoyenneté des personnes handicapées du 11 Février 2005, article 114 , le handicap au travail peut être défini comme toute limitation d'activité ou restriction de participation à la vie professionnelle subie dans son environnement par une personne en raison d'une altération substantielle, durable ou définitive d'une ou plusieurs fonctions physiques, sensorielles, mentales ,cognitives, ou psychiques, d'un polyhandicap ou d'un trouble de santé invalidant .

L'évolution des législations concernant le handicap dans l'entreprise

Faisant suite à la loi n°273 du 23 Novembre 1957, non appliquée faute de contrôle efficace, qui fait pour la première fois référence à la qualité de travailleur handicapé, qui affirme le droit au reclassement professionnel de tous les handicapés, et qui mentionne l'obligation d'emploi (théoriquement les effectifs des entreprises doivent compter 10% de mutilés de guerre ou s'acquitter d'une redevance lorsque ce quota n'est pas atteint), trois lois successives essentielles, avec pour chacune, une logique propre, ont permis de faire évoluer la prise en compte et la gestion du handicap dans l'entreprise.

- **La loi du 30 juin 1975, intitulée « loi d'orientation en faveur des personnes handicapées »** (Complétée par la loi relative à l'éducation du 11 Juillet 1975)

Elle a remplacé définitivement la notion de charité par celle de solidarité nationale en mettant l'accent sur l'accès à l'éducation et aux droits fondamentaux, en créant les EPSR (équipes de préparation et de suite du reclassement), les COTOREP (commissions techniques d'orientation et de reclassement) pour les adultes et les CDES (commissions d'éducation spécialisée) pour les enfants.

Elle a créé une définition du handicap et s'est attachée à définir un statut pour « les handicapés ». Elle a (d'après Milano, 2005)., dans son ensemble, œuvré davantage pour une « population cible », pour une catégorie sociale, que pour les personnes handicapées elles-mêmes. La logique introduite dans cette loi était celle d'emplois réservés et de mise en place d'une obligation de procédure.

8. Source ALJP conseil et formations, recommandations de bonne pratiques (recommandation de bonne pratique santé et maintien en emploi, prévention de la désinsertion professionnelle des travailleurs HAS société française de médecine du travail février 2019

- **La loi n°87-517 du 10 juillet 1987 en faveur de l'emploi des personnes handicapées**

Elle introduit une logique d'obligation d'emploi et d'obligation de résultats, via la mise en œuvre de moyens dans l'insertion des travailleurs handicapés en milieu ordinaire. Elle impose à tous les employeurs (privés et publics) occupant au moins 20 salariés d'employer au minimum 6% de travailleurs handicapés. Cette loi est la première à mettre en place des moyens d'accompagnement, de contrôle et de sanctions financières pour les employeurs du secteur privé ne répondant pas à leur obligation.

- **La loi du 11 Février 2005 pour l'égalité des droits et des chances, la participation et la citoyenneté des personnes handicapées**

Elle supprime les COTOREP et les CDES et crée les Maisons Départementales des Personnes Handicapées (MDPH).

Elle introduit pour la première fois dans le nouveau Code l'Action Sociale et des Familles une définition du handicap inspirée de la classification internationale du handicap établie par l'OMS. (cf : supra)

Elle prend en compte pour la première fois les pathologies d'origine psychique, définit plus exhaustivement le handicap et constitue une avancée majeure dans la reconnaissance des droits des personnes handicapées.

Elle introduit une logique de compensation[9] et de non-discrimination ainsi qu'une obligation d'intégration. Il faut noter que les personnes handicapées sont les seules parmi les victimes de discrimination à l'embauche à bénéficier de l'obligation d'emploi. Elle renforce cette obligation en augmentant très significativement la contribution des entreprises ne répondant pas à leur obligation de 6% [10]avec obtention d'effets immédiats, en particulier dans les grandes entreprises

9. Le droit à compensation vise à compenser les conséquences du handicap quelle que soit la nature des déficiences, l'origine du handicap, l'âge et le mode de vie de la personne concernée. Au sein de la MDPH, la Commission des Droits et de l'Autonomie des Personnes Handicapées (CDAPH), en lien avec une équipe pluridisciplinaire et un référent d'orientation professionnelle, décide, évalue et propose un plan personnalisé de compensation sur projet de vie. Celui-ci définit l'attribution d'une prestation de compensation qui peut, selon les besoins de la personne handicapée, comporter des aides humaines, techniques, animalières, un aménagement du véhicule, du logement ou la mise en place d'aidants familiaux. Sur le plan professionnel, le médecin du travail en collaboration avec les cellules de maintien cap emploi (ex Sameth = service d'aide au maintien en emploi des travailleurs handicapés.) et en lien avec l'entreprise définit les besoins de la personne handicapée dans son milieu de travail.

10. Le droit à compensation vise à compenser les conséquences du handicap quelle que soit la nature des déficiences, l'origine du handicap, l'âge et le mode de vie de la personne concernée. Au sein de la MDPH, la Commission des Droits et de l'Autonomie des Personnes Handicapées (CDAPH), en lien avec une équipe pluridisciplinaire et un référent d'orientation professionnelle, décide, évalue et propose un plan personnalisé de compensation sur projet de vie. Celui-ci définit l'attribution d'une prestation de compensation qui peut, selon les besoins de la personne handicapée, comporter des aides humaines, techniques, animalières, un aménagement du véhicule, du logement ou la mise en place d'aidants familiaux. Sur le plan professionnel, le médecin du travail en collaboration avec les cellules de maintien cap emploi (ex Sameth = service d'aide au maintien en emploi des travailleurs handicapés.) et en lien avec l'entreprise définit les besoins de la personne handicapée dans son milieu de travail. Source : République Française, DOETH. Toute entreprise privée, quel que soit son effectif et la nature des contrats (CDD, CDI, stagiaire, contrat d'apprentissage…), doit déclarer tous les mois le nombre de travailleurs handicapés qu'elle emploie. Cette déclaration se fait dans la déclaration sociale nominative

(déploiement de « politiques handicap » et accroissement des recrutements), permettant d'améliorer significativement le taux d'emploi des travailleurs handicapés [11]. Elle prévoit également une intégration scolaire une accessibilité.

(DSN) (https//entreprendre.service-public.fr/vosdroits/F34059) et doit être envoyée en ligne sur le site « net-entreprises.fr » ou sur le site de la MSA pour les entreprises et exploitants agricoles :
DSN (https//entreprendre.service-public.fr/vosdroits/R56352)
MSA-Entreprises et exploitants agricoles-DSN : déclaration en ligne (https//entreprendre.service-public.fr/vosdroits/R56385).
Les entreprises qui ne respectent pas la date limite de déclaration risquent des pénalités pouvant atteindre 16275 Euros, majorées de 25%, par salarié manquant.
. Chaque entreprise, d'au moins 20 salariés, doit respecter l'obligation d'emploi de travailleurs handicapés (OETH) et employer des personnes handicapées à hauteur de 6% de son effectif moyen annuel. A noter que pour les entreprises de travail temporaire, les groupements d'employeurs ou les sociétés de portage salarial, seuls les effectifs permanents sont pris en compte. L'entreprise ne respectant pas cette obligation doit verser une contribution financière annuelle aux organismes de sécurité sociales concernés (Caisse générale de sécurité sociale, URSSAF), contribution qui sera reversée à l'Agefiph pour le secteur privé.
Le calcul de la contribution est effectué en fonction du nombre de bénéficiaires que l'employeur aurait dû recruter et en fonction de la taille de l'entreprise.

Nombre de salariés de l'entreprise	Montant brut
20 à 249	4340 Euros
250 à 749	5425 Euros
A partir de 750	6510 Euros

L'entreprise est soumise à une contribution majorée de 16275 Euros par bénéficiaire manquant, quel que soit l'effectif de l'entreprise si pendant une période > 3 ans elle s'est trouvée dans un des cas suivants :
- Elle n'a employé aucun bénéficiaire de l'obligation d'emploi,
- Elle n'a pas conclu de contrat de fourniture, de sous-traitance ou de services dans certaines conditions,
- Elle n'a pas conclu d'accord agréé pour l'emploi et le maintien dans l'emploi des personnes en situation de handicap.

A noter que de 2020 à 2024, le montant de la cotisation annuelle fera l'objet d'une modulation. Par exemple, la hausse de la contribution par rapport à l'année précédente sera réduite de 30% jusqu'à 10 000 Euros, 50% au-delà de 10 000 Euros et jusqu'à 100 000 Euros, 70% au-delà de 100 000 Euros.
Enfin, une entreprise qui franchit le seuil des 20 salariés pendant 5 années consécutives n'aura pas à payer la contribution due en cas de non atteinte du seuil de 6% d'emploi de travailleurs handicapés. C'est aussi le cas pour l'entreprise qui, au moment de sa création, emploie au moins 20 salariés. L'employeur aura 5 ans pour se mettre en conformité

11. Cependant, malgré les progrès constatés en termes de non-discrimination concernant le recrutement de personnes en situation de handicap demeure, mal résolue, la question de leur mobilité professionnelle.

Lecture comparée des lois de 1987 et 2005[12]

	Principes de la loi de 1987	Ce qui change avec la loi de 2005
Bénéficiaires de l'obligation d'emploi (BOETH)	Les personnes reconnues travailleurs handicapés par la COTOREP[12], Les victimes d'accident de travail ou de maladie professionnelle ayant une Incapacité Permanente Partielle au moins égale à 10% et titulaires d'une rente versée par un organisme de Sécurité Sociale, Les titulaires d'une pension d'invalidité avec une réduction des 2/3 de leur capacité de travail, Les anciens militaires et assimilés titulaires d'une pension d'invalidité, les veuves et orphelins de guerre, Les sapeurs-pompiers volontaires, victimes d'un accident dans l'exercice de leur fonction et titulaires d'une allocation ou d'une rente d'invalidité.	Article 27 : la liste des bénéficiaires est complétée par les titulaires de la carte d'invalidité et d'une Allocation Adulte Handicapé (AAH) L 323-3 et L 323-5 du Code du Travail
Structures administratives	La COTOREP est présidée alternativement par le directeur de la DDASS et le directeur de la DDTEFP	Mise en place des Maisons du Handicap (MDPH) et des commissions des droits et de l'autonomie des personnes handicapées (CDAPH) ; Guichet unique (jeunes et adultes) pour l'accès aux droits et aux prestations pour les personnes handicapées. Instruction des demandes par les CDAPH Les MDPH sont gérées sous forme de GIP présidé par le président du Conseil Général
Employeurs concernés	• Les employeurs du secteur privé, • Les établissements publics, • Etat.Tous les employeurs privés et publics de + de 20 salariés (mais pas de sanction pour le secteur public si non atteinte des 6%)	• Articles 32, 33, 35 et 36 : Les trois fonctions publiques (nationale, territoriale et hospitalière) se voient appliquer à peu de chose près, les mêmes obligations d'emploi que le secteur privé à partir du 1er janvier 2006 et mise en place d'une contribution volontaire similaire à la contribution versée à l'AGEFIPH par le secteur privé • Création d'un fond spécifique pour l'insertion des personnes handicapées dans la fonction publique le FIPHFP

12. Source : Handplace ressources doc

13. NB : La Cotorep (commission technique d'orientation et de reclassement professionnel, créée en 1975, présente au niveau départemental, avait pour mission principale d'aider à l'insertion professionnelle des personnes handicapées. Suite à la loi du 11 02 2005, elle a été remplacée (en fusionnant avec la commission départementale d'éducation spéciale (CDES), chargée de prendre les décisions adaptées à l'égard des enfants et adolescents handicapés) par la commission des droits et de l'autonomie des personnes handicapées (CDAPH), cette dernière étant intégrée dans une institution plus grande, la Maison Départementale des Personnes Handicapées (MDPH). La CDSAPH prend les décisions concernant les droits de la personne handicapée (orientations, allocations) selon l'évaluation des besoins de la personne réalisée par une équipe pluridisciplinaire au sein de la MDPH

Modalités d'application	• Embauche directe de travailleurs handicapés, • Conclusion de contrats de sous-traitance avec des établissements de travail protégé (limité à 3% du taux d'emploi) • Application d'un accord de branche, d'entreprise ou d'établissement en faveur des travailleurs handicapés (agréé par l'autorité administrative), • Versement d'une contribution à l'AGEFIPH (versée par bénéficiaire manquant pour atteindre le quota de 6%).	Article 27 : Cette contribution sera modulable en fonction des efforts fait par l'entreprise en matière de maintien ou de recrutement de travailleurs handicapés. Le plafond est de (décret n°2006-136): • 400 fois le SMIC horaire pour les entreprises de 20 à 199 salariés, • 500 fois pour les entreprises de 200 à 749 salariés, • 600 fois le SMIC horaire pour les entreprises de plus de 750 salariés. La contribution des entreprises qui n'emploient aucun travailleur handicapé pendant 3 années consécutives est augmentée : elle passe à 1500 fois le taux horaire du SMIC. Certaines dépenses (arrêté du 9/02/2006) sont déductibles du montant de la contribution à hauteur de 10% maximum de la contribution.
Unités bénéficiaires	Chaque travailleur handicapé représente une ou plusieurs unités-bénéficiaires calculées en fonction de différents critères[14]	Article 27 : lesdits bénéficiaires comptent chacun pour une unité s'ils ont été présents six mois au moins au cours des douze derniers mois, et ce quelle que soit la nature du contrat de travail ou sa durée, à l'exception de ceux sous contrat de travail temporaire ou mis à disposition par une entreprise extérieure qui sont pris en compte au prorata de leur temps de présence dans l'entreprise au cours des douze mois précédents. Sous certaines conditions, l'unité bénéficiaire peut-être majorée de 0,5 à 1 unité : • Embauche d'un bénéficiaire de - de 26 ans ou de 50 ans et plus, • Embauche du 1er travailleur handicapé, • Embauche ou maintien d'un travailleur handicapé, pour lequel le DDTEFP a reconnu la «lourdeur» du handicap, • Embauche d'un travailleur handicapé à sa sortie d'un établissement du milieu protégé, • Embauche d'un travailleur handicapé en chômage longue durée.

14. À signaler que la Loi de janvier 2016 pour la Croissance, l'Activité et l'Egalité des chances économiques (Loi MACRON initiée par H 'up entrepreneurs) a donné un véritable élan aux travailleurs indépendants en situation de handicap du fait que leurs clients peuvent désormais les comptabiliser en unités bénéficiaires et ainsi répondre à leur obligation d'emploi des travailleurs handicapés (OETH).

Chapitre 2

La discrimination

Quelques articles de lois

La Loi 2001-1066 du 16 Novembre 2001, relative à la lutte contre les discriminations, et sa traduction dans le Code du travail[15] :

- **Article L1132-1 (Source Légifrance) modifié par Loi n°2020-760 du 22 juin 2020 (Art 15)**

Aucune personne ne peut être écartée d'une procédure de recrutement ou de nomination ou de l'accès à un stage ou à une période de formation en entreprise, aucun salarié ne peut être sanctionné, licencié ou faire l'objet d'une mesure discriminatoire, directe ou indirecte, telle que définie à l'Article 1er de la Loi n° 2008-496 du 27 mai 2008 portant diverses dispositions d'adaptation au droit communautaire dans le domaine de la lutte contre les discriminations, notamment en matière de rémunération, au sens de l'Article L. 3221-3, de mesures d'intéressement ou de distribution d'actions, de formation, de reclassement, d'affectation, de qualification, de classification, de promotion professionnelle, de mutation ou de renouvellement de contrat en raison de son origine, de son sexe, de ses mœurs, de son orientation sexuelle, de son identité de genre, de son âge, de sa situation de famille ou de sa grossesse, de ses caractéristiques génétiques, de la particulière vulnérabilité résultant de sa situation économique, apparente ou connue de son auteur, de son appartenance ou de sa non-appartenance, vraie ou supposée, à une ethnie, une nation ou une prétendue race, de ses opinions politiques, de ses activités syndicales ou mutualistes, de son exercice d'un mandat électif, de ses convictions religieuses, de son apparence physique, de son nom de famille, de son lieu de résidence ou de sa domiciliation bancaire, ou en raison de son état de santé, de sa perte d'autonomie ou de son handicap, de sa capacité à s'exprimer dans une langue autre que le français.

Les Articles suivants (L1132-2, -3, et -4) apportent d'autres éléments et précisent (Article L1132-3-3) qu'en cas de litige, il appartient à la partie défenderesse de prouver que sa décision est justifiée par des éléments objectifs étrangers à toute discrimination.,

15. Sources Légifrance et AUP conseil et formation.

- **Article L5213-6 (Source Légifrance) : modifié par Loi n°2016 du 08 08 2016 (Art 56(V))**

  Afin de garantir le respect du principe d'égalité de traitement à l'égard des travailleurs handicapés, l'employeur prend, en fonction des besoins dans une situation concrète, les mesures appropriées pour permettre aux travailleurs mentionnés aux 1° à 4° et 9° à 11° de l'Article L. 5212-13 d'accéder à un emploi ou de conserver un emploi correspondant à leur qualification, de l'exercer ou d'y progresser ou pour qu'une formation adaptée à leurs besoins leur soit dispensée.

  L'employeur s'assure que les logiciels installés sur le poste de travail des personnes handicapées et nécessaires à leur exercice professionnel sont accessibles. Il s'assure également que le poste de travail des personnes handicapées est accessible en télétravail. Les mesures sont prises sous réserve que les charges consécutives à leur mise en œuvre ne soient pas disproportionnées[16], compte tenu de l'aide prévue à l'Article L. 5213-10 qui peuvent compenser en tout ou partie les dépenses supportées à ce titre par l'employeur.

  Le refus de prendre des mesures au sens du premier alinéa peut être constitutif d'une discrimination au sens de l'Article L. 1133-3.

Les différents types de discrimination[17]

La discrimination directe

On parle de discrimination directe lorsqu'une règle ou une mesure prévoit de manière explicite une inégalité de traitement discriminatoire.

Exemples : un règlement de crèche qui prévoit des frais automatiquement plus élevés pour les enfants souffrant du syndrome de Down sous prétexte que les enfants en situation de handicap demandent un encadrement plus important ; refus d'engager une personne en raison de sa nationalité ou de servir un client dans un café ou un restaurant en raison de sa couleur de peau.

Ce type de discrimination est intentionnel (dit ou non-dit), clairement identifiable et souvent individuel,

La discrimination indirecte

On parle de discrimination indirecte (ou cachée) lorsqu'un règlement ou une mesure est formulé(e) de manière neutre et qu'il (elle) ne contient pas de traitement manifestement défavorable pour un groupe d'individus, mais que son application concrète a pour effet de défavoriser régulièrement les membres d'un groupe.

16. Pour plus amples renseignements sur la notion d'aménagement raisonnable, cf Guide du Défenseur des droits décembre 2017
17. Sources : Humanrights.ch et ALJP Conseil et formation

Ainsi, une entreprise dans laquelle la majorité des postes à plein temps est occupée par des hommes se rendra coupable de discrimination indirecte vis-à-vis des femmes si elle prévoit dans son règlement un taux d'occupation de 100% comme critère de promotion. Dans ce cas, en effet, les femmes bénéficieront alors de chances de promotions réduites par rapport aux hommes, basé(e)s sur une pratique apparemment neutre.

Un autre exemple peut être d'exiger d'un travailleur handicapé des critères de performance qui lui sont inaccessibles. L'employeur devra pouvoir démontrer que le critère est indispensable à l'exécution de sa tâche.

La discrimination structurelle

On parle de discrimination structurelle lorsque l'inégalité de traitement d'un groupe d'individus prend sa source dans l'organisation de la société Les rapports sociaux (répartition du travail, attribution de pouvoirs décisionnels ...), développés sur plusieurs siècles, reposent sur des conventions, coutumes et traditions principalement patriarcales, homophobes et religieuses, mais également sur d'autres types de conventions qui font passer les inégalités de traitement à l'égard de certains groupes d'individus et les privilèges de certains autres pour des traitements « normaux » et naturels. Cette forme de discrimination, présente dans toutes les sociétés, est, elle aussi, difficile à identifier. En effet, les structures sociales existantes qui y président ne sont que rarement remises en question ni reconnues comme discriminatoires par les personnes concernées elles-mêmes.

La discrimination institutionnelle

On parle de discrimination institutionnelle lorsque les règles, les habitudes et les processus internes d'une institution ont pour effet (parfois en lien avec les discriminations structurelles) d'imposer régulièrement un traitement moins favorable aux membres d'une minorité. Cette forme de discrimination fait l'objet des discussions par exemple dans le domaine de l'école primaire où les élèves issus de l'immigration apparaissent désavantagés, par rapport aux autres, en matière de réussite scolaire (par exemple en raison de grilles d'évaluation prédéterminées pour les connaissances linguistiques ou d'attentes préconçues et inconscientes de la part du corps enseignant.

Un autre exemple de discrimination institutionnelle, intégrée à l'organisation elle-même, pratique liée à des process globaux, peut être illustrée en entreprise par l'exclusion quasi systématique d'une certaine catégorie de personnes (exemple : pas de femmes handicapées dans certaines activités de l'entreprise...)

Les discriminations multiples et la discrimination intersectionnelle

Il arrive souvent qu'une personne cumule plusieurs caractéristiques qui l'expose tout particulièrement à un traitement discriminatoire. (Par exemple, le sexe, un handicap, une origine étrangère, la couleur de peau, l'appartenance religieuse, l'âge, la position sociale...). Dans une telle situation, elle court le risque de faire l'objet de discriminations multiples et dans différents contextes (discrimination dite « additive »). Il peut également arriver que les différentes caractéristiques entraînent ensemble des discriminations plus fortes et plus fréquentes (discrimination dite « composée »).

Conséquences sur l'entreprise de la discrimination

La discrimination représente un risque pour l'entreprise et peut lui faire beaucoup de tort :

- Risque juridique croissant avec durcissement des procédures,
- Risque en termes d'image et de réputation.

L'employeur doit mettre en œuvre des moyens (la difficulté est d'apprécier la notion de mesures appropriées et ne peut se contenter de dire que ce n'est pas possible car c'est à lui de prouver qu'il n'est pas discriminant (régime de la preuve inversée).

Sur le plan judiciaire :

- *Justice civile* : annulation de l'acte discriminant, réintégration ou en cas de refus indemnisation (=6mois de salaire)
- *Justice pénale* :
  - Personne physique jusqu'à 3 ans d'emprisonnement et 45 000 Euros d'amende.
  - Personne morale, amende et interdiction d'activité (articles 225 -1 et 2 du Code Pénal)

Comme on peut le constater, la loi relative à la lutte contre les discriminations nécessite impérativement d'être prise en compte par les dirigeants d'entreprise, qu'ils soient salariés ou non de leur entreprise, en raison des risques juridiques, financiers, éthiques et managériaux (motivation des équipes, image interne, externe et personnelle) qu'elle fait courir à leur entreprise et/ou à eux-mêmes. Dans ce contexte, l'adhésion du dirigeant d'entreprise à un service de santé au travail et la mise à disposition de ses prestations (conseil, assistance technique...) est fondamentale.

Cette adhésion implique en contrepartie, pour le service de santé au travail, d'assurer, en tant que partenaire et conseil du chef d'entreprise, la mise en place d'une traçabilité des actions de maintien en emploi et de prévention de la désinsertion professionnelle qui auront été engagées pour des salariés présentant des restrictions médicales d'aptitude , des inaptitudes et des situations de handicap, Lorsque le dirigeant est lui-même confronté à un problème de santé, notamment s'il est indépendant ou salarié d'une TPE ou PME, dans la mesure où cette situation peut compromettre l'équilibre et la survie de l'entreprise, cela implique également une réactivité particulière du service de santé au travail et de ses partenaires extérieurs dans le soutien qu'ils peuvent lui apporter

Le système actuel étant plus particulièrement conçu pour protéger les travailleurs salariés, l'invention et la mise en place de dispositifs nouveaux, plus spécifiques à leur fonction, est absolument fondamentale.

Partie 2

Les modalités de prise en charge du dirigeant d'entreprise

Chapitre 3

Les modalités de prise en charge du dirigeant d'entreprise

Avant l'évolution législative

Le dirigeant d'entreprise non salarié n'avait pas jusqu'ici accès, à titre personnel, aux prestations en termes de moyens et de soutien offertes par les services de prévention et de santé au travail aux salariés qu'il emploie et pour lesquels il cotise, pour le suivi de sa propre santé. Par conséquent, il pouvait se retrouver « fort dépourvu » quand un évènement (maladie, accident, accident du travail, handicap) survenait et fragilisait le fonctionnement de son entreprise, a fortiori s'il n'avait pas souscrit au préalable, pour ce qui le concerne, un contrat d'assurance approprié.

Dans ce contexte de non-orientation et d'inaccessibilité du recours aux interlocuteurs de santé à priori les plus aptes à intervenir pour répondre à ses problématiques professionnelles, le dirigeant, jusqu'ici, est naturellement orienté pour ses soins, vers son médecin traitant ou le médecin spécialiste qui le suit et pour les problèmes économiques qui peuvent émailler la vie de son entreprise, vers ses conseillers habituels (expert-comptable, commissaire aux comptes, ...).

De plus, le dirigeant, du fait de son implication volontiers fusionnelle avec son entreprise, pense le plus souvent (et sans doute avec raison dans bon nombre de cas) être irremplaçable pour le bon fonctionnement de celle-ci. Dans ces conditions, il est moins attentif à sa propre santé, ne consulte pas toujours son médecin traitant de façon régulière ou en temps et en heure et ne se fait pas délivrer d'arrêt de travail.

Il est vrai que, jusqu'au rattachement récent au régime général, il ne pouvait pas prétendre au versement d'indemnités journalières de la part de ses organismes de protection sociale.

Cette manière de fonctionner va à l'encontre de la propre logique de conservation de sa santé et de celle de la survie de son entreprise et constitue un réel enjeu de prévention pour le service de santé au travail.

Indépendamment de cela, le dirigeant d'entreprise bénéficie des mêmes droits, en termes de prise en charge par les cellules de maintien cap emploi, que les travailleurs salariés s'il effectue, en raison de son état de santé, une demande de reconnaissance de sa qualité de travailleur handicapé auprès de la MDPH (Maison Départementale des Personnes Handicapées). Les prestations offertes par l'Agefiph , au décours de l'intervention des cellules de maintien cap emploi, pour participer par exemple à l'aménagement de son poste de travail, de son véhicule, ou pour compenser son handicap et permettre son maintien en emploi, sont en règle, avant la modification de la loi, validées à distance par le médecin traitant.

Par ailleurs, du fait de son statut particulier, à la fois employeur et à la fois travailleur indépendant, le travailleur indépendant ou le dirigeant d'entreprise non salarié reconnu en qualité de travailleur handicapé (ou avec demande de reconnaissance en cours) bénéficie globalement de l'ensemble des aides et accompagnements de l'Agefiph[18] qu'il s'agisse des aides destinées aux entreprises ou de celles destinées aux salariés. La seule exception est celle de l'aide à l'accueil, à l'intégration et à l'évolution professionnelle des personnes handicapées.

18. Plan régional d'insertion des travailleurs handicapés en Île de France). L'Agefiph (Association de gestion du fonds pour l'insertion professionnelle des personnes handicapées), issue de la Loi du 10 juillet 1987 a pour mission de favoriser l'accès à l'emploi ou le maintien dans l'emploi des personnes handicapées en entreprise.
Son champ d'intervention s'inscrit dans les dispositifs de la politique publique de l'emploi, de la formation, de l'orientation professionnelle, du travail et du maintien dans l'emploi, mise en œuvre au plan national et régional.
Le positionnement de l'Agefiph auprès de ses partenaires résulte d'un renforcement de ses rôles et de ses responsabilités :
- Acteur de la politique publique de l'emploi, de la formation, de l'orientation professionnelle, du travail et du maintien dans l'emploi,
- Expert de l'emploi et du travail des personnes handicapées,
- Force de proposition en direction des partenaires institutionnels nationaux et régionaux, notamment auprès de l'état et des collectivités territoriales,
- Animateur des réseaux d'acteurs professionnels du handicap et de l'emploi,
- Responsable de la gestion du fonds mutualisé, redistribué sous formes de financements complémentaires au droit commun.
L'action de l'Agefiph et son offre sont au service des personnes handicapées et des entreprises pour répondre à leurs besoins spécifiques et doivent être mis en œuvre de manière réactive, visible, simplifiée, accessible, innovante. La qualité de service doit également faire l'objet d'une attention permanente.
Elle souhaite se développer dans les années à venir autour des ambitions suivantes :
- Des parcours professionnels sécurisés dans le cadre d'une offre d'interventions rénovée, évolutive et en appui des dispositifs de droit commun,
- Une mobilisation mieux ciblée du monde économique et social pour l'emploi des personnes handicapées,
- Un accès renforcé des personnes handicapées à la formation de droit commun, comme l'un des éléments du parcours,
- Une Agefiph qui agit sur le système d'acteurs de l'emploi, de la formation, de l'orientation et du travail au bénéfice de l'emploi des personnes handicapées, Une Agefiph repositionnée, plus lisible et plus visible

Avec l'évolution législative

La Loi 2021-1018 pour renforcer la prévention en santé au travail, transposant les stipulations de l'accord national interprofessionnel sur la santé au travail signé le 9 décembre 2020 par l'ensemble des organisations patronales et syndicales représentatives à l'exception de la CGT, adoptée par l'Assemblée nationale le 02 août 2021 et publiée le 03 août au Journal Officiel, édicte :

- Code du Travail (Article L 4621-3 nouveau à venir) ; loi N° 2021-1018 (Art 23.2°) : *Les travailleurs indépendants relevant du livre VI du Code de la Sécurité Sociale peuvent s'affilier au service de prévention et de santé au travail interentreprises de leur choix. Ils bénéficient d'une offre spécifique de services en matière de prévention, de suivi individuel et de prévention de la désinsertion professionnelle. Les modalités d'application du présent article sont déterminées par décret (voir plus loin).*
- Code du Travail (Article L 4621-4 nouveau à venir) ; loi N° 2021-1018 (Art 23.2°) : *Le chef de l'entreprise adhérente à un service de prévention et de santé au travail interentreprises pourra bénéficier de son offre de services proposée aux salariés.*

Les conséquences et le constat

Avec cette évolution législative, à la prise en charge existante des travailleurs salariés et des dirigeants salariés, va s'adjoindre, pour les services de prévention et de santé au travail, la nécessité :

- d'avoir la capacité de gérer les évènements de santé de dirigeants indépendants (commerçants, artisans, professions libérales, agriculteurs…) pouvant mettre en péril la vie de l'entreprise et l'emploi de leurs salariés,
- de pouvoir apporter une réponse en termes de conseils, d'aides, d'orientations et de prévention à des dirigeants en état de stress majeur suite à des difficultés de leur entreprise.

On ne peut que constater que les mesures d'aides et d'accompagnement jusqu'ici utilisées par les Services de Prévention et de Santé au Travail ont été conçues (même si elles sont ouvertes aux travailleurs indépendants), pour essayer de gérer au mieux les situations de prévention de la désinsertion professionnelle susceptibles d'intéresser les salariés. Elles visent à protéger la personne malade, accidentée ou en situation de handicap, à éviter toute discrimination vis-à-vis d'elle, à accompagner l'entreprise dans cette démarche d'intégration en facilitant son insertion ou son maintien, en compensant par des aménagements techniques et/ou organisationnels, le manque de productivité lié à son handicap.

Ces mesures sont enfin et le plus souvent initiées pendant des périodes où le salarié en situation de handicap est en arrêt de travail, son entreprise continuant pendant ce temps à fonctionner, et où il dispose du temps nécessaire pour se faire soigner, être accompagné, appréhender et préparer sa reprise d'activité et son avenir.

Le retour à l'emploi et le maintien en emploi, qui ciblent tous les travailleurs bénéficiant d'un suivi par les services de prévention et de santé au travail et dont l'état de santé implique une limitation de leur capacité à se maintenir au poste occupé, peuvent donc être considérés comme un processus social et de sécurisation du parcours professionnel. Si l'on se réfère à la prévention des risques professionnels qui relève d'une logique collective à l'échelle d'une entreprise ou d'une branche d'activité avec un impératif de prévention primaire (suppression du risque à la source), les actions de maintien en emploi peuvent par comparaison être assimilées à une logique de prévention secondaire ou tertiaire centrées sur les situations individuelles de ces travailleurs.

Les trois niveaux de prévention

A. La prévention primaire

C'est l'ensemble des mesures visant à réduire la survenue ou l'incidence des maladies, des accidents et des handicaps. Sont par conséquent pris en compte, à ce stade de la prévention, les conduites individuelles à risque comme les risques environnementaux et sociétaux, mais également les facteurs consolidants et structurants tels que les compétences psychosociales.

Exemple : *campagne de prévention primaire (bruit, alimentation dans le respect de l'environnement, qualité de l'air et activité physique) ; formation des salariés aux risques environnementaux.*

Dans le contexte du travail, elle intervient avant la maladie ou l'accident afin d'empêcher leur survenue pour l'individu ou le collectif. Elle s'appuie dans le milieu du travail sur l'éducation (information, sensibilisation, formation), sur l'aide à l'évaluation des risques (document unique d'évaluation des risques professionnels + plan d'action, suivi), sur l'aide à la conception des postes de travail.

B. La prévention secondaire

C'est l'intervention qui cherche à diminuer la prévalence d'une maladie dans une population. Ainsi ce stade de la prévention recouvre les actes destinés à agir au tout début de l'apparition du trouble ou de la pathologie afin de s'opposer à son évolution ou encore faire disparaître les facteurs de risques.

Exemple : *Améliorer la prise en charge médicale, sociale et environnementale des enfants en situation de précarité.*

Dans le contexte du travail, la prévention secondaire se fait au tout début des premières atteintes de la maladie ou de l'accident, afin de dépister pour enrayer l'évolution chez un individu ou un collectif. Elle fait intervenir des mesures de dépistage (tests, examen clinique et examens complémentaires, enquêtes...).

C. La prévention tertiaire

Elle intervient après la survenue de la maladie (ou de l'accident) et vise à amoindrir les effets et séquelles d'une pathologie ou de son traitement :

Exemple : programme d'éducation thérapeutique du patient asthmatique

Dans le cadre du travail, elle vise à amoindrir le plus possible les conséquences professionnelles et sociales. Elle a pour vecteurs la rééducation, l'action sociale, le maintien en emploi, la prévention de la désinsertion professionnelle...

Dans ce contexte, face à un problème de santé avéré, l'équipe de santé au travail peut donc se retrouver devant trois situations qui réclament des actions différentes :

- Difficultés avérées de maintien en emploi,
- Difficultés éventuelles faisant craindre un problème futur de maintien en emploi pour la personne présentant une maladie,
- Signaux faibles faisant craindre à court ou moyen terme des difficultés de maintien en emploi.

Concernant les dirigeants d'entreprises, ces dispositifs peuvent certes apporter un soutien (d'ailleurs plutôt individuel que collectif) mais ils ont également des insuffisances car ils ne prennent pas en compte, notamment en ce qui concerne les TPE, PME et travailleurs indépendants, la situation globale, particulière et « schizophrénique » du chef d'entreprise, à la fois **employeur** et à la fois « **employé** » et, par conséquent, affecté d'une double personnalité. En effet, ces mesures sont conçues essentiellement pour préserver l'individu « dans un environnement de travail », pour lui apporter une protection matérielle (pour lui-même et ses proches) en cas de problème de santé, mais pas, de façon réellement organisée, pour permettre au collectif de travail, qui dépend du dirigeant, de subsister si celui-ci est dans l'incapacité temporaire ou définitive d'exercer.

Or, la capacité pour un dirigeant d'entreprise de s'inscrire dans un parcours de maintien en emploi et de prévention de la désinsertion professionnelle, la récupération intégrale de sa santé, sont étroitement liées à la poursuite de l'activité et à la survie de son entreprise avec laquelle il est uni « pour le meilleur et pour le pire ».

En outre, un certain nombre de professionnels libéraux ne peuvent prétendre au versement d'indemnités journalières de la part de la CPAM en cas de maladie. Dans ces conditions, ces professionnels n'ont aucun intérêt à s'arrêter et ne peuvent pas être acteurs de leur propre prévention.

De plus, ces dispositifs manquent :

- D'une part, de la connaissance des interlocuteurs à mobiliser en cas de problèmes de santé induits par une fragilisation économique de l'entreprise,

- D'autre part, de la fluidité et de la réactivité qui seraient nécessaires dans leur cas, vis-à-vis des besoins, en termes de capacité de réaction, indispensables à la gestion d'un évènement de santé surgissant volontiers de façon brutale.

La prise en compte de ce paramètre de préservation de l'entreprise et du collectif de travail suite aux évènements morbides (maladie, geste chirurgical, accident de santé non mortel...) ou économiques affectant son dirigeant, est pourtant capitale et essentielle à la récupération intégrale de sa santé, à la minoration du stress majeur auquel il peut être alors soumis et à son inscription et sa participation active et sereine à un protocole de maintien en emploi bien accompagné.

Indépendamment des problèmes de santé rencontrés par le dirigeant, les enjeux, en matière d'emploi (99,8% des entreprises en France sont des TPE, PME ou des travailleurs indépendants), nécessitent l'invention et la mise en place à la fois de dispositifs complémentaires, mais aussi d'un travail en lien concerté avec de nouveaux réseaux visant à préserver l'entreprise pendant cette période.

Dans ce contexte de vulnérabilité particulière, l'accès à la prise en charge d'un suivi de santé pour les dirigeants d'entreprises non-salariés et les professions indépendantes orchestré par les services de prévention et de santé au travail procède d'une avancée majeure. Il leur permet en effet de bénéficier de l'aide (plus en lien avec l'entreprise que celle exercée jusqu'ici par le médecin traitant), des conseils et des actions du médecin du travail, de son équipe pluridisciplinaire et des réseaux qu'il peut mobiliser à son bénéfice.

Nous ne traiterons pas ici de la problématique de la disparition brutale du dirigeant d'entreprise, laquelle peut bien sûr entraîner des conséquences extrêmement délétères sur la survie de l'entreprise mais qui ne concerne pas son maintien dans l'emploi. Toutefois, il faut noter qu'une étude longitudinale menée en 2013 sur 341 PME ayant vécu le décès de leur dirigeant (Becket et Hyde), montre en effet un constat sans appel : baisse moyenne de 60% du chiffre d'affaires, 20% des entreprises en faillite. Dans ces conditions, l'invention et la mise en place de mesures de maintien de l'activité de l'entreprise dans le cadre du maintien en emploi du dirigeant pourront probablement également être très utiles pour gérer ces situations périlleuses pour les entreprises en général et, peut-être, pourquoi pas, être utilisées dans d'autres domaines que le strict maintien en emploi.

Partie 3

Le maintien en emploi du dirigeant d’entreprise salarié ou non salarié du secteur privé, des professions indépendantes, au titre de son statut « d’employé »

Pourquoi ce chapitre ?

- Pour informer les dirigeants d'entreprise et les travailleurs indépendants sur le rôle et les missions actuelles du médecin du travail et de son équipe pluridisciplinaire en termes de maintien en emploi,
- Pour les informer sur leur régime général de protection sociale et leur régime de protection complémentaire,
- Pour leur délivrer une information sur les aides et accompagnements de l'AGEFIPH (même s'ils sont pour l'instant non totalement adaptés à la gestion de leur situation), les aides publiques à la formation, au recrutement et au maintien, ainsi que sur un certain nombre d'acteurs et d'aides à destination des travailleurs indépendants.
- Pour leur exposer les grands principes méthodologiques du maintien en emploi et de la prévention de la désinsertion professionnelle actuellement mis en œuvre pour les salariés, mais qui gardent toute leur légitimité en ce qui concerne la prise en charge des dirigeants d'entreprises et des travailleurs indépendants.

Le système décrit ici représente le système de prise en charge individuelle actuellement mis en place pour les salariés (il existe des dirigeants salariés) et que nous allons détailler. Il s'appuie sur divers dispositifs :

- Les dispositifs législatifs mobilisables au titre du maintien en emploi (Code du Travail, Code de la Sécurité Sociale, Code de la Santé publique),
- Le régime français de protection sociale des indépendants,
- La protection sociale complémentaire des indépendants.

Chapitre 4

Les dispositifs législatifs mobilisables au titre du maintien en emploi

(Code du Travail, Code de la Sécurité Sociale, Code de Santé publique)

Missions et outils du service de prévention et de santé au travail (SPST) et du médecin du travail pour le maintien en emploi

Le maintien en emploi dans les missions des SPST (Article L 4622-2 Code du travail)[20]

Les **SPST** ont pour mission exclusive d'éviter toute altération de la santé des travailleurs du fait de leur travail. A cette fin ils :

- Conduisent des actions de santé au travail, dans le but de préserver la santé physique et mentale des travailleurs tout au long de leur parcours professionnel
- **Conseillent** les employeurs, les travailleurs et leurs représentants sur les dispositions et mesures nécessaires afin d'éviter ou de diminuer les risques professionnels, d'améliorer les conditions de travail, de prévenir la consommation d'alcool et de drogue sur le lieu de travail, d**e prévenir le harcèlement sexuel ou moral, de prévenir ou de réduire les effets de l'exposition à certains facteurs de risques professionnels et la désinsertion professionnelle et de contribuer au maintien dans l'emploi des travailleurs.**
- Assurent la surveillance de l'état de santé des travailleurs en fonction des risques concernant leur état de santé au travail et leur sécurité, et celle des tiers des effets de l'exposition à certains facteurs de risques professionnels et de leur âge.
- Participent au suivi et contribuent à la traçabilité des expositions professionnelles et à la veille sanitaire.

20. Source HAS service des bonne pratiques professionnelles/février 2019

- **Article R4624-1 Code du Travail modifié par décret n° 2017-1819 du 29 Décembre 2017-art.3**

Les **actions sur le milieu de travail** s'inscrivent dans la mission des services de santé au travail définie à l'article L. 4622-2. Elles comprennent notamment :

- 1° La visite des lieux de travail ;
- 2° **L'étude de postes en vue de l'amélioration des conditions de travail, de leur adaptation dans certaines situations ou du maintien dans l'emploi** ;
- 3° L'identification et l'analyse des risques professionnels ;
- 4° L'élaboration et la mise à jour de la fiche d'entreprise ;
- 5° La délivrance de conseils en matière d'organisation des secours et des services d'urgence ;
- 6° La participation aux réunions du comité social et économique ;
- 7° La réalisation de mesures métrologiques ;
- 8° L'animation de campagnes d'information et de sensibilisation aux questions de santé publique en rapport avec l'activité professionnelle ;
- 9° Les enquêtes épidémiologiques ;
- 10° La formation aux risques spécifiques ;
- 11° L'étude de toute nouvelle technique de production ;
- 12° L'élaboration des actions de formation à la sécurité prévues à l'article L. 4141-2 et à celle des secouristes.

Le maintien dans l'emploi dans les missions du médecin du travail (Article L 4622-3 Code du Travail)

Le médecin du travail doit éviter toute altération de la santé des travailleurs du fait de leur travail notamment en surveillant leurs conditions d'hygiène au travail, les risques de contagion et leur état de santé ainsi que tout risque manifeste d'atteinte à la sécurité des tiers évoluant dans l'environnement immédiat de travail.

- **Article R4623-1 Code du Travail**

Le médecin du travail participe à la prévention des risques professionnels et à la protection de la santé des travailleurs notamment par (...) l'adaptation des postes, des techniques et des rythmes de travail à la santé physique et mentale, notamment en vue de **préserver le maintien en emploi des salariés**.

Il conseille l'employeur, notamment en participant à l'évaluation des risques dans le cadre de l'élaboration de la fiche d'entreprise et dans le cadre de son action sur le milieu de travail, réalisées conformément à sa mission définie à l'Article L 4622-3 au service de la prévention et du maintien en emploi des travailleurs qu'il conduit avec les autres membres de l'équipe pluridisciplinaire qu'il anime et coordonne.

Il décide du suivi individuel de l'état de santé des travailleurs, qui a une vocation exclusivement préventive et qu'il réalise avec les personnels de santé mentionnés au premier alinéa de l'Article L4624-1, qui exercent dans le cadre de protocoles et sous son autorité.

Il contribue à la veille épidémiologique et à la traçabilité.

L'équipe pluridisciplinaire au service du maintien en emploi

Les Lois n°2011-867 du 20 Juillet 2011 et 2016-1088 du 08 Août 2016 ont édicté que les missions des services de santé au travail sont assurées par une équipe pluridisciplinaire de santé au travail comprenant médecins du travail, collaborateurs médecins, internes en médecine du travail, intervenants en prévention des risques professionnels, des infirmiers. Ces équipes peuvent être complétées par des assistants de service de santé au travail et des professionnels recrutés après avis des médecins du travail. L'Article L4622-68 (Code du Travail) stipule que les médecins du travail animent et coordonnent l'équipe pluridisciplinaire. Cette délégation de missions se fait sous couvert de protocoles précis.

Les outils au service du maintien en emploi

- **Hors arrêt de travail**
  - Le suivi individuel comme outil de prévention favorisant le maintien en emploi

Tout travailleur adhérent à un service de santé au travail (et donc prochainement les travailleurs indépendants) a droit à un suivi individuel de son état de santé assuré par le médecin du travail et sous l'autorité de celui-ci, par le médecin collaborateur, l'interne en médecine du travail et l'infirmier.

Ce suivi individuel, depuis le 01 01 2017 diffère selon le poste occupé et s'organise en fonction de cela selon trois modalités :

- *Un suivi « classique »* à destination des travailleurs non affectés à des postes à risques particuliers (Articles L4624-1+10 et s. du Code du Travail) :
- *Un suivi « renforcé »* pour les salariés soumis à des risques particuliers pour leur santé ou leur sécurité ou pour celle de leurs collègues ou de tiers évoluant dans l'environnement immédiat de travail (Articles L 4624-2 et R 4624-22 du Code du Travail).
- *Un suivi « adapté »* (*via* des protocoles définissant ses modalités et sa périodicité), en fonction des conditions de travail, de l'état de santé et de l'âge du travailleur, ainsi que des risques professionnels auxquels il est exposé. (Article R 4624-17 du Code du Travail).

- Les modalités de suivi individuels et leur périodicité sont les suivantes

Visite d'information et de prévention (hors risques particuliers) suivis individuels de l'état de santé et suivis individuels adaptés).

Dans le cadre du suivi classique :

- Visite d'information et de prévention initiale (VIPI) à réaliser dans les 3 mois suivants l'embauche : Elle est faite par un professionnel de santé (médecin du travail, infirmier, interne en médecine du travail) et donne lieu à la délivrance d'une attestation de suivi. Réorientation possible vers le médecin du travail ou obligatoire si femme enceinte venant d'accoucher ou allaitante.
- Visite d'information et de prévention périodique (VIPP) doit être effectuée dans un délai de 5 ans maximum par rapport à la VIPI. Elle est assurée par un professionnel de santé (médecin du travail, infirmier, interne en médecine du travail) et donne lieu à la délivrance d'une attestation de suivi.

Dans le cadre du suivi individuel adapté :

- Pour les travailleurs de Nuit et <18 ans :
  - La VIPI est réalisée par un professionnel de santé avant l'embauche et donne lieu à la délivrance d'une attestation de suivi.
  - La VIPP est réalisée par un professionnel de santé dans un délai de 3 ans maximum par rapport à la VIPI. Elle donne lieu à la délivrance d'une attestation de suivi. Réorientation possible vers le médecin du travail.

- Pour les travailleurs handicapés, en invalidité, les femmes enceintes ou allaitantes :
  - La VIPI est réalisée par un professionnel de santé avant l'embauche et donne lieu à la délivrance d'une attestation de suivi. Réorientation possible vers le médecin du travail.
  - La VIPP est réalisée par un professionnel de santé et donne lieu à la délivrance d'une attestation de suivi. Délai de 3 ans maximum par rapport à la VIPI.

- Pour les SIA avec risques particuliers (agents biologiques pathogènes groupe 2, champs électromagnétiques) :
  - La VIPI est réalisée par un professionnel de santé avant l'embauche. Elle donne lieu à la délivrance d'une attestation de suivi. Réorientation possible vers le médecin du travail.
  - La VIPP est réalisée par un professionnel de santé et donne lieu à la délivrance d'une attestation de suivi. Elle doit être effectuée dans un délai de 3 ans maximum par rapport à la VIPI.

Au total : ces VIP ont pour objet d'interroger la personne sur son état de santé, de l'informer des risques éventuels auxquels l'expose son poste de travail, de le sensibiliser sur les moyens de prévention à mettre en œuvre, d'identifier si son état de santé ou les risques auxquels il est exposé nécessitent une orientation vers le médecin du travail, de l'informer sur les modalités de suivi de son état de santé par le service et de la possibilité dont il dispose, à tout moment, de bénéficier d'une visite à sa demande avec le médecin du travail (Article R 4624-11 du Code du Travail). Les travailleurs orientés vers le médecin du travail pourront, par ailleurs, bénéficier d'une adaptation de leur poste ou de l'affectation à d'autres postes afin de maintenir ou de ne pas détériorer leur état de santé (Article R 4624-13 du Code du Travail).

Suivi individuel renforcé (SIR) (Risques particuliers) :

Dans le cadre de :

- Agents biologiques groupe 3 et 4, milieu hyperbare, agents Cancérogènes, Mutagènes ou toxiques pour la Reproduction (CMR), amiante, plomb, rayonnements ionisants, échafaudage, poste conditionné à un examen d'aptitude (habilitation électrique, autorisation de conduite, manutentions >55 Kg) :
  - L'examen médical d'aptitude d'embauche : Il est réalisé par le médecin du travail avant l'embauche et donne lieu à la délivrance d'un avis d'aptitude d'embauche.
  - L'entretien intermédiaire : Il est réalisé par un professionnel de santé dans un délai de 2 ans maximum et donne lieu à la délivrance d'une attestation de suivi. Réorientation possible vers le médecin du travail.
  - L'examen médical d'aptitude périodique : Il est réalisé par le médecin du travail dans un délai de 2 ans maximum après l'entretien intermédiaire et donne lieu à la délivrance d'un avis d'aptitude périodique.

Dans le cadre de :

- Rayonnements ionisants catégorie A ou jeunes <18 ans affectés à des travaux dangereux réglementés
  - L'examen médical d'aptitude d'embauche : Il est réalisé par le médecin du travail avant l'embauche et donne lieu à la délivrance d'un avis d'aptitude d'embauche.
  - L'examen médical d'aptitude périodique : Il est réalisé par le médecin du travail dans un délai de 1 an maximum et donne lieu à la délivrance d'un avis d'aptitude périodique.

En résumé :

Le suivi individuel renforcé des travailleurs affectés à des postes à risques tels que définis par l'Article R 4624-23 du Code du Travail (L 4624-2 + R 4624-22 et s. du Code du Travail) est réalisé par le médecin du travail. Ces visites médicales d'aptitude ont pour objet de s'assurer que le travailleur est médicalement apte au poste de travail auquel l'employeur envisage de l'affecter, notamment en vérifiant la compatibilité du poste avec l'état de santé de la personne qui y est affectée afin de prévenir tout risque grave d'atteinte à sa santé ou à sa sécurité ou à celle de ses collègues ou de tiers évoluant dans l'environnement immédiat de travail, de rechercher si le travailleur n'est pas porteur d'une affection comportant un danger pour les autres travailleurs, de proposer éventuellement les adaptations du poste ou l'affectation à d'autres postes, d'informer le travailleur sur les risques des expositions au poste de travail et sur le suivi nécessaire, de sensibiliser celui-ci sur les moyens de prévention à mettre en œuvre (Article R 4624-24 du Code du Travail).

D'une façon générale, quelles que soit les modalités de suivi appliquées à la surveillance de la personne, l'objectif est le même, c'est celui de connaître l'état de santé de la personne et les contraintes du poste de travail pour s'assurer qu'ils sont toujours compatibles, qu'il n'existe pas de risque de désinsertion professionnelle et faire les préconisations nécessaires à la préservation de l'état de santé.

- Les visites occasionnelles :

Les visites à la demande :

Indépendamment du suivi ci-dessus décrit, le travailleur peut bénéficier à sa demande ou à celle de son employeur (hors période d'arrêt pour celui-ci) d'un examen par le médecin du travail. L'Article R 4624-34 du Code du Travail stipule que le travailleur peut solliciter une visite médicale lorsqu'il anticipe un risque d'inaptitude, dans l'objectif d'engager une démarche de maintien en emploi et de bénéficier d'un accompagnement spécialisé.

Ces visites sont du ressort exclusif du médecin du travail.

Dans le cadre des visites effectuées à la demande de l'employeur, il est important que celui-ci motive sa demande afin de ne pas la priver d'effet.

Enfin, depuis le 1er janvier 2017, le médecin du travail, en particulier dans un contexte de maintien en emploi, peut également organiser une visite médicale pour tout travailleur le nécessitant (Article R4624-34 du Code du Travail).

La visite de mi-carrière (Source = liaisons sociales quotidien n°208/2021) :

la Loi 2021-1018 du 2 Août 2021 pour renforcer la prévention en santé au travail, publiée au Journal Officiel le 3 août, prévoit l'instauration d'une visite médicale de mi-carrière, effectuée par le médecin du travail, organisée à une échéance déterminée par accord de branche ou à défaut durant l'année civile de son 45e anniversaire. Elle peut toutefois être anticipée et être groupée avec une autre visite du médecin du travail dans les deux ans avant l'échéance

précitée. Elle pourra également être réalisée dès lors du retour à l'emploi du travailleur s'il satisfait aux conditions déterminées par l'accord de branche prévu au premier alinéa ou, à défaut, dès lors qu'il est âgé d'au moins 45 ans.

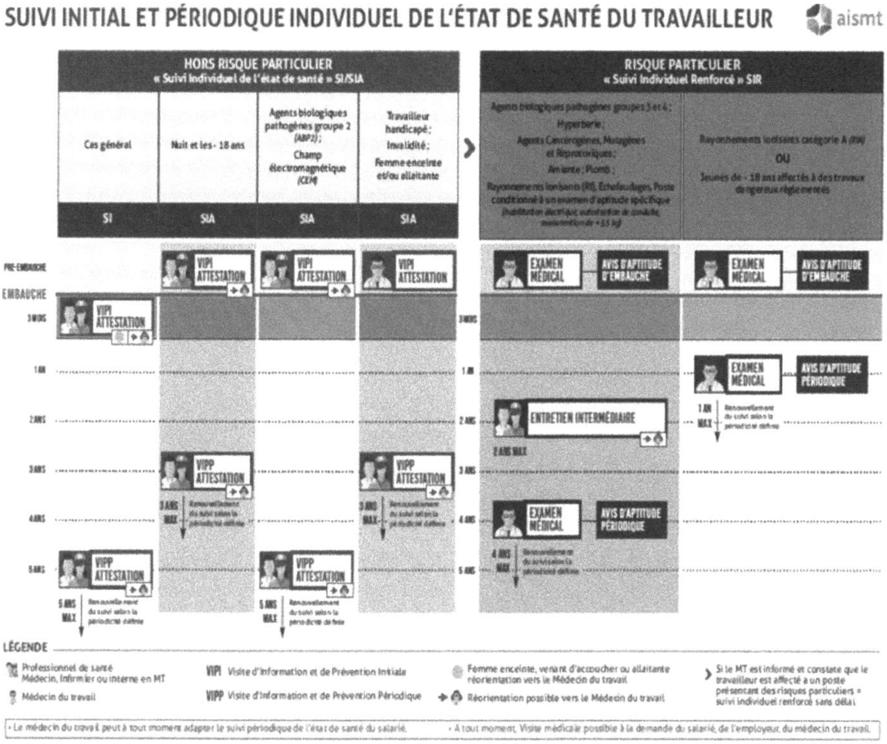

Son but est d'établir un état des lieux entre l'adéquation entre le poste de travail et l'état de santé du salarié en tenant compte des expositions et des facteurs de risques professionnels auxquels a été soumis le salarié, d'évaluer les risques de désinsertion professionnelle (évolution des capacités professionnelle sen fonction de son parcours professionnel, de son âge, de son état de santé), de sensibiliser le travailleur aux enjeux du vieillissement au travail et à la prévention des risques professionnels.

Le médecin du travail pourra ensuite proposer par écrit et après échange avec le salarié et l'employeur des mesures individuelles d'aménagement, d'adaptation ou de transformation du poste de travail, d'adaptation du poste de travail ou des mesures d'aménagement, d'adaptation ou de transformation du poste de travail, des aménagements du temps de travail justifiées notamment par l'âge ou l'état de santé physique et mental du travailleur (Article L. 4624-2-2.I du Code du Travail).

Cette visite pourra être effectuée par un infirmier de santé au travail exerçant en pratique avancée. Celui-ci, ne pouvant proposer les mesures précitées, devra orienter sans délai, s'il l'estime nécessaire, le salarié vers le médecin du travail (Article 4624-2-2.II du Code du Travail).

À noter que dans les entreprises d'au moins 250 salariés, le référent handicap pourra participer à l'échange entre le salarié et l'employeur, organisé à l'issue de la visite de mi-carrière. Il sera tenu à une obligation de discrétion à l'égard des informations à caractère professionnel qu'il est amené à connaître. (Code du Travail Article L.5213-6-1 alinéa 2 Loi n° 2021-1018, article 22)

La visite de fin de carrière (Source = Présance, Sistel)

Le décret n° 2021-1065 du 9 août 2021 relatif à la visite médicale des travailleurs avant leur départ à la retraite a été pris en application de l'article L. 4624-2-1 du Code du travail. Cet article, créé par la loi n° 2018-217 du 29 mars 2018, a également été modifié par la loi du 2 août 2021. Une nouvelle rédaction sera donc applicable à compter du 31 mars 2022.

Cette visite a pour but d'assurer une transition du suivi individuel de l'état de santé du travailleur entre sa période d'activité et sa retraite. Elle doit essayer d'établir une traçabilité et un état des lieux à date de certaines expositions aux facteurs de risques professionnels auxquels a été soumis le travailleur. Elle a pour but de mettre en place une surveillance médicale au moment de la retraite, en lien avec le médecin traitant et le médecin conseil de la CPAM si les expositions rencontrées au cours de la carrière le requièrent.

Elle s'adresse aux salariés en suivi individuel renforcé exposés (ou ayant été exposés) à certains risques pour leur santé ou leur sécurité : amiante, rayonnements ionisants, plomb, agents cancérogènes, mutagènes et toxiques pour la reproduction, agents biologiques des groupes 3 et 4, certains produits chimiques, chute de hauteur lors des opérations de montage et de démontage d'échafaudages.

Par ailleurs, elle doit établir, à date, un état des lieux des expositions aux facteurs de risques professionnels prévus par le code du travail qu'il soient liés à des contraintes physiques marquées (manutention manuelles de charges, postures pénibles (= positions forcées des articulations), vibrations mécaniques, ou à des risques environnementaux physiques agressifs (agents chimiques dangereux y compris, poussières et fumées, activités sous températures extrêmes, milieu hyperbare) ou enfin à des facteurs de risque liés à certains rythmes de travail (travail de nuit, travail en équipes alternantes, travail répétitif).

Elle doit informer des démarches à effectuer pour bénéficier d'une surveillance post- professionnelle.

Elle s'inscrit dans une démarche globale de suivi des salariés tout au long de leur parcours professionnel visant à renforcer la prévention en santé au travail.

La visite est effectuée par le médecin du travail sur demande de l'employeur, voire du salarié (après information, de l'employeur).

- **Pendant l'arrêt de travail**
  - La visite de pré reprise (VPR)++++

Elle intervient lorsque l'état de santé du travailleur ne lui permet plus d'occuper son poste de travail et qu'il lui a été prescrit un arrêt de travail. Son objectif est d'anticiper le retour au travail et le maintien durable dans l'emploi sans risque pour la santé.

Concernant les salariés en arrêt de travail et quelle qu'en soit la cause, leur contrat de travail est « suspendu ». Dans cette situation, leur prise en charge est confiée à l'équipe soignante (médecin traitant, médecins spécialistes...) et au médecin conseil de la CPAM ou de la MSA. Jusqu'à présent, l'employeur était avisé de l'arrêt de travail et de ses prolongations éventuelles de durée. Le médecin du travail ne l'était pas, sauf dans le cadre des arrêts de travail de moins de 30 jours pour cause d'accident du travail, pour lesquels l'employeur était tenu de l'informer (Article R4624-33 du Code du Travail). Ceci soulignait l'importance du rôle du médecin traitant (ou du spécialiste) dans la détection des situations de santé pouvant aboutir, pour son patient, à un risque de désinsertion professionnelle et dans l'orientation précoce vers le médecin du travail. Cette demande de visite de pré reprise remettait le médecin du travail dans le « circuit » et donc, lui permettait dès lors d'enclencher une prise en charge de prévention de la désinsertion professionnelle et un suivi, pendant cette période, adaptés à la situation particulière du travailleur (plusieurs visites pouvaient être organisées si besoin). Les échanges, dans le respect du secret professionnel et médical et autour du travailleur, entre ces deux acteurs du maintien en emploi, demeurent précieux.

L'Article R 4624-29 du Code du Travail modifié par le décret N° 2022-372 du 16 03 2022 , Article 5 prévoit désormais qu'en vue de favoriser le maintien en emploi des travailleurs en arrêt de travail d'une durée de plus de 30 jours, une visite de pré reprise puisse être réalisée par le médecin du travail à son initiative (et non plus, comme auparavant et après 3 mois d'arrêt, exclusivement à celle du médecin traitant, du médecin conseil des organismes de sécurité sociale (le régime social des indépendants est maintenant géré par la CPAM) ou du travailleur[21].

En cas de visite demandée par le médecin conseil, celui-ci informe préalablement le médecin traitant. Dans tous les cas, le travailleur en est également informé. Après la visite de pré reprise, organisée avec l'accord de l'intéressé, le médecin du travail communique au médecin conseil, sous 20 jours après la réception de la saisine, les éléments pertinents à prendre en compte par ce dernier dans l'exercice de ses missions ((contrôle médical, mise en place d'un temps partiel thérapeutique, d'une pension d'invalidité) afin de préparer le retour à l'emploi (Article D 323-3 du Code de la Sécurité Sociale).

La visite de pré reprise est par ailleurs l'occasion pour le médecin du travail, en appui avec le service social du service de santé au travail interentreprise ou celui de l'entreprise, et également avec des partenaires extérieurs (cellules maintien cap emploi par exemple), de préconiser des aménagements et adaptations du poste de travail, un reclassement professionnel, l'organisation de formations professionnelles en vue de la facilitation du reclassement du travailleur ou de sa réorientation professionnelle. Il informe, sauf en cas d'opposition du travailleur,

21. Cette mention du délai de 3 mois est en lien avec l'Article L323-4-1 du Code de la Sécurité Sociale qui prévoit qu'au cours de toute interruption de travail dépassant 3 mois, le médecin conseil, en liaison avec le médecin traitant, peut solliciter le médecin du travail dans des conditions définies par décret, pour préparer et étudier, le cas échéant, les conditions et modalités de la reprise du travail ou envisager les démarches de formation. L'assuré est assisté durant cette période par une personne de son choix.

l'employeur et le médecin conseil de ses recommandations afin que toutes les mesures soient mises en œuvre en vue de favoriser le maintien en emploi du travailleur (Article R4624-30 du Code du Travail)[22].

- La participation au rendez-vous de liaison entre l'employeur et le salarié pendant l'arrêt de travail *Source Présanse*)

Ce rendez-vous, non médical, facultatif, auquel le service de prévention et de santé au travail peut être associé, est organisé à l'initiative de l'employeur ou du salarié. Il vise à permettre pendant l'arrêt un contact entre l'employeur et le salarié pour anticiper les suites, informer des mesures d'accompagnement mobilisables (visite de pré-reprise, mesures d'aménagement du poste ou du temps de travail, préparer le retour du salarié dans l'entreprise ou son éventuel reclassement. L'employeur doit informer le salarié de son droit de solliciter l'organisation de ce rendez-vous, mais le salarié peut refuser de s'y rendre. Il peut également demander à être accompagné du référent handicap s'il existe (entreprises d'au moins 250 salariés), lequel est tenu d'une obligation de discrétion dans ce cadre. C'est un rendez-vous d'information pour le salarié en termes d'actions de prévention de la désinsertion professionnelle (essai encadré, convention de rééducation professionnelle, projet de transition professionnelle), ou du déclenchement d'une visite de pré-reprise avec le médecin du travail (adaptation du poste de travail à l'état de santé du salarié).

- **Au retour d'un arrêt de travail : la visite de reprise (VR)**

Elle est réalisée, sur demande de l'employeur, par le médecin du travail le jour de la reprise effective du travail ou, au plus tard, dans un délai de 8 jours qui suit celle-ci (Article R4624-31 du Code du Travail). Celle-ci survient :

- après un congé de maternité ou après une absence pour maladie professionnelle (quelle qu'en soient les durées),
- après une absence d'au moins 30 jours pour cause de maladie, ou d'accident non professionnel ayant débutée avant le 01 avril 2022[23], puis, à compter de cette date, à partir de 60 jours d'absence,
- après 30 jours d'absence pour accident du travail.

Son but est de favoriser la reprise du salarié sur un poste en adéquation avec son état de santé, d'éviter tout risque de désinsertion professionnelle et de favoriser une employabilité durable.

22. À noter par ailleurs qu'il n'était pas interdit de solliciter une visite de pré reprise avant ce délai de 3 mois surtout si les acteurs (travailleur, médecin conseil et médecin traitant) pressentaient un risque de désinsertion professionnelle ou des difficultés de maintien en emploi.
Par ailleurs, même si le Code du Travail ne prévoyait pas la visite à l'initiative de l'employeur et du médecin du travail, rien ne s'opposait à ce qu'ils gardent un lien avec le travailleur pendant son arrêt et l'informent, sans exercer de pression pour une quelconque reprise, sur la possibilité de bénéficier d'une visite de pré reprise
23. Rien n'empêche l'employeur ni le travailleur de demander une visite « occasionnelle » pour des absences de moindre durée.

Elle vérifie la compatibilité du poste repris par le travailleur ou de celui sur lequel il a été reclassé en raison de son état de santé (notamment suite aux préconisations d'aménagement ou d'adaptation de postes qui ont pu être émises en visite de pré reprise),

Elle peut également préconiser l'aménagement, l'adaptation du poste ou le reclassement du travailleur ou être l'occasion de délivrer un avis d'inaptitude (Article R4624-32 du Code du Travail).

Les protocoles de délégation de missions du médecin du travail à l'équipe pluridisciplinaire

Le médecin du travail peut confier certaines activités, sous sa responsabilité et dans le cadre de protocoles écrits et précis (Article R 4626-13 du Code du Travail), à certains collaborateurs (médecins collaborateurs, internes et candidats à l'exercice, infirmiers, assistants de service de santé).

Il peut d'une façon générale en respectant des points de vigilance mettre à disposition des adhérents du service de santé, dans le cadre du maintien en emploi, l'ensemble des membres du pôle technique pluridisciplinaire.

Dans le cadre du maintien en emploi, il peut être intéressant d'élargir, au titre d'entretiens et d'actions préparatoires à la visite de pré reprise, le domaine d'intervention des infirmiers (ères) diplômé(e)s en santé au travail (IDEST) travaillant en binôme avec le médecin, en créant, par exemple et sous protocole, des entretiens infirmiers et des actions en milieu de travail spécifiques.

Le secret médical et professionnel dans le cadre du maintien en emploi

L' Article L 1110 du Code de la Santé Publique stipule que toute personne prise en charge par un professionnel de santé, un établissement ou service, un professionnel ou organisme concourant à la prévention ou aux soins dont les activités sont régies par le présent code, le service de santé des armées, un professionnel du secteur médico-social ou social ou un établissement ou service social et médicosocial mentionné au 1 de l'Article L312-1 du Code de l'Action et des Familles, a droit au respect de sa vie privée et du secret des informations le concernant.

Hormis les cas de dérogation prévus par la loi, ce secret s'impose à tous les professionnels intervenant dans le système de santé.

Un professionnel peut échanger avec un ou plusieurs professionnels identifiés des informations concernant la personne s'ils participent tous à sa prise en charge et que ces informations sont strictement nécessaires à la coordination ou à la continuité des soins, à la prévention ou à son suivi médico-social et social. S'ils appartiennent à la même équipe de soins au titre de l'Article L 1110-12, ces mêmes informations sont réputées confiées par la personne à l'ensemble de l'équipe. S'ils n'appartiennent pas à la même équipe, le partage d'informations requiert son consentement préalable, recueilli par tout moyen, y compris de façon dématérialisée (décret N° 2016-1349 du 10 10 2016).

Concernant le dossier médical santé travail, il ne peut être communiqué qu'au médecin de son choix, à la demande de l'intéressé. Mais, en cas de risque pour la santé publique, ou à sa demande, le médecin du travail le transmet au médecin inspecteur du travail. Il peut être communiqué à un autre médecin du travail dans la continuité de la prise en charge, sauf en cas de refus du travailleur (Article L4624-8 du Code du Travail).

Pour ce qui se rapporte à l'équipe pluridisciplinaire ou du travail indispensable en réseau avec les autres acteurs du maintien en emploi (médecin traitant du travailleur, médecin conseil de la sécurité sociale service social de la CARSAT, cap emploi, Agefiph...), le partage d'informations nécessaires à la prise en charge de la personne, est indispensable dans le processus de maintien en emploi engagé mais requiert son consentement préalable recueilli par tous moyens, y compris de façon dématérialisée et sa participation relève des dispositions stipulées dans le décret N° 2016-1349 du 10 10 2016 sus cité[24].

L'Article D 1110-3-1 et s. du Code de Santé Publique précise les conditions de ce recueil de consentement « éclairé » :

- Information claire de la personne (ou de son représentant légal) par rapport aux catégories d'informations et de professionnels destinés à connaître ces éléments, à la nature des supports utilisés pour les transmissions et des mesures prises pour protéger la sécurité de celles-ci,
- Remise à celle-ci d'un support écrit (tel que prévu à l'Article D 1110-3-2 du Code de la Santé Publique).
- Consentement préalable recueilli, sauf impossibilité ou urgence (auquel cas, il en est fait mention dans le dossier médical de la personne), par tous moyens, y compris de façon dématérialisée.
- Consentement valable tant qu'il n'a pas été retiré par tous moyens (y compris moyen dématérialisé), limité à la durée de prise en charge de la prestation nécessaire à la gestion de la situation de la personne. (Modalités du recueil des modifications ou du retrait de consentement précisées dans l'Article D 1110-3-3 Code de la Santé Publique)[25].

24. Limites d'accessibilité :
– Le psychologue ne peut pas avoir accès au dossier médical en santé au travail (échanges entre médecin du travail et psychologue réalisés via la personne et intégrés au dossier médical avec accord du salarié),
– Les intervenants en prévention des risques professionnels (IPRP) et assistants en santé au travail (AST) ne peuvent avoir accès qu'aux seules données du dossier médical ayant trait à l'étude du poste de travail du salarié,
– L'assistante sociale n'a pas accès au dossier médical en santé au travail

25. À noter que, ni le médecin du travail, ni le médecin conseil, n'ont accès au dossier médical partagé.

Chapitre 5

Le régime français de protection sociale des travailleurs indépendants

L'organisation

Pour donner suite à la promulgation en 2018 de la loi de financement de la Sécurité sociale, le Régime social des indépendants (RSI) a été supprimé, la gestion de la protection sociale des travailleurs indépendants a été confiée au Régime général, qui, après une période de transition, est devenue effective début 2020.

Les travailleurs non-salariés (artisans, commerçants, industriels et professionnels libéraux non réglementés installés depuis 2019[26]) dépendent donc des trois branches du régime général à savoir :

- La caisse d'assurance maladie du lieu de leur résidence ou du lieu de leur activité en cas de résidence à l'étranger (CPAM en métropole, CGSS en outre-mer) pour leurs prestations maladie, maternité et invalidité,
- Les CARSAT (caisses d'assurance retraite et de la santé au travail), la Caisse nationale d'assurance vieillesse (CNAV) pour la région parisienne, les CGSS (pour l'Outre-mer), la CSS (Mayotte) pour leur assurance vieillesse,
- Les URSSAF (Union de recouvrement des cotisations de sécurité sociale et d'allocations familiales ou, en outre-mer, les CGSS pour le recouvrement de leurs cotisations.

Pour leurs prestations familiales, leur interlocuteur demeure les Caisses d'allocations familiales.

Concernant les professionnels libéraux réglementés[27], leur prise en charge relève des mêmes organismes, hormis leur protection vieillesse et invalidité-décès qui est gérée par les sections professionnelles de la Caisse nationale d'assurance

26. La liste des professions libérales non règlementées affiliées à la Cipav (la Cipav est une des sections professionnelles de la CNAVL
27. Les professions libérales réglementées (source BPI France création) sont les plus connues. Elles ont été classées dans le domaine libéral par la loi et leur titre est protégé. Leurs membres doivent respecter des règles déontologiques strictes et sont soumis au contrôle de leurs instances professionnelles (ordre, chambre, ou syndicat).

vieillesse des professions libérales (CNAVL)[28] ou par la Caisse nationale des barreaux français pour les avocats (CNBF).

Administrateur judiciaire Agent général d'assurance Architecte (1) Architecte d'intérieur Avocat (1) Avocat au conseil d'Etat et à la Cour de Cassation Avoué auprès des cours d'appel (2) Chiropracteur Chirurgien-dentiste (1) Commissaire aux comptes Commissaire-priseur (2) Conseil en investissements financiers Conseil en propriété industrielle Diététicien (3) Ergothérapeute (3) Expert agricole, foncier et expert forestier Expert devant les tribunaux Expert-comptable (1)	Géomètre-expert (1) Greffier auprès des tribunaux de commerce (2) Huissier de justice (2) Infirmier libéral (1) (3) Directeur de laboratoire d'analyses médicales (3) Mandataire judiciaire Mandataire judiciaire à la protection des majeurs Masseur-kinésithérapeute (1) (3) Médecin (1) Notaire (2) Orthophoniste (3) Orthoptiste (3) Ostéopathe Pédicure-podologue (1) (3) Psychologue Psychomotricien (3) Psychothérapeute Sage-femme (1) Vétérinaire (1)

(1) Professions organisées en ordres professionnels
(2) Officiers publics ou ministériels : ils sont titulaires d'un office conféré par l'État et nommés par décision d'un ministre.
(3) Auxiliaires médicaux dont l'activité est réglementée par le code de la santé publique.

28. La Caisse nationale d'assurance vieillesse des professions libérales fédère les dix caisses de retraite des professions libérales suivantes :
- CARCDSF : Caisse autonome de retraite des chirurgiens-dentistes et des sages-femmes,
- CARMF: Caisse autonome de retraite des médecins de France,
- CARPIMKO: Caisse autonome de retraite et de prévoyance des infirmiers, masseurs-kinésithérapeutes, pédicures-podologues, orthophonistes et orthoptistes,
- CARPV : Caisse autonome de retraites et de prévoyance des vétérinaires,
- CAVAMAC : Caisse d'allocation vieillesse des agents généraux et des mandataires non-salariés de l'assurance et de la capitalisation,
- CAVEC : Caisse d'assurance vieillesse des experts-comptables et des commissaires aux comptes,
- CAVOM : Caisse d'assurance vieillesse des officiers ministériels, des officiers publics et des compagnies judiciaires,
- CAVP : Caisse d'assurance vieillesse des pharmaciens,
- CIPAV : Caisse interprofessionnelle de prévoyance et d'assurance vieillesse. La CIPAV comprend notamment les architectes, agréés en architecture, ingénieurs, techniciens, géomètres, experts, conseils, consultants, etc.,
- CPRN : Caisse de prévoyance et de retraite des notaires.

Les catégories de personnes qui suivent sont obligatoirement affiliées au régime général en tant que travailleurs indépendants, même si elles exercent une activité salariée.

- Chefs d'entreprises, commerçants et industriels inscrits au registre du commerce et des sociétés,
- Chefs d'entreprises artisans inscrits au registre des métiers,
- Certains dirigeants ou associés de sociétés,
- Les conjoints (mariés ou pacsés) d'artisans ou de commerçants sous statut de conjoint collaborateur,
- Les auto-entrepreneurs,
- Les personnes qui exercent une profession libérale visée à l'article L 640-1 du Code de la sécurité sociale « exerçant à titre individuel, de manière indépendante et sous leur responsabilité, une activité ayant pour objet d'assurer, dans l'intérêt du client ou du public, des prestations principalement intellectuelles, techniques ou de soins mises en œuvre au moyen de qualifications professionnelles appropriées et dans le respect de principes éthiques ou d'une déontologie professionnelle » (Article 29 de la Loi N° 2012-387 du 22 Mars 2012).

Enfin, les catégories de personnes pouvant s'y affilier de façon volontaire sont :

- Les anciens assurés obligatoires,
- Les personnes qui participent à l'exercice de l'activité sans être rémunérées et sans relever d'un régime obligatoire de sécurité sociale (conjoint non marié, membre de la famille par exemple)
- Les conjoints collaborateurs qui n'exercent plus d'activité régulière au sein de l'entreprise ou qui sont radiés,
- Depuis le 01 janvier 2020, les travailleurs non-salariés résidant à l'étranger doivent demander leur adhésion à l'assurance volontaire vieillesse auprès de la Caisse des Français à l'Etranger (CFE).

Les cotisations

Nous ne décrirons pas ici leur mode de calcul qui se fait, hormis quelques exceptions, sur la base des revenus professionnels non-salariés non agricoles pris en compte pour le calcul de l'impôt sur le revenu)). Sauf en ce qui concerne les micro-entrepreneurs, lesquels adressent chaque mois ou chaque trimestre leur déclaration de chiffre d'affaires et leur règlement sur *autoentrepreneur.urssaf.fr*, les travailleurs indépendants établissent la déclaration sociale des indépendants (DSI) ; les revenus pris en compte pour le calcul des cotisations dépendent du régime fiscal dont relève l'entreprise, et par conséquent de sa forme juridique (SARL, EURL, micro-entreprise...).

A signaler que la DSI de l'année N-1 sert de base à leur calcul et que certaines modalités sont prévues pour les deux premières années d'activité.

En cas de création d'entreprise en 2020, les artisans, commerçants et professionnels libéraux non réglementés peuvent être exonérés pendant 12 mois de **certaines** cotisations (maladie, invalidité-décès, retraite de base et allocations familiales) à la condition, d'une part, de ne pas avoir bénéficié depuis 3 ans de l'Aide aux créateurs ou repreneurs d'entreprise (ACRE), d'autre part, d'avoir le contrôle effectif de l'entreprise créée ou reprise quel que soit sa forme juridique ou le statut du chef d'entreprise (indépendant ou assimilé salarié), les cotisations non exonérées étant calculées sur une base forfaitaire. Les droits à la retraite de base, durant cette période, sont validés.

Pendant la 2e année (2021), tant que les revenus de 2020 ne sont pas connus avec la DSI, des cotisations provisoires, calculées sur des bases forfaitaires, doivent être réglées.

Le recouvrement de toutes les cotisations et contributions sociales obligatoires des artisans et commerçants, ainsi que des professionnels libéraux non réglementés (assurance maladie-maternité, indemnités journalières, retraite de base et complémentaire, invalidité-décès, allocations familiales (versées ensuite par les caisses d'allocations familiales), CSG-CRDS au titre de la solidarité nationale pour le financement de la Sécurité sociale, contribution à la formation professionnelle) est assuré par L'URSSAF (ou la CGSS dans les DOM).

Pour les professions libérales réglementées ou relevant de la CIPAV pour la retraite ou l'invalidité-décès, elles cotisent auprès de l'une des dix sections professionnelles fédérées par la CNAVPL ou la CNBF (cf plus haut). Par ailleurs, elles demeurent soumises à des cotisations auprès de l'URSSAF pour l'assurance maladie-maternité, les allocations familiales, la formation professionnelle et la CSG-CRDS.

A noter que les travailleurs indépendants ne cotisent pas à l'assurance chômage. Ils peuvent cependant souscrire volontairement un contrat d'assurance perte d'emploi (ou garantie chômage) auprès d'une assurance privée. Par ailleurs, les travailleurs qui cessent leur activité en raison d'une liquidation ou d'un redressement judiciaire peuvent, depuis novembre 2019 et sous certaines conditions, percevoir l'allocation des travailleurs indépendants (ATI).

L'assurance maladie-maternité

Depuis janvier 2016, la protection universelle maladie (PUMA) assure une couverture maladie-maternité à toute personne exerçant une activité professionnelle en France ou résidant en France de manière stable et régulière. Les membres majeurs de la famille du travailleur (conjoint, enfants) sont désormais affiliés à titre personnel. Les travailleurs indépendants bénéficient de la prise en charge des frais de santé dans les mêmes conditions et selon les mêmes taux de remboursement que les salariés du régime général et le remboursement des prestations est assuré par la CPAM dont dépend le travailleur indépendant en fonction de son lieu de résidence.

Pour les hospitalisations, un forfait de 20 Euros/jour (15 Euros dans un service psychiatrique) reste non remboursé par la Sécurité sociale et, à la charge du patient sauf s'il est pris en charge par sa mutuelle ou sa complémentaire de santé ou s'il bénéficie d'une exonération.

De plus l'assuré doit participer à hauteur de 1 euros/j au financement de chaque consultation ou acte de biologie médicale (avec une limite de 4 Euros par jour pour un même professionnel de santé ou par laboratoire). Il existe par ailleurs une franchise de 0 ;50 Euros pour chaque acte paramédical et par boîte de médicament prescrite et une de 2 Euros sur les transports sanitaires (hors transports d'urgence après appel au SAMU). Cette franchise est plafonnée à 50 Euros par an ; par ailleurs, elle est plafonnée à 2 Euros par jour pour les actes paramédicaux et à 4 Euros par jour pour les transports sanitaires. Les personnes mineures (<18 ans) et les femmes enceintes (pour les soins pris en charge par l'assurance maladie à partir du 6e mois de grossesse et jusqu'à 12 jours après l'accouchement) sont exemptées de la participation forfaitaire et des franchises.

Les indemnités journalières maladie

Les artisans, commerçants ou industriels et certains professionnels libéraux non réglementés (nouveaux auto-entrepreneurs depuis 2018, et tous les autres professionnels libéraux non réglementés depuis 2019) peuvent prétendre à des indemnités journalières en espèces en cas d'arrêt de travail pour maladie ou accident.

Les autres professionnels libéraux ne cotisent pas de manière obligatoire auprès du régime général et ne bénéficient pas, par conséquent, d'indemnités journalières versées par la CPAM[29]. Toutefois, certains régimes de prévoyances (invalidité-décès) des caisses de retraites pour professionnels libéraux (CAVEC pour experts comptables et commissaires au compte, CARMF pour médecins, CARPIMKO pour auxiliaires médicaux et CARCDSF, pour chirurgiens-dentistes et sage-femmes) accordent le bénéfice d'indemnités journalières en cas d'incapacité temporaire pour maladie, mais après un délai de carence de 3 mois[30].

Le versement des indemnités journalières s'effectue tous les 14 jours en moyenne et est soumis aux conditions suivantes :

- Affiliation depuis 1 an en tant qu'indépendant au titre de l'assurance maladie[31],

29. A noter que jusqu'au 31 décembre 2023, les anciens professionnels libéraux non réglementés peuvent opter pour ce statut d'artisan, commerçant, avec application l'année suivante (pour tous renseignements contacter l'URSSAF).
30. À compter du 01 07 2021, la Loi de financement de la Sécurité sociale prévoit la création d'un dispositif d'indemnités journalières commun en cas d'arrêt maladie pour les professionnels libéraux affiliés à la CNAVPL (1million de professionnels concernés)
31. Si les droits ne sont pas réunis, il est possible, le cas échéant, d'être indemnisé au titre du maintien

- Acquittement d'au moins une cotisation minimale maladie 2 (IJ),
- Ou avoir un revenu professionnel annuel > 3982,80 Euros (cas des micro-entrepreneurs),
- Présentation d'une prescription d'arrêt de travail à temps complet ou de temps partiel thérapeutique[32],
- Activité arrêtée.

Le montant de l'indemnité journalière est égal au 1/730e du revenu annuel d'activité moyen des 3 dernières années civiles dans la limite du plafond de la Sécurité sociale (43 992 Euros bruts[33] au 1er janvier 2023), c'est-à-dire qu'il est au maximum de 60,26 Euros bruts/j. Une indemnité forfaitaire de 22,54 Euros/J peut être attribuée au conjoint collaborateur.

Pour les micro-entreprises : 6,02 Euros < indemnité journalière < ou égale à 60,26 Euros, mais si le revenu annuel est < 4113,60 Euros après abattement, il n'y a pas de versement d'indemnité.

Leur versement est soumis à un délai de carence de 3 jours et les arrêts de travail < 7 jourslu-+

qui ne donnent pas lieu à une hospitalisation ne sont pas indemnisés (délai de carence de 7 jours). Ce délai de carence ne s'applique qu'une seule fois si des arrêts répétés sont liés à une affection longue durée ou à un même accident. Il n'est pas appliqué si la reprise d'activité entre deux prescriptions d'arrêt de travail ne dépasse pas 48 heures.

Le travailleur indépendant, peut, tout comme les salariés du régime général, percevoir jusqu'à 360 jours d'indemnisation sur une période de 3 ans (90 jours en cas de temps partiel thérapeutique mais 270 jours de temps partiel thérapeutique éventuellement, soit 3 années de versement, pour les arrêts liés à une affection longue durée (ALD).

Le travailleur indépendant peut bien sûr se rapprocher de sa compagnie d'assurance et souscrire des contrats plus protecteurs.

*Les indemnités journalières seront versées pendant 90 jours après un délai de carence de 3 jours, le taux de cotisation à ce dispositif sera fixé à 0,3% du bénéfice non commercial du professionnel avec un plafond de revenus annuels limité à 3 plafonds annuels de la sécurité sociale (PASS) soit 131 976 Euros (PASS annuel 2023 = 43992 Euros). La cotisation maximale annuelle ne pourra pas dépasser 370 Euros par an**** pour les professionnels libéraux dont le revenu est égal ou supérieur à 3 PASS ; la cotisation minimale sera calculée sur la base de 40% du*

---

de droits liés à l'activité précédente Pour tous renseignements contacter la Caisse Primaire d'Assurance Maladie)

32. Il est important de conserver sans limitation de durée les relevés d'indemnités journalières car ceux-ci valident les droits à la retraite.

33. Les indemnités journalières sont soumises à des prélèvements sociaux (0,5% au titre de la contribution au remboursement de la dette sociale (CRDS), 6,2% au titre de la contribution sociale généralisée (CSG). Elles sont également soumises à l'impôt sur le revenu , sauf pour les arrêts en relation avec une affection longue durée.

*PASS soit environ 50 Euros par an****. Le montant des indemnités journalières correspondra à 50% du revenu annuel, comme c'est le cas des salariés et commerçants, mais avec un plafond de 3 PASS (131 996 Euros). Sur la base d'un revenu supérieur à 3 PASS, l'indemnité maximale sera de 169 Euros par jour et l'indemnité journalière minimale, sur la base d'un revenu annuel équivalent à 40% du PASS sera de 22 Euros/jour.*

Maternité-paternité

Hormis quelques circonstances particulières permettant de prendre en compte des affiliations antérieures, les prestations sont accessibles aux femmes artisanes, commerçantes, professionnelles libérales, affilées à titre personnel et sous le régime du travailleur indépendant, au régime général depuis au moins 10 mois avant l'accouchement ou l'adoption. Sous réserve d'un revenu annuel moyen des 3 années > 3982,80 Euros, elles peuvent recevoir les montants complets ; en deçà, les prestations ne sont attribuées qu'à 10% des montants habituels.

La CPAM du lieu de résidence prend en charge les prestations comme pour les salariés du régime général.

Pendant les 5 premiers mois de grossesse, sous couvert du tiers payant (dispense d'avance des frais), prise en charge à 100% des examens obligatoires liés à la grossesse, à 70% des échographies.

A partir du 6e mois et jusqu'à 12 jours après l'accouchement, prise en charge à 100% des frais dans la limite des tarifs fixés par l'assurance maladie, dispense :

- Des franchises médicales applicables sur les consultations médicales, les médicaments, les actes paramédicaux et les transports sanitaires,
- Du forfait hospitalier et de la participation forfaitaire de 24 Euros pour actes lourds.

Par ailleurs, la CPAM peut verser deux prestations en espèces aux femmes chefs d'entreprise :

- L'allocation forfaitaire de repos maternel, d'un montant de 3428 Euros, destinée à compenser la diminution d'activité, est versée, pour moitié, au début de l'arrêt, pour moitié au terme des 8 semaines de repos obligatoires. En cas de naissance avant la fin du 7e mois de grossesse, la totalité de la somme est versée après l'accouchement. Dans le cadre d'une adoption, 1714,00 Euros sont versés à l'arrivée de l'enfant dans le foyer.
- L'indemnité journalière forfaitaire d'interruption d'activité, d'un montant de 56,35 Euros et d'une durée possible de 112 jours (16 semaines), est destinée aux femmes qui interrompent leur activité pendant au moins 8 semaines (dont 6 semaines de congé post natal). A signaler que la durée du versement peut être prolongée dans le cadre de grossesses difficiles ou pathologiques, d'accouchements prématurés, grossesses gémellaires, d'hospitalisation de l'enfant, de 3e enfant. Dans le cadre d'une adoption simple, la durée d'indemnisation maximale est de 84 jours (12 semaines).

Sous réserve d'une affiliation de 10 mois au régime :

- Le chef d'entreprise a la possibilité de bénéficier d'un congé paternité avec versement d'une indemnité journalière de 56,25 Euros par jour. Cette indemnité peut être versée pendant 11 jours consécutifs pour une naissance ou une adoption simple, 18 jours consécutifs en cas de naissances ou d'adoptions multiples. Le congé doit débuter dans les 4 mois suivant la naissance ou l'arrivée de l'enfant dans le foyer.
- Si le chef d'entreprise reçoit un revenu < 3982,80 Euros, l'indemnité reçue correspond à 10% du montant habituel.
- Le conjoint collaborateur peut obtenir une indemnité pour permettre à un salarié de le remplacer. Versée pendant la même durée que pour les pères chefs d'entreprise, elle correspond au coût réel du remplacement mais est plafonnée à 54,98 Euros/j.
- Le congé paternité et d'accueil bénéficie au père, mais aussi, le cas échéant, au conjoint, concubin partenaire ayant conclu un PACS.

Les prestations familiales

Les cotisations obligatoires d'allocations familiales versées par les travailleurs indépendants et les professionnels libéraux à l'URSSAF et reversées ensuite par celle -ci aux Caisses d'allocations familiales, leur ouvrent des droits identiques à ceux des salariés. Ces prestations, pour la plupart soumises à des conditions de ressources, sont versées à partir du 2e enfant. Elles visent compenser des charges familiales (naissance, enfant à charge, garde, rentrée scolaire) ou à assurer des prestations liées au logement, handicap, précarité (RSA...).

Prévention des accidents du travail et des maladies professionnelles[34]

Les travailleurs indépendants ne bénéficient pas d'une couverture contre les risques d'accident du travail (AT) et de maladie professionnelle (MP). S'ils sont victimes d'un évènement de ce type, leur prise en charge se fait sous le mode de ce qui est prévu dans le régime de la maladie simple (remboursement des frais médicaux et versement d'indemnités journalières). Par contre, ils ne peuvent pas prétendre au versement d'indemnités ou de rente en cas d'incapacité permanente partielle, contrairement aux dirigeants assimilés salariés, qui, eux, bénéficient de la protection AT/MP.

Ils peuvent toutefois souscrire une assurance volontaire auprès de la CPAM dont ils dépendent, mais celle-ci ne donne pas droit aux indemnités journalières[35].

À noter que la CPAM a mis en place des programmes de prévention liés aux différentes activités indépendantes.

34. Source BPI France création.
35. Nous verrons plus loin la protection complémentaire des indépendants.

La couverture médicale universelle complémentaire (CMU-C) et l'aide au paiement d'une complémentaire santé

Ces prestations peuvent bénéficier à des travailleurs indépendants aux revenus très faibles

- La CMU-C offre une protection complémentaire (mutuelle gratuite) en matière de santé aux personnes bénéficiaires ou non de la CMU de base, (ressources annuelles < 8653 Euros majorée dans les DOM). Cela leur permet de bénéficier de remboursements supplémentaires qui s'ajoutent à ceux de la sécurité sociale pour les indépendants (prise en charge du ticket modérateur pour un remboursement intégral, et prise en charge dans certaines limites de dépassements de tarifs). Par ailleurs, elle les dispense de l'avance de frais liés aux soins (tiers-payant).
- L'aide au paiement d'une complémentaire santé, versée sous la forme de « chèques santé », facilitant la souscription d'une complémentaire santé qui donne droit à une dispense totale d'avance des frais de dépenses de santé, à des tarifs médicaux, sans dépassement d'honoraires dans le cadre du parcours de soins coordonné, à des tarifs sociaux sur l'électricité et le gaz. Son montant est variable, selon l'âge du travailleur indépendant (de 100 à 550 Euros). Elle peut être attribuée si les ressources ne dépassent pas plus de 35% le seuil d'accès à la CMU et si le travailleur indépendant remplit toutes les autres conditions d'accès à la CMU complémentaire (résidence stable et régulière, composition du foyer, ressources prises en compte...).

Vieillesse

Dispositions applicables aux artisans, commerçants, industriels, professions libérales non réglementées (sauf celles assurées par la CIPAV).

Âge légal pour obtention d'une retraite à taux plein (sans décote)		Âge de retraite à taux plein + tardif quel que soit la durée d'assurance
Date de naissance	Âge légal de départ	Âge de la retraite à taux plein
Avant 01 07 1951	60 ans	65 ans
Du 01 07 1951 au 31 12 1951	60 ans et 4 mois	65 ans et 4 mois
1952	60 ans et 9 mois	65 ans et 9 mois
1953	61 ans et 2 mois	66 ans et 2 mois
1954	61 ans et 7 mois	66 ans et 7 mois
À partir de 1955	62 ans	67 ans

La retraite anticipée

Elle est possible dans deux situations :

- **La retraite anticipée pour carrière longue**

Elle donne accès à une retraite de base à taux plein.

- Les conditions à remplir pour un départ anticipé avant 60 ans sont, d'une part, d'avoir commencé à travailler avant 16 ans et avoir validé, avant la fin de l'année civile du 16ᵉ anniversaire, 5 trimestres (ou 4 trimestres pour ceux nés au 4ᵉ trimestre), d'autre part, de justifier, tous régimes confondus, d'une d'assurance cotisée égale à celle, permettant selon la génération, de bénéficier d'une pension à taux plein, majorée dans la plupart des cas de 4 ou 8 trimestres cotisés en fonction de l'âge de la retraite.
- Les conditions pour un départ anticipé à partir de 60 ans, pour un assuré ayant commencé à travailler avant 20 ans, sont, d'une part, d'avoir validé, tous régimes confondus, 5 trimestres l'année civile du 20ᵉ anniversaire (ou 4 trimestres pour ceux nés au 4ᵉ trimestres), et justifier, tous régimes confondus, de la durée d'assurance cotisée égale à celle, permettant, selon sa génération, de bénéficier d'une pension au taux plein, soit 41 ans et 2 trimestres (166 trimestres) pour les assurés nés en 1957, 41 ans et 3 trimestres (167 trimestres) pour les assurés nés en 1958 ou en 1959.

Dans le cadre de la retraite anticipée pour carrière longue, seule la durée d'assurance cotisée est prise en compte : Elle doit être égale à la durée d'assurance permettant, selon sa génération, de bénéficier d'une pension au taux plein. Elle est éventuellement majorée en fonction de l'année de naissance et de l'âge du départ. Elle est calculée dans la limite de 4 trimestres par an ce qui correspond aux périodes ayant donné lieu au versement de cotisations (on distingue les trimestres cotisés à la charge de l'assuré et les trimestres « réputés cotisés » (service militaire, chômage, perception d'une pension d'invalidité, d'indemnités journalières de maladie ou maternité, d'accidents du travail...).

- **La retraite anticipée pour handicap**

Le travailleur handicapé peut prétendre à un départ à la retraite à partir de 55 ans s'il a exercé une activité professionnelle pendant l'intégralité des durées d'assurance cotisées et validées...

Tableau valable pour l'année 2020 selon les générations			
Année de naissance	Âge de départ à compter de	Durée totale d'assurance validée	Durée d'assurance cotisée
1956	59 ans	86 trimestres	66 Trimestres
1957	59 ans	86 trimestres	66 trimestres
1958	59 ans	87 trimestres	67 trimestres
1959	58 ans	97 trimestres	77 trimestres
1960	57 ans	107 trimestres	87 trimestres
1961	56 ans	118 trimestres	98 trimestres

1962	55 ans	128 trimestres	108 trimestres

... avec une incapacité permanente d'au moins 50% ou, pour les périodes antérieures au 31 12 2015, justifier de la RQTH et s'il peut justifier d'une certaine durée d'assurance validée et cotisée.

Durée validée	Durée cotisée
Fonction de l'année de naissance et de l'âge de départ à la retraite	
= périodes acquises par cotisations, tous régimes confondus, dans la limite de 4 trimestres /an	Calculée, tous régimes confondus, dans la limite de 4 trimestres /an
Inclut certains périodes sans paiement effectif de cotisations (service militaire, période de guerre, maladie, hospitalisation d'au moins 60 jours, invalidité, chômage, majoration de dsurée d'assistance pour enfants, aide familial ou activité à l'étranger, sous certaines conditions)	= durée d'assurance ayant donné lieu à versement de cotisations par l'assuré à titre obligatoire, volontaire, suite au rachat (sauf rachat FILLON) ou à la régularisation de cotisations arriérées.

Les majorations de durée d'assurance

Elles permettent dans 3 situations d'obtenir des trimestres supplémentaires pour le calcul de la retraite.

- Majoration /maternité : 4 trimestres par enfant attribués automatiquement à la mère si elle est assurée sociale,
- Majoration / éducation des enfants[36],
- Majoration/ adoption

La majoration du montant de la retraite (surcote)[37]

Sous réserve d'avoir acquis le nombre de trimestres nécessaires pour percevoir une retraite à taux plein, tout trimestre travaillé et cotisé (depuis 2004) après l'âge légal de départ à la retraite, permet de majorer le montant de la retraite.

36. Ces deux dernières majorations peuvent être attribuées à la mère seule, au père seul, ou aux deux parents. Concernant l'adoption, les modalités de répartition sont différentes selon que l'enfant est né avant ou après le 01 01 2010
37

Périodes accomplies du 01 01 2004 au 31 12 2008	A partir du 01 04 2009
0,75% du 1er au 4e trimestre de surcote	Majoration de 1,25% quel que soit l'âge de l'assuré ou le rang du trimestre, soit 5%/an
1% pour trimestres au-delà du 4e trimestre de surcote	
1,25% par trimestre de surcote effectué au-delà du 65e anniversaire	

Le calcul de la retraite

Il est différent si la période d'assurance est antérieure ou postérieure à 1973. Pour les artisans et commerçants :

Avant 1973	Depuis 1973
Régime de retraite de base par point	Régime de retraite de base par répartition (aligné sur celui des salariés) fondé sur la solidarité nationale+ retraite complémentaire obligatoire
Montant = Nombre de points acquis X/ valeur du point	Montant=Revenu annuel moyen X taux X durée d'assurance

38. Revenu annuel moyen = moyenne des revenus perçus pendant les meilleures années d'activité dans la limite du plafond annuel de la sécurité sociale (PASS) soit 41 136 Euros en 2020). Le nombre d'années pris en compte est de 10 pour les assurés nés jusqu'à fin 1952, puis 25, à partir de 1953.

39. La durée de référence, c'est-à-dire, la durée nécessaire pour obtenir le taux plein varie selon l'année de naissance.

40. Le taux maximal de 50% (taux plein) est appliqué aux assurés qui ont l'âge de la retraite à taux plein (67 ans pour les personnes nées à partir de 1955, quelle que soit la durée d'assurance ou qui justifient d'un certain nombre de trimestres d'assurance (tous régimes confondus) variant suivant l'année de naissance ou qui sont dans une situation particulière (inapte au travail, handicapé, ancien combattant, déporté ou prisonnier de guerre).
Sont prises en compte dans le calcul du taux :
–Les périodes cotisées à titre obligatoire ou volontaire à un régime d'assurance vieillesse,
–Les périodes assimilées (service militaire, guerre, hospitalisation>60 jours, invalidité, chômage),
–La majoration de durée d'assurance pour enfants, pénibilité,
–les périodes reconnues comme équivalentes (périodes de participation par un membre de la famille à l'activité artisanale ou commerciale sans bénéficier d'un régime obligatoire d'assurance vieillesse ou activité à l'étranger avant le 01 04 1983).
Si l'assuré ne justifie pas du nombre de trimestres suffisant ou d'une qualité particulière et qu'il souhaite partir entre l'âge légal de départ et l'âge du taux plein, la retraite versée subit une décote (sur au maximum 20 trimestres) de 1,50% par trimestre manquant (assurés nés en 1951), 1,375% (1952), 1,25% à partir de 1953.

41. Durée d'assurance (nombre de trimestres acquis depuis 1973 dans le régime des artisans ou des commerçants (maintenant calculés conjointement) = nombre de trimestres cotisés+ trimestres assimilés (période militaire, maladie ou maternité, invalidité, chômage) + majoration de durée d'assurance pour enfant.

Année de naissance	Nombre de trimestres d'assurance nécessaires pour le taux plein	Nombre d'années retenues pour le calcul du revenu annuel moyen	Durée de référence
1950	162	22 meilleures années	162
1951	163	23 meilleures années	163
1952	164	24 meilleures années	165
1953-1954	165	25 meilleures années	165
1955-1957	166		166
1958-1960	167		167
1961-1963	168		168
1964-1966	169		169
1967-1969	170		170
1970-1972	171		171
A partir de 1973	172		172

Les compléments de pension

Ils peuvent compléter la retraite principale :

- Majoration de 10% pour enfant si le retraité a eu, ou a élevé, 3 enfants pendant 9 ans avant leur 16e anniversaire,
- Majoration pour tierce personne[42] si le retraité, reconnu inapte au travail, présente (avant l'âge du taux plein automatique) un état de santé nécessitant l'aide constante d'une tierce personne pour effectuer les actes ordinaires de la vie.
- Minimum contributif : Il s'adresse aux personnes ayant cotisé sur de faibles revenus et bénéficiant du taux plein. La retraite du régime de base « alignée » (carrière de puis 1973) peut atteindre un montant minimal dit « minimum contributif ».
- Minimum vieillesse (Allocation de solidarité aux personnes âgées (ASPA)) : Â 65 ans ou à l'âge légal de départ en retraite en cas d'inaptitude au travail, quels que soient la durée de la carrière et le montant de la pension, le retraité, sous conditions de ressources et de résidence en France, peut bénéficier du minimum vieillesse. Au décès de l'assuré, si l'actif net de la succession dépasse 39 000 Euros, les sommes ASPA versées sont récupérables sur la succession.

42. Si le retraité bénéficie de plusieurs retraites de base, une seule versera cette majoration.

Au 1er janvier 2020, ASPA = 903,20 Euros/ mois pour une personne seule, montant qui peut être minoré selon les ressources du bénéficiaire.

La retraite complémentaire

Au sein d'un régime commun depuis 2013 aux artisans et commerçants, calculée en points, dont le nombre est acquis en fonction des cotisations versées et dont la valeur varie en fonction de la date d'acquisition, elle est versée entièrement si le retraité a acquis sa retraite de base à taux plein. Si la retraite de base est obtenue à taux minoré, la pension complémentaire de retraite s'en trouve réduite.

Les pensions de retraite sont soumises à des prélèvements sociaux obligatoires selon le revenu fiscal de référence et le nombre de parts. Hormis les cas où le retraité en est exonéré, elles sont sujettes aux taux suivants :

- CSG= 8,3%, 6,6% ou 3,8% selon le taux d'imposition,
- CRDS=0,5%,
- CASA=0,3%
- Les retraités relevant d'une résidence fiscale située hors de France, non soumis à CSG-CRDS versent une cotisation maladie spécifique (7,10%).

Veuvage- Capital décès

Le conjoint survivant de l'artisan, du commerçant et d'un professionnel libéral non-réglementé ayant bénéficié de la Sécurité sociale pour les indépendants, peut bénéficier d'une pension de réversion suite au décès de l'assuré. Les ayants-droits peuvent percevoir un capital-décès.

- **La pension du régime de base**

Elle est à destination du conjoint survivant et représente une partie de la retraite de base qui aurait pu être versée à l'assuré décédé. Pour pouvoir y prétendre, il faut que le conjoint survivant soit âgé d'au moins 55 ans au moment du décès ; il doit par ailleurs être veuf ou veuve d'un chef d'entreprise ou être l'ex-conjoint d'un assuré décédé quelle que soit sa situation matrimoniale (divorcé, remarié) et la durée du mariage.

L'attribution de cette pension, qui correspond à 54% des droits que percevait ou qu'aurait pu percevoir le conjoint décédé, est également conditionnée par un plafond de ressources (21 112 Euros /an pour une personne seule, 33 779,20 Euros pour un couple). Son montant est compris entre 289,87 Euros et 925,56 Euros/mois. L'attribution de cette pension de réversion met fin, s'il existe, à l'avantage perçu pour conjoint à charge.

Par ailleurs et dans certaines conditions, cette pension de réversion peut être complétée par : l'allocation de solidarité aux personnes âgées (ASPA), l'allocation supplémentaire invalidité (ASI), une majoration de pension pour charge d'enfant et d'une bonification pour enfant (10% du montant de la pension de réversion).

- **La pension du régime complémentaire des indépendants (RCI)**

Les dispositions sont les mêmes mais, d'une part, les conditions de ressources sont différentes (les revenus annuels du conjoint survivant doivent être inférieurs ou égal à 82 272 Euros (soit 6856 Euros/mois)), d'autre part, la pension de réversion correspond à 60% des droits que percevait ou qu'aurait pu percevoir le conjoint décédé.

- **Le capital décès**

Il est versé, qu'il soit cotisant ou retraité, en priorité, aux personnes qui, au jour du décès, étaient à la charge effective et permanente de l'assuré. Le versement de ce capital est soumis à des conditions de ressources pour les personnes potentiellement bénéficiaires (revenu annuel < 10838,40 Euros pour une personne seule).

Montants du capital décès		Montant du capital supplémentaire
Assuré cotisant ou titulaire d'une pension d'invalidité (20% du PASS)	Assuré retraité 8% du PASS	Versé aux enfants à la charge de l'assuré (orphelins) au jour du décès (5% du PASS): • <16 ans • 16 ans<âge<20 ans en études ou apprentissage, • À tout âge si bénéficiaire d'allocations en faveur des handicapés
8227,20 Euros	3290,88 Euros	2056,80 Euros

L'Allocation des travailleurs indépendants (cessation d'activité)

Depuis le 01 11 2019, le travailleur non salarié qui cesse son activité pour cause de liquidation ou de redressement judiciaire peut percevoir, s'il en remplit les conditions, une ATI (allocation des travailleurs indépendants).

Les conditions sont les suivantes :

- Il faut qu'il soit préalablement inscrit à pôle emploi comme demandeur d'emploi, que l'inscription ait lieu dans les 12 mois qui suivent la cessation d'activité,
- Il faut que le demandeur ait au préalable travaillé pendant au moins 2 ans de façon ininterrompue en tant que non-salarié au titre de la même entreprise

et qu'il ait généré au moins 10 000 Euros par an en moyenne sur les deux dernières années,

- Il faut que ses ressources personnelles soient <RSA,
- Il faut qu'il réside en France,
- Il faut qu'il ne perçoive pas une retraite à taux plein,
- Il faut qu'il soit apte à l'exercice d'une activité rémunérée, et qu'il recherche activement un emploi.

Si l'ensemble des conditions sont remplies, l'allocation, d'un montant de 26,30 Euros /J (soit à peu près 800 Euros/mois), soumise à prélèvements (CSG-CRDS, impôt sur le revenu), peut lui être versée pendant 6 mois (182 jours)[43].

43. : Le projet de loi en faveur de l'activité professionnelle indépendante prévoit un assouplissement des conditions d'accès à l'ATI. Désormais cette allocation sera ouverte aux indépendants qui ont cessé de manière définitive leur activité lorsque cette dernière n'était pas viable économiquement. Précédemment, l'entreprise devait avoir fait l'ouverture d'un redressement ou d'une liquidation judiciaire avant sa cessation de l'activité. Ce critère de non-viabilité sera apprécié en se fondant sur une baisse du revenu fiscal de l'indépendant de 30% d'une année à l'autre. De plus,la condition de revenu minimum sera désormais de 10 000 Euros minimum en moyenne sur les deux dernières années. (Source : Portail du rebond)

Chapitre 6

La protection sociale complémentaire des indépendants

La protection obligatoire des travailleurs indépendants, que nous venons de décrire, ne couvre pas tous les risques et peut être complétée à titre volontaire par l'adhésion à un régime de prévoyance complémentaire visant à assurer le versement d'une retraite complémentaire, à assurer une couverture contre les risques d'accident du travail ou de maladie professionnelle, à bénéficier, le cas échéant de revenus en cas de chômage, bref à permettre de définir et de mettre en place, selon leurs besoins, une protection équivalente, voire meilleure, que celle des salariés.

Les cotisations versées au titre de contrats d'assurance groupe pour l'exploitant ou pour son conjoint-collaborateur sont déductibles, dans la limite d'un plafond variable selon l'objet du contrat, depuis la loi Madelin relative à l'initiative et à l'entreprise individuelle du 11 Février 1994.

Ces contrats « Madelin » peuvent être souscrits auprès de compagnies d'assurance ou de mutuelles et visent à optimiser la protection sociale en matière de retraite, d'invalidité-décès, de maladie-maternité ou de chômage. Depuis le 01 10 2019, des nouveaux contrats ont été mis en place, visant à remplacer progressivement les contrats « Madelin » qui ont cessé d'être commercialisés depuis le 01 10 2020. Les assurés qui ont souscrit des contrats « Madelin » peuvent conserver leur contrat et continuer à le faire vivre via des versements ; ils peuvent aussi transférer depuis le 01 10 2019 leur contrats « Madelin » sur les nouveaux supports.

Le plan épargne retraite peut être ouvert sous 3 formes (au choix) : contrat d'assurance groupe, contrat de couverture d'engagement de retraite supplémentaire, de compte-titres. Les sommes épargnées peuvent être débloquées de façon anticipée lors de l'achat de la résidence principale ou lors d'accidents de la vie (invalidité, décès du conjoint, chômage longue durée...).

Les modalités de sortie ont été assouplies afin de permettre une sortie en capital, en rente viagère ou les deux à la fois.

Déductibilité des cotisations

Les contrats d'assurance vieillesse

Les cotisations sont déductibles dans la limite des 2 plafonds suivants :

- 10% du bénéfice imposable retenu dans la limite de 8 fois le PASS, auquel s'ajoute, sur la fraction du bénéfice comprise entre le PASS et 8X le montant de ce plafond, une déduction supplémentaire de 15%.
- 10% du PASS (4399,20 Euros si le bénéfice imposable est < PASS.

Depuis l'avènement des nouveaux contrats (01 01 2019), il est possible sur les nouveaux plans épargne-retraite et pour chaque versement volontaire d'opter pour une renonciation à la déduction ci-dessus pendant la phase d'épargne. Ceci permet de bénéficier d'une exonération totale d'imposition en cas de sortie en capital pour la part des sommes issues des versements volontaires. Cette option, réalisée au plus tard lors du versement volontaire auprès du gestionnaire du contrat, est irrévocable.

Les contrats de prévoyance (maladie-maternité, incapacité, invalidité, décès)

Les contrats de prévoyance Madelin permettent de disposer d'un revenu en cas d'arrêt de travail et d'invalidité et de protéger la famille en cas de décès.

Les cotisations sont déductibles dans la limite des 2 plafonds suivants :

- 7% du PASS, auquel s'ajoute 3,75% du bénéfice imposable,
- 3% de 8X le PASS.

Les cotisations d'assurance chômage (perte d'emploi subie)

Les cotisations sont déductibles dans la limite des 2 plafonds suivants :

- 1,875% du bénéfice imposable dans la limite de 8X le PASS,
- 2,5% du PASS

Les primes versées au titre des contrats individuels ne sont pas déductibles et rentrent dans le calcul de l'impôt sur le revenu. Plusieurs compagnies proposent aux indépendants des contrats d'assurance groupe « chômage » :

La GSC (garantie sociale des chefs d'entreprises): 42 avenue de la grande armée 75 017 PARIS Tel : 01 45 72 63 10	Prestations servies après 12 mois d'affiliation, Il existe un régime spécifique créateur/ personnes ayant créé ou repris une entreprise depuis moins de 3 ans avec revenu fiscal <ou égal au PASS
L'APPI (association pour la protection des patrons indépendants) 25 Boulevard de Courcelles, 75 008 PARIS Tel : 01 45 63 92 92	Prestations servies après 12 mois d'affiliation, Pour dirigeants sociaux < 65 ans dont les fonctions prennent fin dans le cadre d'une procédure collective ou dans des cas limités de révocation.
APRIL Assurances 114 Boulevard VIVIER MERLE 69 439LYON cédex Tel : 08 91 46 90 00 (0,23 E TTC/ mn)	

Les cotisations d'accident du travail

Il est possible de s'assurer à titre volontaire contre le risque d'accident du travail ou de maladie professionnelle ; Ceci est d'autant plus essentiel si la profession exercée est à risque (bâtiment par exemple).

Le taux de cotisation volontaire d'accident du travail est d'un montant moins élevé que celui appliqué dans le régime général pour des prestations à peu près identiques, à l'exception des indemnités journalières pour incapacité temporaire qui ne sont pas versées aux assurés volontaires.

Les cotisations versées au titre des accidents du travail sont déductibles, sans limitation de plafond.

Chapitre 7

Les offres de services et d'aides financières de l'AGEFIPH[44]

Les offres de services et d'aides financières sont destinées aux personnes handicapées et aux entreprises privées afin de les accompagner dans leurs projets. Elles viennent en complément des aides de droit commun, qu'elles soient légales ou extra-légales (sécurité sociale, mutuelle, prestation de compensation du handicap, fond départemental de compensation (FDC) accord agréé, obligations de l'employeur en matière d'hygiène, de sécurité et de conditions de travail...), visent à sécuriser les parcours professionnels des personnes handicapées et, en priorité à compenser leur handicap « dans l'emploi ». Leur objet principal est le financement des surcoûts liés à la compensation du handicap, qu'il s'agisse de démarches de préparation, d'accès, de maintien ou d'évolution « dans l'emploi ».

La mise en œuvre de l'accompagnement à destination des personnes handicapées et des entreprises, peut, selon les publics ou leurs besoins, être effectuée par l'AGEFIPH elle-même ou faire suite à l'intervention de partenaires ou prestataires extérieurs.

Cette offre de services et ces aides financières sont à destination :

Des personnes

- Des personnes handicapées bénéficiaires de l'obligation d'emploi (Article L5212-13 du Code du Travail) (BOETH)[45]
- De celles ayant déposé une demande de reconnaissance auprès de la MDPH,
- Des employeurs de droit privé ou relevant de celui-ci,
- Des travailleurs handicapés qui exercent une activité indépendante.

Peuvent également en bénéficier :

- Les personnes handicapées résidant sur le territoire français,

44. Brochure Agefiph mars 2023, pour toutes informations : www.agefiph.fr
45. Voir tableau page 35.

- Les personnes résidant sur le territoire français et travaillant dans un pays limitrophe au titre des aides à la personne,
- Les personnes résidant dans un pays limitrophe et travaillant dans une entreprise établie sur le territoire français au titre des aides à l'employeur,
- Les personnes handicapées salariées par une entreprise de statut privé soumise au Code du travail français,
- Les personnes âgées de 15 ans minimum (pas de limite d'âge supérieure si la personne peut justifier de son activité)[46].
- Les salariés des entreprises sous accord agréé d'entreprise, de groupe ou de branche,
- Les salariés travaillant en entreprise adaptée,
- Les salariés travaillant dans les structures d'insertion par l'activité économique,
- Les salariés intérimaires,
- Les jeunes volontaires remplissant une mission de service civique.

En sont exclus :

- Les personnes résidant en France mais travaillant hors du territoire français,
- Les usagers de l'effectif de production des ESAT (établissements et services d'aide par le travail),
- Les stagiaires de centres de rééducation professionnelle (une intervention de l'Agefiph est toutefois possible 9 mois avant la fin de la formation pour anticiper la préparation à la sortie de CRP).

Des entreprises

- Entreprises de droit privé ou relevant du droit privé[47], qui emploient une personne en situation de handicap,
- Entreprises exerçant leur activité sur le territoire national et soumise au régime juridique du droit français,
- Entreprises adaptées non concernées par l'aide au poste de l'état (pour celles qui sont concernées par l'aide au poste, nécessité pour l'entreprise adaptée de justifier que la demande de subvention porte sur un besoin non couvert par l'Etat)
- Structures d'insertion par l'activité économique (IAE) ?

46. Pour les personnes n'ayant pas la nationalité française, l'intervention de l'Agefiph est possible sous réserve qu'ils détiennent un permis de séjour valide lors du dépôt de leur demande
47. Les adhérents de la FEHAP ainsi que les établissements relevant de l'accord OETH ne peuvent bénéficier que de l'accompagnement cap emploi, de l'accompagnement emploi handicap réalisé par l'Agefiph et que de l'aide liée à la reconnaissance de la lourdeur du handicap (RLH).

- Organismes de droit privé accueillant un jeune volontaire dans le cadre d'une mission de service civique, au titre des aides à la compensation,
- Entreprises à jour de leurs cotisations et contributions sociales (y compris celle relative à l'obligation d'emploi des personnes handicapées).

L'attribution de ces aides obéissant à divers critères (éligibilité de la personne et/ou de l'entreprise, complémentarité avec le droit commun, règles d'attribution à chacune, disponibilités nationales et/ou locales de l'Agefiph), n'est toutefois pas accessible de droit et la délivrance de celles-ci n'est pas automatique. De plus, plusieurs aides ayant un objet identique ne peuvent être cumulées. Par ailleurs, certaines aides impliquant une expertise du besoin et/ou nécessitant un examen des possibilités de réponses ouvertes par le droit de ressources commun, ne peuvent faire l'objet d'une prescription que de la part d'un conseiller pôle emploi, cap emploi, d'une mission locale ou de l'Agefiph. Enfin, à l'exception des aides à l'alternance pour lesquelles une tolérance de 3 mois maximum après la date d'embauche existe, les aides ne peuvent pas être attribuées postérieurement à la date de réalisation de l'action ou prendre effet après cette date.

Le détail des aides et accompagnements

	Personnes handicapées					Entreprise		
AIDES[48]	Projet pro	Trouver un emploi	Conserver votre	Vous former	Créer une entreprise	GRH	Recruter	Maintenir l'emploi
Aide à l'accueil, à l'intégration et à l'évolution professionnelle des personnes handicapées							•	•
Aide à l'adaptation des situations de travail des personnes handicapées							•	•
Aide à la création d'activité par des personnes handicapées	•				•			

48. : Pour information, il faut rajouter à ce tableau une aide à l'adaptation des situations de formation. Cette aide, à destination des organismes de formation, CFA, vise à sécuriser le parcours de formation d'une personne en situation de handicap par l'adaptation de son parcours de formation.

Aide au défraiement des stagiaires handicapés en formation courte				•				
Aide aux déplacements des personnes handicapées	•	•	•	•	•			
Aide à l'embauche en contrat d'apprentissage d'une personne handicapée							•	
Aide à l'embauche en contrat de professionnalisation d'une personne handicapée							•	
Aide financière liée à la RLH							•	•
Aide à la formation des personnes handicapées dans le cadre du maintien dans l'emploi[49]	•			•				•
Aide à la formation des salariés handicapés dans le cadre d'un maintien de l'employabilité	•			•				•
Aide à la formation des personnes handicapées dans le cadre du parcours vers l'emploi				•				
Aide humaine à la compensation du handicap	•	•	•	•				
Aide au parcours vers l'emploi des personnes handicapées	•	•						
Aides prothèses auditives	•	•	•	•	•			

Aides à la recherche de solutions pour le maintien dans l'emploi des salariés handicapés								•
Aide soutien à la formation dans le cadre d'inclus'Pro Formation[50]				•				
Aide technique à la compensation du handicap	•	•	•					

49. Ressources handicap formation est une aide destinée à accueillir une personne en situation de handicap, adapter son parcours de formation (organisme de formation, CFA) et développer l'accessibilité pour tous.

50. Inclus'pro formation l'aide, d'un montant maximum de 630 Euros versé en deux fois selon les heures réalisées, à destination de demandeurs d'emplois en situation de précarité (AAH, RSA, pension d'invalidité, affection longue durée, ...) et des travailleurs indépendants et exploitants agricoles, a pour objectif de lever les freins financiers à l'accès à la formation, limiter les abandons en cours de formation, favoriser les entrées en formation. Elle vise à permettre aux personnes handicapées d'accéder à un emploi, de s'y maintenir, de développer des compétences, d'obtenir une qualification, de se réorienter. La demande d'aide est faite par l'organisme de formation prestataire du marché Inclus-pro formation. L'aide est accessible quelles que soient les modalités pédagogiques de la formation (à distance, en présentiel, mixte). Cumul possible, dans la mesure où cette aide n'entre pas dans le calcul des aides ou indemnités que le stagiaire peut percevoir par ailleurs, avec les aides de droit commun, les différentes allocations comme le RSA, l'ASS, l'AAH et l'ARE et les autres aides de l'AGEFIPH. Elle peut être renouvelable à chaque entrée en formation si les conditions d'éligibilités sont réunies

Bénéficiaires	Nombre d'heures	Montant de l'aide
Pension d'invalidité ou en ALD, Demandeur d'emploi inscrit à Pôle emploi mais non indemnisé, Travailleurs indépendants, Exploitants agricoles	De 40 à 180 heures	1er versement 315 euros
	De 181 à 300 heures	2e versement 315 euros
Demandeur d'emploi inscrit à Pôle emploi en ASS ou ARE dont le montant du salaire ou de l'indemnisation est inférieur ou égal à 635 euros, Salarié (dont les salariés en IJ) dont le salaire (ou l'IJ) est inférieur ou égal à 635 euros	De 40 à 300 heures	315 euros

NB : Ne sont pas éligibles les personnes ci-dessus dépassant les 635 euros, les salariés en entreprises adaptées, les agents de la fonction publique

	Personnes handicapées					Entreprise		
Accompagnements	Projet pro	Trouver un emploi	Conserver votre emploi	Vous former	Créer une entreprise	GRH	Recruter	Maintenir l'emploi
Aide et accompagnement cap emploi	•	•	•	•			•	•
Comète France	•		•					
Conseil et accompagnement à la création d'entreprise pour une personne handicapée					•			
Conseil et accompagnement emploi handicap des entreprises						•	•	•
Emploi accompagné	•	•	•				•	•
Etude préalable à l'aménagement des situations de travail							•	•
Prestations d'appui spécifiques	•	•	•	•	•		•	•
Prestation d'analyse de capacité	•	•			•			
Prestation spécifique d'orientation professionnelle	•		•					
Ressource handicap formation*				•				
Inclus'Pro Formation **				•				

Comme nous l'avons déjà signalé, du fait de son statut particulier, à la fois employeur et à la fois travailleur indépendant, le travailleur indépendant ou le dirigeant d'entreprise non salarié reconnu en qualité de travailleur handicapé (ou avec demande de reconnaissance en cours) bénéficie globalement de l'ensemble des aides et accompagnements de l'Agefiph qu'il s'agisse des aides destinées aux entreprises ou de celles destinées aux salariés. La seule exception est celle de l'aide à l'accueil, à l'intégration et à l'évolution professionnelle des personnes handicapées.

Fiche 1 : Aide à la création d'entreprise par des personnes handicapées

Objectif :
Permettre à la personne handicapée, via le financement du démarrage de son activité, de créer son emploi principal et pérenne (création ou reprise d'une activité)

Bénéficiaires :
Toute personne handicapée ayant réalisé une étude approfondie de son projet avec l'appui d'un professionnel spécialiste de l'accompagnement à la création ou de la reprise d'activité

Modalités d'attribution :
- Demande forfaitaire faite par la personne handicapée sur formulaire de demande d'intervention Agefiph, complété et signé au verso et précisant les coordonnées du professionnel spécialiste accompagnement, adressé à la délégation régionale Agefiph dont elle dépend, déposée avant l'immatriculation ou la reprise de l'entreprise.
- Pièces à joindre en plus d'un RIB :
  - titre de BOETH ou demande en cours,
  - exposé détaillé du projet (lieu d'activité, étude de marché, date de début d'activité envisagée, statut juridique, éventuel projet de statuts et/ou contrat de franchise et de sa faisabilité économique et commerciale, juridique et fiscale, technique et réglementaire (...) incluant l'exploration des compensations nécessaires aux conséquences du handicap (joindre le projet de statuts ou de reprise de la société et le contrat de franchise)
  - justificatif de situation actuelle vis-à-vis de l'emploi,
  - avis de l'expert spécialiste accompagnant validant la viabilité du projet et la pertinence de son plan de financement
  - plan de financement équilibré reprenant les emplois et les ressources nécessaires au bon démarrage de l'activité,
  - ressources envisagées (fonds propres (au moins 1500,00Euros), apports personnels complémentaires, emprunt, cofinancements (subventions.),
  - projet de statuts,
  - justificatif de l'apport en fonds propres à hauteur minimum de 1200,00 Euros, d'apports personnels complémentaires emprunt, autres cofinancements (subventions)
  - engagement sur l'honneur de remboursement de l'aide forfaitaire à la création d'entreprise en cas de cession, cessation ou revente de l'entreprise dans les 12 mois qui suivent la date de création (document d'enregistrement attestant de la création)

Montant : 6300,00 Euros

Remarques :
- *Projet éligible si :*

– la personne handicapée doit détenir le nombre de parts suffisant dans l'entreprise lui assurant le pouvoir de décision

– le projet est d'un montant minimum de 7500,00 Euros comprenant un apport personnel de la personne handicapée d'au moins 1200,00 Euros (fonds propres, prêt, emprunt, autres co-financements (subvention) l'aide forfaitaire de 6300,00 Euros de l'Agefiph et les autres financements mobilisables (droit commun, etc...)

- *Sont exclus les créations d'activité saisonnière, d'associations, de sociétés civiles immobilières, d'entreprises d'insertion par l'activité économique et de Sociétés de Fait.*
- *Aide cumulable avec les aides de droit commun et autres aides de l'Agefiph mais non renouvelable.*
- *Eligibilité possible à cette aide pour un salarié ayant un projet de création d'emploi principal et pérenne, qu'il soit démissionnaire, en CDD ou travaillant à temps partiel*

Fiche 2 : Aide aux défraiements des stagiaires handicapés en formation courte

Objectif : Lever les obstacles financiers pouvant être un frein à l'entrée et au suivi de la formation.
Bénéficiaires : Tout stagiaire handicapé si : ● Non indemnisé par Pôle emploi au titre de l'allocation de retour à l'emploi, ● Salarié en contrat unique d'insertion ou en emploi d'avenir si la formation se déroule en dehors du temps de travail
Modalités d'attribution : Demande d'intervention faite sur formulaire par la personne handicapée et l'organisme de formation et adressée à la délégation régionale dont dépend le bénéficiaire
Montant : Forfait 20,00 Euros/j de formation (temps plein ou temps partiel) pour ● Déplacements (transports et repas), ● Garde d'enfants de moins de 7 ans pour une durée maximum de 30 jours soit 600,00 Euros dans chaque cas
Remarques : ● *Cumul possible avec les autres aides de l'Agefiph et les aides de droit commun* ● *Cumul impossible avec une aide au parcours vers l'emploi portant sur des frais de déplacements (transports et restauration) et/ou garde d'enfants* ● *Aide renouvelable à chaque entrée en formation courte si les conditions d'éligibilité sont remplies*

Fiche 3 : Aide aux déplacements en compensation du handicap

Objectif :
Favoriser l'accès, le maintien à l'emploi ou l'exercice d'une activité indépendante pour une personne handicapée présentant des difficultés pour se déplacer.
Bénéficiaires :
Toute personne handicapée engagée dans un parcours professionnel ou vers l'emploi.
Modalités d'attribution :
Formulaire de demande rempli par la personne handicapée, signé au verso, adressé à la délégation régionale Agefiph dont relève le bénéficiaire ● Pièces à joindre outre le RIB : - Titre de BOETH, - Exposé du projet, - ustificatif de situation vis-à-vis de l'emploi, ● Justificatifs des cofinancements prévus ou obtenus via des dispositifs de droit commun, - pour l'aménagement du véhicule : le devis des aménagements du véhicule envisagé, la copie de la carte grise du véhicule, précisant les aménagements nécessités par le handicap, - pour les frais de déplacements, le devis daté et détaillé établi par le prestataire (nombre de trajets prévus avec les dates correspondantes, montant unitaire et coût total
Montant :
Montant 12 000,00 Euros maximum
Remarques :
● *Aide accordée pour prise en charge des surcoûts des déplacements en lien avec le handicap en cas de besoins liés à un problème durable de mobilité installation d'équipements adaptés sur véhicule individuel, aménagement de véhicule d'un tiers accompagnant, taxi, transport adapté) ou temporaires liés à un contexte médical au regard du contexte sanitaire (prise en charge sur avis médical de moyens de transport type taxi, VTC, indemnités kilométriques d'un aidant (sur base barème fiscal), mais pas pour l'achat de moyens de déplacement personnels.* ● *Cumul possible avec les autres aides de l'Agefiph et celles de droit commun* ● *Renouvellement possible de l'aide pour :* *-les équipements adaptés à installer sur un véhicule individuel = tous les 5 ans ou plus tôt si destruction ou vétusté du véhicule,* *-pour les transports adaptés, par taxi, VTC = au cas par cas selon la situation de la personne handicapée (critère = situation susceptible de compromettre le parcours vers l'emploi ou le maintien dans l'emploi)*

Fiche 4 : Aide à la formation des personnes handicapées dans le cadre du parcours vers l'emploi

Objectif :

Permettre à la personne handicapée de se former pour acquérir les compétences nécessaires pour un accès durable à l'emploi (mobilisation ou remise à niveau, pré qualification ou qualification ; certification, acquisition de diplôme)

Bénéficiaires :

Tout travailleur handicapé

- inscrit ou non à cap emploi si durée de formation>40 heures,
- inscrit à Pôle emploi si durée de formation<40 heures

Modalités d'attribution :

Sur prescription par un conseiller Pôle emploi, cap emploi ou Mission locale ou d'un conseil en évolution professionnelle via un formulaire de demande adressé à la délégation régionale de l'Agefiph dont dépend le bénéficiaire

Montant :

Variable, fonction des cofinancements prévus ou obtenus au titre des dispositifs mobilisables de droit commun, il peut toutefois couvrir l'intégralité du coût pédagogique de la formation en l'absence de possibilité de mobilisation de fonds à ce titre

Remarques :

- *Aide accordée pour financer les coûts pédagogiques de la formation, prioritairement en amont de la qualification (acquisition de prérequis, compensation du handicap)*
- *Accès aux formations individuelles de l'Agefiph rémunérées privilégié pour les demandeurs d'emploi handicapés non indemnisés,*
- *Forte liaison des actions de formation avec le contexte local (se rapprocher de la délégation régionale dont dépend la personne handicapée)*
- *Possibilité, selon les formations, de prise en charge par l'Agefiph de la rémunération ou du coût de la protection sociale*
- *cumul possible avec les aides de droit commun et les autres aides de l'Agefiph*
- *Renouvellement possible à chaque nouvelle entrée en formation si les conditions d'éligibilité sont réunies*

Fiche 5 : Aide humaine en compensation du handicap

Objectif :   Compenser le handicap grâce à des moyens humains pour favoriser l'autonomie d'une personne handicapée dans son parcours professionnel
Bénéficiaires :   Tout travailleur handicapé engagé dans son parcours vers l'emploi
Modalités d'attribution :   Demande faite sur formulaire par la personne handicapée et adressée à la délégation régionale de l'Agefiph dont dépend le bénéficiaire
Montant :   4200,00 Euros maximum
Remarques :   *• L'aide humaine pour un salarié ou un travailleur indépendant, en lien direct avec l'adaptation de son poste de travail, relève d'un aménagement au titre de l'aménagement de la situation de travail*   *• Aide accordée, en complément des interventions légales ou réglementaires auxquelles peut prétendre la personne handicapée, pour financer l'intervention d'un tiers permettant de réaliser un geste professionnel à la place de la personne handicapée,*   *• Cumul possible avec les aides de droit commun et les autres aides de l'Agefiph*   *• Renouvellement envisageable si la situation de la personne handicapée est susceptible de compromettre son parcours vers l'emploi*

Fiche 6 : Aide au parcours vers l'emploi des personnes handicapées

Objectif : Soutenir une personne handicapée dans son parcours vers l'emploi
Bénéficiaires : Toute personne handicapée présentant une situation financière difficile engagée dans une démarche active d'insertion professionnelle quel que soit son statut
Modalités d'attribution : Sur prescription par un conseiller Pôle emploi, cap emploi ou Mission locale
Montant : Au cas par cas en fonction des frais réels engagés = 530,00 Euros au maximum
Remarques : ● *Aide (non compensatoire) destinée à couvrir les frais engagés dans son parcours (frais de déplacements, frais vestimentaires, hébergement, restauration, matériel de formation...)* ● *Aide accordable à : demandeur d'emploi, alternant, salarié de droit privé nouvellement embauché, stagiaire de la formation professionnelle, sortant d'un centre de rééducation fonctionnelle en situation de précarité,* ● *Aide accordable au cours du 1er mois pour les personnes handicapées rentrant en formation ou nouvellement embauchées ayant un projet clairement identifié d'insertion validé par le prescripteur* ● *Aide déblocable après diagnostic d'une situation mettant en exergue des besoins spécifiques individuels à couvrir pour la personne handicapée* ● *Cumul possible avec les aides de droit commun et avec les autres aides de l'Agefiph (sauf l'aide aux défraiements prévue pour les stagiaires handicapés en formation courte frais de déplacements et/ou garde d'enfants)* ● *Aide renouvelable à chaque étape du parcours*

Fiche 7 : Aide prothèses auditives

Objectif : Compenser le handicap d'une personne déficiente auditive tributaire d'un appareillage auditif
Bénéficiaires : Toute personne handicapée engagée dans un parcours professionnel ou vers l'emploi
Modalités d'attribution : Demande faite sur formulaire par la personne handicapée et adressée à la délégation régionale de l'Agefiph dont dépend le bénéficiaire
Montant : Maximum = 850,00 Euros pour une prothèse, 1700,00 Euros pour deux prothèses
Remarques : *• Aide accordée pour l'achat d'audioprothèses(s) et leur réglage* *• Sont exclus le coût d'éléments implantés chirurgicalement (implant cochléaire, prothèse ostéo-intégrée...)* *• Cumul possible avec les aides de droit commun et autres aides de l'Agefiph* *• Renouvellement possible dans un délai de 4 ans ou si l'appareil est hors d'usage, reconnu non réparable ou devenu inadapté du fait de l'évolution du handicap avec copie de la prescription médicale de l'appareillage délivrée par le médecin prescripteur*

Fiche 8 : Aide technique à la compensation du handicap[51]

Objectif : Compenser le handicap par des moyens techniques afin de favoriser l'autonomie de la personne handicapée dans son parcours professionnel
Bénéficiaires : Toute personne handicapée engagée dans un parcours professionnel ou vers l'emploi
Modalités d'attribution : Demande faite sur formulaire par la personne handicapée et adressée à la délégation régionale de l'Agefiph dont dépend le bénéficiaire
Montant : Maximum = 5250,00 Euros
Remarques : **L'aide technique pour un salarié ou un travailleur indépendant, en lien avec l'adaptation de son poste de travail relève d'un aménagement au titre de l'aménagement de la situation de travail* **Aide accordée pour l'achat d'une aide technique°, en compensation du handicap* **Cumul possible avec les aides de droit commun et autres aides de l'Agefiph* **Renouvellement possible dans un délai de 5 ans ou si l'appareil est hors d'usage, reconnu non réparable ou devenu inadapté du fait de l'évolution du handicap*

51. Aide technique (Loi du 11 Février 2005) = « Tout instrument, équipement ou système technique adapté ou spécialement conçu pour compenser une limitation d'activité professionnelle rencontrée par une personne du fait de son handicap acquis ou loué par la personne handicapée pour son usage personnel »

Fiche 9 : Aide à l'accueil, à l'intégration et à l'évolution professionnelle des personnes handicapées

Objectif :
• Faciliter l'accueil et la prise de fonction d'une personne handicapée récemment embauchée, • Accompagner le salarié handicapé sur un nouveau poste dans un contexte d'évolution et/ou de mobilité professionnelle et/ou suite à une évolution du poste de travail ou des conditions d'exercice de l'activité du salarié handicapé
Bénéficiaires :
Tout employeur d'une personne handicapée en CDI ou CDD>6mois
Modalités d'attribution :
Elaboration d'un plan d'action par l'employeur précisant les mesures mises en place pour sécuriser la prise de fonction ou l'évolution professionnelle du salarié
Montant :
Maximum 3150,00 Euros
Frais prises en charge :
• Programme de sensibilisation et/ou de formation au handicap du collectif de travail, • Accompagnement du manager à la prise en compte du handicap, • Accompagnement individualisé pour la personne ou l'encadrement (tutorat, coaching, temps d'encadrement dédié)
Remarques :
• L'aide, complémentaire aux dispositifs existants, n'a pas pour objet de se substituer à la mise en place du processus interne d'accueil et d'intégration de tout salarié ou des actions prévues par l'employeur dans le cadre d'une démarche de GPEC (gestion prévisionnelle des emplois et des compétences). *• Cumul possible avec les autres aides de l'Agefiph ainsi qu'avec les aides à l'emploi et à l'insertion professionnelle de l'état ou des régions,* *• Renouvellement possible pour un même salarié dans une même entreprise une fois pour chacun des deux volets de l'aide (accueil intégration et évolution) et au regard de l'exposé de la demande mettant en avant les besoin complémentaires, non encore couverts .* *• Aide mobilisable en amont du recrutement (préparation à l'intégration) et dans les 6 mois qui suivent la prise de poste* *• Pour les EA et les IAE, pas de cumul possible avec l'aide au poste de l'état*

Fiche 9 : Aide à l'accueil, à l'intégration et à l'évolution professionnelle des personnes handicapées

Objectif :

- Faciliter l'accueil et la prise de fonction d'une personne handicapée récemment embauchée,
- Accompagner le salarié handicapé sur un nouveau poste dans un contexte d'évolution et/ou de mobilité professionnelle et/ou suite à une évolution du poste de travail ou des conditions d'exercice de l'activité du salarié handicapé

Bénéficiaires :

Tout employeur d'une personne handicapée en CDI ou CDD>6mois

Modalités d'attribution :

Elaboration d'un plan d'action par l'employeur précisant les mesures mises en place pour sécuriser la prise de fonction ou l'évolution professionnelle du salarié

Montant :

Maximum 3150,00 Euros

Frais prises en charge :

- Programme de sensibilisation et/ou de formation au handicap du collectif de travail,
- Accompagnement du manager à la prise en compte du handicap,
- Accompagnement individualisé pour la personne ou l'encadrement (tutorat, coaching, temps d'encadrement dédié)

Remarques :

- *L'aide, complémentaire aux dispositifs existants, n'a pas pour objet de se substituer à la mise en place du processus interne d'accueil et d'intégration de tout salarié ou des actions prévues par l'employeur dans le cadre d'une démarche de GPEC (gestion prévisionnelle des emplois et des compétences).*
- *Cumul possible avec les autres aides de l'Agefiph ainsi qu'avec les aides à l'emploi et à l'insertion professionnelle de l'état ou des régions,*
- *Renouvellement possible pour un même salarié dans une même entreprise une fois pour chacun des deux volets de l'aide (accueil intégration et évolution) et au regard de l'exposé de la demande mettant en avant les besoin complémentaires, non encore couverts .*
- *Aide mobilisable en amont du recrutement (préparation à l'intégration) et dans les 6 mois qui suivent la prise de poste*
- *Pour les EA et les IAE, pas de cumul possible avec l'aide au poste de l'état*

Fiche 10 : Aide à l'adaptation des situations de travail des personnes handicapées

Objectif : Permettre, par l'adaptation du poste de travail ou de télétravail, l'insertion et/ou le maintien dans l'emploi de la personne handicapée, la prise en charge du surcoût des équipements spécifiques nécessaires, au regard du handicap, mis à disposition par l'employeur au bénéfice d'une personne handicapée et du collectif dans lequel elle travaille.
Bénéficiaires : ● Tout employeur d'un salarié handicapé pour lequel le médecin du travail atteste que le handicap, son aggravation, ou une évolution du contexte de travail entrainent des conséquences sur l'aptitude à occuper le poste de travail ou nécessite des mesures spécifiques de prévention (pour l'utilisation d'un masque par exemple, prise en charge du surcoût par rapport à un masque agréé) ● Tout travailleur indépendant handicapé détenteur d'un avis médical stipulant les difficultés à poursuivre l'activité du fait de l'aggravation ou de la survenance du handicap
Modalités de demande : ● L'employeur (ou le travailleur indépendant) doit remplir un formulaire de demande d'intervention Agefiph et l'adresser à la délégation régionale AGEFIPH dont il dépend ● Parmi la liste non exhaustive des documents à transmettre en outre pour la demande : o avis circonstancié (descriptif de la situation, nature exacte des difficultés rencontrées et préconisations) ▪ du médecin du travail (ou du médecin de la MSA pour les professions agricoles) sur la pertinence de l'adaptation et sa nature, ▪ du médecin compétent (pour les travailleurs indépendants) précisant les difficultés à poursuivre l'activité sans les adaptations envisagées o engagement de l'employeur à financer les éléments qui ne relèvent pas de la compensation du handicap, en complément de l'intervention de l'Agefiph, o devis des aménagements datés et détaillés établis par les fournisseurs
Montant : Evalué après analyse de chaque situation dans une logique de stricte compensation du handicap[52]
Critères d'attribution : Mise en œuvre de tous les moyens « raisonnables » (techniques, humains, organisationnels visant à permettre l'accès à l'emploi ou le maintien dans l'emploi par l'adaptation du poste de travail ou le financement d'équipements spécifiques de prévention de la personne en situation de handicap et favorisant son autonomie
Contenus : Prise en charge possible des frais relatifs à l'aménagement du poste, l'interprétariat, au tutorat, à l'auxiliariat professionnel, à la transcription braille, aux logiciels spécifiques .... Prise en charge, pour la personne handicapée et pour le collectif dans lequel elle travaille des frais liés aux équipements spécifiques de prévention (masques ide protection inclusifs par exemple)

Fiche 10 : Aide à l'adaptation des situations de travail des personnes handicapées (suite)

Remarques :

- *Il s'agit d'une aide ponctuelle, venant en compensation du handicap et elle ne se substitue pas aux obligations légales de l'employeur en termes de prévention des risques professionnels, d'amélioration des conditions de travail, de mises aux normes d'hygiène et de sécurité.*
- *En cas de besoin d'aide plus pérenne, l'entreprise peut faire une demande de RLH pour obtenir une aide financière ou une minoration de la contribution (entreprises assujetties à l'OETH*
- *Cumul possible avec les aides de droit commun et les autres aides de l'Agefiph*
- *Renouvellement de financement[53] des matériels ou équipements financés en adaptation du poste possible si :*

– aggravation du handicap,
– et/ou évolution de la situation de travail,
– obsolescence liée à l'évolution technologique,
– usure du matériel si cela présente un surcoût pour l'employeur

52.
– pour les prestations d'aides humaines pour déficient auditif (interprétariat, interface de communication, codeur en langue parlée complétée (LPC), coût horaire maximal pris en charge par l'Agefiph =80,00 Euros
– pour les prestations d'auxiliariat professionnel,

53. Possibilité de renouvellement de la prise en charge des frais d'interprétariat, d'interface de communication, de transcripteur et codeur langue des signes parlée et complétée possible si le coût de la prestation est <3395,20 Euros (seuil de la RLH)

Fiche 11 : Aide à l'embauche en contrat d'apprentissage d'une personne handicapée

Provisoirement remplacée par l'aide majorée à la conclusion d'un contrat d'apprentissage (pour les contrats signés entre le 11 mai 2020 et le 28 février 2022 sous réserve de prolongation)

Objectif :

Inciter l'employeur à recruter une personne handicapée en contrat d'apprentissage

Bénéficiaires :

Tout employeur d'une personne handicapée sous réserve d'un contrat d'apprentissage de 6 mois minimum et d'une durée de travail hebdomadaire> ou égale à 24 heures

Modalités d'attribution :

Formulaire rempli par l'entreprise et adressé à la délégation régionale de l'Agefiph dont dépend l'employeur

Montant :

Montant maximum = 4000,00 Euros (proratisé au nombre de mois en fonction de la durée du contrat)

Remarques :

Si la durée est < 24 heures du fait d'une dérogation légale ou conventionnelle, la durée minimum = 16 heures de travail hebdomadaire

- *La demande doit être faite au maximum 6 mois après la date d'embauche*
- *Cumul possible avec les autres aides de l'Agefiph et les aides à l'emploi et à l'insertion professionnelle délivrées par l'état ou les régions*
- *Renouvellement (avenant au contrat)*
- *Prolongation possible en cas de redoublement ou de mention complémentaire*
- *Renouvellement possible si préparation à une qualification de niveau supérieure*

Fiche 12 : Aide à l'embauche en contrat de professionnalisation d'une personne handicapée

Provisoirement remplacée par l'aide majorée à la conclusion d'un contrat de professionnalisation (pour les contrats signés entre le 11 mai 2020 et le 28 février 2022 sous réserve de prolongation)

Objectif :

Inciter l'employeur à recruter une personne handicapée en contrat de professionnalisation (alternance)

Bénéficiaires :

Tout employeur d'une personne handicapée sous réserve d'un contrat d'apprentissage de 6 mois minimum et d'une durée de travail hebdomadaire> ou égale à 24 heures

Modalités d'attribution :

Formulaire rempli par l'entreprise et adressé à la délégation régionale de l'Agefiph dont dépend l'employeur

Montant :

Montant maximum = 5000,00 Euros (proratisé au nombre de mois)

Remarques :

Si la durée est < 24 heures du fait d'une dérogation légale ou conventionnelle, la durée minimum = 16 heures de travail hebdomadaire

- *La demande doit être faite au maximum 6 mois après la date d'embauche*
- *Cumul possible avec les autres aides de l'Agefiph et les aides à l'emploi et à l'insertion professionnelle délivrées par l'état ou les régions*
- *Renouvellement (avenant au contrat)*
- *Prolongation possible en cas de redoublement ou de mention complémentaire *Renouvellement possible si préparation à une qualification de niveau supérieure*

Fiche 13 : Aide financière liée à la reconnaissance de la lourdeur du handicap (RLH)

Objectif : Compenser financièrement l'entreprise (après aménagement optimal du poste de travail d'une personne handicapée) par rapport aux charges importantes qu'elle supporte du fait des conséquences du handicap sur la tenue du poste
Bénéficiaires : Tout employeur ou travailleur indépendant bénéficiant pour son salarié ou pour lui-même d'n justificatif de bénéficiaire de l'obligation d'emploi (article L 5213 du Code du travail d'une durée de validité d'au moins 6 mois à compter du jour de dépôt de la demande
Modalités d'attribution : Formulaire de demande spécifique (déposé en ligne sur le portail de services en ligne RLH ou envoyé en RAR à la délégation Agefiph ont dépend l'établissement employeur du salarié ou du lieu d'exercice de l'activité pour une travailleur indépendant) accompagné : • d'un descriptif de l'aménagement optimal mis en place • de l'objectivation du montant des charges supportées par l'entreprise ;
Montant : Indexée sur le SMIC horaire en vigueur au 31 Décembre de l'année de référence, elle est versée trimestriellement et au prorata du temps de travail réellement effectué chaque mois Montrant annuel pour un temps, plein : • taux normal =Smic horaire x 550 • taux majoré=Smic horaire x 1095
Remarques : *Ouverture des droits à la date de réception de la demande de RLH* *Dès lors que le montant des charges retenues par l'Agefiph atteint 20% d'un SMIC annuel, une décision administrative de RLH peut être accordée.* *Le taux normal ou majoré est accordé en fonction du montant des charges supportées par l'entreprise* *Droits ouverts à compter de la date de réception du formulaire de demande de RLH pour une durée de 3 ans sauf cas particuliers (ex : CDD : durée du CDD, bénéficiaire> 50 ans : jusqu'à la fin de l'activité professionnelle...) et renouvelable*

Fiche 13 : Aide financière liée à la reconnaissance de la lourdeur du handicap (RLH)

Objectif :
Compenser financièrement l'entreprise (après aménagement optimal du poste de travail d'une personne handicapée) par rapport aux charges importantes qu'elle supporte du fait des conséquences du handicap sur la tenue du poste

Bénéficiaires :
Tout employeur ou travailleur indépendant bénéficiant pour son salarié ou pour lui-même d'n justificatif de bénéficiaire de l'obligation d'emploi (article L 5213 du Code du travail d'une durée de validité d'au moins 6 mois à compter du jour de dépôt de la demande

Modalités d'attribution :
Formulaire de demande spécifique (déposé en ligne sur le portail de services en ligne RLH ou envoyé en RAR à la délégation Agefiph ont dépend l'établissement employeur du salarié ou du lieu d'exercice de l'activité pour une travailleur indépendant) accompagné :
- d'un descriptif de l'aménagement optimal mis en place
- de l'objectivation du montant des charges supportées par l'entreprise ;

Montant :
Indexée sur le SMIC horaire en vigueur au 31 Décembre de l'année de référence, elle est versée trimestriellement et au prorata du temps de travail réellement effectué chaque mois
Montrant annuel pour un temps, plein :
- taux normal =Smic horaire x 550
- taux majoré=Smic horaire x 1095

Remarques :
Ouverture des droits à la date de réception de la demande de RLH
Dès lors que le montant des charges retenues par l'Agefiph atteint 20% d'un SMIC annuel, une décision administrative de RLH peut être accordée.
Le taux normal ou majoré est accordé en fonction du montant des charges supportées par l'entreprise
Droits ouverts à compter de la date de réception du formulaire de demande de RLH pour une durée de 3 ans sauf cas particuliers (ex : CDD : durée du CDD, bénéficiaire> 50 ans : jusqu'à la fin de l'activité professionnelle...) et renouvelable

Fiche 14 : Aide à la recherche et la mise en œuvre de solutions pour le maintien en emploi des salariés handicapés

Objectif : Permettre le maintien dans l'emploi d'une personne handicapée menacée dans son emploi du fait d'une inadéquation entre son handicap ou son état de santé et sa situation de travail
Bénéficiaires : *Tout employeur d'une personne handicapée (attestation du médecin du travail disant que le handicap, son aggravation ou l'évolution du contexte de travail ont des conséquences sur l'aptitude à occuper le poste de travail), *Tout travailleur indépendant handicapé (avis médical indiquant les difficultés à poursuivre l'activité en raison de la survenance ou de l'aggravation du handicap)
Modalités d'attribution : Prescription exclusive par un conseiller Cap emploi de cette aide forfaitaire
Montant : Montant 2100,00 Euros
Remarques : **Aide accordée pour financer des frais de recherche de solutions de maintien dans l'emploi (réunions, temps de concertation...), la mise en œuvre d'une solution de maintien dans l'emploi (maintien du salaire en attendant la livraison du matériel en compensation du handicap) ou en cas de reprise difficile, pour assurer le cofinancement immédiat de la solution, pour compenser la perte ponctuelle de productivité, ...)* *Les deux volets de l'aide peuvent être mobilisés indépendamment l'un de l'autre ?* **Cumul possible avec les autres aides de l'Agefiph* *(Pour les EA et IAE pas de cumul possible avec l'aide au poste de l'état)* *Aide renouvelable une fois pour la même personne dans la même entreprise au titre d'un besoin de temps complémentaire pour définir la solution de maintien, mais pas renouvelable pour la mise en œuvre d'une solution*

Fiche 15 : Aide à la formation des personnes handicapées dans le cadre du maintien dans l'emploi

Objectif : Contribuer au maintien dans l'emploi d'une personne handicapée par sa qualification
Bénéficiaires : *Tout employeur d'une personne handicapée (attestation du médecin du travail disant que le handicap, son aggravation ou l'évolution du contexte de travail ont des conséquences sur l'aptitude à occuper le poste de travail), *Tout travailleur indépendant handicapé (avis médical indiquant les difficultés à poursuivre l'activité en raison de la survenance ou de l'aggravation du handicap)
Modalités d'attribution : Prescription sur formulaire de demande par le conseiller cap emploi pôle emploi, mission locale ou conseiller en évolution professionnelle adressé à la délégation régionale Agefiph dont dépend l'employeur
Montant : Défini selon le coût du projet, des cofinancements prévus ou mobilisés auprès des autres financeurs (Opco, commissions de transitions professionnelles... employeur (plan de développement des compétences.), compte personnel de formation.)
Remarques : **Aide accordée pour financer le coût pédagogique de tous types de formations (en interne ou via des organismes de formation extérieurs) ouvrant des perspectives sérieuses de maintien dans l'emploi* **Cumul possible avec les autres aides de l'Agefiph et les aides de droit commun* **Renouvellement possible en fonction du projet de maintien dans l'emploi*

Fiche 16 : Aide à la formation des salariés handicapés dans le cadre d'un maintien de l'employabilité

Objectif : Contribuer au maintien de l'employabilité d'une personne handicapée salariée par la formation dans une logique d'anticipation (évolution, aggravation du handicap, développement des compétences transférables et transversales
Bénéficiaires : *Tout employeur d'une personne handicapée en situation d'évolution professionnelle (acquisition, transfert et développement des compétences) *Tout travailleur indépendant handicapé en situation d'évolution professionnelle (acquisition, transfert et développement des connaissances)
Modalités d'attribution : * Prescription sur formulaire de demande par le conseiller cap emploi pôle emploi, mission locale ou conseiller en évolution professionnelle adressé à la délégation régionale Agefiph dont dépend l'employeur
Montant : Défini selon le coût du projet, des cofinancements prévus ou mobilisés auprès des autres financeurs (Opco, commissions de transitions professionnelles… employeur (plan de développement des compétences.), compte personnel de formation.)…)
Remarques : **Aide accordée pour financer le coût pédagogique d'actions de formations prioritairement orientées en amont de la qualification, (acquisition de prérequis notamment) et sur la compensation du handicap* **Cumul possible avec les autres aides de l'Agefiph et les aides de droit commun* **Renouvellement possible en fonction du projet de maintien de l'employabilité* *NB : La survenance ou l'aggravation du handicap n'est pas l'élément déclencheur de la demande Bénéficiaires*

Fiche 17 : Comète France

Objectif :

Favoriser l'accès ou le retour à l'emploi pour les personnes handicapées en services de soins, de suite et de réadaptation (SSR)

Bénéficiaires :

Toute personne hospitalisée présentant des déficiences dont les conséquences entraînent une situation de handicap au regard de l'emploi

Modalités d'attribution :

Démarche précoce d'insertion décomposable en plusieurs phases :
-Accueil de la personne et évaluation de sa demande,
-élaboration du projet professionnel et évaluation de sa faisabilité,
-mise en place du plan d'action (maintien dans l'emploi, formation, reprises d'études) ou passage du relai aux organismes d'insertion pour les personnes en recherche d'emploi

Remarques :

Il existe 42 équipes Comète France au sein des SSR
**L'accompagnement intervient pendant la phase de soins afin de maintenir les personnes dans une dynamique d'insertion sociale et professionnelle.*

Fiche 18 : Conseil et accompagnement à la création ou la reprise d'entreprise

Objectif :

Accompagner et faciliter la création d'entreprise par une personne handicapée

Bénéficiaires :

Toute personne handicapée

Modalités d'attribution :

Prestation mobilisée sur prescription du conseiller Pôle emploi, cap emploi ou mission locale

Remarques :

- *Accompagnement avant et pendant la création ou lors de la reprise d'une entreprise par un prestataire spécialisé dans la création d'entreprise désigné par l'Agefiph (possibilité de suivi après création si besoin)*
- *Micro-assurance possible (garanties multi risque professionnels, responsabilité civile professionnelle, prévoyance (accident, maladie), santé (soins médicaux, dentaires et hospitalisation)*

Diagnostic soutien à la sortie de crise

Objectif : Proposer aux entrepreneurs la possibilité de bénéficier d'un « diagnostic à la sortie de crise » au travers de 10 heures de soutien individualisé pour favoriser la relance ou la réorientation de son activité. Cette prestation est maintenue tant que la situation économique liée à la crise sanitaire le nécessitera.

Bénéficiaire Tout chef d'entreprise reconnu comme travailleur handicapé ou en cours de reconnaissance

- ayant bénéficié d'un accompagnement à la création d'entreprise par un prestataire financé par l'Agefiph et/ou dont le projet de création d'entreprise a bénéficié d'une aide financière de l'Agefiph
- ayant créé son entreprise depuis le 01 01 2017

Fiche 19 : Prestation d'analyse de capacités

Objectif : Permettre d'apprécier les capacités et potentialités mobilisables par la personne handicapée en fonction de tâches d'activités à réaliser ou envisagées
Bénéficiaires : Toute personne handicapée demandeuse d'emploi, inscrite ou non à Pôle emploi, accompagnée dans le cadre de son projet de retour à l'emploi
Modalités d'attribution : Prescription sur demande de l'accompagnant au parcours vers l'emploi (pôle emploi, cap emploi, mission locale ou experts régionaux en création d'activité,
Remarques : • *Prestation de courte durée (4 heures maximum) avec regard médical pour vérifier l'adéquation entre le projet professionnel envisagé et les capacités de la personne handicapée (capacités des possibles, énoncé de pistes ou de conditions favorables à l'amélioration de ces capacités)*

Fiche 20 : Prestation spécifique d'orientation professionnelle

Objectif : Aider la personne handicapée à se projeter dans un parcours vers l'emploi ou à s'investir dans l'élaboration d'un projet professionnel ou de formation dans le cadre d'un parcours vers l'emploi, de maintien dans l'emploi ou de transition professionnelle
Bénéficiaires : Les demandeurs d'emploi, les salariés engagés dans un parcours d'accès à l'emploi ou de transition professionnelle
Modalités d'attribution : Prestation mobilisée par les organismes habilités par l'Agefiph, définie en région
Remarques : • *Accompagnement visant à permettre à la personne handicapée de comprendre et d'accepter sa situation de handicap, à envisager de nouvelles pistes professionnelles, à évaluer les possibilités de reclassement dans l'entreprise d'origine ou dans un autre projet professionnel, de valider les projets envisagés*

Fiche 21 : Ressources handicap formation (RHF)

Objectif : Aider les acteurs de la formation de droit commun (organismes de formation, CFA, prescripteurs financeurs ...) à développer des pratiques plus inclusives en prenant mieux en compte les besoins liés au handicap
Bénéficiaires : -Tout organisme de formation ou CFA souhaitant développer sa capacité à accueillir des personnes en situation de handicap et/ou ayant besoin d'un appui à la recherche de solutions d'aménagement pour une situation individuelle, -Tout demandeur d'emploi, salarié ou alternant, relevant de l'offre d'intervention de l'Agefiph, porteur d'un projet de formation validé, -Tout référent de parcours identifiant des écarts entre les contraintes de la formation et les répercussions du handicap et désirant bénéficier d'un appui
Contenu: Démarche RHF initiée par l'Agefiph (mise en œuvre et pilotage), coconstruite avec ses partenaires régionaux (Direccte, conseil régional, Pôle emploi...), visant à organiser la mise en lien entre les divers acteurs, dans un but d'optimiser la prise en compte des besoins des personnes handicapées en formation
Remarques : **Appui et accompagnement des acteurs de la formation pour :* *Aménagement coconstruit de solutions d'aménagement des parcours de formation,* *Optimisation des obligations en termes d'accessibilité, de compensation du handicap (progrès d'accessibilité universelle, de professionnalisation...)*

Fiche 22 : Conseil et accompagnement emploi handicap des entreprises

Objectif :

Informer, conseiller et accompagner l'entreprise dans l'intégration du handicap dans sa pratique de gestion des ressources humaines et dans le développement de projets en faveur de l'emploi des personnes handicapées

Bénéficiaires :

Toute entreprise privée, même sous accord agréé, quel que soit son effectif

Modalités d'attribution:

- Entreprise >ou=2000 salariés

Contact=Direction des entreprises et des grands comptes de l'Agefiph : entreprises@agefiph.asso.fr

- Entreprises<2000 salariés

Contact= Agefiph de la région

Remarques :

• Réponse personnalisée et de proximité adaptée aux besoins de l'entreprise
– information générale sur l'emploi des personnes handicapées, les interlocuteurs utiles et les solutions mobilisables, aide à la mobilisation des aides proposées par l'Agefiph
– analyse approfondie du besoin et co-construction d'un plan d'action selon enjeux, atouts, axes de développement, caractéristiques de l'entreprise
– accompagnement lors de la mise en œuvre du plan d'action

Fiche 23 : Etude ergonomique

Objectif :
Analyser la situation de travail, identifier les solutions permettant l'adaptation du poste de travail en fonction du handicap de la personne handicapée Remarques :

Bénéficiaires :
Tout employeur (secteur privé ou public) d'une personne bénéficiaire de l'obligation d'emploi des travailleurs handicapés (ou en voie de l'être) dans le cadre du recrutement, du maintien dans l'emploi ou de l'évolution professionnelle

Modalités et contenu :
Etude ergonomique mobilisée exclusivement sur prescription d'un organisme de placement spécialisé, de pôle emploi, d'un centre de gestion ou d'un employeur public ayant conventionné avec le FIPHFP, d'un service de prévention et de santé au travail ou d'un service autonome de santé au travail, de l'assurance maladie (CARSAT), de la MSA, de l'Agefiph.
Intervention d'un expert pour :

- Mettre en évidence les éléments qui, dans l'exécution d'une tâche, sont particulièrement contraignants et/ou inadaptés pour celui qui l'exerce,
- Prendre en compte l'ensemble des caractéristiques de l'employeur (économiques, conditions de production, amélioration des conditions de travail, prévention des risques professionnels...), ainsi que les capacités fonctionnelles, cognitives et psychiques de la personne concernée,
- Eclairer sur la nature exacte des difficultés et définir quelles sont les modifications organisationnelles et/ou techniques souhaitables ou possibles pour permettre une meilleure adéquation entre la personne handicapée et son environnement de travail,
- Identifier ce qui relève de la stricte compensation du handicap,
- Etablir des solutions concrètes, réalistes et chiffrées en
matière d'aménagement/adaptation de la situation de travail

Remarques :

- *Entreprises du secteur privé éligibles aux aides de l'Agefiph,*
- *Travailleurs indépendants (artisans, exploitants agricoles, et chefs d'entreprise non-salariés), ou dans le cadre d'une création d'activité en cours,*
- *Entreprises sous accord agréé ayant atteint ou dépassé le taux d'emploi de 6% et après mobilisation des mesures de l'accord,*
- *Employeurs publics éligibles aux aides du FIPHFP.*

Cette étude est mobilisable pour les situations complexes en complémentarité des dispositifs existants (offres de services des SPST, des organismes de placement spécialisés cap emploi, ...) pour lesquelles il est nécessaire de définir des modalités de compensation du handicap d'un BOETH ou en voie de l'être. Cette personne doit être en risque d'inaptitude à son poste et/ou présenter des restrictions d'aptitude importantes constatées par le médecin de santé au travail (pour les travailleurs indépendants, s'ils ne sont pas suivis par un SPST, détenir un avis médical indiquant les difficultés à mener à bien leur activité en raison de leur situation de handicap.

Fiche 24a : Appui et accompagnement Cap emploi

	Entreprise
Objectif :	Facilitation du recrutement, de l'intégration du maintien dans l'emploi et du parcours professionnel de la personne handicapée dans l'entreprise
Bénéficiaires :	Toute entreprise privée, quel que soit son effectif Les travailleurs indépendants handicapés
Modalités et contenu :	Prise de contact avec cap emploi de la région dont les conseillers apportent aides et conseils et accompagnent l'entreprise à toutes les étapes de sa démarche en fonction des besoins rencontrés *Remarques :* ● *Appui + accompagnement à l'intégration de collaborateurs handicapés :* *– Recrutement (analyse des postes à pourvoir et profils recherchés, informations sur l'incidence du handicap en situation de travail et, si besoin, mobilisation des moyens pour le compenser, recherche et présentation de candidats, mobilisation des aides financières existantes (Agefiph, contrats aidés par l'état…)* *IIntégration (suivi de la personne nouvellement embauchée, préservation de l'emploi du salarié en cas d'aggravation du handicap ou d'évolution du poste de travail (information sur les aides et dispositifs existants)* *– Appui et accompagnement au maintien dans l'emploi et à l'évolution professionnelle (information+ conseils sur le cadre juridique et la démarche de maintien dans l' emploi, analyse de la situation et accompagnement dans la recherche et la construction de solutions adaptées, mobilisation des aides et prestations techniques, humaines et financières visant à permettre le maintien, suivi durable après le maintien, accompagnement de la personne handicapée dans une démarche de reconversion professionnelle si maintien impossible)*
Selon les besoins, les conseillers peuvent faire appel à des prestataires (ergonomes, spécialistes de certains handicaps…) sélectionnés par l'Agefiph, à des partenaires (services de santé au travail, caisse d'assurance retraite et de santé au travail, mutualité sociale agricole et à des prestataires pour tous les demandeurs d'emploi (organismes de bilan de compétences ou de formation)	

Fiche 24b : Appui et accompagnement Cap emploi

	Personne handicapée
Objectif :	Facilitation du recrutement, de l'intégration du maintien dans l'emploi et du parcours professionnel de la personne handicapée dans l'entreprise
Bénéficiaires :	Toute personne handicapée et notamment : •Tout demandeur d'emploi (inscrit ou non à Pôle emploi), les travailleurs indépendants dont l'état de santé ou le handicap constitue le frein principal dans leur parcours professionnel nécessitant un accompagnement spécialisé et renforcé lié au handicap •Toute personne handicapée en emploi dont la détérioration de l'état de santé ou l'évolution du contexte de travail rend la situation professionnelle incompatible avec son handicap
Modalités et contenu :	Prise de contact avec cap emploi du département et prise en charge individualisée par un référent unique tout au long du parcours *Remarques :* • *Appui, information et accompagnement des demandeurs d'emploi dans leur parcours d'insertion professionnelle (définition du projet, formation, recherche d'emplois, aides et dispositifs existants), délivrance éventuelle du conseil en évolution professionnelle* • *Appui et accompagnement pour le maintien dans l'emploi, l'évolution professionnelle des personnes handicapées en emploi (informations et conseils sur le cadre juridique et le maintien dans l'emploi, analyse de la situation et accompagnement (recherche et construction de solutions adaptées, mobilisation des aides et prestations techniques, humaines et financières pour permettre la solution de maintien, suivi durable après le maintien, accompagnement vers une reconversion professionnelle si pas de solution de maintien dans l'emploi précédemment occupé*
Selon les besoins, les conseillers peuvent faire appel à des prestataires (ergonomes, spécialistes de certains handicaps...) sélectionnés par l'Agefiph, à des partenaires (services de santé au travail, caisse d'assurance retraite et de santé au travail, mutualité sociale agricole et à des prestataires pour tous les demandeurs d'emploi (organismes de bilan de compétences ou de formation)	

Fiche 25 : Emploi accompagné

Objectif : Permettre à une personne handicapée d'accéder et de conserver un emploi rémunéré
Bénéficiaires : • Toute personne handicapée accueillie dans un établissement ou service d'aide par le travail ayant un projet d'insertion en milieu ordinaire • Toute personne handicapée en emploi en milieu ordinaire de travail rencontrant des difficultés particulières pour conserver son emploi
Modalités d'attribution: Décision d'admission prise après accord de la CDAPH (commission des droits et de l'autonomie des personnes handicapées) en complément d'une décision d'orientation
Remarques : *• Accompagnement possible et sans durée pré déterminée à tout moment du parcours professionnel de la personne ((recherche d'emploi, personne en poste, phases de transition dans le parcours professionnel (changement d'emploi ou d'entreprise))*

Fiche 26 : Prestations d'appui spécifiques

(Handicap visuel, auditif, moteur, mental, psychique et troubles cognitifs)

Objectif : Apporter l'appui d'un expert visant à préciser les conséquences du handicap au regard du projet professionnel de la personne et les moyens de le compenser quel que soit l'étape du parcours professionnel
Bénéficiaires : Toute personne handicapée, employeur ou organisme de formation
Modalités d'attribution: Sur prescription d'un conseiller à l'emploi cap emploi, pôle emploi ou mission locale et des employeurs publics ou privés
Remarques : *• Expertise sur les potentialités et le degré d'autonomie,+* *• Expertise sur modes et techniques de compensation à mettre en place et à développer* *• Intervention possible de l'expert auprès de l'employeur ou de l'organisme de formation pour sensibiliser ou conseils par rapport au handicap.* *• Mobilisation possible de l'expert* *– Lors de la construction du projet professionnel (insertion, formation, maintien)* *– Lors de l'intégration, du suivi et/ou du maintien en emploi ou en formation*

Chapitre 8

Les aides et accompagnements publics à la formation

Il est possible de se former pendant une période d'arrêt : La loi de finance de la sécurité sociale pour 2011 introduit dans le cadre de la sécurité sociale un article L323-3-1 qui précise que le versements de l'indemnité journalière ne fait pas obstacle à ce que l'assuré demande, avec accord du médecin traitant, à accéder aux actions de formation continue prévues à l'article L6313-1 du Code du travail ou à des actions d'évaluation, d'accompagnements, d'informations et de conseils auxquelles la Caisse primaire participe sous réserve, après avis du médecin agréé, que la durée de ces actions soit compatible avec la durée prévisionnelle de l'arrêt du travail.

Le Compte personnel de formation (CPF)[54]

Accessible à tout travailleur, pendant toute sa vie active (y compris en période de chômage, pour suivre une formation qualifiante ou certifiante, le CPF a remplacé le droit individuel à formation (DIF) (possibilité d'intégrer les heures acquises au titre du DIF dans leur CPF pour les conserver possible jusqu'au 01 07 2021 mais les utiliser en priorité).

Le CPF contient les informations suivantes :

- Droits acquis par le travailleur tout au long de sa vie active et jusqu'à son départ en retraite,
- Formations dont peut bénéficier personnellement le travailleur et pouvant permettre l'acquisition d'une qualification (diplôme, titre professionnel,), du socle de connaissances et de compétences, un accompagnement pour la validation des acquis d'expérience, un bilan de compétences, la création ou la reprise d'une entreprise, l'acquisition de compétences pour exercer des missions de bénévoles ou de volontaires en service civique[55].

54. Source : République Française (service public.fr)
55. Sous réserve que la personne ne fasse pas l'objet d'une suspension de permis ou d'une interdiction d'en solliciter un, possibilité via le CPF de financer le permis B si son obtention contribue à la réalisation du projet professionnel ou à la sécurisation du parcours professionnel (attestation sur l'honneur de l'intéressé).

Les bénéficiaires

Salarié, membre d'une profession libérale ou d'une profession non salariée, conjoint collaborateur, personne à la recherche d'un emploi.

Le fonctionnement

Le CPF est alimenté automatiquement au début de l'année qui suit l'année travaillée. Ses droits restent acquis, même en cas de changement d'employeur ou de perte d'emploi.

Les modalités de constitution

- Salarié à temps plein ou à temps partiel et travailleur indépendant : 500 Euros par année de travail jusqu'à un plafond de 5000 Euros,
- Salarié non qualifié à temps plein (non titulaire d'un diplôme de CAP, BEP, ou d'un titre professionnel enregistré et classé au niveau 3 du répertoire national des certifications professionnelles (RNCP), d'une certification reconnue par une convention collective de branche) et salarié bénéficiaire de l'obligation d'emploi des travailleurs handicapés (BOETH) : 800 Euros par année de travail jusqu'à un plafond de 8000 Euros[56].

Lorsque le travailleur relève de plusieurs catégories en cours d'une même année, la caisse des dépôts et consignations applique le mode d'alimentation annuel et le plafond le plus favorable.

A signaler que le congé de maternité, le congé paternité et d'accueil de l'enfant, le congé d'adoption, le congé parental d'éducation, le congé de présence parentale, de congé de proche aidant, les absences pour maladie professionnelle ou accident du travail sont prises en compte pour alimenter le compte.

Contribution de l'employeur

Elle intervient dans quatre cas :

- Si un accord d'Etat, de branche ou d'entreprise le prévoit,
- Si dans une entreprise d'au moins 50 salariés l'employeur n'a pas réalisé l'entretien professionnel prévu tous les 2 ans et si le salarié n'a pas bénéficié les 6 dernières années d'au moins une action de formation non obligatoire (le compte est abondé de 3000 Euros complémentaires),
- Si les droits sont insuffisants pour suivre une formation le salarié peut s'informer sur les possibilités de compléter son compte auprès d'un conseiller en évolution professionnelle (prestation gratuite), de son employeur ou de sa direction des ressources humaines),

56. Pour un salarié dont la durée de travail est inférieure à la moitié de la durée légale ou conventionnelle de travail, le calcul s'effectue proportionnellement au temps de travail effectué.

- Si un salarié est licencié suite au refus d'une modification de son contrat de travail résultant de l'application d'un accord d'entreprise (bénéfice d'un abondement minimum de 3000 Euros de son CPF)

Cumul

Le CPF peut être cumulé avec d'autres dispositifs pour suivre une formation plus longue :

- Reconversion ou promotion par alternance,
- Projet de transition professionnelle,
- Formation prévue par le plan de développement des compétences[57].

Utilisation du CPF

Elle relève de l'initiative de la personne et ne peut pas être imposée par l'employeur pour financer une formation (le refus du salarié d'utiliser son CPF ne constitue pas une faute)[58]

- Formation se déroulant pendant le temps de travail :
  - Formation de durée <6mois : nécessité de faire la demande à l'employeur 60 jours calendaires avant le début de la formation,
  - Formation de durée>6 mois ; 120 jours calendaires avant le début de la formation ;
- Formation suivie en dehors du temps de travail : pas de demande à faire auprès de l'employeur ; exercice libre des droits, demande de validation de la formation à un conseiller en évolution professionnelle.
- Prise en charge des frais pédagogiques de formation : pas de prise en charge des frais de mobilités et annexes.

Si la formation est faite pendant le temps de travail, maintien du versement du salaire pendant celle-ci par l'employeur car la formation fait partie d'un travail effectif ; si elle est faite sur le temps libre, temps de formation non rémunéré.

Le conseil en évolution professionnelle (CEP)[59]

Effectué par des conseillers d'organismes accrédités (Pôle emploi, Cap emploi (si situation de handicap), Mission locale, Association pour l'emploi des cadres

57. Les droits acquis en heures dans le service public peuvent être convertis en euros (15 Euros/heure)
58. Chaque employeur avait pour obligation d'informer par écrit chaque salarié de son total d'heures de DIF non utilisées au 31 12 2014 et cette information peut se retrouver sur le bulletin de salaire de décembre 2014, sur l'attestation d'heures de DIF transmise par l'employeur de l'époque, sur le certificat de travail remis par votre dernier employeur (avant décembre 2014).
Le salarié peut saisir le conseil des prud'hommes pour demander la communication de ses heures de DIF.
59. Source : République française Service Public.fr

(APEC), Opérateur régional choisi par France compétences), c'est un dispositif d'accompagnement gratuit et personnalisé accessible à toute personne souhaitant faire le point sur sa situation professionnelle. Il permet d'établir un projet d'évolution professionnelle (reconversion, reprise ou création d'activité...).

Contenu

Analyse de la situation professionnelle individuelle via un entretien, conseil visant à définir son projet professionnel, accompagnement dans la mise en œuvre de ce projet, remise d'un document de synthèse (stratégie de mise en œuvre).

Bénéficiaires

Salariés du secteur privé et public, travailleurs indépendants, personne en recherche d'emploi, artisan, profession libérale, auto-entrepreneur, jeune sorti du système scolaire sans qualification ni diplôme[60].

Modalités

Accompagnement réalisé sur le temps libre, sauf accord de branche ou d'entreprise prévoyant qu'il peut être réalisé pendant le temps de travail.

60. Chaque employeur (privé ou public) doit informer ses salariés, lors de leur entretien professionnel, de la possibilité de recourir au CEP ; un salarié cadre peut prendre RDV de sa propre initiative et sans demander l'accord de son employeur auprès d'un conseiller de l'APEC. Dans les autres cas, prise de rendez-vous possible auprès des opérateurs régionaux choisis par France compétences

Chapitre 9

Les aides publiques au recrutement et au maintien

Aides et accompagnements de la Caisse Primaire d'assurance maladie (CPAM)

Le temps partiel thérapeutique

Il est prescrit par le médecin traitant sur un document Cerfa d'arrêt maladie ou d'accident du travail/maladie professionnelle. C'est une prescription à visée thérapeutique destinée à permettre une reprise progressive du travail pour un salarié présentant une déficience momentanée. Elle nécessite l'accord de l'employeur. Elle permet de maintenir un salarié, adapté à son emploi, sur un temps réduit avec une réduction du coût salarial (indemnisation par l'employeur proportionnelle au temps travaillé). Pour les travailleurs indépendants, seul existe le mi-temps thérapeutique.

La convention de rééducation professionnelle en entreprise (CRPE)[61]

C'est un contrat à durée déterminée (de 3 mois à 1 an selon la situation de la personne) qui suspend temporairement le contrat de travail initial. Il est signé par l'employeur, le salarié, la Caisse Primaire d'Assurance Maladie. Il peut être rompu avant son terme sous certaines conditions. Le référent est le chargé d'insertion.

Bénéficiaires

Toutes entreprises (L'accord de la Direction Régionale de l'Economie, de l'Emploi, du Travail et des Solidarités (DREETS)[62] n'est plus obligatoire).

Modalités d'attribution

61. Source : Assurance maladie Pays de la Loire
62. Direction Régionale de l'Economie, de l'Emploi, du Travail et des Solidarités. Cette indemnisation, reversée dans le cadre de la subrogation tous les mois sur présentation du bulletin de salaire est intégrée sur celui-ci en tant qu'indemnité sécurité sociale.

La personne doit être en arrêt de travail indemnisé avant la signature du contrat. Elle doit être reconnue handicapée par la MDPH ou être en voie de reconnaissance. Le médecin du travail doit émettre une présomption de réserves d'aptitude à l'exercice de sa profession. Ce contrat vise à accompagner le travailleur en arrêt de travail et à lui permettre de se réadapter à son ancienne profession (tutorat ou toute autre forme d'accompagnement) ou à le reclasser sur un nouveau métier compatible avec son état de santé (formation pratique en entreprise et/ou formation théorique en externe).

A la prise d'effet du contrat, **la personne n'est plus en arrêt de travail** et doit bénéficier dans les délais légaux prévus d'une visite de reprise auprès du médecin du travail[63].

Conditions de financement

Financement en partie par l'entreprise et au maximum pour partie par la CPAM dont dépend la personne (modalités différentes selon les départements). L'indemnisation est directement versée à l'entreprise et les contrats CRPE sont soumis à subrogation.

Cumul et renouvellement

- Prolongation envisageable du contrat (accord de l'employeur, du salarié et du médecin du travail) sous réserve d'une demande effectuée auprès du chargé d'insertion référent
- En cas d'arrêt de travail pendant le CRPE, le contrat est suspendu le temps de l'arrêt, la personne percevant ses indemnités journalières (maladie ou AT/MP) et est prolongé du nombre de jours d'arrêt.
- Prise de congés pendant le CRPE : Possible si la convention collective le permet avec arrêt de l'indemnisation de la CPAM pendant cette période (prise en charge complète du salaire par l'entreprise) et au retour contrat réactivé et prolongé du nombre de jours de congés pris
- Le CRPE peut être mis en place après une reprise à temps partiel thérapeutique. Il peut également être mis en place pour un salarié invalide quelle que soit sa catégorie d'invalidité.
- Au moins 1 mois avant la fin du contrat mais réduction possible du taux de prise en charge par la CPAM en cas de renouvellement.
- Cumul possible avec les aides de l'Agefiph ou celles de la convention cadre handicap.

63. Le statut du travailleur demeure inchangé pendant le CRPE. Sa rémunération demeure la même en cas de réadaptation, en revanche, en cas de reclassement, elle est celle prévue par la convention collective de l'entreprise ((premier échelon de la catégorie professionnelle) et, en fin de contrat, le salaire de la personne doit être égal à celui fixé pour la qualification atteinte.

L'essai encadré (Article D 323-6-5 du Code de la Sécurité Sociale)

C'est un dispositif de prévention de la désinsertion professionnelle des assurés indemnisés par la sécurité sociale au titre d'une maladie, d'un accident de travail ou d'une maladie professionnelle, en arrêt total ou partiel et présentant un risque de désinsertion professionnelle. Il vise à permettre le maintien ou le retour en emploi. Assimilable à une visite de pré reprise d'une durée maximale de 14 jours ouvrables (renouvelable dans la limite de 28 jours ouvrables), il permet de :

- Tester la compatibilité d'un poste de travail (initial, de reclassement dans ou hors de l'entreprise) avec les capacités du salarié et à l'opérateur d'évaluer les conditions de réalisation du travail sur le poste testé,
- Rechercher des solutions d'aménagement de poste ou de reclassement interne ou externe.

Il permet donc d'anticiper la reprise de travail et de mobiliser ou remobiliser le travailleur durant son arrêt de travail en le rendant acteur de son maintien en emploi. Cet outil CPAM, qui nécessite un tuteur (souvent le chef d'entreprise) et un bilan décrivant la situation de travail et les solutions qui peuvent être mises en route), est déclenché après signatures conjointes du médecin traitant, du médecin conseil et du médecin du travail d'un modèle de contrat type, Pendant cette période, la personne est en suspension de son contrat de travail, n'est pas soumise au règlement intérieur de l'entreprise. En cas d'accident, celui-ci est pris sous le régime de l'accident de trajet. La personne n'est pas là pour travailler, pour assurer un rendement. L'essai encadré permet également de favoriser et guider la rééducation fonctionnelle*.

L'invalidité

Elle est prononcée par le médecin conseil de la Sécurité sociale et ne peut s'inscrire que dans le régime de la **maladie** ou de l'**accident non professionnel**[64].

Son objectif est de maintenir en activité un travailleur dont la capacité de travail ou de gain est réduite et implique un rythme adapté permanent. Elle vise à compenser la perte de revenus qui résulte de la réduction de la capacité de travail. Son montant dépend des revenus de la personne et de la catégorie d'invalidité qui lui est attribuée. En complément dans certains cas, cette pension peut être

64. Les conséquences des accidents du travail ou des maladies professionnelles relèvent, en cas de consolidation avec séquelles consignée sur le certificat final AT/MP, d'une indemnisation définie par le médecin conseil selon le barème de l'UNCANSS appréciant l'incapacité permanente partielle (IPP en pourcentage). Pour un taux d'IPP compris entre 1 et 9%, versement par la CPAM d'une somme en capital, A partir et au-delà d'un taux d'IPP de 10%, versement d'une rente à vie.

*De manière couplée à l'essai encadré ou indépendamment de celui-ci, il peut être intéressant de réaliser pendant l'arrêt l'étude du poste avec l'ergonome du service de santé au travail de façon à pouvoir travailler en lien avec les acteurs de la rééducation fonctionnelle en leur présentant les contraintes physiques et gestuelles du poste, en leur permettant d'affiner ainsi au mieux leur travail de rééducation, et d'avoir une idée sur les capacités de récupération à 1, 2, 3, 4, ...mois pour préparer le retour.

complétée par une allocation supplémentaire d'invalidité (ASI)[65]. Cette pension prend le plus souvent le relai d'une période au cours de laquelle le salarié, en arrêt maladie, a perçu des indemnités journalières de la sécurité sociale.

La pension d'invalidité est toujours attribuée à titre temporaire et peut être révisée, supprimée ou suspendue selon un certain nombre d'évènements (évolution de l'état de santé de l'assuré, modification de l'état d'invalidité du bénéficiaire, capacité de gain de l'invalide devenant >50%, reprise d'une activité professionnelle...). A partir de l'âge légal de la retraite (62 ans), elle est remplacée, lorsque le titulaire n'exerce pas d'activité professionnelle, par une pension de vieillesse. S'il exerce une activité professionnelle, la pension pour invalidité ou incapacité peut être versée jusqu'à l'âge d'attribution automatique du taux plein.

Pour pouvoir prétendre à l'attribution d'une pension d'invalidité, il faut que le médecin conseil estime, une fois l'état de santé stabilisé, que la capacité de gain ou de travail de la personne est réduite des 2/3. ...

Concernant ensuite les conditions d'attribution (communes aux artisans et commerçants), il faut ne pas avoir atteint l'âge légal de départ à la retraite, être affilié aux régimes d'assurance vieillesse et au régime d'assurance invalidité-décès des travailleurs indépendants à la date de constatation médicale de l'incapacité ou de l'invalidité (ou être en maintien de droits*[66]).

Par ailleurs, si l'assuré ne bénéficie pas d'indemnités journalières de maladie à la date de demande de pension, il doit avoir été affilié au moins 1 an au régime invalidité-décès des travailleurs indépendants (sous réserve des dispositions applicables en matière de coordination entre régimes de Sécurité sociale) ; il doit avoir cotisé au régime d'assurance décès-invalidité des travailleurs indépendants au cours des 3 années civiles précédant la date d'effet de la pension d'invalidité sur un revenu moyen supérieur ou égal à 10% de la moyenne des plafonds annuels de la Sécurité sociale (PASS) en vigueur (4399,20Euros en 2023)[67]. Cette condition ne s'applique plus aux personnes qui perçoivent des indemnités journalières maladie lorsqu'elles demandent leur pension pour invalidité ou incapacité.

Il faut de plus que la personne ne bénéficie pas d'un avantage invalidité servi par un autre régime pour la même invalidité (sauf cause différente ou aggravation), il faut en outre que l'invalidité ne résulte pas d'une faute volontaire de l'assuré ni d'un fait de guerre civile ou étrangère ; il faut enfin avoir subi un examen médical complet auprès du médecin conseil qui détermine l'incapacité ou l'invalidité.

65. L'allocation supplémentaire d'invalidité, L'assuré peut en bénéficier s'il a des ressources annuelles < 8679 Euros pour une personne seule, 15 201,92 Euros pour un couple et s'il est atteint d'une invalidité générale réduisant d'au moins 2/3 sa capacité de travail ou de gain Son montant maximum, pour une personne seule, est de 4991,81 Euros.
66. Une personne n'étant plus affiliée au régime d'invalidité-décès des travailleurs indépendants au moment de sa demande de pension pour incapacité ou invalidité peut toutefois être indemnisée dès lors qu'elle perçoit des indemnités journalières de maladie au titre d'un arrêt de travail ayant débuté avant sa radiation.
67. Lorsque l'affiliation en qualité de travailleur indépendant a duré moins de 3 ans, le revenu d'activité est pris en compte dans la limite des années civiles concernées.

Ensuite, il détermine la catégorie d'invalidité (3 catégories).au régime d'assurance invalidité-décès des travailleurs indépendants :

- Catégorie 1 : personne capable d'exercer une activité professionnelle rémunérée,
- Catégorie 2 : personne ne pouvant plus exercer une activité professionnelle,
- Catégorie 3 : personne ne pouvant plus exercer d'activité professionnelle et ayant besoin de l'aide d'une tierce personne pour les gestes essentiels de la vie courante.

Le montant de pension versée est déterminé par le classement dans l'une ou l'autre de ces trois catégories et basé sur un taux appliqué au salaire moyen annuel perçu pendant les 10 meilleures années d'activité du salarié (salaires soumis à cotisations dans la limite du plafond annuel de la sécurité sociale).

Le montant de pension versé n'est pas forcément le montant calculé car la réglementation prévoit un montant minimal et un montant maximal selon les catégories :

Montant des pensions d'invalidité au 01 04 2023 par catégorie[68,69]		
Catégorie de pension d'invalidité	Montant minimum par mois	Montant maximum par mois
Pension invalidité 1ère catégorie	311,56 Euros	1 099,80 Euros
Pension invalidité 2e catégorie	311,56 Euros	1 833,00 Euros
Pension invalidité 3e catégorie	311,56 Euros +1 210,90 Euros (majoration pour tierce personne)	1 833,00 Euros + 1 210,90 Euros (majoration pour tierce personne)

La perception d'une pension d'invalidité n'est pas incompatible, même pour les personnes classées en 2e et 3e catégorie, avec la poursuite d'une activité professionnelle. Le titulaire doit déclarer les revenus perçus à sa caisse via la déclaration de ressources que celle-ci lui aura adressée. Un contrôle annuel des droits des pensionnés est effectué. Ce contrôle est trimestriel, si le titulaire exerce une activité salariée.

A noter que pendant les 6 premiers mois d'une reprise d'activité salariée ou non salariée, il est possible de cumuler intégralement les revenus tirés de cette

68. Source : ameli.fr
69. Fondation handicap Malakoff humanis « Travailleurs indépendants handicapés Qui sont-ils et comment favoriser leur réussite professionnelle ? Etude sur les parcours des TIH et pistes d'amélioration de leur accompagnement »

pension et ceux liés à l'activité professionnelle. Au-delà, la pension d'invalidité catégorie 1 peut être cumulée à un revenu professionnel dès lors que la somme des deux n'excèdent pas 4 fois le montant de la pension (dépassement apprécié sur 2 trimestres consécutifs) ; La pension d'invalidité catégorie 2 est également compatible avec la poursuite ou la reprise d'une activité professionnelle tant que la somme totale perçue ne dépasse pas 2,4 fois le montant de la pension.

Les autres acteurs et aides pour les travailleurs indépendants actifs, artisans, commerçants, professions libérales[70]

Elles sont spécifiques ou non du handicap. Indépendamment de l'Agefiph que nous venons de décrire et des aides matérielles que nous décrirons plus loin, en voici une liste non exhaustive :

Aides spécifiques de l'instance régionale de la protection sociale des travailleurs indépendants

Ces aides régionales spécifiques sont financées au moyen de fonds de l'Action Sanitaire et Sociale de ces instances. Certaines sont décrites ici, d'autres plus loin. A signaler la mise en place par les organismes de sécurité sociale du dispositif HELP (Harmonisation des Echanges entre Les Partenaires). Ce dispositif *(Source Assurance maladie : Guide pratique du Travailleur indépendant, Informer et orienter le travailleur indépendant)* a pour but d'aider les travailleurs indépendants fragilisés par des difficultés d'ordre médical, économique, financier ou encore familial, en apportant, via un travail de concert mettant en synergie les compétences de chacun, une réponse adaptée, coordonnée et spécifique à chaque situation.

- Assurance maladie : accompagnement aux soins, aux droits, au maintien dans l'emploi,
- Allocations familiales : attribution de minimas sociaux, de la prime d'activité, de prestations familiales, d'allocations logement, de l'action sociale,
- Assurance retraite : intervention de travailleurs sociaux,
- Urssaf : mise en place de délais de paiement, modulation des cotisations sociales, mise en œuvre de l'action sociale.

70. La pension d'invalidité (hors majoration pour tierce personne) est soumise à l'impôt sur le revenu, à la CSG (au taux de 8,3%) ainsi qu'à la CRDS (au taux de 0,5%), à la contribution additionnelle de solidarité à l'autonomie (CASA) au taux de 0,3%, avec possibilité d'exonération ou d'application d'un taux réduit (CSG à 3,8% ou Minoré (CSG à 6,6%), en fonction notamment des ressources.
Elle est exonérée en totalité des cotisations CSG, CRDS et Casa si le titulaire bénéficie de l'allocation supplémentaire d'invalidité (ASI), s'il n'est pas domicilié fiscalement en France, et selon son revenu fiscal de référence, en totalité ou partiellement.

L'aide pour un accompagnement au maintien de l'activité (AMA)

Ces aides (CPAM-CGSS) viennent en complément des aides proposées par l'assurance maladie pour la prévention de la désinsertion professionnelle (sauf les essais encadrés et les contrats de rééducation professionnelle chez l'employeur) et des aides proposées par l'Agefiph.

Elle est dédiée à des travailleurs indépendants cotisants actifs (en arrêt de travail ou radiés depuis moins de 18 mois) ayant des « droits santé » ouverts, (+ titulaires d'une reconnaissance de la qualité de travailleur handicapé en cas de cofinancement avec des partenaires (Agefiph, Cellules maintien cap emploi)).

Ces aides sont variées et peuvent être mobilisées :

- *Aides techniques ou outils adaptés,*
- *Aménagement de l'environnement de travail* (poste de travail, locaux professionnels, ...,)
- Adaptation du véhicule pour déplacements professionnels,
- Aide au remplacement du travailleur indépendant malade ou du conjoint collaborateur malade (embauche salarié),

Le montant des aides accordées est étudié au cas par cas, après l'évaluation sociale effectuée par les assistants sociaux des Carsat référents(es) du parcours de prévention de la désinsertion professionnelle des travailleurs indépendants, par la commission de l'action sanitaire et sociale de l'instance régionale de la protection sociale des travailleurs indépendants en tenant compte des aides obtenues au titre du droit commun (notamment les droits formation) et par l'Agefiph.

- *Réorientation professionnelle éventuelle* (Frais de formation et de bilan de compétences, financement de mesures d'accompagnement à la réorientation professionnelle éventuelle dont la prise en charge de frais de formation pour le travailleur indépendant lui-même et, éventuellement le conjoint collaborateur obligé de se reconvertir),
- *Une consultation médico-professionnelle* (dispositif expérimental développé en interne sur tout le territoire dans le cadre du dispositif PDP-TI de janvier 2021 jusqu'à fin 2022 visant à aider à l'étude du maintien en emploi des travailleurs indépendants). Ce dispositif, mis en place par le Conseil de la Protection Sociale des Travailleurs Indépendants (CPSTI), avait pour objet de pallier le fait que les travailleurs indépendants ne pouvaient pas bénéficier d'un suivi à l'époque par les services de santé au travail et ne pouvaient donc pas disposer de visites de pré reprise.

L'objectif de ces consultations médico-professionnelles est de permettre au travailleur indépendant (chef d'entreprise) en arrêt de travail indemnisé (à l'exclusion des professions libérales), d'accéder à un avis médico-professionnel lorsque son problème de santé vient mettre en péril la pérennité de l'activité, d'éclairer la construction du parcours de prévention de la désinsertion professionnelle en mobilisant les outils adaptés à la situation du travailleur indépendant.

Ce dispositif a ensuite été rattaché à celui de l'aide pour un accompagnement au maintien de l'activité à partir de janvier 2023[71] et ouvre l'accès, pour le travailleur indépendant (pas nécessairement en arrêt de travail) à une consultation médico professionnelle auprès d'un Service de Prévention et de Santé au Travail interentreprises (SPSTI) ou d'une autre structure dans la limite de 250 euros par consultation avec un maximum de 3 consultations dans le cadre du projet d'accompagnement. La prise en charge de ces consultations médico-professionnelles intervient de façon subsidiaire à l'adhésion du travailleur indépendant au volet PDP (prévention de la désinsertion professionnelle) de l'offre du SPSTI et donc, pour les travailleurs indépendants qui ne pourraient pas, pour raisons financières, adhérer à un SPSTI. Dans ce contexte, le Conseil de la Protection Sociale des Travailleurs Indépendants accepte que l'AMA puisse être mobilisée pour la prise en charge de cette cotisation. Les consultations médico-professionnelles s'inscrivent bien souvent au démarrage d'un parcours plus global d'accompagnement au maintien de l'activité et nécessitent d'être mobilisées rapidement ; dans ces conditions, la décision d'attribution et la notification de l'aide sont déléguées aux services administratifs des CPAM qui en rendent compte à la Commission de l'Action Sanitaire et Sociale (CASS) du CPSTI local [72].

Le parcours « mon psy »

C'est un dispositif d'accompagnement psychologique pris en charge par l'assurance maladie mis en place le 05 avril 2022.Il est prescrit, via un « courrier d'adressage », s'il l'estime approprié, par le médecin traitant. Ce courrier est valable 6 mois. Différents types de prises en charges peuvent être proposées comme plusieurs types de psychothérapies en fonction de chacun et de ses préférences. Il est ouvert à toute personne angoissée, déprimée ou en souffrance psychique et permet à l'assuré (e) d'être accompagné(e). Le psychologue consulté doit figurer sur une liste de praticiens ayant signé une convention partenariale avec l'assurance maladie (voir liste sur site ameli.fr). Outre la consultation initiale (40 Euros) qui a pour but d'évaluer la situation, 7 autres consultations pourront (30 Euros) être prises en charge par an. Le remboursement est effectué par la CPAM (60%) et la mutuelle complémentaire (40%) sur fourniture de la feuille de soins accompagnée du courrier d'adressage[73].

---

71. À signaler que, pour les travailleurs indépendants inclus dans le dispositif consultations médico-professionnelles PDP avant le 31 12 2022, la CNASS CPSTI a décidé au 1er décembre d'assurer la prise en charge des consultations (1ère, 2e et 3e consultations), pour les conventions signées avant cette date et ce, dans les conditions prévues dans le cadre contractuel expérimental (500 euros par convention et 60 euros par consultation).

72. La délégation ne s'étend pas aux autres aides visées par l'AMA qui doivent être présentées en CASS IRPSTI par la caisse référente.

73. NB : sont dispensés de l'avance de frais, les bénéficiaires de la Complémentaire Santé Solidaire (CSS), ceux de l'Aide Médicale d'Etat (AME), ceux en lien avec une affection longue durée (ALD), ceux en lien avec la maternité à partir du 6e mois de grossesse, ceux en lien avec un accident du travail ou une maladie professionnelle.

L'aide au répit du travailleur indépendant actif

Ce dispositif, bien qu'il dispose de la même dénomination que celui mis en place par la Mutualité Sociale Agricole et que nous verrons plus loin, n'a pas les mêmes objectifs. Il part du principe que la dégradation de l'état de santé du dirigeant peut être en lien avec une fonction « d'aidant familial ».

Son objectif est d'aider et d'accompagner le travailleur indépendant (artisan ou commerçant) qui doit réduire son activité ou dont l'activité normale est altérée par la situation d'un proche (conjoint, enfant, ascendant, frère, sœur, ...) en perte d'autonomie (situation d'affection de longue durée, de maladie, de handicap, d'accident, de faire face au vieillissement). Il s'adresse à des travailleurs indépendants actifs, aidant familial d'un parent (conjoint, enfant, ascendant) dont l'engagement en tant qu'aidant familial s'effectue au détriment de son activité professionnelle. Aucune durée d'affiliation minimale n'est exigée. Selon les barèmes définis, l'aide financière journalière, variable en fonction des revenus du demandeur, se situe entre 48 et 114 Euros dans la limite de 12 jours/an et elle ne se substitue ni aux aides légales, ni à l'allocation journalière de présence parentale versée par la Caisse d'allocations familiales.

Diverses modalités d'aides sont proposées selon la situation :

- L'hébergement temporaire,
- La prise en charge temporaire à domicile,
- La garde complète 24H/24,
- L'accueil de jour et de nuit,
- La garde itinérante de nuit,
- Les aides à la téléassistance,
- Le portage des repas,
- Le séjour de vacances accompagnées,
- Le soutien psychologique,
- Le relais des aidants.

Le congé de proche aidant

(Source République Française, service public.fr)

Indemnisé depuis octobre 2020 par la Caisse d'Allocations familiales, ou par les Caisses de la Mutualité Sociale Agricole, ce dispositif est ouvert à tous les salariés du secteur privé, les agents du secteur public, les indépendants ainsi que les demandeurs d'emplois indemnisés. Les retraités, sauf s'ils exercent une activité en plus de leur retraite et qu'ils la réduisent pour s'occuper d'une personne en perte d'autonomie, ne peuvent pas le demander. Ce dispositif permet de suspendre ou de réduire son activité professionnelle pour s'occuper d'un proche en situation de handicap ou en perte d'autonomie importante.

Les conditions d'accès :

- Avoir un lien étroit et stable avec la personne aidée (conjoint, concubin, pacsé, ascendant, descendant, personne avec laquelle il réside ou qu'il aide régulièrement et fréquemment),
- Le bénéficiaire et la personne aidée doivent résider en France,
- Apporter une aide à titre non professionnel pour accomplir tout ou partie des actes de la vie quotidienne,
- La personne aidée doit avoir un taux d'incapacité égal ou supérieur 80% ou une perte d'autonomie évaluée en GIR 1, 2 et 3.

Le montant et la durée de l'allocation journalière de proche aidant (AJPA):

Elle vise à compenser une partie de la perte de salaire dans la limite de 66 jours au cours du parcours professionnel du salarié. Depuis le 01 janvier 2022, elle a été revalorisée au niveau du Smic, soit 58,59 Euros nets par jour et 29,30 Euros par demi-journée. L'aidant a droit à 22 jours maximum/mois ; l'indemnité peut être versée à la demi-journée, sauf pour les demandeurs d'emplois.

Les aides aux travailleurs indépendants retraités, artisans commerçants (Carsat-CNAV-CGSS)

- L'aide de soutien aux survivants d'un montant de 2000 Euros peut être attribuée en cas de décès du conjoint.
- L'aide complémentaire à l'habitat vise à aménager le logement pour permettre le maintien à domicile. Elle est d'un montant de 125 Euros à 1050 Euros selon barème.

Autres partenaires, aides et dispositifs divers

Dans le cadre d'un projet entrepreneurial de création, de reprise, de transmission d'entreprise, il est important et prudent, pour la personne qui l'envisage, de ne pas se lancer « tête baissée » dans la démarche, mais, au contraire, de prendre la précaution de se faire entourer, conseiller et accompagner pour la réalisation de celle-ci par des partenaires compétents et ayant « pignon sur rue ». Outre la sécurisation apportée au projet entrepreneurial, le recours à ces organismes peut permettre de bénéficier des aides qu'ils peuvent dispenser, lui donner plus de crédibilité et permettre l'accès à des dispositifs dont le bénéfice est conditionné par le passage par ces réseaux.

C'est par exemple le cas pour la fondation « Entrepreneurs de la cité » (nous détaillerons plus loin dans cet ouvrage ses actions en faveur des entrepreneurs) qui conditionne l'accès à une « trousse de première assurance » à l'accompagnement par un réseau d'aide à la création d'entreprise et/ou financé par un micro-crédit, un prêt NACRE, un prêt d'honneur, ...

L'Agence Pour la Création d'Entreprises (Source APCE[74]-UAE (union des auto-entrepreneurs)*

Créée en 1996 à l'initiative des pouvoirs publics, cette association loi 1901 intervient dans le processus d'aide à la création, à la transmission et au développement des entreprises :

- à la manière d'une agence d'information via son portail internet, ses publications et ses fiches pratiques elle promeut l'esprit d'initiative, informe sur les mesures prises en faveur de la création-transmission d'entreprises et sur les dispositifs locaux et nationaux existants, oriente les entrepreneurs dans leurs démarches,
- en support technique des réseaux d'accompagnement et des collectivités territoriales pour leur apporter la formation et les outils d'une action de terrain de qualité,
- pour suivre l'évolution du processus de création d'entreprise, réaliser des études statistiques et des notes de conjoncture par secteur d'activité et bassin d'emplois, qualifier les attentes et les besoins en termes d'accompagnement,
- en réalisant toute mission ou étude et en donnant tout avis demandé par les pouvoirs publics, dans un cadre conventionnel.

Enfin, à la demande du Médiateur du Crédit, elle coordonne l'activité des tiers de confiance de la Médiation pour la création-reprise.

L'Association pour le Droit à l'Initiative Economique (Source ADIE)

L'Association pour le droit à l'initiative économique (ADIE) est une association française reconnue d'utilité publique depuis 2005, dont le but est de permettre à des personnes qui n'ont pas accès au système bancaire traditionnel de créer leur propre entreprise, grâce au microcrédit accompagné. Elle est présente sur tout le territoire français métropolitain, ainsi que dans les Outre-mer.

Le microcrédit de l'ADIE

C'est un prêt plafonné à 12 000 Euros soumis à conditions [75] à destination des jeunes entrepreneurs non-éligibles à un crédit bancaire classique. Il vise à financer un projet de création ou de développement d'entreprise et donne accès à des

74. : L'APCE compte 50 collaborateurs, dont 40 experts-consultants. Elle anime le Comité Synergie Réseaux qui regroupe les dirigeants des principaux réseaux d'appui à la création-reprise, représentant plus de 5000 experts de terrain partout en France issus des Chambres de Commerce et d'Industrie, des Chambres des Métiers et de l'Artisanat, de groupements d'initiatives locales, de réseaux privés, d'associations et de clubs d'entrepreneurs
75. Pour en savoir plus :https://www.adie.org/pourcreer-ou-developper-mon-entreprise/

bons plans négociés avec les partenaires de l'ADIE (logiciels de gestion d'entreprise, outils de paiement, ...), le tout à prix réduit.

Le prêt Apport en capital de l'ADIE

Anciennement appelé « Prêt d'honneur », il peut aller jusqu'à 3 000 €, sans intérêt, et une possibilité de remboursement différé.

L'ARCE (Aide à la reprise ou à la création d'entreprise)

Versée par Pôle Emploi, c'est une aide financière destinée aux créateurs ou repreneurs d'entreprise qui optent pour un capital versé en deux fois au lieu du maintien partiel de l'allocation d'aide au retour à l'emploi (ARE)[76].

La BGE

C'est un réseau national de 50 associations qui exercent dans le domaine de l'accompagnement aux entrepreneurs. Leur mission consiste à accompagner dans leur projet, les créateurs et développeurs d'activité. Elle accompagne l'initiative individuelle et collective et fournit l'appui nécessaire depuis l'émergence de l'idée jusqu'à la réalisation du projet de son premier développement jusqu'à sa consolidation. Dans une majorité des régions, les BGE sont partenaires de l'Agefiph[77].

La Chambre de Commerce et d'Industrie (CCI)

Elle accompagne les indépendants dans la création de leur entreprise. Dans certains départements, comme en Seine Saint Denis, les entrepreneurs en situation de handicap sont suivis par des conseillers référents handicap de la CCI[78].

France Active

Elle propose un soutien financier aux entrepreneurs et notamment les plus fragiles, c'est-à-dire, ceux pour lesquels les banques peuvent être réticentes dans le financement de leur projet[79].

INITIATIVE France

C'est un réseau associatif de financement pour les créateurs et repreneurs d'entreprises. Ce réseau propose des prêts personnels, des prêts sur l'honneur et offre aussi des garanties sur prêts bancaires [80].

76. Pour en savoir plus : https://www.pole-emploi.fr/candidat/je-creereprends-une-entreprise/les-aides-financieres-creation-d/aide-a-la-reprise-et-a-la-creati.html
77. Pour en savoir plus : https://www.bge.asso.fr
78. Pour en savoir plus : https://www.cci.fr/web/creation-d-entreprise
79. Pour en savoir plus : https://www.franceactive.org
80. Pour en savoir plus : https://www.initiative-france.fr

Le prêt à taux zéro du dispositif NACRE (Nouvel accompagnement à la création ou à la reprise d'entreprise)

(Source le coin des entrepreneurs)

Ce dispositif, devenu régional en 2017[81], est un prêt à taux zéro dont le montant, compris entre 1 000 euros et 10 000 euros, doit être remboursé au bout de 5 ans maximum. Aucune garantie ni caution personnelle n'est demandée au porteur de projet.

Le prêt NACRE est accordé directement au porteur de projet afin de consolider son apport personnel, un contrat de prêt est alors signé. Il est ensuite remboursé par échéance mensuelle. Il est versé par l'organisme France Active, qui se chargera ensuite de son recouvrement. A signaler que le prêt NACRE n'est accordé au porteur de projet qu'en complément d'un prêt bancaire d'un montant au moins équivalent. Ce principe est prévu par les articles L. 511-6-5 et R. 518-57 et suivants du Code monétaire et financier.

Le plan de financement établi est important pour déterminer le montant qui peut être accordé. L'opérateur NACRE qui accompagne le porteur de projet l'aide notamment à finaliser son plan de financement.

Dans le cadre de la demande d'obtention, il convient d'avoir suffisamment avancé dans le projet de création ou de reprise : l'étude de marché et le business plan doivent être réalisés. Ensuite, il faut contacter les organismes à proximité qui sont autorisés à proposer l'accompagnement NACRE afin de les informer du projet de création ou de reprise et du souhait de bénéficier à ce titre du dispositif.

Le projet sera enfin soumis à une commission qui décidera de l'attribution ou non du prêt NACRE à taux zéro.

La trousse de première assurance

(voir plus loin cf. table des matières)

Autres incubateurs et réseaux

Les couveuses, les incubateurs, les accélérateurs ainsi que les coopératives d'activité sont aussi des dispositifs de droit commun qui peuvent accompagner des entrepreneurs en situation de handicap au même titre que les autres.

81. Pour en savoir plus : https://www.lecoindesentrepreneurs.fr/pret-nacre/

Chapitre 10

Les grands principes du maintien individuel du dirigeant « employē »

Outre le consentement éclairé et la participation active de la personne concernée à la démarche de maintien, ils reposent sur un certain nombre de paramètres (signalement précoce, travail concerté en réseau), et sont le plus souvent mis en œuvre pour des personnes en situation d'arrêt de travail pour une période indéterminée. Ils réclament de disposer de temps, visent à préserver l'emploi de la personne dans son entreprise via un aménagement ou un changement de poste, à travailler sur une reconversion professionnelle (bilan de compétences, prestation spécifique d'orientation professionnelle, formation, aide à la création d'entreprise...) ou enfin, en cas d'impossibilité de réaliser ces mesures, à assurer sa « protection socio-économique ». Toute situation de handicap au travail implique une analyse dans une perspective personne-environnement : identification des facteurs personnels de la personne, des facteurs de son environnement entraînant une limitation d'activité ou une restriction de participation à la vie professionnelle.

Le signalement précoce[82]

Il a été démontré que les interventions précoces de réinsertion associant les entreprises sont plus efficaces que les approches conventionnelles en milieu de soins pour réduire le risque d'absentéisme prolongé, de perte d'emploi et de désinsertion professionnelle. Ceci est parfaitement démontré pour les salariés présentant des troubles de santé mentale « courants » (anxiété, dépression réactionnelle) ou atteints de troubles musculosquelettiques (TMS)[83].

De plus, ce signalement précoce et la mise en place d'une procédure de maintien en emploi « structurée et organisée » concourent à :

- Réduire les inquiétudes et redonner confiance à la personne en difficulté en l'entourant et en l'accompagnant en équipe, afin, par une écoute pendant

82. Sources HAS et Aljp conseil et formation

83. Selon une source (CNAMTS 2004), 23% des personnes en arrêt de travail de plus de 3 mois souffrent de troubles mentaux et comportementaux (2e cause d'arrêt de travail après les TMS). Par ailleurs, une personne sur deux, en arrêt de travail depuis plus de 6 mois ne reprend pas son activité professionnelle (source CNAMTS 2008 lettre « en pratique » juin 2009, ALJP conseil et formation).

la période d'arrêt de travail , de lever les freins d'ordre « médical » l'empêchant de s'inscrire dans un projet professionnel, d'éviter, chez elle, les conséquences en termes de santé que peut générer le stress chronique et de lui permettre de se réapproprier une image corporelle et psychique de ses possibilités, ce qui est indispensable pour la rendre actrice dans la réalisation de son projet de vie[84].

- Assurer un colloque médical entre les différents intervenants (soignants, médecin conseil, médecin du travail) pour garantir la cohérence du discours médical qui lui est délivré[85].
- Obtenir un bilan régulier des capacités fonctionnelles résiduelles de la personne,
- Réduire les inégalités sociales au regard de l'emploi après une maladie. Par exemple et en particulier dans le registre des pathologies cancéreuses, il existe un nombre important de situations de « non-recours aux droits » (non-mobilisation par certaines personnes des différentes mesures auxquelles ils peuvent prétendre pour leur maintien en emploi : adaptation du poste de travail, recours au temps partiel thérapeutique, reconnaissance de la qualité de travailleur handicapé). La mise en place d'une méthodologie formalisée et surtout sa diffusion auprès des professionnels et du public concernés (en particulier les dirigeants d'entreprises non-salariés et les travailleurs indépendants), est essentielle pour faire baisser ce nombre.
- Le signalement précoce contribue de plus :
  - sur le plan financier à diminuer, d'une part, le chômage longue durée, d'autre part, pour la Caisse primaire d'assurance maladie, les arrêts maladie longs et/ou répétés (diminution du nombre des indemnités journalières), l'invalidité, la précarité,
  - sur le plan personnel, pour la personne concernée, le développement de pathologies induites du fait de la désinsertion professionnelle (dépressions...).

---

84. Le fait pour la personne de se sentir écoutée, reconnue, accompagnée favorise la sécrétion de dopamine et d'endorphine et donc accélère le processus de résilience, de cicatrisation de guérison (par opposition au stress prolongé et à la sécrétion induite de cortisol et de noradrénaline.
85. On constate en pratique de PDP une incohérence des discours médicaux dans 41% des cas lors de leur prise en charge. (Source : aljpconseils

Les circonstances et acteurs possibles du repérage[86]

Circonstances et acteurs possibles du signalement /du repérage du risque de désinsertion professionnelle aux équipes de santé/travail (sans ordre de préséance) précoce.

Circonstances	Acteurs (Ils peuvent inciter à contacter le médecin du travail dans le respect des règles déontologiques)
Parcours de soins : Premiers symptômes fonctionnels d'une maladie non encore diagnostiquée, par exemple plainte somatique, psychique, etc.	Médecin traitant, Médecin spécialiste, Travailleur
Maladie diagnostiquée avec pronostic fonctionnel prévisible à venir péjoratif (Lorsqu'un diagnostic péjoratif est posé en termes de capacités fonctionnelles, même en l'absence de symptômes actuellement invalidants)	Médecin traitant, Médecin spécialiste, Salarié, Médecin du travail
Arrêts de travail ou soins[87] (au moment des soins ou d'un premier arrêt de travail de courte ou de plus longue durée, des arrêts de travail répétés ou ultérieurs, etc.)	Médecin traitant, Médecin spécialiste, Salarié, Médecin conseil, Cadres de santé, Professionnels paramédicaux Assistants de services sociaux, Médecin du travail (visite de pré reprise), Employeur
Parcours de santé/travail : • Le suivi de santé par les professionnels de santé des équipes pluridisciplinaires de santé au travail lors de tous les entretiens individuels VIP (visite d'information et de prévention), VMAAE (visite médicale d'aptitude avant l'embauche), suivi périodique, VR (visite de reprise), visites à la demande, VPR (visite de pré reprise) • Perception par le salarié ou son environnement de travail de difficultés au travail pouvant être en lien avec des problèmes de santé (baisse de performance troubles du comportement, difficultés relationnelles, etc.) Parcours Sécurité sociale : • Lors de la déclaration d'un AT (accident du travail) ou d'une MP (maladie professionnelle) • Lors de tout arrêt de travail • Lors de la demande d'une prestation (demande d'invalidité, demande de reconnaissance de MP, demande de rente AT/MP, etc.) • Lors de la prise en charge d'une pathologie susceptible d'interférer sur les capacités de travail	Médecin du travail, Collaborateurs médecins, Infirmiers de santé au travail Informer les salariés de leur possibilité de demander à tout instant une VM auprès du médecin du travail, y compris en période d'arrêt de travail (VPR) En dehors de toute situation manifeste de difficulté professionnelle en matière de MEE, une question systématique peut aider à repérer un risque dans ce domaine : « Avez-vous (depuis la dernière visite) des difficultés à effectuer votre travail en ce moment en raison de problèmes de santé ? Et si oui, de quelle nature ? Depuis combien de temps ? À quelle fréquence ? » Le travailleur, l'employeur, l'encadrement hiérarchique de proximité, les représentants du personnel Le service médical (médecins conseil, infirmier, etc.) et le service social (assistants des services sociaux)

86. Source HAS
87. Le suivi de cohorte publié par Koopsmans en 2008 montre que les arrêts de travail fréquents et les arrêts de longue durée sont associés à un risque important de perte d'emploi

En pratique, la mise en œuvre précoce de la démarche de maintien en emploi, d'après la mission IGAS publiée en janvier 2018, ne peut se concevoir sans élaboration d'une véritable stratégie de communication s'appuyant sur l'engagement d'une réflexion sur le maintien des liens entre employeurs et salariés durant l'arrêt de travail, sur l'incitation des médecins traitants à orienter leurs patients en risque de désinsertion professionnelle vers les services de prévention et de santé au travail (SPST), sur l'amélioration des procédures de repérage et de signalement des organismes de protection sociale. Cette mission recommande par ailleurs aux caisses d'assurance maladie d'organiser l'information des SPST par rapport aux arrêts de travail, afin qu'ils puissent proposer des visites de pré reprise, et les incite à mettre en place des processus d'accompagnement structurés et partenariaux, sans rupture en cas d'arrêt de travail ou de licenciement, avec pour conséquence de pouvoir les solliciter pendant quelques mois après l'inscription à pôle emploi en cas d'inaptitude.

Enfin, quel que soit l'acteur à l'origine du repérage du risque de désinsertion professionnelle, l'orientation doit se faire vers le médecin du travail.

Risques de désinsertion professionnelle, les critères de repérage

Facteurs propres au travailleur ou au travail susceptibles de contribuer à l'absentéisme, à l'incapacité de travail ou à la désinsertion indépendamment des arrêts de travail et facteurs prédictifs de retour au travail en cas d'arrêt maladie :

- Les facteurs de risques de désinsertion liés à l'individu sont la conjugaison de deux ou plusieurs facteurs parmi : faible niveau d'étude, âge>50 ans, isolement social ou manque de soutien social/familial, capacité physique limitée, mauvaise santé perçue, détresse émotionnelle, syndrome ou symptômes anxiodépressifs, surpoids, arrêts de travail antérieurs répétés et/ou prolongés (>3 mois).
- Les facteurs communs à toute pathologie influençant positivement sont : haut niveau socioéconomique, bonne santé perçue, espérance de rétablissement, bonne capacité fonctionnelle de travail, espoir élevé de reprise du travail.
- Les facteurs liés au travail : Quel que soit le problème de santé, influence négative, sur le pronostic professionnel, des facteurs de risques psychosociaux présents dans l'environnement de travail

Par conséquent, il est recommandé, pour tout problème de santé retentissant sur les capacités d'un travailleur de rechercher dans son environnement de travail les facteurs influençant négativement son pronostic professionnel : faible marge de manœuvre+ exigences élevées de travail sources de stress important au travail, faible soutien social (de la hiérarchie ou des collègues), faible reconnaissance du travail, insuffisance ou absence de politique au sein de l'entreprise favorisant le retour au travail et le maintien en emploi (absence d'aménagements de postes, absence de reprise progressive d'activité (temps partiel thérapeutique...)

Le travail concerté en réseau

Le travail en réseau avec le(s) médecin(s) soignant(s) et le médecin conseil

Les problématiques de maintien en emploi, que le médecin du travail doit orchestrer et qui impliquent de promouvoir en même temps l'autonomie et la liberté du travailleur concerné et de tenir compte et d'agir particulièrement sur son environnement de travail, représentent une activité grandissante, complexe et chronophage des services de santé au travail en raison de la multiplicité des acteurs (médecin traitant, médecin conseil, employeurs, opérateurs de maintien en emploi, service social,...) nécessitant d'être mis en relation afin de coconstruire une solution adaptée à la situation de la personne. Ceci est d'autant plus nécessaire que les fondements historiques, les bases juridiques et les finalités des différents intervenants ne sont pas les mêmes. Ainsi, l'avis du médecin conseil ne s'impose pas nécessairement au médecin du travail ou au médecin de la MDPH et réciproquement.

Il est en effet avéré que les différents praticiens intervenant auprès de la personne vulnérabilisée ont chacun une vision focalisée de celle-ci conditionnée par l'univers dans lequel ils évoluent. Pour le médecin soignant, il est son patient ; pour le médecin conseil, il est son assuré ; pour le médecin du travail, il est son salarié.

Cette vision focale des choses peut s'avérer funeste pour l'individu concerné.

- D'une part, car il n'est pas toujours informé, dans ces circonstances, des possibilités de se rapprocher de son médecin du travail :
  - Absence d'orientation précoce, au cours de l'arrêt de travail, par le médecin traitant, de patients dont la pathologie est susceptible d'aboutir à une désinsertion professionnelle vers le médecin du travail, refus de prolongation d'arrêt maladie en cours de prise en charge par le médecin traitant, ...
  - Non-déclenchement de visites de pré reprise par le médecin conseil, refus par celui-ci de la prolongation du versement des indemnités journalières pour un travailleur en cours de suivi par le service de santé au travail et les cellules de maintien cap emploi...
- D'autre part, car le médecin conseil est le « Maître du temps » et parce que le temps passe vite, dans le contexte de pénurie existant en médecins, source de rendez-vous spécialisés lointains et parfois difficiles à obtenir, source de risques accrus de désinsertion du fait de la longueur de la coupure professionnelle et source de prises en charge en indemnités journalières parfois excessives par la Caisse primaire d'assurance maladie (CPAM).

Au cours de l'arrêt de travail, le patient va faire l'objet de convocations périodiques par le service médical de la CPAM. Ces convocations visent à vérifier que l'arrêt de travail, la prolongation de la prise en charge des soins sont médicalement justifiés, qu'il y a ou non nécessité, pour le médecin conseil, de déclencher, du fait d'un risque de désinsertion, une visite de pré reprise auprès du médecin du travail.

L'évolution d'un arrêt de travail peut déboucher sur deux cas de figures :

- Guérison *ad integrum* du patient et reprise du travail antérieur,
- Non-récupération totale des capacités et le médecin conseil, lors d'une de ses visites, doit déterminer si l'accident de travail (ou la maladie professionnelle) est consolidé, ou si la maladie est stabilisée. Cette décision est prise lorsque le médecin conseil estime que les soins ne sont plus susceptibles de concourir à l'amélioration de l'état de santé. Dans le cadre du régime de l'accident du travail ou de la maladie professionnelle, il détermine, comme nous l'avons précédemment vu, le taux d'incapacité permanente partielle (IPP) et dans celui de la maladie, l'attribution d'une éventuelle pension d'invalidité (1ère, 2e ou 3e catégorie) s'il considère que la capacité de travail ou de gain de l'assuré est réduite des 2/3.

Le travail en réseau avec l'équipe pluridisciplinaire du SPST

Assistante sociale, psychologue, intervenant en prévention des risques professionnels, assistantes de santé au travail, Infirmiers (ières) diplômé(e)s en santé au travail…).

Le travail en réseau avec des partenaires extérieurs au SPST

Au cours ou en dehors des périodes où le travailleur est en arrêt de travail, le médecin du travail, dans le cadre de son rôle d'orchestration de la dynamique du maintien en emploi, peut s'appuyer, en cas de problème de santé fragilisant l'avenir de la personne et après la mise en route, pour cette raison, d'une demande de reconnaissance de sa qualité de travailleur handicapé, sur une collaboration étroite et suivie avec les conseillers (ères) de Cap Emploi qui, dans les contacts qu'ils(elles) peuvent nouer dans l'entreprise (travailleur, direction, collectif de travail..), dans la qualité d'écoute qu'ils (elles) assurent auprès de travailleurs vulnérabilisés, dans la mise en œuvre et le suivi de leurs interventions en entreprise, le cas échéant même après la reprise du travail, sont indispensables au lien de confiance et à l'adhésion du travailleur au projet qui le concerne, ainsi qu'à la réussite de la conduite de son objectif individuel coconstruit et accompagné.

Tout ceci rend indispensable de créer un lien très précoce, d'assurer la fluidité des communications entre les divers intervenants médicaux, de travailler en réseau et de façon concertée autour, avec et pour le bien de la personne concernée.

Il faut enfin signaler qu'au sein des services de santé au travail, des cellules de maintien en emploi ont été mises en place auxquelles participent médecins du travail, médecin conseil de la caisse primaire d'assurance maladie, psychologue, ergonome, assistante sociale du service et de la CPAM, cellule de maintien cap emploi... Un dispositif analogue existe au sein de la mutualité sociale agricole.

Nous ne décrirons pas ici de façon détaillée les méthodologies de maintien* mises en œuvre par le médecin du travail, son équipe pluridisciplinaire et les cellules de maintien cap emploi dans le cadre de la prise en charge de la personne. Cette méthodologie fait appel :

- D'une part à une analyse très précise de la situation socio professionnelle de la personne en difficulté, de son parcours professionnel antérieur (curriculum vitae...) et dans l'entreprise actuelle, des raisons de santé qui l'ont fragilisée, des conséquences de cette fragilisation vis-à-vis de la reprise de son activité antérieure, de son statut par rapport à la sécurité sociale....
- D'autre part, notamment dans l'exploration de l'aménagement du poste de travail, la recherche d'un autre poste ou le reclassement en interne, à des actions en milieu de travail[88].

A signaler l'intérêt de faire intervenir la cellule maintien cap emploi dans ces procédures de maintien :

- Déclenchement par celle-ci d'une mission d'analyse ergonomique du ou des postes dans le cadre d'une EPAAST (étude préalable à l'aménagement/adaptation de situation de travail), laquelle, au terme de l'étude, propose, via un rapport détaillé et chiffré, des solutions techniques et/ou organisationnelles visant à compenser le handicap et à permettre le maintien en emploi. Elle propose, dans le rapport qu'elle remet à l'entreprise, pour les aménagements souhaitables et afin de soutenir l'entreprise, la mise en jeu de participations financières de l'Agefiph pour aider à leur réalisation.
- Déclenchement par ailleurs de missions d'analyses par des organismes spécialisés pour l'aménagement des postes de personnes présentant des handicaps particuliers (neurocognitifs, visuels, auditifs, ...),
- Dialogue et co-construction de solutions avec les différents acteurs de l'entreprise,
- Accompagnement de la personne pour des actions de formation, reclassements internes et externes, créations ou reprises d'entreprises[89] ....

88. Pour les personnes intéressées par la méthodologie du maintien en emploi, il peut être très utile de se rapprocher d'Alain JABES et de Jean Pierre PARAY (Aljp conseil et formation) dont la formation est passionnante et enthousiasmante. Tel 06 60 67 04 53 E-Mail: aljpconseil@orange.fr

89. Pour les personnes handicapées désireuses de se lancer dans une démarche entrepreneuriale, il peut être intéressant de se rapprocher de l'Association H'UP entrepreneurs. Directrice générale : H 'Up: Pauline ARNAUD-BLANCHARD. Tel : 06 67 34 04 19 E-mail : pauline.blanchard@h-up.fr / Directrice nationale des programmes H 'up

Partie 4

Le maintien en emploi du dirigeant d'entreprise et du travailleur indépendant en sa qualité « d'employeur »

Chapitre 11

Quelques données statistiques pour illustrer les enjeux

Le paysage entrepreneurial français[90]

97% des entreprises créées en France (Source Pr Olivier Torrès, Université de Montpellier, Observatoire AMAROK) sont de **très petites entreprises** (TPE) (0 à 19 salariés).

Elles sont très largement majoritaires par rapport aux **PME** de 20 à 249 salariés qui n'en représentent que **3%**.

- Les **grandes entreprises** (> ou égales à 250 salariés) atteignent tout juste 0,2%.
- Les **TPE (incluant les artisans)** représentent **34,7% de l'emploi en France**.
- Ces TPE sont très fragiles et, pour l'illustrer, citons les **statistiques** mentionnées par l'**Observatoire de l'emploi des entrepreneurs**

18 519 chefs d'entreprise ont perdu leur emploi durant le 1er semestre 2022 et se sont retrouvés en situation de chômage. Ceci représente une hausse >30% par rapport à la même période en 2021. Ces pertes d'emplois n'épargnent aucune région et touchent tous les secteurs, mais, plus particulièrement, les activités en lien avec la consommation (BtoC : commerce et services). Les seniors sont particulièrement concernés (âge médian des chefs d'entreprise en situation de perte d'emploi = 46,7 ans). Les 31 à 40 ans présentent la plus forte augmentation avec + 47,8%, ceux de plus de 50 ans présentent une hausse de 37,2%. Dans ¾ des cas il s'agit d'entreprises employant moins de 3 salariés. 88% des entreprises fermées déclarent moins de 500 000 euros de chiffre d'affaires (7450 entreprises) ou ne publient pas leurs comptes (>7000 entreprises essentiellement artisanales dont le chiffre d'affaires doit être très inférieur à 500 000 euros). Les dirigeants

90. Source : GSC-Altares - Méthodologie : Données issues de l'analyse des entreprises hors sociétés civiles et associations, placées directement, par conversion ou par résolution du plan de liquidation judiciaire par le Tribunal de Commerce ou Judiciaire. Ne sont pas intégrées les procédures de fermeture ou dissolution à l'amiable de même que les révocations des mandataires sociaux)

des entreprises de plus de 20 salariés semblent présenter un recul en termes de chômage (entreprises des 20 à 49 salariés =-13%, entreprises de plus de 50 salariés =-16,3%). Sur le plan du statut social, ces pertes d'emplois touchent surtout les gérants de SARL (+ 19,8% par rapport au premier semestre 2021). Toutefois, on note une diminution de la part des gérants de SARL touchés alors que le nombre de dirigeants de SAS (+ 36,2%) et d'artisans-commerçants (+21,8%) augmente fortement.

Concernant les chefs d'entreprise à la tête d'une activité BtoC, les entrepreneurs du secteur de la construction ont une hausse moins rapide que la moyenne nationale (+11%), mais représentent toujours ¼ des pertes d'emplois (3808). Ceux exerçant dans des professions en contact direct avec le consommateur sont particulière ment exposés (professionnels du secteur lié à l'hébergement, à la restauration et aux débits de boisson (2082 pertes d'emploi soit + 60,8%), ceux exerçant dans le commerce, notamment de détail (3815 pertes d'emplois soit+ 32,8%), les professionnels des services aux particuliers (730 pertes d'emplois soit + 36,2% par rapport au 1er semestre 2021).

Les activités du BtoB résistent mieux. Cependant, dans le secteur transport et logistique, 773 dirigeants ont perdu leur emploi (+ 39,3%).

Ces pertes d'emploi touchent tout le territoire :

- L'Île de France (1ère région économique) est la plus touchée (3697 pertes d'emploi au premier semestre 2022 par rapport au 1er semestre 2021, soit +10,2%[91]),
- La région des hauts de France est la plus en souffrance, quel que soit le secteur d'exercice (1420 pertes d'emploi au 1er semestre 2022, contre 869 au 1er semestre 2021, soit + 63,4%),
- La Bourgogne-Franche Comté 581 dirigeants en perte d'emploi (soit + 43,5%)
- Pour la Normandie (600 dirigeants en perte d'emploi soit +34,2%), la Bretagne (598, soit +34,1%) et l'Occitanie (1442 soit +31,1%) la hausse des pertes d'emploi est > 30%,
- Seule la Corse présente un recul de – 1,4% (71 chefs d'entreprise impactés.

91. Cependant cette proportion reste à un niveau inférieur à la moyenne nationale (+ 28,9%).

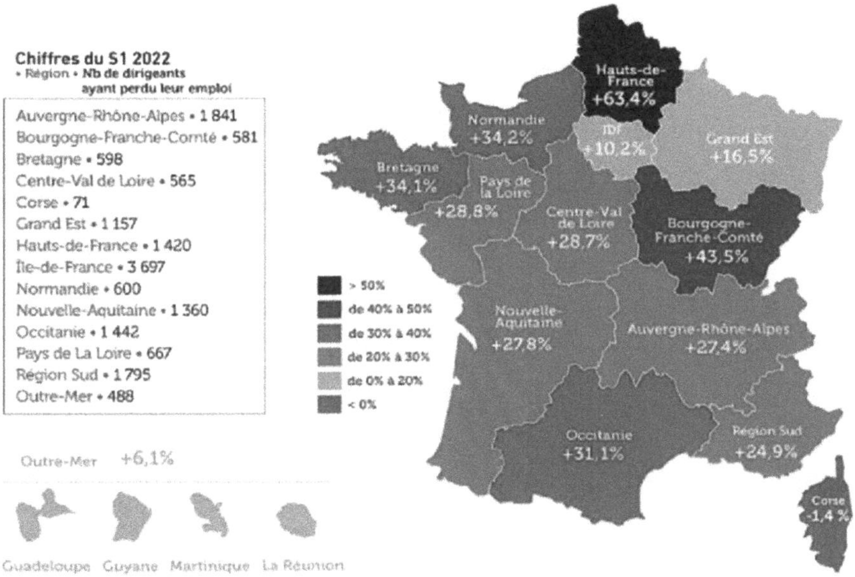

Cartographie représentative des pertes d'emploi de dirigeants à l'échelon national (Source : GSC-Altares)

Les travailleurs indépendants en France[92]

On ne peut que constater que les travailleurs indépendants sont de plus en plus nombreux. D'ici 15 ans, des études économiques estiment que leur nombre sera supérieur à celui des travailleurs salariés.

Actuellement, un emploi sur dix en France est occupé par un travailleur indépendant. L'engouement croissant pour ce mode d'exercice s'explique par un certain nombre de facteurs :

- La création du statut d'auto-entrepreneur (devenu micro-entrepreneur) avec, à la clé, une simplification des démarches et des charges limitées,
- L'explosion du « free lancing » (quand il n'est pas couplé à une activité salariale classique), lequel est attractif pour un certain nombre de métiers (développeurs, graphistes, designers, rédacteurs, traducteurs ...)

Sur le plan statistique

La France compte 3,5 millions d'indépendants (3,2 millions de travailleurs non-salariés et 300 000 assimilés salariés (dirigeants de SARL, SAS)[93].

92. Source la Mutualité Française, l'Observatoire du Travail Indépendant
93. Source INSEE fin 2017

Parmi ces 3,5 millions d'indépendants, 2,8 millions exercent une activité non agricole, dont 900 000 travaillent sous le régime micro-entrepreneurial.

Concernant ces 2,8 millions de travailleurs (Source INSEE/RSI 2016), ceux-ci ont procédé à 554 000 créations d'entreprises dont 50% d'entre elles emploient des salariés. 26% sont des micro-entrepreneurs, 40% ont des entreprises individuelles, 30% sont gérants de sociétés.

Ces travailleurs indépendants ont 45 ans de moyenne d'âge, et sont constitués à 63% par des hommes, à 37% par des femmes. A noter qu'ils ont souvent été salariés avant de devenir non-salariés dans la seconde partie de leur vie professionnelle. Malgré des fortes disparités (Source : Panorama de l'emploi Insee 2020), le revenu moyen des non-salariés (hors micro-entrepreneurs) est de 3580 Euros / mois en 2017, (soit >10,1% par rapport à 2013 en euros constants).

Activités les moins rémunératrices	Revenus moyens les plus élevés
Commerces de détail hors magasin, taxis-VTC, Services personnels, arts spectacles et activités créatives, enseignement	Professions médicales, juridiques et comptables, commerce pharmaceutique

Pour les micro-entrepreneurs, le revenu mensuel moyen est de 470 Euros (peu de différence entre les secteurs).

Par ailleurs, 16% des travailleurs non-salariés sont pluriactifs dont 75% exercent une activité salariée en parallèle, notamment en raison de l'insuffisance de revenu générée par l'activité non salariée. Cette proportion concerne un tiers des micro-entrepreneurs.

Pour leur prise en charge dans le cadre d'un maintien dans l'emploi, et même s'il ne faut pas sous-estimer la complexité de la méthodologie à mettre en place pour l'ensemble de ces travailleurs indépendants, le caractère pluriactif de l'activité de ceux-ci représente sans doute un avantage en termes de moindre vulnérabilité lié à de meilleures possibilités de repérage et donc, d'actions du service de santé au travail et des réseaux qu'il peut mobiliser à leur égard.

A noter que 3 ans après le lancement d'une activité en indépendant, le salaire parallèle ou les droits au chômage représentent 80% des revenus des micro-entrepreneurs, 17% des entrepreneurs individuels, 16% des revenus des gérants.

Enfin le régime de micro-entrepreneurs, ne constitue pas un tremplin vers le travail non-salarié classique. De 2010 à 2015, seuls 10% des micro-entrepreneurs ont adopté par la suite une forme classique de travail non-salarié.

La transition du salariat vers le travail non-salarié est faible (0,7% des salariés après un an d'emploi, 2,9% des salariés après 5 ans d'emploi) et s'accompagne d'une diminution des revenus de 8% une année après la transition, d'autant plus durable qu'elle concerne des ouvriers ou des titulaires de diplômes techniques ou professionnels.

Dans le sens inverse, 1,1% des travailleurs non-salariés deviennent salariés après leur première année, 9,1% après leur cinquième année.

2,4 millions de travailleurs non-salariés n'exercent pas à titre principal une activité salariée.

Par ailleurs il existe un certain nombre « d'indépendants dépendants » :

- 10% des indépendants, dépendent d'un seul client,
- 7% d'un seul fournisseur,
- 4% d'un seul intermédiaire (plateforme par exemple).

Concernant la poursuite ou la cessation d'activité des travailleurs non-salariés, fin 2015, 46% des travailleurs non-salariés le sont toujours après 9 ans d'activité (38% des entrepreneurs individuels, 48% des gérants, 57% des libéraux), la poursuite ou la cessation d'activité étant tributaire du niveau de revenu généré et de l'âge.

Le profil de fonctionnement des entrepreneurs

On peut distinguer deux types d'entrepreneuriats :

- Les entrepreneurs d'opportunité fonctionnant avec des facteurs « pull » (autonomie, indépendance, liberté, argent, défi, statut social, reconnaissance),
- Les entrepreneurs de nécessité, fonctionnant avec des facteurs « push » (chômage, licenciement, menace de perdre son emploi) avec, à la clé dans ce dernier cas, une pérennité des entreprises plus problématique pour plusieurs raisons [94]:
  - Elles concernent des individus fragilisés, en perte de confiance, évoluant volontiers dans un environnement soutenant mais également contraignant et pénalisant (importance ++ du rôle de la famille et des amis pour éviter que les contraintes liées à l'isolement social et affectif ne les vulnérabilisent encore plus, entraînant alors un stress négatif, une désespérance avec parfois des issues dramatiques),
  - Manque de connaissance, de visibilité ou d'accessibilité aux dispositifs d'aides,
  - Défaut d'accompagnement post-création d'entreprise,
  - Organisation précaire (pas de ressources, restent longtemps précaires sans réel pouvoir de négociation),
  - Processus pressurisant (temps, conditions matérielles et personnelles souvent très difficiles),

94. La mise en évidence d'un lien entre la motivation entrepreneuriale et le comportement des dirigeants face au stress, et donc aux risques en santé mentale, pourrait sans doute être source d'émergence de leviers de prévention.

- Pressions administratives (fiscales, réglementaires, légales, ...),
- Disponibilité des dispositifs d'accompagnement insuffisante.

Entrepreneuriat et handicap en France

Quelques données statistiques

Selon l'INSEE en 2015, on compte plus de **75 000 entrepreneurs[95] en situation de handicap en activité.** Ces entrepreneurs sont dirigeants d'entreprise, gérants, professions libérales, auto-entrepreneurs, micro-entrepreneurs, artisans, commerçants, créateurs d'entreprise...

Selon la DARES 2011 (Direction de l'Animation, de la Recherche, des Etudes et des Statistiques), on compte près de **8000 créations d'entreprise par des personnes en situation de handicap, affection longue durée, chaque année**, entreprises relativement pérennes puisque 3 entreprises sur 4 créées par des personnes handicapées survivent à 3 ans.

Le handicap est également une situation qui peut survenir dans la vie d'un entrepreneur en activité suite à un accident de la vie.

Selon le CPSTI (ex RSI) et la MSA, **7700 nouveaux entrepreneurs en activité sont mis en invalidité permanente ou définitive chaque année**.

Selon le CPSTI (ex RSI) près de **700 000 entrepreneurs en activité (757 614 en 2019) présentent une affection longue durée (ALD)[96] chaque année**, ce qui illustre

95. Source Estimations de la DARES et l'INSEE en 2015 sur une base déclarative. Entreprises et handicap, les modalités de mise en oeuvre de l'OETH, DARES 2015. Etude handicap emploi et santé des ménages INSEE 2015.

96. Source Ameli : Voici la liste des ALD fixée par décret (ALD 30) (1):
- accident vasculaire cérébral invalidant ;
- affections psychiatriques de longue durée dont dépression récurrente, troubles bipolaires ;
- rectocolite hémorragique et maladie de Crohn évolutives ;
- artériopathies chroniques avec manifestations ischémiques ;
- diabète de type 1 et diabète de type 2 de l'adulte ou de l'enfant ;
- bilharziose compliquée ;
- déficit immunitaire primitif grave nécessitant un traitement prolongé, infection par le virus de l'immunodéficience humaine (VIH) ;
- formes graves des affections neurologiques et musculaires (dont myopathie), épilepsie grave ;
- hémoglobinopathies, hémolyses, chroniques constitutionnelles et acquises sévères ;
- hémophilies et affections constitutionnelles de l'hémostase graves ;
- insuffisance cardiaque grave, troubles du rythme graves, cardiopathies valvulaires graves, cardiopathies congénitales graves ;
- insuffisances médullaires et autres cytopénies chroniques ;
- insuffisance respiratoire chronique grave : BPCO, asthme grave ;
- maladie d'Alzheimer et autres démences ;
- maladies chroniques actives du foie (hépatite B ou C) et cirrhoses ;
- maladie coronaire : infarctus du myocarde ;
- maladies métaboliques héréditaires nécessitant un traitement prolongé spécialisé ;
- mucoviscidose ;
- maladie de Parkinson ;
- néphropathie chronique grave et syndrome néphrotique primitif (insuffisance rénale) ;
- paraplégie ;

l'existence d'un risque de décrochage entrepreneurial du fait de la survenance d'un handicap pour les entrepreneurs déjà installés. Hors MSA, si l'on se réfère à une étude du RSI de Marseille de 2011 [97] il apparait clairement une sur morbidité pour les affections chroniques graves chez les professions indépendantes liées, pour plusieurs affections, aux conditions de travail et à la négligence du traitement des facteurs de risques cardiovasculaires. Cette étude montre qu'à structure âge et sexe équivalente, le Régime Social des Indépendants se caractérise par un taux global, toutes ALD 30 confondues d'admission en ALD 30 supérieur de 9% par rapport au taux du Régime général et que le constat est du même ordre pour le diabète (+3% pour le RSI), l'hypertension artérielle sévère (+ 11% pour le RSI), le groupe des ALD 15 et 16 (Alzheimer et autres démences, Maladie de Parkinson, (+ 12% pour le RSI) et le groupe ALD 30 N°1,3,5 et 13 affections cardiovasculaires (+ 28% pour le RSI). Par contre le taux d'admission en ALD n° 23 troubles de la personnalité est < de 19% à celui du Régime général et l'étude ne mettait pas en évidence de différence significative entre les 2 régimes pour l'ALD n° 30, Tumeur maligne, affection maligne du tissu lymphatique ou hématopoïétique.

Enfin, indépendamment de ces données statistiques, s'il existe dans certaines professions indépendantes une prédisposition aux troubles musculosquelettiques, il faut également noter pour les dirigeants et les travailleurs indépendants l'existence de pathologies traumatiques en rapport avec le risque routier.

Handicap et entrepreneuriat[98]

Comme nous l'avons vu précédemment, en France d'une manière générale, les lois successives concernant le handicap se sont souvent focalisées sur le travail salarié des personnes handicapées avec le désir de favoriser leur retour ou leur

---

- polyarthrite rhumatoïde évolutive ;
- suites de transplantation d'organe ;
- sclérose en plaques ;
- scoliose idiopathique structurale évolutive ;
  - spondylarthrite grave ;
  - tuberculose active, lèpre ;
  - tumeurs malignes, affections malignes du tissu lymphatique ou hématopoïétique dont : cancer colorectal ; cancer de la peau ; cancer de la prostate ; cancer de la thyroïde ; cancer de la vessie ; cancer des voies aéro-digestives supérieures ; cancer du col de l'utérus ; cancer du poumon ; cancer du sein ; lymphome.
  - vascularites, lupus érythémateux systémique, sclérodermie systémique.

(1) La liste et les critères médicaux utilisés pour l'admission et le renouvellement de ces ALD ont été actualisés par le décret n° 2011-77 du 19 janvier 2011 (Journal officiel du 21 janvier 2011). Les durées d'exonération de la participation des assurés relevant de ces affections de longue durée ont été modifiées par le décret n° 2017-472 du 3 avril 2017. Ces dispositions sont applicables à tous les patients entrant en ALD ou concernés par un renouvellement à compter du 22 janvier 2011.

97. Source : Pratiques et Organisation des soins volume42, n°1 / janvier mars 2011 Affections de longue durée et différences de morbidité entre travailleurs salariés et travailleurs indépendants (L. Sauze (ARS, Marseille), Ha-Vinh (Médecin conseil expert RSI, Marseille), P. Regnard (médecin conseil régional par intérim RSI, Marseille).

98. Source : La Santé du dirigeant : de la souffrance patronale à l'entrepreneuriat salutaire 3e édition Professeur Olivier TORRES Editions DEBOECK Supérieur)

maintien en emploi. Ceci a eu pour effet d'augmenter de façon constante le nombre de personnes en situation de handicap enregistrées et donc de maintenir, malgré une augmentation du nombre de personnes handicapées ayant trouvé une solution d'emploi, un taux de chômage deux fois plus élevé (20%), chez les personnes handicapées que dans la population « ordinaire ». Devant la persistance de préjugés et de situations de handicap réalisant un frein à l'embauche et une inégalité des chances d'accès à l'emploi, certaines personnes handicapées peuvent prendre la décision de créer une entreprise et de devenir leur propre patron, dans un domaine correspondant à leurs capacités, leurs motivations, leurs compétences.

Comme nous l'avons vu plus haut, le fait d'être en situation de travail choisi et non de travail contraint modifie radicalement le rapport de l'homme au travail et son impact sur sa propre santé. Promouvoir et développer l'esprit d'entreprise chez les personnes handicapées n'est nullement une source de précarisation, mais peut représenter pour eux un moyen de s'affranchir des problèmes liés à l'employabilité et à l'exclusion du marché du travail. L'entrepreneur en situation de handicap a un profil spécifique ambivalent sortant de la catégorisation classique de l'entrepreneuriat. Il peut en effet, selon son type de handicap, sa personnalité, la relation qu'il a nouée avec son handicap et son parcours de vie, relever des deux catégories car ses motivations relèvent tant de la nécessité de subvenir à ses besoins et de sortir de la précarité que de la quête d'indépendance, d'autonomie et d'épanouissement.

Entreprendre en situation de handicap nécessite une combativité permanente pour prouver sa légitimité et son efficacité, pour s'affranchir des problèmes liés à la stigmatisation et à l'exclusion du marché du travail.

Enfin, les entrepreneurs en situation de handicap, selon que leur handicap est stable ou constamment évolutif, peuvent voir leur vie professionnelle dictée par l'évolution de celui-ci avec des périodes chômées pendant lesquelles leur santé ne leur permet pas de travailler. La création de systèmes de remplacement pourrait leur être utile dans ces circonstances.

Les dispositifs et mesures d'aides disponibles

Les concours

Dans le but d'aider les personnes en situation de handicap à se tourner vers l'entrepreneuriat et à créer leur entreprise, un certain nombre de concours existent à leur intention :

L'association d'aide aux Entrepreneurs handicapés

Elle organise un concours qui a pour objectif de soutenir un porteur de projet handicapé dans la création et le développement de son activité. Le lauréat bénéficie d'un prêt de 5000,00 Euros à taux zéro.

Le groupe ATOS et son concours handi-entrepreneurs

A destination exclusive des travailleurs handicapés BOETH dont la date de création d'entreprise remonte à moins de 4 ans, ce concours a pour but de promouvoir leur capacité d'innovation et d'entrepreneuriat quels que soient le public et l'utilisateur final du service ou du produit proposé en cohérence avec les filières d'activité suivantes : technologies de l'information, informatique (solutions techniques, logiciels ou applications mobiles), services à la personnes (technique ou social), conseil technique ou social. Ils ne peuvent déposer que deux demandes de candidatures à ce concours. La sélection au concours est basée sur le caractère légèrement, moyennement ou fortement innovant ou original du projet. Les prix s'établissent comme suit : 10 000 Euros pour le premier lauréat, 6 000, Euros pour le second, 4 000 Euros pour le troisième. Un prix « coup de cœur » est également décerné. (Pour plus de renseignements, sur les modalités et critères de sélection et de construction des projets, consulter le site concours handi-entrepreneurs).

L'association d'aide à domicile et de service personnel (AADSP) et son concours handibusiness

Concours créé en 2015 visant à élire le meilleur projet de création d'entreprise initié par une personne handicapée résidant **en Île de France**. Son objectif est de permettre à son gagnant de passer de son désir d'entreprendre à la création de son projet. Le gagnant bénéficiera d'un accompagnement **pendant 1 an** (réalisation de son projet, définition de sa stratégie commerciale, tenue de sa comptabilité, prise en charge des frais inhérents à sa création d'entreprise, mise en contact avec des financeurs et des investisseurs, transport adapté ou accompagnement pour ses déplacements professionnels).

Le deuxième prix bénéficiera d'une offre de marché, le troisième prix d'un suivi personnalisé avec rendez-vous mensuel.

Les organismes et dispositifs susceptibles d'aider à la création ou à la reprise

EnTHreprendre et Handicap

C'est un réseau destiné à sensibiliser l'entrepreneuriat des jeunes de 15 à 30 ans.

Cap emploi

Le rôle de Cap emploi est de faire en sorte que les personnes en situation de handicap puissent avoir les informations nécessaires et deviennent autonomes dans leur recherche d'emploi. La mission de Cap emploi auprès des personnes qui souhaitent entreprendre est de les amener à se poser les bonnes questions puis de les orienter vers les meilleures structures d'accompagnement.

Association h'up Entrepreneurs[99]

Depuis 2008, l'association h'up entrepreneurs représente et accélère la réussite d'entrepreneurs en situation de handicap, créateurs ou entrepreneurs en activité, grâce à la mobilisation d'un réseau de plus de 300 Coachs ou experts projets bénévoles. Sur la thématique de l'entreprenariat des personnes handicapées.

Cette association loi 1901, qui se développe progressivement et par étapes pour pouvoir s'implanter et agir en proximité avec les entrepreneurs en situation de handicap dans toutes les régions, reconnue d'intérêt général, est par ailleurs l'interlocuteur privilégié de l'Etat (ministères, administrations...) et des institutions (Agefiph, pôle emploi ...) ; elle a pu, de ce fait, devenir membre, fin 2019, du Comité consultatif des personnes handicapées pour la mandature 2020-2023. Elle est également à l'origine de la Loi MACRON, qui permet aux entreprises de comptabiliser en unités bénéficiaires la sous-traitance aux travailleurs indépendants handicapés.

Son action se développe autour des missions suivantes :

- Soutenir tous les entrepreneurs quand survient un handicap, pour maintenir leur entreprise en activité,
- Accompagner les créateurs et les entrepreneurs en activité en situation de handicap avec une équipe de professionnels, pour éclairer leurs démarches et accélérer leur succès par leur mise en réseau,
- Développer une communauté d'entrepreneurs pour faire émerger une vision innovante de l'entreprenariat handicapé et des solutions (législatives financières, de prévoyance...),

H'up est le seul acteur dédié spécifiquement aux porteurs de projet et entrepreneurs en situation de handicap. L'association les accueille, répond à leurs demandes d'informations et propose un parcours accompagnement adapté à leurs besoins spécifiques. Elle les accompagne dans la réalisation de leur projet, notamment sur la phase de l'idée à sa structuration, mais peut également intervenir à tout moment de la vie de l'entreprise.

TIH Business[100]

C'est la première plateforme de mise en relation entrepreneurs handicapés avec des entreprises [101].

La trousse de première assurance[102]

Résulte d'un partenariat conclu en 2007 entre la Fondation Entrepreneurs de la Cité (EDLC) et l'AGEFIPH. Toute personne handicapée, créatrice d'activité, peut bénéficier du dispositif sous réserve d'avoir suivi un accompagnement au projet,

99. Source Rapport d'activité 2019 de l'association.
100. Source Entrepreneurs de la cité
101. Pour en savoir plus : https://www.tih-business.fr
102. Source Entrepreneurs de la cité.

financé par l'AGEFIPH et effectué par un des partenaires AGEFIPH (BGE, CCI, ...). Ce partenariat a été créé car l'assurance est un élément indispensable à la sécurisation et à la protection du créateur et que les personnes handicapées rencontrent des difficultés particulières en ce qui concerne leur accès à l'assurance (surprimes sur des contrats d'assurances de personne, questionnaires médicaux, capacités financières réduites, ...). Le principe est le suivant : pendant 2 ans, les cotisations des contrats multirisques professionnelles (de 96 à 270 euros par an), prévoyance (174 euros par an), de santé (à partir de 370 euros par an) et de RC professionnelle (de 132 à 198 euros par an) sont réglées directement par l'AGEFIPH à l'association EDLC [103]. A signaler toutefois que cette prise en charge est possible dans la limite des volumes annuels consentis par l'AGEFIPH.

NB : EDLC est une association à but non-lucratif qui vise à encourager et accompagner l'envie d'entreprendre des personnes éloignées de l'emploi à travers un programme solidaire d'assurance inclusive, tremplin vers le marché classique. Elle exerce deux types d'actions :

- Actions de prévention auprès d'un public de micro-entrepreneurs vulnérables et de réseaux d'aide à la création d'entreprise, via des sensibilisations et formations aux risques de l'entreprise,
- Actions de protection via la conception et la distribution de produits et services d'assurance solidaires pour pérenniser les micro-entreprises en cas de sinistres.
- +++ Indépendamment du partenariat avec l'AGEFIPH, quel que soit le statut de l'entreprise, et à la condition d'être obligatoirement accompagné par un réseau d'aide à la création d'entreprise, peuvent également souscrire aux produits d'assurance inclusive et bénéficier des services gratuits :
- Tout créateur d'entreprise accompagné par un réseau d'aide à la création d'entreprise et/ou financé par un micro-crédit, prêt NACRE, prêt d'honneur, ...
- Toute entreprise de moins de 3 ans d'existence,
- Toute entreprise avec moins de 3 salariés (y compris le demandeur).

103. Pour en savoir plus : https://www.entrepreneursdelacite.org/section/actions/la-micro-assurance/

Chapitre 12

Vers la construction d'une méthodologie de maintien en emploi et de prévention de la désinsertion professionnelle à destination des dirigeants d'entreprise et des travailleurs indépendants[104]

Introduction

Il est bien évident que le paysage entrepreneurial français exerce une influence directe sur les modalités de prise en charge du dirigeant en termes de maintien en emploi et de prévention de la désinsertion professionnelle.

A titre d'image, on peut assimiler les 3,5 millions entreprises françaises à des navires de tonnage différents, manœuvrés par des équipages plus ou moins importants, voguant sur une mer sujette à des clapots plus ou moins violents qui les font tanguer de façon proportionnelle à leur taille et/ou à la manière dont ils sont pilotés. Leur capitaine et leur équipage doivent les manœuvrer en permanence et s'adapter aux circonstances. Deux écueils, telles des épées de Damoclès, planent de façon permanente et en filigrane au-dessus de leurs têtes, menaçant de les faire couler. Il s'agit des écueils économiques et des écueils de santé.

Concernant ces derniers, ils s'avèrent moins sujets à conséquences dans le cas des grandes entreprises, bénéficiant de fonctions support et de trésorerie disponible. Ces entreprises disposent, par ailleurs et pour un certain nombre d'entre elles, de Services de Prévention et de Santé au Travail autonomes.

En revanche la quasi-totalité des entreprises plus petites (99,8%) présentent une vulnérabilité plus grande dans ces circonstances (dirigeant seul homme clé de l'entreprise, beaucoup moins de ressources en termes de trésorerie, peu ou pas de fonctions supports). Ces entreprises sont quasi toutes suivies par les Services Prévention et de Santé au Travail inter-entreprises ; par conséquent, la prise en

104. Sources : enquête ARACT Nouvelle Aquitaine (Dominique BARADAT, Maxime CESCOSSE, Marion DEFFEZ), Juritravail : entreprises en difficulté (connaître les aides et mesures adaptées : questions / réponses, BPI France création, Conseil national des administrateurs et mandataires judiciaires, La santé des dirigeants de PME : de la souffrance patronale à l'entrepreneuriat salutaire Professeur Olivier TORRES (éditions De BOECK)), Observatoire national du suicide fiches 10 : la prévention du suicide en milieu agricole, fiches 11 Plan national de prévention du suicide de la Mutualité Sociale Agricole, Fiche 11 Le dispositif APESA pour les chefs d'entreprises en souffrance aigüe, Le cahier des risques psycho sociaux N° 27 Juin 2016: prévenir ensemble les risques d'atteinte psychologique au travail (Ministère du travail, de l'emploi, de la formation professionnelle et du dialogue social : Agir contre les risques psychosociaux des chefs d'entreprises (Observatoire Amarok Pr Olivier TORRES Président et Laure CHANSELME Psychologue du travail) Association SOS Entrepreneurs (statistiques).

charge du maintien en emploi et de la prévention professionnelle des dirigeants d'entreprise et des travailleurs indépendants va essentiellement relever de ces services.

Pour parvenir à la mise en place d'une méthodologie de maintien en emploi et de prévention de la désinsertion professionnelle pour les dirigeants d'entreprises privées et les travailleurs indépendants, il faut bien sûr prendre en compte que le maintien de l'activité de l'entreprise est essentiel et indispensable et peut schématiquement et même si les problématiques et les solutions individuelles peuvent être, bien entendu, plus intriquées et plus complexes, être décrite dans **2 types de configurations** :

- celle d'une **entreprise en difficulté induisant**, via le stress et les pathologies qu'il entraîne, **des problèmes de santé pour le dirigeant**,
- celle d'une **entreprise qui fonctionne normalement, déstabilisée** plus ou moins brutalement **par un problème de santé touchant son dirigeant**.

Ces deux types de situations vont conduire à créer, animer et orchestrer des réseaux de prises en charge différents impliquant :

- pour les premières, le contact avec les organismes susceptibles d'aider économiquement l'entreprise et de gérer les problématiques de santé liées au stress qu'elle induit pour le dirigeant,
- pour les secondes, d'assurer le maintien de l'activité de l'entreprise via la création, la recherche et la mise en place de systèmes de remplacement et/ou de mesures organisationnelles.

Quelles que soient les situations, les grands principes du MEE et de la PDP restent d'actualité :

- information préalable des dirigeants d'entreprises et des travailleurs indépendants sur les divers organismes susceptibles de les aider et sur les dispositifs existants,
- signalement précoce des difficultés de façon à gérer les situations le plus possible en amont du risque de détérioration et de désinsertion,
- travail d'orchestration en réseaux concertés et adaptés à la situation,
- dirigeant ou travailleur indépendant acteur de la démarche.

Dans les deux configurations et pour s'adapter aux diverses situations rencontrées, le médecin du travail va devoir, pour assurer son rôle de conseil, développer et/ou entretenir une relation de confiance, coopérer de façon plus étroite avec le dirigeant d'entreprise et/ou le travailleur indépendant, connaître les dispositifs et outils existants, développer un réseautage nouveau pour lui, susceptible d'intervenir sur les problématiques liées à l'économie et aux impératifs de recherches de solutions de remplacements, orchestrer de manière personnalisée et en fonction des situations individuelles plus ou moins complexes et intriquées, l'articulation entre les dispositifs et accompagnements existants dans ces deux types de réseaux.

Entreprise en difficulté induisant des problèmes de santé chez le dirigeant

Sur le plan statistique, en 2015, environ 63 000 entreprises sont entrées en procédures collectives et dans 70% des cas, l'issue s'est terminée par la liquidation directe. Ce taux d'échec élevé met en évidence, indépendamment des aléas économiques et conjoncturels, une mauvaise anticipation des difficultés rencontrées et de leur traitement. La précocité de la détection, la prise rapide des premiers contacts, le respect des règles de confidentialité, sont essentiels pour faciliter la recherche de solutions adaptées et pérennes.

Dans cette configuration où les difficultés économiques sont au premier plan, la résolution de celles-ci exerce un effet bénéfique et a de bonnes chances de restaurer la santé du dirigeant. La prévention de ces difficultés est prioritaire et indispensable afin d'éviter de se trouver confronté à des prises en charge tardives et palliatives dont les conséquences sont parfois dramatiques (passages à l'acte suicidaires par exemple).

Les moyens de prévention des difficultés

Un certain nombre d'interlocuteurs et de moyens peuvent permettre, lorsque l'entreprise commence à connaître certaines difficultés, d'anticiper et de travailler en amont, parfois via la recherche d'une aide extérieure, afin d'essayer d'éviter que la situation ne se dégrade et ne puisse déboucher sur une cessation de paiement et l'ouverture ultérieure de procédures plus lourdes et à l'issue plus incertaine (redressement, liquidation judiciaire, ...). Certaines procédures visent à prévenir les difficultés (conciliation, mandat ad hoc, sauvegarde), d'autres consistent en des aides publiques mises en place par divers organismes qui peuvent apporter conseils et aides (obtention de nouveaux financements, échelonnement des dettes, obtention d'accord avec les créanciers).

Les interlocuteurs

L'expert-comptable

Si la détection très précoce des difficultés d'une entreprise est la clé pour assurer sa pérennité, Il est bien évident que le rôle de l'expert-comptable est essentiel dans l'accompagnement préventif et curatif des entreprises et des entrepreneurs en difficulté.

Connaissant bien l'entreprise et sur le plan préventif, il est en capacité :

- d'anticiper et de prévenir les difficultés via la mise en place d'outils de pilotage (tableaux de bord, suivis de trésorerie, ...),
- de détecter les signaux inquiétants (incidents de paiement, retards dans le règlement des fournisseurs, appels répétés de la banque, ...),
- d'identifier (autodiagnostic prévention) et de comprendre, via une appréciation de la situation économique et financière de l'entreprise, quelle est la

source et le degré des difficultés de l'entreprise et quelles sont les perspectives d'activité, ...

- toutes données essentielles pour informer, sensibiliser son client sur les dispositifs de soutien existants, sur les actions à entreprendre, puis pour l'orienter, l'accompagner dans les démarches et favoriser le dialogue avec les divers interlocuteurs.

Lorsque la situation de l'entreprise est déjà obérée, il contribue à la détermination de l'état de cessation des paiements qui sera le point de départ de procédures collectives en fonction de la gravité de la situation (*voir* infra)[105].

Les Centres d'informations et de prévention des difficultés des entreprises (CIP)

Existants depuis 1999, ce sont des plateformes d'accueil et d'écoute des chefs d'entreprises réparties sur tout le territoire. Les CIP territoriaux (une soixantaine, voir liste en annexe) rassemblent les instances locales des membres au plan national (Ordre des experts-comptables, Compagnie des commissaires aux comptes, le barreau, les administrateurs et mandataires judiciaires, la Chambre de commerce et d'industrie, la chambre des métiers et de l'artisanat, les anciens juges des tribunaux de commerce) et d'autres acteurs impliqués en matière de prévention des difficultés des entreprises.

Certains CIP ont mis en place des partenariats avec les représentants de l'Etat tels que : préfets, commissaires aux restructurations et à la prévention des difficultés des entreprises[106], DREETS, directeurs de la Banque de France, de l'URSSAF, Sécurité sociale des indépendants, ...).

105. Voir en annexe les coordonnées des conseils régionaux de l'Ordre des experts comptables.

106. Les commissaires au redressement productif (CRP).
Accompagnant plus de 4000 entreprises chaque année représentant environ 290 000 emplois, ce dispositif efficace s'adresse aux entreprises de toutes tailles et de toutes filières. Les commissaires aux restructurations et prévention des difficultés des entreprises sont au cœur du dispositif d'anticipation et d'accompagnement des entreprises en difficulté de moins de 400 salariés mais avec un périmètre d'intervention prioritairement focalisé sur les entreprises de plus de 50 salariés. Ils sont positionnés auprès des préfets de région, sont à la fois les points d'entrée pour les entreprises en difficulté au niveau local et les garants de la cohérence des actions des autorités publiques les concernant.La force de leur intervention est sous tendue par leur réactivité, leur proximité territoriale, leur pouvoir d'évocation du dossier à l'échelon national lorsque sa criticité le rend nécessaire.
En lien régulier avec la Direction Générale des Entreprises et avec le délégué interministériel aux restructurations des entreprises, ils peuvent rapidement mobiliser au niveau national les acteurs ou les leviers et dispositifs de soutien adaptés aux difficultés de l'entreprise dans des délais très contraints. Leur intervention se fait en lien avec l'ensemble des services de l'état, les opérateurs publics et les collectivités territoriales et est possible à titre préventif (phase d'alerte) et à titre opérationnel (appui opérationnel à la restructuration des entreprises, accompagnement de l'entreprise en procédure amiable ou collective ouverte auprès du tribunal de commerce).Ils peuvent mobiliser l'ensemble des acteurs nationaux et locaux des écosystèmes de traitement des entreprises en restructuration. Ils participent aux CODEFI et peuvent solliciter la réunion de ceux-ci auprès des préfets. Leur action préventive des difficultés des entreprises a été renforcée dans le cadre du plan d'action pour la croissance et la transformation des entreprises (PACTE), afin d'anticiper le plus en amont possible leurs difficultés et de mieux cibler les mesures d'accompagnement à mettre en route (Voir en annexe les coordonnées des commissaires au redressement productif).

Leur rôle est de développer et de promouvoir, d'organiser, de rendre accessible l'information la plus large sur la prévention.

Le chef d'entreprise en difficulté est reçu à sa demande, seul et/ou avec un accompagnant(e) ou ses conseils habituels, de manière confidentielle anonyme et gratuite par un trio d'experts (expert-comptable ou commissaire aux comptes, avocat, ancien juge au tribunal de commerce) et parfois avec également présence d'un conseiller de la Chambre du Commerce et de l'Industrie ou de la Chambre des métiers et de l'artisanat.

Ces entretiens, d'une durée d'environ 30 minutes à 1 heure, qui ne sont en aucun cas un accompagnement, ont pour objectif d'écouter le dirigeant, d'analyser la situation avec lui, de rassurer et dédramatiser, de lui apporter des informations en rapport avec les situations disponibles sur le plan financier, juridique, mais aussi par rapport aux procédures, et de l'orienter vers les solutions existantes à sa disposition. Ils sont ouverts aux chefs d'entreprises, associations, professionnels libéraux, agriculteurs, ...

En amont des dispositifs procéduraux

Si l'entreprise présente des signes de faiblesse pouvant fragiliser sa pérennité et son avenir, des dispositifs de soutien peuvent être mis en route lorsqu'elles ont du mal à faire face à leurs échéances.

Ces dispositifs peuvent être sollicités avant d'engager des procédures préventives des difficultés (cf infra) et peuvent parfois suffire à permettre de redonner à l'entreprise de l'oxygène et à repartir sur de meilleures bases.

1. Les solutions de financement bancaires et comptables pour les entreprises en difficulté[107]

Avec la limitation des crédits et le ralentissement de l'activité, les PME voient s'accroître leurs difficultés financières et le manque de trésorerie nécessaire à la survie de l'entreprise. Plusieurs solutions de financement à court terme ou à plus longue échéance sont envisageables. Intéressantes pour le court terme, ces solutions de financement présentent en contrepartie un coût non négligeable, et quelques contraintes.

- ***Le crédit de trésorerie :*** Demandé en cas de besoins limités et/ou ponctuels pour des montants faibles dès les premiers signes d'alerte, il peut représenter, pour des entreprises disposant d'une bonne gestion de leurs finances et une bonne santé générale, la première solution de financement. La banque peut également accorder des facilités de caisse ou un découvert plus large.
- ***L'affacturage :*** C'est une solution de financement à court terme adaptée aux PME du BtoB[108]. La banque reprend la facture client à son compte en y

107. Source Captain Contrat : Maxime Wagner

108. Le commerce B2B est une abréviation du terme anglophone Business to Business. Il décrit l'ensemble des activités commerciales que deux ou plusieurs entreprises ont entre eux. En d'autres mots, le commerce B2B englobe les transactions interentreprises que ce soit pour la vente d'un service ou

appliquant une commission, en général assez élevée, dans la mesure où les contraintes réglementaires sont minimes, et qu'avec la vente, l'entreprise n'a plus de responsabilité sur la facture, en cas de non-paiement. Il existe plusieurs types d'affacturage, parmi ceux-ci : l'affacturage en ligne, l'affacturage ponctuel.

- ***La cession de créances :*** En cas de besoins plus récurrents ou de montants plus élevés, la banque peut avoir recours à la cession de créances : elle rachète à l'entreprise ses créances, tout en prenant une commission sur la somme rendue par le client débiteur. Si celui-ci est défaillant, l'entreprise est solidairement responsable : c'est là sa grande différence avec l'affacturage.
- ***L'escompte :*** C'est une forme de crédit professionnel à court terme qui peut permettre d'obtenir rapidement de la trésorerie. La banque verse à l'entreprise une avance de trésorerie, en échange de la cession d'un effet de commerce, avec taux d'intérêts et commission compris par le contrat.
- ***Le lease-back ou cession-bail :*** À court terme, le lease-back permet de dégager rapidement de la trésorerie. L'entreprise peut utiliser un bien, par exemple une voiture – tout en cédant la propriété à un tiers sous forme d'un loyer. Cela limite les gros investissements – immobilisation et gestion - en biens matériels.
- ***La titrisation :*** Elle permet d'augmenter ses liquidités sur du court terme, en vendant ses créances clients à des investisseurs sur les marchés.

2. Les aides publiques[109]

Les aides publiques, qu'elles proviennent de l'Etat ou des Collectivités territoriales, n'ont pas pour objet d'apporter une solution parfaitement adaptée en cas de souci de santé du dirigeant, mais, étant destinées à apporter un soutien aux entreprises en difficulté, elles peuvent éventuellement aider un chef d'entreprise malade ou accidenté à bénéficier d'allègements de charges, ce qui peut être utile pour l'entreprise dans des circonstances où elle a du mal à faire face à ses échéances financières et où ses perspectives de développement sont incertaines. Ces aides peuvent prendre différentes formes. Elles peuvent également permettre d'obtenir des délais de paiement, des remises de dettes ou des prêts.

- ***Les aides publiques d'état***

Quelle que soit sa taille ou son secteur d'activité, une entreprise en difficulté peut obtenir un soutien, via des dispositifs adaptés à la nature des problèmes qu'elle rencontre, auprès des services du Ministère de l'Economie, des Finances et de la Relance et du Ministère chargé des Comptes publics.

- Allègements fiscaux (crédits d'impôts),
- Soutien à l'exportation,
- Prêt garanti par l'Etat (PGE),

d'un produit.
109. Source République Française : service-public.fr

- Fonds de solidarité pour une entreprise touchée par les conséquences du Covid-19.

Parmi ces aides publiques d'état, nous allons faire un focus particulier sur les aides financières OSEO *(Source : inbusiness.fr)*. Accordées par l'Etat aux entreprises < 250 salariés en difficulté, elles visent à renforcer la solidité financière des PME en favorisant la diversification des sources de financement et ont pour but de les aider :

- en soutenant leur projet de création, de reprise-transmission, de croissance externe,
- en développant des projets innovants (développement de produits, de technologies) dans la mesure où elles ne peuvent pas obtenir un financement bancaire classique,
- en les aidant à surmonter les difficultés financières qu'elles rencontrent de façon à sauvegarder leur activité (financement du besoin en fonds de roulement par exemple).

Ces aides peuvent prendre des formes diverses (garantie, prêt à taux zéro, avance remboursable, financement participatif, capital-risque[110], ...).

OSEO propose également un service d'expertise gratuit afin que les dirigeants puissent bénéficier d'une analyse approfondie et personnalisée pour leur projet. Cette expertise leur permettra notamment :

- De valider leur projet avant son lancement,
- De constituer leur dossier bancaire,
- D'obtenir un prêt à taux zéro
- De mettre en place un plan pour optimiser leur trésorerie
- De bénéficier du soutien financier du fonds européen garanti FEG (Fonds européen garanti)
- D'obtenir un financement participatif via une plateforme spécialisée.

OSEO propose également un accompagnement personnalisé pour les porteurs de projet et les créateurs d'entreprise. Pour ces derniers, il peut également proposer une étude gratuite du projet.

L'aide OSEO peut enfin être affectée à des investissements immobiliers et des opérations de transmission/restructuration/défaillance.

Quel que soit le type du projet, il est donc important pour tout entrepreneur de trouver l'aide adaptée à celui-ci. Un conseiller OSEO est disponible pour répondre à tout type de question concernant le projet, les types d'aides susceptibles d'être

110. Le capital-risque (Source WIKIPEDIA) est une activité d'investissement capitalistique spécialisée dans le financement de jeunes entreprises innovantes à haut potentiel de croissance. Il s'agit d'une activité d'investissement risquée du fait des importants risques du secteur des jeunes entreprises.

mobilisées (aide financière accordée par OSEO, aide technique ou commerciale accordée par les pouvoirs publics, subventions accordées par les collectivités territoriales, exonération partielle ou totale des charges sociales ...) et surtout sa faisabilité afin que celui-ci soit viable.

- ***Les aides des collectivités territoriales***

Elles peuvent se faire sous formes d'exonérations d'impôts ou taxes, d'aides directes ou de garanties (cautionnement).

- **Le plan d'apurement et de remise de dettes fiscales ou sociales pour les entreprises en difficulté**

La Commission des chefs de services financiers (CCSF) et les représentants des organismes de sécurité sociale (Articles D 626-9 à D 626-15 du Code du Commerce) peuvent offrir au dirigeant des délais de paiement pour ses dettes fiscales et sociales. En cas de retard dû à des difficultés de paiement de toute somme au titre d'impôts, de taxes, de cotisations de sécurité sociale ou d'assurance chômage, ... et après examen de la situation économique et financière de l'entreprise, elle aide, en toute confidentialité, à obtenir des plans d'apurement et d'échelonnement de ses dettes. Le cas échéant, elle peut accorder des remises de majorations et de pénalités de retard, des remises et modérations des impôts dus.

La CCSF peut être saisie par l'entreprise, un membre de la commission, un comptable public. Les remises de dettes ont pour objet de faciliter la restructuration financière de l'entreprise en difficulté, la poursuite de son activité économique et le maintien de l'emploi.

- **L'élaboration et la mise en œuvre de solutions pour assurer pérennité et développement à l'entreprise**

- Les entreprises de moins de 400 salariés, à l'exception des cas où leur situation est à l'évidence compromise et sans perspectives de redressement, peuvent saisir le Comité départemental d'examen des problèmes de financement des entreprises (CODEFI) afin de rechercher des solutions financières en faveur de son redressement ou de sa restructuration, assurer le financement d'un audit, ou pour accorder un prêt. Ces aides peuvent également servir à financer un plan social. Ce comité peut également jouer un rôle de négociateur et de médiation entre l'entreprise et ses partenaires (actionnaires, assureurs, banquiers, créanciers publics et privés, fournisseurs, ...)

Cette instance locale ministérielle, placée sous l'autorité du préfet, représente l'ensemble des services de l'Etat pour orienter et informer les entreprises en difficulté, tous secteurs confondus.

Le représentant de l'entreprise en difficulté peut faire sa demande par courrier au Codefi dont le secrétariat permanent est situé à la Trésorerie Générale du département.

- Pour les entreprises de plus de 400 salariés rencontrant des difficultés structurelles, du Comité Interministériel de Restructuration Industrielle (CIRI) qui propose des aides pour assurer la pérennité ou la reconversion de l'entreprise. des prêts peuvent être accordés sous conditions de l'élaboration d'un plan de redressement, un audit peut être réalisé ; l'entreprise peut également être orientée vers le CCSF en cas de dettes fiscales ou sociales.

Le dirigeant de l'entreprise en difficulté peut adresser sa demande au Secrétariat général du CIRI assuré par la Direction Générale du Trésor.

3. L'aide financière exceptionnelle aux travailleurs indépendants invalides actifs (AFE) (Source ameli.fr)

Aide spécifique de l'instance régionale de la protection sociale des travailleurs indépendants (CPAM-CGSS), financée au moyen de fonds de l'Action Sanitaire et Sociale de cette instance, elle vise à aider le travailleur indépendant (artisan ou commerçant), quel que soit son statut, à résoudre une difficulté exceptionnelle et ponctuelle qui, si elle n'était pas surmontée, pourrait menacer la poursuite de son activité et donc la pérennité de l'entreprise ou se transformer en une situation de précarité.

Le chef d'entreprise doit être invalide (l'invalidité doit être obtenue au titre d'une activité indépendante) et avoir effectué des versements de contributions depuis son installation. De plus, le besoin doit être constaté et indiscutable.

Cette aide peut être sollicitée lorsqu'un évènement grave ou imprévu met en péril la poursuite de l'activité économique de l'indépendant. Les difficultés rencontrées peuvent être de nature diverse telles que :

- La survenue d'un évènement extérieur ponctuel (incendie, accident, travaux de voirie à proximité de l'activité, etc., ...
- Des difficultés économiques ponctuelles de l'entreprise (perte de marché, défaillance d'un partenaire, défaut de paiement d'un client important, etc., ...),
- La prise en charge des formalités de radiation.

Une attention particulière est aux situations suivantes :

- Un travailleur indépendant malade poursuivant une activité avec une baisse significative de revenus,
- Un chef d'entreprise indépendant en difficulté ayant de jeunes enfants,
- Une victime d'accident de la vie, d'un handicap, d'une maladie invalidante pour elle-même ou son environnement familial proche.

À noter que l'AFE ne peut pas être demandée pour faire face à des difficultés structurelles de l'entreprise indépendante.

Le montant de l'aide est apprécié au cas par cas, sans application de barème. Le plafond annuel maximum est fixé à 2000,00 Euros. Une nouvelle demande ne peut pas être accordée avant un délai de 2 ans à compter du versement de l'aide.

*4. Les aides URSSAF- CGSS via les fonds de l'Action Sanitaire et Sociale**

L'action sanitaire et sociale des URSSAF vient en aide aux travailleurs indépendants, chefs d'entreprises, auto-entrepreneurs exerçant une activité artisanale ou commerciale ou une activité de profession libérale.

Les demandes d'aide sont à adresser à l'URSSAF correspondant à la domiciliation professionnelle du travailleur indépendant.

- **L'aide aux cotisants en difficulté**

Elle prend en charge, en cas de difficultés particulières, tout ou partie des cotisations et contributions sociales personnelles, que l'URSSAF recouvre au nom des travailleurs indépendants. Les difficultés de trésorerie rencontrées par le travailleur indépendant peuvent être d'ordre personnel (situation familiale ou sanitaire) ou professionnel (activité de l'entreprise, conjoncture économique). Le plafond d'aide est de 6 mois de cotisations avec une motivation particulière au-delà de 5000 Euros.

- **L'aide financière exceptionnelle aux actifs**[111]

Cette aide vise à aider le travailleur indépendant à résoudre une difficulté exceptionnelle et ponctuelle qui, si elle n'était pas surmontée, pourrait, soit menacer la poursuite d'activité et donc la pérennité de l'entreprise, soit se transformer en une situation de précarité.

Cette aide s'adresse aux travailleurs indépendants cotisants depuis au moins un an et elle est plafonnée à un montant maximal de 6000 Euros. Elle peut toutefois se cumuler avec l'aide aux cotisants en difficulté.

- **L'accompagnement au départ à la retraite**

Cette aide (URSSAF-CGSS), également accessible aux retraités qui poursuivent leur activité, a pour but de pallier les difficultés financières liées à la cessation d'activité ou à un défaut de cotisation suffisante. Elle aide à faire face à la période transitoire que représente le passage à la retraite, elle permet de maximaliser les droits si l'activité professionnelle exercée a réellement diminué au fil des années et si le chef d'entreprise a rencontré des difficultés à honorer l'intégralité du paiement de ses cotisations et contributions sociales. Conciliable avec le cumul emploi-retraite dans la limite des dispositions légales, elle a un caractère social et facultatif et n'est pas accordée systématiquement. Elle est susceptible d'être accordée au conjoint collaborateur s'il remplit les conditions d'éligibilité.

111. A noter que l'accès à ces aides financières dépend du statut social choisi par l'entrepreneur. Elles sont accessibles aux travailleurs indépendants non-salariés, mais pas aux gérants salariés ou assimilés salariés.

Pour y prétendre, il faut être en activité et cotiser au titre de cette activité indépendante jusqu'à la date de départ à la retraite, avoir atteint 62 ans, avoir été majoritairement affilié en tant qu'artisan et/ou commerçant sur l'ensemble de sa carrière, avoir cotisé > 15 ans et 60 trimestres d'activité en tant qu'indépendant, avoir un revenu imposable inférieur au seuil d'imposition fixé par l'administration fiscale pour les deux années civiles précédant le départ à la retraite. Non renouvelable, son montant varie en fonction des revenus du demandeur. Pour les futurs retraités non à jour de leurs cotisations et contributions sociales personnelles, elle peut couvrir ou réduire les cotisations dues afin de bénéficier d'un maximum de trimestres cotisés pour l'étude des droits retraite. Par contre elle ne peut pas être utilisée pour le rachat de trimestres.

- **L'aide d'urgence aux victimes de catastrophes et d'intempéries**
Cette aide (Urssaf-CGSS) est de 2000 Euros.

5. La cellule de soutien des Très Petites Entreprises (TPE), Petites et Moyennes Entreprises (PME)

Mise en place par le MEDEF, elle vise à aider et guider l'entreprise traversant ces difficultés.

6. La cellule de soutien des petites et Moyennes entreprises (PME)/ Petites Moyennes Industries (PMI)

Mise en place par le MEDEF, elle vise également à guider l'entreprise vers la sortie des difficultés.

7. Les aides de la Société Interprofessionnelle Artisanale de Garantie d'Investissement (SIAGI) - (Source site SIAGI)

La SIAGI est une société de caution mutuelle. qui propose aux partenaires bancaires des offres de garantie diverses pour des crédits allant de 5000 Euros à 4 millions d'euros.

- **Garantie au cas par cas**, en leur apportant sa garantie et son expertise en analyse des projets de financement des petites entreprises.

Peuvent en bénéficier les structures artisanales, commerciales, industrielles, les professions libérales, les entreprises agricoles dont le chiffre d'affaires ou total bilan est <10M€ et l'effectif <50 personnes, toutes structures juridiques, sous condition que leur siège social et leur site d'exploitation soient situés en métropole et dans les régions ultra périphériques de la zone euros. En sont exclus les dirigeants d'entreprise bénéficiaires interdits bancaires et/ou côtés 060 BDF, les personnes physiques recensées au fichier central des chèques, un certain nombre d'activités, en particulier et sans qu'il s'agisse d'une liste exhaustive, les agences de voyages, d'intérim, la promotion immobilière, les marchands de biens, les discothèques, le courtage de prêts et l'intermédiation financière, la location de véhicules, les sex-shops.

Elle peut apporter sa garantie pour des crédits de modalités diverses (crédits amortissables, crédits remboursables in fine, crédits-bails mobiliers et immobiliers, lease back, engagements par signature (caution bancaire) concernant les créations ex-nihilo portées par des entreprises nouvelles ou par des entreprises existantes, les reprises, transmissions, achats d'une entreprise existante dans le cadre d'une première ou d'une énième installation qu'ils relèvent de l'achat d'un actif (fonds de commerce, ...), de parts ou d'actions en vue d'exercer la direction effective de l'entreprise, des investissements de croissance réalisés par une entreprise existante. La garantie (garantie « rebond ») peut également aider une entreprise qui souhaite obtenir un financement supplémentaire pour l'accord duquel la banque est réticente. Cette garantie couvre au maximum 50% du crédit demandé. Elle peut enfin couvrir des crédits visant à restructurer des dettes (garantie des crédits aux artisans, TPE et activités de proximité de la SIAGI).

La durée des crédits éligibles est variable selon la nature de l'investissement avec un minimum de 24 mois et un maximum de 180 mois. Une faculté de différé d'amortissement de 12 mois maximum, (24 mois pour les projets agricoles). Leur taux d'intérêt est fixé par la banque. La participation de la SIAGI peut varier selon le métier (artisanat, commerce, professions libérales, agriculture, associations), l'objet du crédit (création, reprise, croissance), la quotité de garantie, la maturité professionnelle, le secteur d'activité. charge de l'entreprise. La participation financière à la charge de l'entreprise, est exprimée en pourcentage du montant du crédit ; elle est payable en une seule fois au moment de la mise en place du crédit et peut être intégrée à l'assiette du crédit. Les suretés sont définies exclusivement par la banque. Les sûretés personnelles sont optionnelles : quand elles sont requises, elles peuvent être limitées en montant ou en durée. La quotité de garantie va jusqu'à 50% pour la SIAGI seule, mais selon le projet, elle peut être augmentée jusqu'à 80% grâce à la Co garantie ou contre garantie accordée par BPI France, une Collectivité territoriale ou le Fonds Européen d'Investissement (FEI). :

La banque peut avoir accès à la garantie de trois manières :

- En déposant en ligne - sur le portail Garantie Pro - une demande de garantie pour un crédit de 5 k€ à 50 k€.
- En actionnant la délégation que la SIAGI lui a conférée, pour des dossiers de croissance d'entreprise jusqu'à 200 k€.
- En interrogeant les équipes régionales pour une analyse au cas par cas.

- **Garantie SIAGI pour les travailleurs indépendants**

La loi n°2022-172 du 14/02/2022 en faveur de l'activité professionnelle vise à renforcer la protection du patrimoine personnel de l'entrepreneur individuel. Ainsi, pour toutes les créances nées à compter de 15 mai 2022, seuls les éléments constitutifs du patrimoine professionnel peuvent être saisis par les créanciers professionnels en cas d'impayés, sauf acte de renonciation signé par l'emprunteur. Grâce à ses partenariats avec des copreneurs de risque (BPI, fonds de garantie régionaux, Fonds Européen d'Investissement, filiales Assurance de groupes bancaires...), la SIAGI propose une garantie pouvant couvrir jusqu'à 70%* du montant du crédit dans le cas où l'entrepreneur individuel n'a pas fait acte de renonciation. Pour des crédits allant de 50 000 € à 2 000 000€, la garantie est accessible aux artisans, commerçants (y compris commerce associé, aux professions libérales). Elle n'est pas accessible aux micro-entreprises.

Garantie pour une quotité[112] de 60 à 70%	Garantie pour une quotité de 10 à 50%
• Pas de renonciation à la protection de son patrimoine par l'emprunteur. • Pas de caution solidaire • Sûretés : à l'initiative de la banque et en concertation avec la SIAGI.	• Sûretés : à l'initiative de la banque et en concertation avec la SIAGI. • La banque est libre d'exiger de l'emprunteur la renonciation à la protection de son patrimoine.

En revanche, la SIAGI peut garantir des crédits allant jusqu'à 50 000 € accessibles aux micro-entreprises (hors restructuration et agriculture), crédits s'étalant sur 84 mois maximum, quotité de risque fixé à 50, suretés à l'initiative de la banque, traitement simplifié via le portail, réponse sous 72 heures.

- **Renforcement de la trésorerie des entreprises**

Peuvent en bénéficier les entreprises créées depuis plus de 3 ans et présentant 2 bilans complets, occupant moins de 50 personnes ET dont le chiffre d'affaires annuel ou le total du bilan annuel n'excèdent pas 10 millions d'euros. Les crédits peuvent être destinés à financer l'augmentation du besoin en fonds de roulement, à consolider les crédits court terme existants (sans réduction des concours bancaires globaux) ou à des prêts personnels aux dirigeants pour apports de fonds propres. Ce montant peut aller de 15 000€ à 150 000€

avec un encours de crédit maximum par entreprise fixé à 150 000 €. La durée du remboursement du crédit peut aller de 2 à 7 ans avec un différé de 12 mois maximum. La quotité peut aller de 20% à 70% ; elle est soumise au respect des conditions d'intervention des copreneurs de risque.

8. La garantie bancaire du renforcement de la trésorerie de la Banque Publique d'Investissement (BPI France)

Cet organisme de financement des entreprises propose notamment de garantir les opérations de renforcement de la structure financière des TPE/PME rencontrant ou étant susceptibles de rencontrer des difficultés de trésorerie non structurelles en leur permettant d'obtenir de nouveaux concours bancaires.

9. La médiation du crédit de la Banque de France

Elle vise à soutenir les entreprises rencontrant des difficultés de financements bancaires ou d'assurance-crédit confrontées à un refus d'octroi de financement. A titre d'exemple appel possible à ce dispositif en cas de suppression de lignes de crédit existantes ou d'absence de réponse de la banque à une demande de crédit.

112. La quotité est soumise au respect des conditions d'intervention des copreneurs de risque.

NB : Concernant les aides publiques circonstancielles mises en place pour faire face à la pandémie de Covid-19 (Prêt garanti par l'Etat, Fond de solidarité, Prêt participatif Relance, dispositif loyers, aide spécifique dite « Renfort » ainsi que pour la réponse à certaines situations pratiques, via des questions et réponses, non traitées ici, nous vous conseillons de vous procurer l'ouvrage Entreprises en Difficultés : connaître les aides et mesures adaptées sur le site www.juritravail.com.

Les diverses procédures

1. Les procédures d'alerte

Exercées par le commissaire aux comptes, le Comité social et économique (CSE) ou les associés de l'entreprise lorsqu'ils relèvent des faits susceptibles de compromettre la continuité de l'entreprise (Articles L223-36, L225-232, L234-1 et 2, L 611-2 du Code du commerce, Articles L2312-63à 69 du Code du Travail) ces procédures d'alerte impliquent d'être prises en compte par le dirigeant sous peine que le Président du tribunal de commerce, qui dispose à cet égard d'un droit de convocation à un entretien, puisse être informé de la situation.

Pour les entrepreneurs adhérant à un groupement de prévention agréé et dans ces circonstances, ce dernier informe le dirigeant et peut proposer l'intervention d'un expert. Il peut également conclure, au profit du dirigeant, des accords auprès des banques (Article 611-1 du Code du commerce).

2. Les procédures préventives

Elles font intervenir des professionnels libéraux, les administrateurs et mandataires judiciaires, spécialistes de l'économie et du droit. Ils dépendent du Conseil National de l'Ordre des administrateurs judiciaires et mandataires judiciaires. Ces professionnels mettent leur compétence au service de la prévention et du traitement des difficultés des entreprises de toutes tailles quel que soit leur secteur d'activité. Ils jouent un rôle moteur dans la modernisation de l'économie française et le renforcement des entreprises. Ils permettent de traiter les défaillances des entreprises dans le respect du droit et avec l'objectif de sauvegarder l'activité et l'emploi.

Sur le plan quantitatif, ils contribuent, par la poursuite de l'activité et l'élaboration de plans de redressement à sauver, via les procédures collectives, entre 150 000 et 200 000 emplois par an.

L'administrateur judiciaire intervient dans les procédures de sauvegarde et de redressement judiciaire pour assister le dirigeant et identifier les difficultés.

Le mandataire judiciaire, désigné dans toute procédure collective, est chargé de représenter les créanciers et les droits financiers des salariés.

Ces deux professionnels peuvent intervenir en amont pour accompagner l'entreprise, en toute confidentialité, à surmonter des difficultés avérées ou prévisibles.

Soucieux de la dimension humaine de leur mission, ils s'attachent à prendre en compte les difficultés des salariés par une écoute attentive et une réactivité optimale.

Enfin, ces professionnels contribuent à la création de nouveaux emplois par reconversion de sites industriels, reprise d'activité par de nouveaux investisseurs, transmission inter générationnelle d'entreprises et recouvrement des créances des fournisseurs.

Ces dix dernières années, près de 70% des emplois menacés, en moyenne, ont été sauvegardés par la mise en œuvre de ces procédures.

- **La désignation d'un mandataire ad hoc** *(Articles L 611-3 et R 611-18 à R611-21-1 du Code du Commerce)*

Cette procédure amiable, préventive, confidentielle, souple a un bon taux de réussite (70% selon BPI France). Elle est accessible, sans qu'il existe de seuil, à toutes les entreprises commerciales, artisanales, agricoles ou libérales (personne physique ou morale), toutes les associations, les micro-entreprises et les entrepreneurs individuels à responsabilité limitée (EIRL). Elle peut être déclenchée en cas de difficultés financières ou de crise ponctuelle sous condition que l'entreprise ne se trouve pas en situation de cessation de paiements[113].

Elle peut être mise en route dans des situations diverses (par exemple : non-respect des échéances normales des fournisseurs (si besoin d'étalement > 6mois), répétition des inscriptions de privilèges par des organismes sociaux et/ou fiscaux, échéances non respectées de contrats d'emprunt ou d'échéances trop élevées par rapport aux capacités de l'entreprise, dénonciation par les fournisseurs de contrats pouvant remettre en cause la pérennité de l'entreprise, litiges entre associés risquant d'entraîner à terme la paralysie de l'entreprise, litiges avec les salariés devant les prud'hommes, dénonciation de concours bancaires par le banquier ou de bail par le bailleur, assignation d'un fournisseur, ...).

Elle a pour but de rétablir la situation par la recherche d'un accord avec les partenaires et/ou créanciers de l'entreprise afin d'obtenir par ce biais un échelonnement de ses dettes.

Le déclenchement de cette procédure implique :

- le dépôt d'une requête motivée auprès du tribunal compétent (Président du tribunal de commerce pour les artisans et commerçants, (formulaire accessible sur www.infogreffe.fr), tribunal de grande instance pour les autres cas).

113. La situation de cessation de paiement est définie comme celle où ne parvient plus à faire face avec son actif disponible à son passif exigible

- la fourniture de documents annexes (plan de financement prévisionnel, état des créances et des dettes, comptes annuels).

A la réception de cette requête, le Président reçoit le dirigeant et, s'il l'estime fondée, rend une ordonnance ouvrant l'ouverture d'un mandat ad hoc (confidentiel) et fixant la mission. La rémunération du mandataire est fixée par le Président du tribunal avec l'accord du débiteur. Cette mission n'est pas limitée dans le temps. Souvent initiée pour une période de 4 mois, elle peut être renouvelée sans limite, tant que cela est nécessaire et que l'entreprise n'est pas en situation de cessation des paiements.

Cette mission n'est pas contraignante : seuls les créanciers invités aux discussions par le mandataire ad hoc sont informés et ils n'ont pas l'obligation de participer ou de consentir des efforts. Toutefois, l'encadrement de ces discussions par ce tiers indépendant, incite en règle générale, les créanciers à participer aux réunions au cours desquelles leur sera présentée la situation objectivée de l'entreprise et ses perspectives.

Le mandataire est soumis à une obligation de confidentialité. Il doit attester sur l'honneur de son indépendance (absence de rémunération, directe ou indirecte ou de paiement de la part du débiteur, d'un créancier ou d'une personne contrôlante ou contrôlée par l'entreprise débitrice au cours des 24 mois précédant la procédure).

Le mandataire ad hoc dresse au départ un état des lieux de la situation de l'entreprise avec le dirigeant pour établir ensemble le diagnostic des solutions à mettre en place. Suite à ce travail préalable, il mène ensuite les discussions selon la mission qui lui a été confiée. Pendant toute la durée du mandat, le chef d'entreprise continue à gérer seul son entreprise.

Il rédige périodiquement un rapport au Président du tribunal.

Le (ou les) dirigeant (s) peut (vent) par ailleurs demander au Président du tribunal de mettre fin sans délai à la mission du mandataire.

A l'issue de sa mission, trois cas de figures sont possibles :

- échec de la mission,
- succès avec résolution des difficultés et conclusion d'un accord amiable sous l'égide du mandataire *ad hoc,*
- transformation du mandat ad hoc en règlement amiable pour que l'accord conclu entre les parties soit homologué par le Président du tribunal.

A signaler que si une cessation de paiements intervient en cours de route, ou si une procédure collective est ouverte, cela met fin au mandat ad hoc et aux accords négociés.

- **La procédure de conciliation** (Articles L 611-1 à 16 et R 611-22 à 46-1 du Code du Commerce)

Confidentielle et préventive, elle permet de rechercher un accord amiable avec les créanciers de l'entreprise afin d'éviter la cessation de paiements. Elle est ouverte à toutes les entreprises qui ne sont pas en situation de cessation de paiements et, si celle-ci existe, depuis moins de 45 jours. Ce cadre juridique apporte une sécurité aux discussions et s'adapte à toutes les difficultés rencontrées par l'entreprise A noter que le chef d'entreprise peut proposer un conciliateur à la désignation par le Président du tribunal et préciser son nom et son adresse.

Ces conciliations sont souvent confiées à des professionnels des entreprises en difficulté, les administrateurs et les mandataires judiciaires. Elles sont ouvertes au bénéfice de toute entreprise rencontrant une difficulté juridique, économique ou financière, avérée ou prévisible.

Comme pour le mandat ad hoc, le chef d'entreprise dépose une requête d'ouverture de conciliation au président du tribunal exposant sa situation économique, sociale et patrimoniale, ses besoins de financement ainsi que, le cas échéant, les moyens d'y faire face. Pour les artisans et commerçants, la demande est déposée au tribunal de commerce, pour les autres professions (agriculteurs, sociétés ou groupements civils, associations, professions libérales, au président du tribunal judiciaire. Si, après convocation et entretien avec le dirigeant, la demande est acceptée, le président désigne un conciliateur pour l'accompagner dans la résolution de ses difficultés. Ceci ouvre la période de conciliation qui ne peut excéder 4 mois sauf renouvellement par décision spécialement motivée sans que la durée de la procédure ne puisse excéder 5 mois. Elle peut toutefois être prolongée jusqu'à la décision du président du tribunal si une demande de constatation ou d'homologation est formulée pendant la mission.

Le but de la mission du conciliateur, après qu'il ait dressé un état des lieux de la situation de l'entreprise avec le dirigeant pour établir ensemble le diagnostic des solutions à mettre en place, est de favoriser, par les discussions effectuées au cours de ce travail conjoint préalable et en fonction de la mission qui lui a été confiée, la conclusion d'un accord amiable, destiné à mettre fin aux difficultés de l'entreprise, entre le débiteur et ses principaux créanciers et/ou ses cocontractants habituels. Il peut également faire des propositions se rapportant à la sauvegarde de l'entreprise, la poursuite de son activité économique et au maintien de ses emplois. Il peut également, à la demande du débiteur et après avis des créanciers participants, d'une mission ayant pour objet la cession partielle ou totale de l'entreprise, laquelle pourrait être mise en œuvre ultérieurement dans le cadre d'une procédure de sauvegarde, de redressement judiciaire ou de liquidation judiciaire.

Pendant cette période de conciliation, le chef d'entreprise continue à gérer seul son entreprise.

Cette procédure offre un cadre juridique sécurisé pour les accords conclus dans ce contexte avec plusieurs dispositions spécifiques :

- Possibilité pour le débiteur de demander au juge qui l'a ouverte et selon l'Article 1343-5 du Code Civil (compte tenu de la situation du débiteur et des besoins du créancier) de reporter ou d'échelonner, dans la limite de deux années le paiement des sommes dues à l'égard d'un créancier qui l'a mis en demeure ou poursuivi, ou qui n'a pas accepté dans le délai imparti par le conciliateur, la demande faite par le conciliateur de suspendre l'exigibilité de la créance. Dans ce dernier cas, le juge peut, nonobstant les termes du 1er alinéa de ce même article, reporter ou échelonner le règlement des créances non échues dans la limite de durée de la mission du conciliateur.

- Possibilité au cours de l'accord intervenu avec les créanciers, si le débiteur est mis en demeure ou poursuivi par l'un des créanciers appelés en conciliation pour obtenir le paiement d'une créance qui n'a pas fait l'objet d'un accord, de demander au juge de la conciliation à bénéficier de l'application de l'Article 1343-5 du Code Civil (compte tenu de la situation du débiteur et des besoins du créancier) qui permet de reporter ou d'échelonner, dans la limite de deux années, le paiement des sommes dues.
- Le Président du tribunal, sur la requête conjointe des parties, constate leur accord et donne à celui-ci une valeur exécutoire. Il statue au vu d'une déclaration du débiteur certifiant qu'il ne se trouvait pas au moment de la conclusion de l'accord en cessation de paiements ou que cet accord y met fin. Il n'y a alors aucune publicité et la constatation de l'accord met fin à la procédure.
- Pour donner plus de force à l'accord, le président, à la demande du débiteur et si les termes de l'accord sont de nature à assurer la pérennité de l'entreprise et ne portent pas atteinte aux créanciers non-signataires de l'accord, peut homologuer l'accord obtenu si le débiteur n'est pas en situation de cessation de paiements ou si l'accord conclu y met fin. Le débiteur doit informer le comité d'entreprise ou les délégués du personnel du contenu de l'accord, transmettre celui-ci au commissaire au compte s'il y en a un. Le jugement est déposé au greffe où toute personne peut en prendre connaissance et fait l'objet de publicité (insertion au BODACC[114] et dans un journal d'annonces légales) avec, par conséquent, une perte de confidentialité. Le jugement statuant sur l'homologation est notifié au débiteur et aux créanciers signataires de l'accord, communiqué au conciliateur et au ministère public. Cet accord entraîne la levée de plein droit de toute interdiction d'émettre des chèques.
- A signaler que les personnes qui ont consenti, dans le cadre d'une procédure de conciliation homologuée, un nouvel apport en trésorerie, mais aussi en bien ou en service, au débiteur dans le but d'assurer la poursuite d'activité de l'entreprise et sa pérennité, sont payées pour le montant de cet apport par privilège en cas d'ouverture subséquente de procédure de sauvegarde, de redressement judiciaire ou de liquidation judiciaire.
- A signaler que, à la demande du débiteur et lorsque le président du tribunal constate l'accord ou que le tribunal homologue celui-ci, il peut désigner le conciliateur comme mandataire à l'exécution de cet accord

114. Bulletin officiel des annonces civiles et commerciales.

pendant la durée de cette exécution. Pendant toute cette durée, l'accord interdit ou interrompt toute action en justice et interdit toute poursuite individuelle tant sur les meubles que les immeubles du débiteur dans le but d'obtenir le paiement des créances qui en font l'objet

A noter enfin que les personnes coobligées ou ayant consenti une sûreté personnelle ou ayant affecté ou cédé un bien en garantie peuvent se prévaloir des mesures accordées au débiteur et des dispositions de l'accord constaté ou homologué.

3. Les procédures collectives

Une procédure collective est une procédure qui permet de rassembler tous les créanciers de l'entreprise et qui les prive du droit d'agir individuellement., c'est-à-dire de poursuivre le débiteur en paiement.

- **Avant la cessation des paiements**
  - **La procédure de sauvegarde *(Articles L 620-1 à L627-4 et R 621-1 à R 627-1 du Code du Commerce)***

Cette procédure, à visée préventive, est publique, non confidentielle et mentionnée sur l'extrait K bis. Elle vise à mettre en place un plan de sauvegarde et à permettre au dirigeant, qui justifie de difficultés qu'il n'est pas en mesure de surmonter, de continuer son activité en facilitant la réorganisation de l'entreprise pour permettre la poursuite de l'activité économique, le maintien en emploi et l'apurement du passif. Elle ne peut pas être mise en route si l'entreprise est en cessation de paiements ; son objet principal est donc la prévention et l'anticipation de la cessation des paiements. Le chef d'entreprise (représentant légal de la personne morale ou

débiteur, personne physique) doit exposer dans sa demande sa demande la nature des difficultés qu'il rencontre et les motifs pour lesquels il n'est pas en mesure de les surmonter. Les pièces à joindre sont listées à l'Article R 621-1 du Code du Commerce.

Elle fait intervenir :

- Un juge-commissaire qui veille au déroulement rapide de la procédure et à la protection des intérêts en présence. (coordination de la procédure, délivrance des autorisations en matière de cessions d'actifs, d'actes étrangers à la gestion courante, de transaction/ compromis, arbitrage des difficultés relatives à la vérification du passif, aux revendications et restitutions, aux contrats en cours, et désignation des contrôleurs et éventuels techniciens).
- Un administrateur judiciaire (désignation obligatoire pour les entreprises > ou = 20 salariés et chiffre d'affaires de 3 millions d'Euros, facultative en deçà), éventuellement proposé par le débiteur. L'administrateur assure une mission d'assistance ou de surveillance de l'entreprise aux côtés du chef d'entreprise et effectue un diagnostic complet de l'entreprise. Le débiteur, avec son concours, propose des solutions de sauvegarde.

- Un mandataire judiciaire qui a la charge de la défense de l'intérêt collectif des créanciers (préservation de leurs droits par vérification des créances déclarées, consultation de ceux parmi les créanciers qui en font la demande-ci sur des propositions de remboursement) et qui intervient à toutes les étapes de la procédure.
- Eventuellement 1 à 5 contrôleurs désignés par le juge-commissaire parmi les créanciers qui en font la demande,
- Une fois le jugement d'ouverture formulé, un représentant des salariés désigné ou élu parmi les salariés pour représenter ceux-ci au cours de la procédure. A défaut de candidat, un procès-verbal de carence doit être dressé.
- Elle débute par une période d'observation d'une durée de 6 mois renouvelable une fois pour la même durée par le tribunal, période durant laquelle le chef d'entreprise reste à la tête de ses affaires, éventuellement assisté d'un administrateur judiciaire. Au cours de cette période,
- Est dressé un bilan économique, social et environnemental de l'entreprise,
- puis mis en place un projet de plan de sauvegarde (propositions de remboursement de dettes de l'entreprise) sur lequel créanciers et salariés de l'entreprise seront consultés. A signaler qu'au cours de cette procédure, les administrations et organismes fiscaux peuvent consentir des remises de dettes, les personnes physiques cautions personnelles peuvent se prévaloir des réductions de dettes et délais obtenus par le biais du plan. Concernant le remboursement, il faut signaler que le montant des annuités à compter de la 3e année ne peut être inférieur à 5% du passif établi par le débiteur (pas du passif réel conséquence des actualisations ou contestations).

Dans certaines procédures importantes, des classes de parties affectées[115] (entreprise employant >ou= 250 salariés et réalisant un chiffre d'affaires minimum de 20 millions d'Euros ou réalisant un chiffre d'affaires de 40 millions d'Euros ou sur autorisation du juge-commissaire) seront constituées et seront amenées à se prononcer sur les propositions de plan.

Le cas échéant, le débiteur peut demander la cession partielle de l'entreprise.

Pour permettre à l'entreprise de se restructurer, pendant la période d'observation, les règles suivantes s'imposent au débiteur et aux créanciers :

- Interdiction de payer toute créance née antérieurement au jugement d'ouverture sauf exception (Code du Commerce L 622-7),
- Arrêt des poursuites individuelles et des voies d'exécution (Code du Commerce L 622-21),

115. L'ordonnance du 15 septembre 2021 a supprimé les comités de créanciers pour les remplacer par les classes de parties affectées.

- Arrêt du cours des intérêts légaux et conventionnels, ainsi que tous intérêts et majorations, à moins qu'il ne s'agisse des intérêts résultants de contrats de prêts conclus pour une durée > ou = 1 an ou de contrats assortis d'un paiement différé d'un an ou plus (Code du Commerce L 622-28),
  - Interdiction des inscriptions de suretés (les hypothèques, nantissements et privilèges ne peuvent plus être inscrits postérieurement au jugement d'ouverture, ...) (Code du Commerce L 622-30).

Les créanciers déclarent leurs créances au mandataire judiciaire qui procédera à leur vérification sous l'autorité du juge-commissaire, lequel tranchera les divers litiges. Pour les créanciers domiciliés en métropole, le délai de déclaration est de deux mois à compter de la publication au BODACC du jugement d'ouverture.

Cette procédure a donc pour effet de suspendre les poursuites individuelles des créanciers de l'entreprise.

- **Avant (ou après) la cessation des paiements**
  - **<u>La procédure de sauvegarde accélérée</u>** ***(Articles L628-1 à 5 et R628-1 à 12 du Code du Commerce)***

Aux procédures qui visent à prévenir les difficultés de l'entreprise (mandat ad hoc, conciliation et sauvegarde) a été ajoutée une procédure de sauvegarde accélérée. De très courte durée, elle fait suite à une procédure de conciliation concluant à la nécessité que soit élaboré un plan susceptible de rétablir une situation pérenne pour l'entreprise. Elle vise à préserver l'environnement économique et social de l'entreprise et à maintenir un lien de confiance avec ses partenaires.

Elle est limitée à certains créanciers et le plan de redressement de l'entreprise ne peut être appliqué qu'après accord du comité des créanciers (ce qui participe à conserver leur confiance).

Le débiteur, dans ces circonstances, peut déposer sa demande mais doit remplir l'une des deux conditions suivantes :

- comptes certifiés par un commissaire aux comptes ou par un expert-comptable et dépassement par son entreprise d'un des trois seuils suivants : 20 salariés, chiffre d'affaires hors taxes>3 000 000 Euros, Bilan total> 1 500 000 Euros ;
- établissement de comptes consolidés.

À signaler que si la situation de cessation des paiements perdure depuis plus de 45 jours, le recours à cette procédure n'est pas possible.

- **<u>La procédure de sauvegarde financière accélérée</u>**

Elle a à peu près les mêmes caractéristiques que la précédente mais ne concerne que les créanciers financiers (banques et établissements de crédit (Article L 628-1 du Code du Commerce).

Pour pouvoir l'initier, le débiteur doit cumuler 3 conditions (Article L628-9 et L628-1 du Code du Commerce :

- ne concerner que les partenaires financiers,
- entreprise fortement endettée auprès des banques,
- procédure de conciliation préalable et obtention de la majorité de ses créanciers financiers.

Contrairement à la sauvegarde classique, le tribunal arrête le plan dans un délai de 2 mois à compter su jugement d'ouverture, délai qui peut être prolongé sans excéder 4 mois pour la totalité de la procédure sur demande du débiteur et de l'administrateur judiciaire (Article L 628-8 du Code du Commerce, version en vigueur depuis le 01 10 2021)

Elle vise à rechercher des solutions le plus en amont possible. elle peut ne concerner que les créanciers financiers du dirigeant et prend la forme d'une sauvegarde financière accélérée (Articles L 628-6 à 8 et R 628-8 à 13 du Code du Commerce). Ces procédures permettent de trouver en quelques mois une solution et des accords avec les créanciers les plus importants de l'entreprise [116].

- **Après la cessation des paiements**
  - **<u>La procédure de redressement judiciaire</u> *(Articles L 631-1 et suivants et R631-5 et suivants du Code du Commerce)***

Cette procédure est destinée à permettre la poursuite de l'activité, le maintien de l'emploi et l'apurement du passif d'une entreprise en situation de cessation de paiements, c'est-à-dire dans l'impossibilité de faire face à son passif avec son actif disponible sous réserve de crédit ou de moratoires dont le débiteur peut bénéficier de la part de ses créanciers. Concrètement cela signifie qu'elle ne peut plus régler ses dettes qui sont arrivées à échéance avec ses disponibilités. Elle ne doit pas par contre être manifestement dans une situation insusceptible de redressement.

Elle fait intervenir :

- Un juge-commissaire qui veille au déroulement rapide de la procédure et à la protection des intérêts en présence. (coordination de la procédure, délivrance des autorisations en matière de cessions d'actifs, d'actes étrangers à la gestion courante, de transaction/ compromis, arbitrage des difficultés relatives à la vérification du passif, aux revendications et restitutions, aux contrats en cours, et désignation des contrôleurs et éventuels techniciens).
- Un administrateur judiciaire (désignation obligatoire pour les entreprises > ou = 20 salariés et chiffre d'affaires de 3 millions d'Euros, facultative en deçà), éventuellement proposé par le débiteur. L'administrateur assure une mission d'assistance ou de représentation de l'entreprise, élabore

116. A signaler que le dirigeant doit être l'acteur de son redressement, qu'il doit agir avant que la situation de son entreprise devienne hors de contrôle, qu'il peut demander au Président du Tribunal de commerce l'une ou l'autre des procédures qui précèdent et qu'il peut obtenir, via des entretiens confidentiels et gratuits, une aide des Centres d'information sur la prévention des difficultés des entreprises (CIP) pour les aider à choisir le moyen de prévention le plus adapté à sa situation.

les solutions de redressement de celle-ci en établissant un diagnostic complet et en mettant tout en œuvre pour sauver l'entreprise et ses salariés. Il élabore, avec le concours du débiteur, le projet du plan, mais peut, à défaut de possibilité de redressement par voie de continuation, fixer un délai de réception des offres de reprise.

- Un mandataire judiciaire désigné par le juge-commissaire dont la mission est de prendre en charge la défense de l'intérêt collectif des créanciers, de préserver les droits financiers des salariés en réglant les créances salariales, de vérifier les créances déclarées et de consulter les créanciers sur des propositions de remboursement (sauf présence de classes de parties affectées). Il intervient dans la procédure à toutes les étapes.
- Un commissaire-priseur, huissier de justice ou notaire est désigné pour procéder à l'inventaire des biens détenus par le débiteur au jour du jugement d'ouverture (voir *Nota Bene* pages 181 et 182).
- Eventuellement 1 à 5 contrôleurs désignés par le juge-commissaire parmi les créanciers qui en font la demande,
- Une fois le jugement d'ouverture formulé, un représentant des salariés désigné ou élu parmi les salariés pour représenter ceux-ci au cours de la procédure. Il est désigné par le Comité social et économique (CSE) A défaut de candidat, un procès-verbal de carence doit être dressé.

Le chef d'entreprise doit demander l'ouverture d'une procédure de redressement au plus tard dans les 45 jours qui suivent la cessation des paiements, sauf s'il a, pendant ce délai, demandé l'ouverture d'une procédure de conciliation. Les pièces à joindre sont énumérées à l'Article R 621-1 du Code du Commerce.

Le jugement de redressement judiciaire débute par une période d'observation de 6 mois renouvelable une fois par le tribunal et exceptionnellement une seconde fois sur demande exclusive du Parquet.

Globalement, un rappel de l'affaire est toujours effectué par devant le tribunal dans un délai de 2 mois, à compter du jugement d'ouverture.

Pendant cette période, le dirigeant reste en charge de ses affaires, éventuellement sous surveillance de l'administrateur, sauf mission de représentation confiée à l'administrateur judiciaire.

Un bilan économique, social et environnemental de l'entreprise est dressé puis un projet de plan de continuation (proposition de remboursement des dettes de l'entreprise) est établi aux fins de consultation par les créanciers et les salariés de l'entreprise. A signaler que le montant des annuités à compter de la 3e année ne peut être inférieur à 5% du passif établi par le débiteur (pas du passif réel conséquence des actualisations ou contestations).

Nota Bene

Confronté aux difficultés économiques de son entreprise, le dirigeant peut s'interroger sur les risques encourus au titre de son patrimoine personnel.

(Source juritravail : entreprises en difficultés : connaître les aides et mesures adaptées : questions/réponses)

Tout dépend de la forme sociale et entrepreneuriale sous laquelle est exploitée l'entreprise. Certaines formes prévoient une dissociation entre patrimoine personnel et professionnel, d'autres peuvent faire courir un risque au débiteur, voire à son conjoint en fonction du régime matrimonial choisi.

L'entrepreneur individuel (artisan, commerçant, profession libérale, etc.)

S'il exerce en son nom propre, il est tenu de payer ses dettes sur ses patrimoines professionnel et personnel. Pour protéger son patrimoine foncier (résidence secondaire, terrain à bâtir, etc.) et à la condition que ce bien ne soit pas affecté à un usage professionnel, il peut réaliser une déclaration d'insaisissabilités devant notaire (Articles L526-1 à, 5 du Code du Commerce).

A signaler que :

- Les dettes professionnelles antérieures à la déclaration d'insaisissabilité peuvent être toutefois recouvrées par la saisie des biens fonciers de l'intéressé.
- Depuis la Loi du 06 08 2015, la résidence principale des entrepreneurs individuels est, de droit insaisissable (Article L 526-1 et suivants du Code du Commerce).
- Certaines solutions d'épargne, en particulier les contrats d'assurance-vie, si leur usage n'est pas abusif (caractérisé par le versement de primes manifestement exagérées qui maintiendrait la possibilité de saisie), permettent de mettre une partie du patrimoine personnel à l'abri des créanciers professionnels (Article L132-14 du Code des Assurances)
- En cas de dette fiscale, l'administration fiscale peut le cas échéant opérer une saisie administrative à tiers détenteur (SATD) (Article L 262 du Livre des Procédures Fiscales).

L'entrepreneur individuel à responsabilité limitée (EIRL)

Ce statut permet, sans création d'une personne morale distincte, de dissocier les patrimoines professionnel (affecté à son activité professionnelle) et personnel (Articles L 526-6 à 21 du Code du Commerce) et empêche que les dettes professionnelles ne soient recouvrées sur le patrimoine personnel.).

Les sociétés de capitaux (SARL, SASU, SA, SAS, EURL, SELARL)

La responsabilité est limitée aux apports effectués et le patrimoine personnel du débiteur, par distinction du patrimoine spécifique de la personne physique du chef d'entreprise et de la personne morale de la société, est à l'abri des créanciers professionnels.

Les sociétés de personnes (Sociétés en nom collectif (SNC), Sociétés civiles professionnelles (SCP))

Les associés sont des commerçants tenus indéfiniment et solidairement des dettes sociales (Article

L 221-1 du Code du Commerce et Article 1857 du Code Civil) et les dettes professionnelles peuvent être recouvrées sur le patrimoine du dirigeant selon leur droit dans le capital social. (Par exemple, Mr X détient 10% du capital d'une exploitation dont le déficit est de 20 000 Euros ; son patrimoine personnel peut être engagé à hauteur de 2000 Euros).

A signaler que la difficulté de saisie est bien souvent contournée par certains créanciers, A l'instar des banques, ceux-ci imposent fréquemment au chef d'entreprise de se porter caution personnelle des soutiens financiers accordés et peuvent donc, en cas de défaillance, engager le patrimoine personnel du chef d'entreprise malgré la nature professionnelle de la dette.

A noter (Source portail du rebond) avec l'adoption dans la Loi en faveur de l'activité professionnelle indépendante (API) que la mise en place d'un statut juridique unique pour le travailleur indépendant permettra que l'ensemble du patrimoine personnel de l'entrepreneur individuel devienne par défaut protégé des créanciers professionnels, sauf si l'entrepreneur en décide autrement.

A noter enfin la possibilité d'accès à la procédure de surendettement pour les gérants majoritaires au titre de leur protection sociale. Les dettes peuvent être effacées dans le cadre d'une procédure de surendettement des particuliers.

Dans certaines procédures importantes, des classes de parties affectées (entreprise employant >ou= 250 salariés et réalisant un chiffre d'affaires minimum de 20 millions d'Euros ou réalisant un chiffre d'affaires de 40 millions d'Euros ou sur autorisation du juge-commissaire) seront constituées et seront amenées à se prononcer sur les propositions de plan.

Les créanciers peuvent également proposer des solutions de redressement.

À la demande de l'administrateur judiciaire, le tribunal peut également ordonner la cession totale ou partielle de l'entreprise, en l'absence de plans ou si le (ou les) plan(s) proposé(s) est (sont) manifestement insuffisant(s) pour permettre le redressement de l'entreprise.

Pendant la période d'observation des règles s'imposent au débiteur et aux créanciers.

- Interdiction de payer toute créance née antérieurement au jugement d'ouverture sauf exception (Code du Commerce L 622-7),
- Arrêt des poursuites individuelles et des voies d'exécution (Code du Commerce L 622-21),
- Arrêt du cours des intérêts légaux et conventionnels, ainsi que tous intérêts et majorations, à moins qu'il ne s'agisse des intérêts résultants de contrats de prêts conclus pour une durée > ou = 1 an ou de contrats assortis d'un paiement différé d'un an ou plus (Code du Commerce L 622-28),
- Interdiction des inscriptions de suretés (les hypothèques, nantissements et privilèges ne peuvent plus être inscrits postérieurement au jugement d'ouverture, ...) (Code du Commerce L 622-30).

Les créanciers déclarent leurs créances au mandataire judiciaire qui procédera à leur vérification sous l'autorité du juge-commissaire, lequel tranchera les divers litiges. Pour les créanciers domiciliés en métropole, le délai de déclaration est de deux mois à compter de la publication au BODACC du jugement d'ouverture.

- **La procédure de traitement de sortie de crise**

Créée par la loi du 31 mai 2021, dans le but de donner un outil supplémentaire aux entreprises éprouvant des difficultés conjoncturelles découlant de la crise sanitaire ou lié au financement de leur activité, elle est qualifiée de redressement judiciaire simplifié mais pourrait également être considérée comme un redressement judiciaire « express ». Temporaire et entrée en vigueur le 18 10 2021, elle s'appliquera jusqu'au 01 06 2023.

D'une durée maximale de 3 mois, elle permet à une entreprise en cessation de paiements, mais sans créance salariale, de bénéficier du gel de l'ensemble de ses dettes en vue de présenter un projet de remboursement de celles-ci sur une durée pouvant atteindre 10 ans. Au cours de cette procédure, le rachat de l'entreprise par un tiers n'est pas possible (plan de cession).

Cette procédure, qui vise à traiter les problèmes d'endettement des entreprises en permettant la restructuration de leur passif sans avoir à envisager des mesures de restructurations, est restreinte aux débiteurs présentant deux critères cumulatifs :

- Nombre de salariés< 20 et,
- Bilan < 3 millions d'Euros de total du passif hors capitaux propres (Décret N° 2021-1355, Article 1er).

L'article premier du décret sus nommé précise les 14 pièces qui doivent être annexées à la demande d'ouverture de cette procédure. En sus, les comptes annuels du dernier exercice sont exigés et doivent apparaître « réguliers, sincères et aptes à donner une image fidèle de la situation financière de l'entreprise ».

Le chef d'entreprise est seul à pouvoir demander l'ouverture de cette procédure. Pour les artisans et commerçants, la demande est déposée au tribunal de commerce, pour les autres professions (agriculteurs, sociétés ou groupements civils, associations, professions libérales, au président du tribunal judiciaire. Si le tribunal accepte la requête et ouvre par conséquent, en y faisant droit, la procédure, il désigne un mandataire-administrateur judiciaire pour accompagner le dirigeant dans l'élaboration du projet de plan tendant à assurer la pérennité de l'entreprise.

Dans les 10 jours du jugement d'ouverture, le débiteur doit déposer au greffe du tribunal la liste des créances de chaque créancier identifié dans ses documents comptables ou avec lesquels il est lié par un engagement dont il peut justifier l'existence.

Le mandataire désigné informe individuellement les créanciers mentionnés sur la liste du dirigeant.

La période d'observation est de 3 mois (avec une étape intermédiaire à 2 mois à l'issue de laquelle le tribunal décide ou non (selon, probablement, le rapport du mandataire) de sa poursuite si le débiteur dispose de ressources financières suffisantes). Pendant cette période, le mandataire et le dirigeant travaillent en collaboration pour élaborer un plan d'apurement des dettes ne concernant que les créanciers figurant sur la liste du dirigeant et donc les créances antérieures à l'ouverture du jugement.

Sont exclues les créances nées d'un contrat de travail, les créances alimentaires, les créances délictuelles et les créances d'un montant inférieur à un seuil fixé par décret. A partir de la 3e année, le montant des annuités ne peut être inférieur à 8% du passif établi par le débiteur (pas du passif réel, conséquence des actualisations ou contestations).

Le plan est arrêté par le tribunal, après consultation des créanciers avec possibilité d'autorisation de délai de contestation de 15 jours. En l'absence de plan dans les 3 mois, le tribunal, sur requête du débiteur, du mandataire ou du Parquet ouvre une procédure de redressement ou de liquidation. Si un plan est arrêté, l'entreprise bénéficiera d'un moratoire imposé aux créanciers. Les mentions au Registre du Commerce et des Sociétés sont radiées si le plan de traitement de sortie est toujours en cours à l'expiration d'un délai d'1 an à compter de son arrêté.

Cette mesure favorise le rebond du dirigeant en effaçant les mentions de la procédure et en facilitant les accès au crédit de l'entreprise.

- **La liquidation judiciaire**

Cette procédure est mise en place lorsque le débiteur n'a plus la capacité d'honorer ses dettes exigibles et se trouve dans le même temps dans une situation qui n'offre aucun espoir à une reprise d'activité que ce soit parce que le redressement est impossible, qu'il n'ait pas produit ses effets ou, enfin qu'il ne soit plus envisageable. Elle met fin définitivement à l'activité de l'entreprise (sauf décision exceptionnelle de maintien de l'activité pour une période < ou = 6 mois) et le gérant est dessaisi de ses fonctions.

Le tribunal de commerce ouvre la procédure sur demande du débiteur (déclaration de cessation des paiements), des créanciers ou du Ministère Public, demandes effectuées auprès du tribunal de commerce dont relève le siège social de l'entreprise, et désigne :

- Un mandataire judiciaire en charge de la liquidation. Il exerce, à la place du débiteur, ses droits et actions sur ses biens, pendant toute la durée de la liquidation, réalise les actifs de l'entreprise, vérifie les créances et procède aux éventuels licenciements des salariés.
- Un juge-commissaire qui veille au bon déroulé de la procédure et à la protection des intérêts en présence.

Dans cette situation de cessation des paiements, les biens sont vendus pour permettre de payer les créanciers, les procédures judiciaires sont engagées ou poursuivies par le mandataire judiciaire et ce, dans l'intérêt collectif des créanciers. Au terme de ces opérations, la clôture est sollicitée par le liquidateur auprès du tribunal.

Toutes les poursuites sont bloquées, toute action en justice vivant le débiteur devient impossible ou suspendue. Le cours des intérêts est arrêté, les intérêts et majorations sont bloqués, à l'exception des prêts de plus d'un an. Le contrat de travail des salariés est rompu dans un délai de 15 jours (21 jours si un plan de sauvegarde de l'emploi est établi). Les créances issues de la rupture du contrat de travail sont éligibles à la garantie éventuelle de l'organisme d'assurance de garantie des salaires. Toutes les créances que les créanciers détiennent contre l'entreprise deviennent exigibles[117].

- **Le rétablissement professionnel**

Il concerne des personnes physiques en état de cessation des paiements et dont le redressement est manifestement impossible. Ce rétablissement peut être sollicité lorsque ces personnes sont de bonne foi, qu'elles ne disposent pas d'actif

117. A signaler pour les entreprises dont le chiffre d'affaires est< 750 000 Euros HT et qui emploient au maximum 5 salariés, le débiteur peut bénéficier d'une **liquidation judiciaire simplifiée**, par principe plus courte et allégée (notamment en ce qui concerne la vérification des créances et la vente des biens. Cette procédure simplifiée est obligatoire sous réserve que 3 conditions soient remplies : l'entreprise n'a pas de bien immobilier, elle n'emploie pas plus d'un salarié, son chiffre d'affaires HT est < ou = 300 000 Euros. Elle peut être à tout moment transformée sur demande du tribunal en procédure de liquidation judiciaire classique.

immobilier, que leur actif est <15 000 Euros et qu'elles n'emploient aucun salarié. L'effacement des dettes intervient dans un délai de 4 mois.

Les enjeux en termes de prise en charge médicale

Dans la configuration que nous venons de décrire, et au cours de laquelle le dirigeant se sent souvent, « seul, échevelé et livide au milieu des tempêtes », les conséquences, en termes de santé (notamment en cas de liquidation judiciaire), sont principalement représentées, par des pathologies anxiodépressives majeures. a fortiori si,

- d'une part, la situation du dirigeant n'a pas pu faire l'objet d'une prise en charge précoce par les acteurs susceptibles de l'assister, de le conseiller et de l'accompagner dans la recherche et la mise en place de solutions économiques susceptibles de préserver l'activité de son entreprise ou si celle-ci a échoué,
- d'autre part, s'il n'a bénéficié d'aucune prise en charge, suivi médical ou accompagnement psychologique avant ou pendant cette période.

Ces pathologies peuvent, enfin, être aggravées par le retentissement familial que ces situations peuvent entraîner (fréquence des séparations et des divorces dans ces circonstances).

La prise en charge, médicale à ce stade, se résume souvent, jusqu'à présent au recours à des cellules d'écoute. Celles-ci ont pour but d'écouter, de réconforter et d'orienter le dirigeant dans ces situations susceptibles d'aboutir à un passage à l'acte suicidaire (*Voir infra*).

Sur le plan statistique, en 2020, trois catégories socio-professionnelles ont eu l'intention de se suicider :

- les chômeurs (27%),
- les dirigeants d'entreprise (27%),
- les artisans-commerçants (25%).

On ne peut que constater que 52% des intentions de suicide concernent des catégories professionnelles ciblées dans cet ouvrage.

De plus, et même si cette situation n'est pas exclusive à la France, 7% des suicides en France concernent les dirigeants de PME. Par ailleurs, selon l'association SOS Entrepreneurs, 17% des dirigeants qui sont en faillite font une tentative de suicide (61 175 dépôts de bilan ont été enregistrés par la Banque de France en 2013).

Chez les dirigeants de TPE/PME, le processus suicidaire est souvent multi factoriel et découle de difficultés économiques auxquelles s'associent, de façon plus ou moins intriquée, des difficultés professionnelles, personnelles voire familiales. Ce processus se structure généralement sur une certaine durée dans un contexte de stress chronique, de surinvestissement, de souffrance individuelle évoluant vers un état dépressif, de vulnérabilité psychique, voire d'épuisement professionnel et de sentiment d'isolement. Dans les fiches d'alerte des cellules d'écoute, les facteurs de risque le plus souvent cités correspondent à la verbalisation d'une fatigue intense, d'un épuisement physique et psychique accompagné de très importants troubles du sommeil, et de l'alimentation, des troubles dépressifs et des pleurs manifestés lors des entretiens avec la sentinelle à l'évocation des difficultés, mais aussi et très directement des idéations suicidaires.

Comme nous l'avons précédemment dit, le rapport que le dirigeant entretient avec son entreprise est souvent fusionnel ...

« *Le processus d'élaboration puis de création d'une entreprise est considéré comme une grossesse et une naissance symbolique. Cela conditionne le rapport que les propriétaires dirigeants développent avec leur entreprise. Leurs expériences antérieures les ont conduits à tenter de développer leur idéal d'entreprise, ce qui a été rapproché du mythe de Pygmalion. Il existe donc un lien fort entre le rapport que les propriétaires dirigeants développent avec leur entreprise et leurs représentations de leur relation à la réussite. Leurs ambitions et leurs désirs de réussite sont projetés sur l'entreprise afin de lui permettre de se développer. Sans une nécessaire distanciation, ce rapport devient aliénant ce qui freine les perspectives de croissance de l'entreprise* ».

... et le dépôt de bilan, à la lumière de ce qui a été cité ci-dessus, représente. le « stresseur » le plus intense qu'il puisse ressentir. Il peut être vécu, d'autant que la liquidation judiciaire est une procédure publique, comme une dévalorisation personnelle +++ avec ressenti de honte, de déshonneur et peut déboucher sur le passage à l'acte suicidaire a fortiori si cela entraîne des conséquences sur l'univers affectif et/ou familial. Ces sentiments et la culpabilité qu'ils sous-tendent peuvent être majorés en cas de faillite d'entreprise familiale existant depuis plusieurs générations.

Le processus de suicide, même s'il peut parfois exister certains signaux et/ou propos d'alerte, est souvent intériorisé et la personne intéressée veille à éloigner les personnes qui pourraient l'en empêcher pour pouvoir passer à l'acte. Ces passages à l'acte suicidaire, profondément traumatisants, prennent souvent l'entourage familial et/ ou professionnel par surprise, même si la personne concernée laisse derrière elle un courrier explicatif, et déclenchent chez eux des sentiments de culpabilité.

1. Les dispositifs susceptibles d'être sollicités

- **Les dispositifs existants sur cette thématique dans le monde agricole**

En 2011, dans le cadre d'une mission confiée par le Ministère chargé de l'Agriculture à la Caisse Centrale de Mutualité Sociale Agricole, un plan national d'action contre le suicide a été lancé avec mission de mieux connaître les données chiffrées de mortalité par suicide, de mettre en place des dispositifs d'écoute pour les agriculteurs en détresse et de créer des cellules de prévention dans chaque

Caisse de mutualité sociale agricole pour repérer et accompagner les agriculteurs en difficulté.

L'accompagnement et le soutien aux agriculteurs s'expriment à travers divers dispositifs (aide au répit pour les agriculteurs en situation de burn-out ou d'épuisement professionnel, création d'un système de remplacement, ...) que nous décrirons plus loin dans le chapitre consacré à la deuxième configuration.

Nous pouvons en revanche citer ici :

- **Les dispositifs économiques**

Confrontés à une faiblesse des prix de vente auxquels sont soumis les agriculteurs, les relations entre la production agricole, les industriels et les distributeurs sont une préoccupation constante du gouvernement. Fin 2017, une instruction technique adressée aux préfets instaure un partenariat plus étroit entre les chambres d'agriculture et les services économiques des services déconcentrés du ministère de l'agriculture qui, via des signaux d'alerte d'un réseau de sentinelle, favorise le repérage le plus en amont possible des situations difficiles et propose la prise en charge d'un audit économique aux chefs d'entreprise.

Fin août 2018, 2/3 des départements ont mis en place une cellule d'accompagnement associant la Chambre d'Agriculture, l'organisme départemental pour l'aménagement des structures des exploitations agricoles (ODASEA), les centres de gestion administrative et comptable au sein des chambres d'agriculture et les associations. Cette cellule est chargée d'examiner l'ensemble des problèmes économiques, sociaux auxquels sont confrontés les agriculteurs en difficulté demandeurs d'aide puis de proposer des solutions adaptées à chaque cas particulier.

L'identification des exploitations en difficulté se fait avec les différents créanciers (coopératives banques, Caisses de la Mutualité Sociale Agricole, ...) sur la base des retards de paiements. Les informations sont ensuite anonymisées et chaque cellule désigne, au cas par cas, le partenaire interlocuteur neutre, le plus adéquat pour établir un contact avec l'agriculteur.

- **Le réseau Agri-sentinelles**

Ce réseau national et coopératif d'alerte et de prévention du suicide des agriculteurs (Repérer, Alerter, Agir), plutôt conçu en direction des éleveurs, soutenu financièrement par le ministère de l'agriculture via le compte d'affectation spéciale Développement agricole et rural (CASDAR),est constitué de techniciens et conseillers (animation technique assurée par l'Institut de l'élevage) et a pour objectif de créer une synergie entre les dispositifs d'accompagnement des éleveurs et les acteurs agricoles qui agissent sur le terrain. Ces acteurs, salariés du réseau coopératif et au-delà, qui sont souvent les premiers témoins des situations de fragilité traversées par les éleveurs, peuvent, s'ils le souhaitent, jouer un rôle de sentinelle des situations de détresse, en aidant les éleveurs concernés à se diriger vers un dispositif d'accompagnement adapté ou en lançant l'alerte.

La relation humains-animaux est au cœur du dispositif, le non-respect des règles relatives au bien-être animal pouvant être un indicateur du mal-être de l'exploitant.

Le renforcement du lien social des éleveurs sur leur territoire, en exploitant le couple salariés/éleveurs adhérents de la coopérative, vise à rompre leur isolement.

- **Solidarité-paysans**

Cette association (35 associations locales) soutenue par le ministère de l'Agriculture et de l'Alimentation, s'est donné pour mission d'accompagner les agriculteurs et leur famille en difficultés financières, de lutter contre les exclusions dont ils peuvent être victimes et de conforter leur autonomie. Cette association représente les agriculteurs dans la recherche de solutions face aux divers créanciers et organismes publics ou privés.

Au plan national, elle apporte des informations et des moyens de développement nécessaires pour lutter contre l'exclusion, harmoniser les pratiques d'accompagnement, valoriser et relayer l'action du réseau auprès des instances nationales pour la défense collective des agriculteurs en difficulté.

NB : à noter l'existence d'un dossier d'information complet consacré au mal-être des paysans, accessible également sur le Web (solidaritepaysans.org : rubrique Zoom sur les difficultés en agriculture parlons-en. http//www.solidaritepaysans.org/parlons-difficultes/index.html), permettant de faire connaître de façon très fine les situations et de déculpabiliser les agriculteurs confrontés à ces problèmes au cours de leur vie professionnelle.

- **Le dispositif « Agir ensemble » de la MSA Languedoc** (Départements Gard Hérault, Lozère)

Ce dispositif régional, mis à la disposition des agriculteurs dans le cadre d'une action commune de la MSA du Languedoc et de la Chambre d'agriculture du Gard, vise à aider les agriculteurs et les salariés agricoles qui rencontrent des difficultés à faire face aux mutations économiques.

Il peut être mis en œuvre pour eux dans des situations diverses, sources d'inquiétude concernant leur avenir (trésorerie dans le rouge, suivi administratif toujours plus lourd, commercialisation difficile, maintien de la main d'œuvre en question et ses conséquences sur les salariés, changement de situation familiale, souci de santé…) mais également dans des situations d'interrogations concernant l'adaptation, la diversification de leur structure, un changement de métier, une cessation d'activité…

L'accès au service s'effectue par appel à un numéro vert (appel gratuit depuis un poste fixe) N° 0800 104 042 ou 0800 100 362 et permet, via un accueil téléphonique l'organisation d'une rencontre adaptée aux besoins avec la Chambre d'agriculture de la MSA (technicien agricole ou intervenant social.

- *Les dispositifs existants sur cette thématique dans le monde extra-agricole*

Un certain nombre d'organismes gouvernementaux (N° vert national 0805 655 050) ou non (assurances et mutuelles, MSA, ...) ont mis en place des cellules d'écoute. Ces cellules ont pour but d'offrir la possibilité, à des dirigeants d'entreprises en grande souffrance psychologique, voire avec idées suicidaires, de pouvoir bénéficier d'un contact et d'une écoute téléphonique permanente avec un(e) psychologue d'astreinte, via l'appel à un numéro vert.

Par ailleurs, un certain nombre d'associations, qui ont pour objectif commun d'assister les entrepreneurs pendant ou après avoir connu des difficultés, ont décidé d'unir leurs efforts, dans le respect de leurs originalités, en créant un groupement d'intérêt associatif, afin d'offrir un accès internet commun à tout entrepreneur en difficulté.

Le portail du rebond regroupe 60 000 rebonds, SOS entrepreneur, Recréer, Second souffle, APESA et l'observatoire Amarok.

Schématiquement certaines d'entre elles agissent avant l'arrêt de l'entreprise :

- **L'observatoire AMAROK**

Il s'occupe de la santé physique et mentale des entrepreneurs

Fondé et dirigé par le Professeur Olivier TORRES, professeur de gestion à l'Université de MONTPELLIER, c'est un observatoire à vocation scientifique, expérimentale et sociétale dont le but est l'étude des croyances, des attitudes et des comportements des dirigeants de PME et autres travailleurs non-salariés (artisans, commerçants, exploitants agricoles professions libérales) à l'égard de la santé physique et mentale, que ce soit leur propre santé, celle de leurs salariés ou celle de leurs clients.

Il a aussi comme objectif de concevoir et de proposer des actions concrètes de terrain sur le plan préventif. Son équipe de collaborateurs a également produit une vingtaine de publications scientifiques, avec validation d'un certain nombre d'échelles de mesures, sur une population de travailleurs non-salariés (dont l'ouvrage « la santé du dirigeant » Editions DE BOECK qui est souvent cité par moi en tant que source et un numéro spécial dans la revue « Small Business Economics »).

Il dispose de deux antennes à l'international (Osaka au Japon et Fribourg en Suisse) qui lui permettent de confirmer la robustesse de ses données dans des lieux et des cultures différents.

Ses partenaires sont une vingtaine d'organisations patronales locales, des services de santé au travail tels que PST LR, des organisations telles que Malakoff Humanis, MMA, Harmonie Mutuelle -Groupe VYV, GARANCE, AXA, AG2R La Mondiale, mais aussi des revues scientifiques (Harvard Business Review France) et le laboratoire du LABEX Entreprendre de l'Université de MONTPELLIER.

Le fonctionnement de cet observatoire s'exerce à travers deux types d'actions :

- *Une action scientifique* avec plusieurs types d'activités de recherche (études scientifiques portant sur la santé au travail des entrepreneurs de tous secteurs et à ambition nationale et/ou internationale, mais aussi, la réalisation de plusieurs travaux de thèses dans le but de construire un pont entre les sciences médicales et les sciences de l'entrepreneuriat.

- *Une action sociétale* en proposant plusieurs services (conférences de communication des résultats des études réalisées, de sensibilisation de l'opinion publique à la question de la santé des indépendants, séminaires permettant les échanges des connaissances avec de petits groupes d'entrepreneurs, de permanents d'organisations professionnelles ou de cadres d'organismes privés partenaires.

Elle propose également des dispositifs de soutien (**AMAROK Assistance**, (amarok.assistance@gmail.com) ligne d'écoute téléphonique (Numéro vert), dédiée aux travailleurs indépendants adhérents et ressortissants avec pour finalité de prévenir la souffrance patronale (risque d'épuisement professionnel, stress, problèmes professionnels, ...), **CCA Santé Braquage**, première cellule de coordination et d'accompagnement dédiée aux commerçants, artisans, professions libérales et exploitants agricoles de l'Hérault et du Gard ayant vécu un évènement traumatique (braquage, agression, violence, ...), dans un but de prévention du stress post-traumatique. Elle propose enfin un outil numérique d'évaluation du risque de *burn out* afin de repérer et de prévenir le risque d'épuisement professionnel en proposant un accompagnement adéquat aux personnes les plus à risque.

- **Le dispositif APESA**[118]

Il assure la prise en charge psychologique des entrepreneurs en souffrance aigüe.

Un certain nombre d'organismes gouvernementaux (N° vert national 0805 655 050) ou non (assurances et mutuelles, APESA (aide psychologique pour les entrepreneurs en souffrance aigüe) ...) ont mis en place des cellules d'écoute.

Ces cellules ont pour but d'offrir la possibilité, à des dirigeants d'entreprises en grande souffrance psychologique, voire avec idées suicidaires, de pouvoir bénéficier d'un contact et d'une écoute téléphonique permanente avec un(e) psychologue d'astreinte, via l'appel à un numéro vert.

Nous allons plus particulièrement détailler le dispositif APESA, qui, finalement, procède d'une démarche à peu près identique à celui d'Agri-sentinelles.

Créé en 2013 à l'initiative de Mr Marc BINNIE, greffier associé du tribunal de commerce de SAINTES et de Mr Jean-Luc BOUILLARD, psychologue clinicien, ce dispositif, soutenu et accompagné financièrement par Harmonie Mutuelle et le groupe VYV, permet à tout chef d'entreprise éprouvé par les difficultés de son entreprise, qui en ressent le besoin et qui l'accepte, de bénéficier d'une prise en charge psychologique rapide, gratuite, confidentielle, proche de son domicile.

Les prises en charge sont assurées par des psychologues libéraux formés à la conduite d'entretiens de crise et à la connaissance des procédures judiciaires.

118. Contact : Site internet Adresse 18 Boulevard Guillet Maillet 17 100 Saintes

Comme pour le dispositif agri-sentinelles, ce dispositif d'alerte est déclenché par un réseau de sentinelles constitué ici par des acteurs des procédures judiciaires collectives (juges, mandataires et administrateurs, greffiers, procureurs), des conseillers de l'entreprise et de l'entrepreneur (avocats, experts-comptables, commissaires aux comptes, ...), des représentants des réseaux chargés de l'assistance aux entreprises (Chambre de Commerce, chambre des métiers, ...), ainsi que par des représentants des syndicats et ordres professionnels.

Fin juin 2019, 52 /134 tribunaux de commerce et 2/173 tribunaux de grande instance statuant commercialement présents sur le territoire avaient décidé d'adopter et d'utiliser le dispositif APESA et ce dispositif a, depuis, suscité l'intérêt d'un certain nombre de juridictions et leur souhait de rejoindre le réseau.

Circonstances de déclenchement des alertes	
Ouverture d'une procédure de liquidation judiciaire	32%
Conversion de la procédure de redressement en liquidation judiciaire	11%
Premier contact avec la juridiction (parfois même en amont de la prise de conscience des difficultés de l'entreprise concernée	13%
Lors d'une procédure de sauvegarde	1%
Redressement judiciaire (période d'observation)	9%
Mandat ad hoc et conciliation	2%
Alertes déclenchées par des professionnels dans le cadre de leurs fonction (experts-comptables, avocats, CCI, Chambre des métiers)	27%

Le réseau de sentinelles recensait, lors de l'édition du 4e rapport de l'observatoire du suicide, 1845 sentinelles volontaires. Celles-ci ont toutes suivi un module de sensibilisation de 3 heures au risque suicidaire des chefs d'entreprises pour faciliter les échanges dans les entretiens ou les audiences, évaluer les situations de souffrance aigüe, proposer une mise en contact avec un psychologue, à charge pour ce dernier, d'évaluer la situation, d'organiser un soutien psychologique par le lancement d'une alerte avec l'accord de la personne concernée. A signaler que cette sensibilisation ne confère pas aux sentinelles des responsabilités supplémentaires.

Le protocole APESA repose sur une charte éthique rigoureuse basée sur 5 points essentiels :

- Proximité du repérage avec les réseaux sentinelles,
- Rapidité du lancement et du traitement des alertes via le dispositif de veille (<2H pour rappeler les chefs d'entreprises identifiés, leur signifier que leur souffrance est importante). Respect de la confidentialité (codage des alertes), retour numérisé systématique d'un accusé de réception de l'alerte à la sentinelle,
- Rappel systématique du chef d'entreprise par un psychologue coordinateur,

- Rappel du psychologue du réseau le plus proche de son lieu d'habitation et proposition d'une première consultation dans les 5 jours ouvrés qui suivent le lancement de l'alerte,
- Gratuité de 5 consultations chez ce psychologue.

La coordination des alertes (assurée par Ressources mutuelle assistance (RMA)[119] et les consultations sont financées par les associations APESA locales sur des financements que chaque association doit trouver chaque année.

Dans chaque département APESA recherche des psychologues et psychothérapeutes consultants qui acceptent l'éthique de ce dispositif, d'être à l'initiative de la démarche de la rencontre avec le chef d'entreprise qui lui a été adressé via la coordination des alertes et signe avec chacun d'entre eux deux conventions distinctes (1 convention éthique avec APESA France, une convention administrative et financière avec APESA locale).

Dans chaque juridiction, une répartition géographique des consultants est recherchée pour assurer une proximité du consultant avec le lieu d'habitation du chef d'entreprise.

Le dispositif de veille et de coordination des alertes dispose d'un système de géolocalisation numérique de l'ensemble des psychologues et psychothérapeutes ayant signé ces conventions, ce qui permet, une fois l'adresse de la personne concernée entrée et dans des délais très courts (< 2h), d'accéder immédiatement à l'identité de la personne ressource et de la mobiliser.

Par ordre de fréquence décroissant, les secteurs d'alerte représentés sont le commerce, la vente et la grande distribution, puis le bâtiment et les travaux publics, l'hôtellerie et restauration et les entreprises de services à la personne.

- **SOS entrepreneur**

C'est le SAMU des entrepreneurs (>10 salariés)

Créée par des entrepreneurs qui ont traversé de graves difficultés, SOS entrepreneur met à disposition dans toutes les régions des experts susceptibles d'écouter et de comprendre les défis à relever pour les chefs d'entreprise, de les soutenir dans leurs combats. Leur accompagnement, confidentiel, effectué dans un lien de confiance et de respect, vise à préserver ce qui peut l'être en aidant l'entrepreneur à rester aux commandes de son entreprise et à trouver une solution de rebond en utilisant les bons leviers. Depuis des années, moins de 5% des entreprises qui entrent en redressement parviennent à échapper à la liquidation judiciaire,

Un accompagnement individuel par la structure permet d'améliorer significativement ce taux, vise à permettre à l'entrepreneur de rebondir aux commandes

119. RMA est un « assisteur de mutuelles » qui dispose d'une plateforme téléphonique et de psychologues formés aux entretiens téléphoniques. Conventionné avec APESA, il a la charge du dispositif de recueil, de l'évaluation des situations et des sollicitations du réseau national des psychologues.

de son entreprise en préservant autant que possible la création de valeur dans le tissu local et les emplois qui en dépendent.

Leur méthodologie s'appuie sur :

- Le suivi du carnet de commandes afin de retrouver une bonne visibilité sur les mois à venir,
- La gestion de la comptabilité quotidienne (cotisations, charges, factures en cours, ...),
- Une lecture de la réalité de l'entreprise (segmentation par types de clients et de produits, trouver les perdants à éliminer, les gagnants à développer, cohérence des structures avec l'activité)
- L'analyse des finalités (Finalité personnelle et professionnelle du chef d'entreprise, finalité de l'entreprise)
- Conception et mise en œuvre d'un modèle d'optimisation et de reconstruction de l'avenir.
- Une ligne téléphonique confidentielle est ouverte 24h/24 pour les PME : 06 50 02 73 14 e-mail : accueil@sos-entrepreneur.org, Site web : www.sos-entrepreneur.org

D'autres agissent a**près l'arrêt de l'entreprise** :

- **Re-créer**[120]

Cette structure exerce une écoute des entrepreneurs.

Fondée en 1999 par un dirigeant d'entreprise de 500 salariés qui a déposé son bilan et par son expert-comptable, qui avaient constaté qu'aucune aide n'était apportée aux chefs d'entreprise pour se récréer, cette association, composée de dirigeants d'entreprise (petites et grandes) qui ont eux-mêmes connu des difficultés et souvent connu des procédures judiciaires, de juges du tribunal de commerce qui ont la double expérience de l'entreprise et des procédures judiciaires, a deux objectifs :

- Offrir bénévolement un réconfort moral et un soutien pratique (recherche de solutions) aux entrepreneurs en difficulté afin de leur permettre de vaincre leur solitude,
- Lever les obstacles au rebond.
- Cette association, seule ou avec ses partenaires du portail du rebond, conduit des actions visant à obtenir un changement des mentalités et une évolution de la législation afin de lever les obstacles au rebond.

Cette structure d'écoute et d'échanges d'expériences professionnelles et judiciaires vise à permettre, partout en France, à des dirigeants d'entreprise confrontés à des difficultés, via une réponse téléphonique aux questions qu'ils se posent, une rencontre physique ou en visio pour échanger leurs expériences,

120. *Contact : Site re-créer

un club de soutien mutuel pour rebondir ensemble après un échec, de se recréer personnellement en sortant de leur solitude et de leurs incertitudes.

- **Second Souffle**[121]

Cette structure développe *la capacité à rebondir des entrepreneurs* (<10 salariés)

Cet organisme soutient tous les entrepreneurs (indépendants micro-entreprises, TPE/PME), en activité ou ayant perdu leur entreprise, sans critères de sélection, gratuitement et sans limite de temps à travers un certain nombre d'actions (webinars, instant coach, 24H pour rebondir, les jeudis du second-souffle, les conférences entreprenUP, le coaching individuel et collectif) et de formations (skillsbuild, coaching professionnel).

- **60 000 Rebonds** [122]

Cette structure accompagne les entrepreneurs post-liquidation à rebondir.

Fondée par Philippe RAMBAUD, c'est une association de bénévoles experts qui accompagnent les entrepreneurs ayant perdu leurs activité (post liquidation, cessation) pour rebondir dans un projet professionnel. 60 000 correspond au nombre d'entreprises qui ont été liquidées en France lors de la création de l'association en 2012. Cette association propose un accompagnement professionnel individualisé et collectif gratuit sur une durée maximum de 2 ans, qui a pour objectif de permettre aux chefs d'entreprise de dépasser le traumatisme à la fois personnel, professionnel et économique qu'ils subissent, pour retrouver leur expertise et la force des expériences acquises dont la valeur est inestimable. Au-delà de leur rebond personnel et professionnel, l'enjeu est de capitaliser ce réservoir unique d'expertise et d'énergie pour la vitalité des PME et de l'économie française.

A travers ses actions, 60 000 Rebonds souhaite faire évoluer le regard porté sur l'échec, regard qui n'est pas le même en France que dans les pays anglo-saxons. L'échec n'est pas synonyme d'incompétence ni la fin de l'aventure entrepreneuriale, mais une source de connaissance, un gisement à forer, une expérience.

Les adhérents de l'association sont des experts, cadres ou chefs d'entreprise, en activité ou à la retraite, de tous types de secteurs. Ils accompagnent bénévolement les entrepreneurs pour qu'ils rebondissent dans un cadre structuré, professionnel et bienveillant.

121. Contact : tel : 06 22 63 43 59 ? Adresse : 2 rue Hoche 36 110 LEVROUX
122. ** e-mail : contact@60 000 rebonds.fr, site : http//60000 rebonds.com

2. Les prises en charge médicales et paramédicales préventives à développer en amont de ces situations [123]: la prise en compte et la gestion du stress du dirigeant [124].

Tout d'abord, et pour le médecin du travail, il semble indispensable, particulièrement au vu des situations difficiles que nous venons de décrire dans cette configuration, de pouvoir bâtir et entretenir un lien étroit et de confiance avec les dirigeants d'entreprise et travailleurs indépendants dont il a la charge. Par ailleurs, il est évident que leur suivi médical, si l'on veut agir en termes de prévention, ne peut être calqué, à l'égard des risques spécifiques auxquels ils sont confrontés, sur celui mis en place pour leurs salariés et sur la périodicité des visites prévue à leur attention. Il mérite d'être beaucoup plus rapproché afin de pouvoir anticiper, informer, orienter et essayer de prévenir les conséquences, pour eux-mêmes mais aussi pour les salariés qu'ils emploient, de l'apparition des « stresseurs » majeurs que sont la surcharge de travail et le dépôt de bilan. A ce sujet, il faut souligner que le risque de *burn-out* passe de 19% en cas de surcharge de travail (taux proche de celui de la population représentative) à 33% en situation de dépôt de bilan (taux proche de celui des agriculteurs (35%)).

Dans le cadre de la configuration que nous venons de décrire (entreprises en difficulté induisant des problèmes de santé chez le dirigeant), les prises en charge médicales et paramédicales préventives à instaurer par le service de Prévention et de Santé au Travail interentreprise reposent essentiellement sur la prise en compte et la gestion du stress du dirigeant.

Les propriétaires dirigeants d'entreprise (surtout TPE et PME) présentent en effet de très hauts niveaux de stress et de fatigue qui peuvent influer sur l'entreprise. La gestion d'une PME est soumise à une amplitude émotionnelle très importante, d'une part en raison des niveaux extrêmes d'incertitude et des risques induits, d'autre part, du fait des différents évènements qui peuvent émailler la vie de l'entreprise et son environnement.

Le stress est extrêmement présent dans la vie de l'entrepreneur et la dimension émotionnelle est essentielle à prendre en compte dans des domaines comme l'échec entrepreneurial qui peut affecter la santé de ceux qui le vivent.

Même si chaque émotion peut avoir une utilité (la peur, pour éviter les situations dangereuses et développer rapidement des stratégies en cas de menace, la tristesse, pour réaliser ce qui compte vraiment pour soi, la colère, pour donner envie de se battre et la force pour y arriver), un travail anticipatoire de deuil (via la psychologie du deuil) instauré en cas de procédure collective ou plus en amont, lors de la prise de conscience des difficultés financières de l'entreprise peut permettre

123. Professeur Olivier TORRES : la santé du dirigeant de la souffrance patronale à l'entrepreneuriat salutaire, 3e édition (Editions DE BOECK Supérieur)
124. Source Professeur Olivier TORRES : La santé du dirigeant : de la souffrance patronale à l'entrepreneuriat salutaire : 3e édition (Editions DEBOECK Supérieur) ; Vade-mecum les sociétés de cautionnement mutuel leur nature et leur fonctionnement Genève 10-14 décembre 2001, équipe de travail OIT/PFS-Fedart Fidi, OIT/PFS Sabrina de Gobbi,Fedart Fidi, Dino Barranu, Roberto Campaniello, Paolo Nardelli, Guiseppe Vivace

d'atténuer, pour les dirigeants les plus investis dans leur entreprise, la souffrance liée à la faillite, vécue généralement et contrairement à ce qui se passe dans les pays anglo-saxons, comme un échec en France. Cette différence de perception peut certainement être soulignée pour aider dans ces circonstances le dirigeant à « rebondir ». Retarder la dissolution de l'entreprise, même si au niveau financier cela devient critique, afin d'équilibrer les coûts financiers et émotionnels, peut également permettre d'améliorer la récupération globale de l'entrepreneur.

C'est souvent le sens donné à la situation qui va déterminer s'il y a ou non déclenchement d'émotion. Tout se joue dans l'évaluation primaire de l'évènement. Est-ce une menace, un danger ou bien une opportunité ?

Dans le cadre des visites médicales ou des entretiens effectués confidentiellement avec lui en entreprise, et à titre préventif, vis-à-vis du risque d'épuisement professionnel, il est important d'interroger le dirigeant sur les émotions qu'il ressent lors d'évènements marquants afin de mieux comprendre sa perception de la situation, de l'accompagner dans les stratégies pour y faire face, d'éviter des stratégies dysfonctionnelles et de risquer l'épuisement.

Tout d'abord, et pour le médecin du travail, il semble indispensable, particulièrement au vu des situations difficiles que nous venons de décrire dans cette configuration, de pouvoir bâtir et entretenir un lien étroit et de confiance avec les dirigeants d'entreprise et travailleurs indépendants dont il a la charge. Par ailleurs, il est évident que leur suivi médical, si l'on veut agir en termes de prévention, ne peut être calqué, à l'égard des risques spécifiques auxquels ils sont confrontés, sur celui mis en place pour leurs salariés et sur la périodicité des visites prévue à leur attention. Il mérite d'être beaucoup plus rapproché afin de pouvoir anticiper, informer, orienter et essayer de prévenir les conséquences, pour eux-mêmes mais aussi pour les salariés qu'ils emploient, de l'apparition des « stresseurs » majeurs que sont la surcharge de travail et le dépôt de bilan. A ce sujet, il faut souligner que le risque de burn-out passe de 19% en cas de surcharge de travail (taux proche de celui de la population représentative) à 33% en situation de dépôt de bilan (taux proche de celui des agriculteurs (35%)).

- **Les principaux vecteurs de stress :**

Nous aborderons successivement :

- Le stress lié à la surcharge de travail et au dépôt de bilan, dans le cadre des procédures collectives,
- Le stress bancaire

- **Le stress lié à la surcharge de travail et au dépôt de bilan dans le cadre des procédures collectives**

La surcharge de travail	Le dépôt de bilan dans le cadre des procédures collectives
Stresseur le plus fréquent de la vie entrepreneuriale – Souvent admise comme une condition du travail entrepreneurial (responsable d'un temps de travail> salariés, lien fort entre rémunération et temps de travail, grande polyvalence fonctionnelle du dirigeant) et à connotation négative, – S'accompagne d'une satisfaction induite par la surcharge de travail	**Stresseur le plus intense, mais le moins fréquent**
Facteur de risque ++ de l'épuisement professionnel (burn out) Le burn out selon l'OMS (mai 2019) est défini comme un syndrome résultant d'un stress chronique au travail qui n'a pas été géré avec succès **Epuisement physique > épuisement mental** *Les signes de somatisation du burn out* – perte d'appétit, – maux de tête, – douleurs à la poitrine, – troubles gastro intestinaux (irritation stomacale, diarrhées), – troubles du sommeil (insomnie), Le tout conduisant à une fatigue chronique et à des risques d'accidents routiers	**Première cause du suicide patronal** Le risque d'épuisement professionnel est plus important par cumul de stresseurs lors de la défaillance d'entreprise, dont la surcharge de travail fait partie. **Epuisement mental et émotionnel > épuisement physique**
Dominé par des émotions positives – Sentiment de pouvoir sur la situation (carnet de commandes bien rempli = rassurant), – Sentiment de soulagement et délivrance par rapport à une situation difficile (période de surcharge vécue comme douloureuse et épuisante mais soulagement d'avoir autant de travail et ainsi corriger une période difficile, via un carnet de commande vide qui se remplit vite et auquel il faut faire face dans l'urgence), – Satisfaction d'avoir fait ce qu'il faut pour changer la situation, – Sentiment de fierté (conscience de soi et confiance en soi), conscience d'une réussite, d'un accomplissement **La surcharge de travail n'est pas toujours perçue comme une menace, mais comme un challenge** Surcharge de travail + création d'entreprise ou évènement gratifiant dans son activité impliquent perception de défi, inspirent fierté, soulagement et ralentissent le processus d'épuisement. Surcharge de travail + stress obstacle (contraintes administratives ou humaines) impliquent déception et/ou impuissance et accélèrent le processus d'épuisement	**Dominé par des émotions négatives** (déception, colère, tristesse, regret) • **Déception et regret** : Liés à la prise de décision. Le dépôt de bilan va à l'encontre du désir du dirigeant de faire prospérer l'entreprise. Ces deux émotions se distinguent en fonction du comportement qui suit : – déception liée au sentiment d'impuissance conduisant à la résignation – regret conduit à se blâmer et tenter de contrecarrer le résultat et peut aboutir à une détresse psychologique sévère. • **Colère** : Liée à la violence de l'évènement, (obstacle à la réalisation d'un but important pour soi, notamment pour des chefs d'entreprise investis et passionnés en phase de tout perdre, reproche subi qui menace l'estime de soi), motivée pour défendre le soi a fortiori si la situation est ressentie comme illégitime, dirigée vers quelqu'un ou quelque chose, Si elle est basée sur un blâme, c'est qu'elle est dirigée vers soi Elle est susceptible d'évoluer vers la culpabilité et là un échec plus en relation pour eux avec leur comportement que leur personnalité.

	• **Tristesse** : Emotion négative la plus désagréable, liée à une perte permanente (lien avec le deuil), perte souvent accentuée par des répercussions familiales (séparation, divorce), elle conduit à prendre les mesures nécessaires pour restaurer un environnement stable et tenter de réparer ce qui est responsable de l'échec ou de la séparation. Elle peut, notamment au cours des procédures collectives et de la mise sous tutelle d'un mandataire judiciaire, devant une situation vécue comme incontrôlable et comme un échec, pousser la personne au désespoir et au suicide. Elle présente en revanche l'avantage de pousser la personne à rester en bons termes avec les proches, surtout si la situation a été anticipée (importance protective du soutien social).

- **Le stress bancaire**

Comme nous l'avons vu, 99,8% des entreprises françaises sont constituées de TPE, PME, et travailleurs indépendants. Les grandes entreprises (> ou = 250 salariés) n'en représentent que 0,2%. Toutes ces entreprises, aussi importantes soient-elles, sont confrontées à de grandes difficultés quant à leur fonctionnement, liées à une grande frilosité de la part des banques françaises à accorder des crédits à ces très petites structures. Cette réticence est liée à la difficulté, pour les banques, à apprécier les besoins financiers des petites et micro-entreprises (hommes et femmes), les informations sur celles-ci étant fréquemment lacunaires en raison de leur petite taille. De plus, les frais bancaires liés à l'examen du dossier de demande de financement sont plus élevés pour les petits entrepreneurs.

Ceci est d'autant plus pénalisant que le financement bancaire est une contrainte inhérente à leur développement et que le recours à l'endettement bancaire, dans un contexte de fragilité souvent dû à une sous-capitalisation financière, est rendu inévitable.

On peut donc considérer que cette quête nécessaire et plus ou moins récurrente de financements est une source de stress importante, sous-jacente et répandue pour les dirigeants d'entreprise et les travailleurs indépendants.

En effet, si la santé du dirigeant est le premier actif immatériel de l'entreprise, elle est également le meilleur gage de la santé financière de l'entreprise. L'incertitude quant à l'acceptation de sa demande par l'organisme bancaire, le passage obligatoire et sélectif par un questionnaire de santé à visée assurantielle, d'ailleurs curieusement très différent d'un organisme bancaire à un autre (43 questions pour la Société Générale, 177 pour la BNP[125]), avec, à la clé accord, accord avec surprime, ou rejet, représente pour le dirigeant ou le professionnel indépendant un réel « parcours du combattant avec, en filigrane, une « épée de Damoclès » au-dessus de la tête de l'entreprise.

125. Plus une banque est sélective à l'entrée, plus les exigences des questionnaires de santé sont élevées

Le questionnaire assuranciel vise à assurer l'emprunteur sur la durée totale du prêt contre des risques de décès, de maladies, d'incapacité et d'invalidité. Le risque aggravé de santé concerne les personnes qui souffrent ou ont souffert d'une maladie chronique, d'une affection de longue durée, d'un handicap ou d'une invalidité et sert de critère sélectif pour l'obtention du prêt et/ou pour la couverture assurantielle inhérente à celui-ci.

Banques les plus sélectives et plus orientées vers le haut de gamme	Banque-les moins sélectives, préservant un esprit mutualiste ou présentant un profil de banque accessible aux petits entrepreneurs, commerçants et artisans
BNP Paribas CIC Crédit Mutuel	Crédit Agricole Caisse d'épargne Banque Populaire Crédit Lyonnais (racheté par le Crédit Agricole)[126]

Pour pallier ce problème discriminatoire vis-à-vis de l'accès au crédit pour les personnes présentant des problèmes de santé (Article 225-1 du Code Pénal), l'Etat a mis en place la convention AERAS (s'Assurer et Emprunter, avec un Risque Avéré de Santé). Entrée en vigueur le 06 janvier 2007, et révisée en 2011, elle a apporté un certain nombre d'améliorations et d'innovations (davantage de transparence, prise en compte du risque d'invalidité, création d'un mécanisme de solidarité en faveur des emprunteurs). Toutefois, s'agissant d'une convention, elle n'a aucun caractère obligatoire et ne constitue qu'un code de bonne conduite pour les établissements bancaires et compagnies d'assurance.

Enfin, il est avéré que le stress chronique prédispose à l'apparition d'un ensemble de pathologies susceptibles de grever la santé du dirigeant et de compromettre la pérennité de l'entreprise. Nous aborderons cette thématique plus loin, dans le chapitre consacré à la deuxième configuration.

- **Le nécessaire travail de distanciation**[127]

Comme nous l'avons écrit plus haut, une distanciation est nécessaire pour éviter que le rapport que le dirigeant entretient avec son entreprise ne devienne aliénant et ne freine les perspectives de croissance de l'entreprise ».

Nous allons ici aborder successivement :

- La délégation de compétences,
- La lutte contre le technostress,
- Le deuil anticipatoire

126. Nombre de maladies répertoriées dans le questionnaire (Société générale=14, Banque populaire = 13)

127. Source Professeur Olivier TORRES : La santé du dirigeant : de la souffrance patronale à l'entrepreneuriat salutaire : 3e édition (Editions DEBOECK Supérieur)

- **La délégation de compétences**

Elle offre un double intérêt :

- Tout d'abord de permettre au dirigeant de se créer « une fonction support », susceptible, en cas de survenue d'un problème de santé le rendant moins disponible ou à fortiori indisponible, d'être plus à l'aise pour maintenir son entreprise en activité,
- Ensuite, de lui permettre de déléguer tout un ensemble d'activités, de mieux gérer son temps et de se consacrer à d'autres priorités.

« L'idéologie du leadership (Pr Olivier TORRES Observatoire AMAROK) préconditionne mentalement des hommes et des femmes à être toujours dans la force de la performance. De ce fait on interdit l'expression de la faiblesse. Les PME fonctionnent avec un management de proximité et, le dirigeant « n'ayant pas le temps d'être malade », ne se préoccupe pas de sa santé. N'étant pas à l'écoute de son corps et de sa fatigue, il n'est pas toujours également à l'écoute de celle de ses salariés et accumule au fil du temps, en travaillant plus (55 heures/ semaine en moyenne) et en rognant sur son sommeil (durée moyenne de sommeil du dirigeant = 6h 25 minutes/ nuit contre 7h 04 minutes pour le reste de la population), une dette de sommeil qui peut le rendre au fil du temps moins efficient dans son travail et grever sa santé.

Parmi les facteurs potentiellement « salutogènes » pour lui, outre l'optimisme et le stress choisi (par opposition au stress subi), figure le « secondship », c'est-à-dire le fait d'accorder de l'importance au second.

Dans toutes les grandes écoles, on enseigne et on valorise le leadership, en oubliant les seconds qui, pourtant et particulièrement dans les PME, sont un gage de performance et de réussite pour l'entreprise.

Savoir s'entourer en mettant en place un « secondship », c'est-à-dire toute l'armature organisationnelle, stratégique, GRH de son entreprise, doit faire partie des compétences du dirigeant s'il veut se protéger et protéger son entreprise en cas de problème.

En effet, le dirigeant, notamment de TPE PME, est souvent le seul « homme clé » de son entreprise ; étant dans l'incertitude, même s'il bénéficie de l'assurance « homme clé », de pouvoir rapidement trouver, en cas de survenue d'un évènement de santé, un professionnel suffisamment compétent et qualifié pour assurer en son absence le maintien de l'activité de son entreprise il peut être intéressant pour lui de réfléchir à cette problématique en amont de sa survenue éventuelle.

Outre la moindre dépendance et vulnérabilité par rapport aux aléas, la délégation des tâches a pour avantage de permettre au dirigeant de se concentrer sur ses activités connexes, qu'elles soient ou non liées à l'entreprise, de mieux gérer son temps et de se consacrer à d'autres priorités.

Cette délégation des tâches, au mieux progressive et effectuée à l'avance, repose, après une analyse préalable des compétences et des responsabilités qu'elles impliquent, sur un principe de confiance envers la personne pressentie et qui va, de ce fait, acquérir plus d'autonomie, sur sa responsabilisation, sur une explication claire par rapport à la nature de la tâche, sur une délégation globale de celle-ci (le bon et le mauvais). Elle implique pour le dirigeant d'être prêt à assumer les risques éventuels d'échec comme un manager responsable.

Enfin, responsabiliser et donner plus d'autonomie à ses collaborateurs est le meilleur moyen de les fidéliser, de les motiver, d'améliorer le sentiment de bien-être et d'intégration sur le lieu de travail. Bref, donner de l'autonomie à ses collaborateurs augmente leur créativité, leur satisfaction et diminue le turnover.

- **<u>La lutte contre le « technostress »</u>**

Les nouvelles technologies d'information et de communication (TIC) sont extrêmement présentes dans le monde. Les dirigeants de TPE/PME en 2016 utilisent particulièrement le téléphone mobile, la messagerie électronique et les programmes associés au métier. Leur développement et leur utilisation se sont considérablement accélérés au cours des 30 dernières années dans l'univers de l'entreprise et particulièrement avec la transformation digitale et la pandémie covid-19.

Source la santé du dirigeant Editions Deboeck page 172 (Eurostat 2021)	**Travailleurs non-salariés1[28]**				**Travailleurs employés**	
	Avant pandémie		**Après pandémie**		**Avant pandémie**	**Après pandémie**
	Sans employés	Avec employés	Sans employés	Avec employés		
Travail habituel au domicile	21,9%	14,5%	25,1%	15,5%	5,7%	13,2%
Travail occasionnel au domicile	14,1%	20%	12%	18,4%	9%	8,6%

Ce phénomène se retrouve dans les TPE/PME

Source : la santé du dirigeant Editions Deboeck page 172 (DGE 2021)	**Avant la pandémie (2019)**	**Après la pandémie (2021)**
Site internet (hors réseaux sociaux)	37%	66%
Plateforme d'échange de documents en ligne entre collaborateurs	17%	43%

128. le travailleur non salarié travaille plus fréquemment à son domicile que le travailleur employé car son domicile est souvent son lieu de travail.

Recours au référencement payant sur internet	15%	29%
Utilisation d'outils de collaboration professionnelle	21%	33%
Présence d'un propre site internet marchand de vente en ligne	9%	20%

Si le développement et l'accès des TIC offre certains avantages (flexibilité accrue de l'emploi du temps, accès facilité à l'information, gain de productivité ?), il est également potentiellement générateur de technostress, via l'augmentation de leur utilisation, de leurs mises à jour, de leurs caractéristiques évolutives, mais également en raison du phénomène de multitâche et de l'isolation sociale qu'ils peuvent générer.

Des études montrent que le technostress a un impact négatif sur la satisfaction au travail, la performance au travail, l'implication organisationnelle, la motivation de l'individu et l'innovation technologique, un impact plus ambivalent sur sa productivité.

En termes de santé, Riedl *et al.* (2012) ont montré qu'une panne de système informatique provoquait une augmentation du cortisol (hormone du stress) qui, secrétée de façon chronique, peut provoquer des effets délétères sur la santé. En 2013, ils ont confirmé ces résultats mais ont également démontré qu'il existait des différences de perception du technostress entre hommes et femmes, le système de stress masculin étant exacerbé par des situations menaçantes et négatives dans des conditions de performance par comparaison au système de stress féminin. Par ailleurs ils ont mis en évidence que les hommes sont plus sensibles aux stresseurs non sociaux (comme le technostress lié aux TIC), et les femmes aux stresseurs liés aux interactions sociales.

De plus, Hudiburg (1990), Dias Pocinho et Costa Garcia (2008) puis Laspinas (2015) ont mis en évidence des plaintes somatiques liées au technostress (douleurs lombaires, douleurs musculaires, sensations de picotements dans les yeux, crampes).

Enfin sur le plan de la santé mentale, la charge de communication et le multitâche sur internet accroissent le niveau de stress et donc le risque de burn-out, de dépression et d'anxiété.

Sur le plan préventif par rapport au technostress (risque de burn-out, risques d'invasion de la vie privée et conflit travail-famille), il convient de sensibiliser les dirigeants aux effets positifs mais aussi négatifs des TIC et du télétravail, aux risques, pour eux, liés à l'absence de déconnexion, en leur donnant quelques conseils pratiques pour contrôler et limiter leur usage des TIC au quotidien.

- Eviter d'utiliser plusieurs TIC en même temps, (les utiliser les unes après les autres),
- Séparer les TIC entre sa vie professionnelle et sa vie personnelle,

- Se former aux TIC et aux nouvelles fonctions disponibles,
- Faire des pauses dans l'utilisation des TIC au quotidien et ne pas les utiliser après une certaine heure le soir pour respecter le sommeil et son pouvoir de récupération,
- Au-delà de ces pauses, prévoir de se déconnecter et de vivre des jours sans TIC,
- Enfin adopter les conseils préventifs suivants :

Déclaration des droits technologiques des travailleurs indépendants (traduit et adapté de Weil et Rosen 1997)
1. C'est moi le patron, pas la technologie
2. La technologie est disponible pour m'aider à exprimer ma créativité
3. Je décide quand utiliser les outils fournis par la technologie
4. J'ai le droit de choisir la technologie à utiliser et celle qu'il faut mettre de côté
5. Je peux utiliser la technologie pour rester connecté, informé et productif à ma façon
6. La technologie offre un monde d'information et je peux choisir quelle information est importante pour moi
7. La technologie aura des problèmes, mais je serai prêt à les traiter
8. La technologie peut travailler 24 heures/jour, mais je peux choisir quand commencer et quand arrêter de travailler
9. La technologie n'a jamais besoin de repos, mais moi, j'en ai besoin
10. Je peux travailler et réussir en respectant mes limites

- **Le travail anticipatoire du deuil**

Ce travail semble important, en termes préventifs, dans deux circonstances. Tout d'abord, comme nous l'avons esquissé, en amont ou à l'occasion du déclenchement de procédures collectives avec, à la clé, un risque de cessation d'activité de l'entreprise, mais également, dans le cadre des transmissions d'entreprises.

La cession ou la disparition de l'entreprise est souvent un moment difficilement vécu par les dirigeants de PME, a fortiori et en raison de la charge émotionnelle qu'elle représente, s'il s'agit d'héritiers d'entreprises familiales investis dans leur affaire. Si certains acceptent de lâcher prise, d'autres peuvent s'en rendre malades.

Ces situations peuvent en effet avoir des répercussions mentales (stress élevé, épuisement psychique et physique, troubles anxieux, nervosité extrême, dépression), mais aussi des somatisations (troubles du sommeil, manque d'appétit, urticaire, eczéma, asthme, palpitations, baisse d'énergie, maux de tête, ulcères gastriques, ...) voire des maladies plus ou moins graves (maladies cardiovasculaires, survenue de cancers, ...) ou enfin, la survenue de décès peu après la cessation d'activité de leur entreprise ou sa transmission.

Elles représentent, pour bon nombre d'entre eux et quelque en soit le contexte, une déstructuration d'une partie importante de leur vie personnelle, familiale, professionnelle et sociale en les confrontant à des pertes multiples (perte du statut de chef d'entreprise, perte de pouvoir, perte d'un cadre de vie auquel il s'était attaché, perte d'identité professionnelle et de reconnaissance sociale, pertes de relations professionnelles et amicales qui ont rythmées ses journées, perte de revenus) enfin, au-delà de l'abandon de la vie professionnelle, le vieillissement et, ...la mort.

Le processus de deuil passe par quatre phases successives (Bowlby 1984) : l'engourdissement, l'alanguissement, la désorganisation, la réorganisation.

- L'engourdissement = choc, sidération, déni, refus de la réalité d'autant plus brutal en termes de choc psychologique si la cessation d'activité est forcée, inattendue at donc, non préparée.
- Dans le cadre des transmissions, en cas d'impréparation peut survenir un deuxième choc, celui-ci fiscal (passage d'une imposition sur les plus-values d'un taux de 18% à un taux de 30,1%).
- L'alanguissement = prise de conscience que le processus de transmission ou de cessation d'activité est enclenché = désir et recherche de l'objet perdu, fuite de la situation présente, évitement, hyperactivité, nostalgie, culpabilité, remords, colère, révolte, ...
- La désorganisation et le désespoir = reconnaissance du caractère définitif de la perte et donc le retour progressif à la réalité et son acceptation = déstructuration, désordre, perte de repères, dépression, repli, tristesse silencieuse, sentiment d'inutilité, baisse de l'estime de soi, problèmes physiologiques (insomnie, maux de tête, ...)
- La réorganisation= acceptation de se détacher de son entreprise irréversiblement perdue, de s'investir dans d'autres activités
- Un processus de deuil normal dure environ 9 à 12 mois, mais, selon les individus et leur degré d'attachement à l'objet perdu, il peut échouer à toutes ces étapes en restant bloqué sur l'une d'entre elles.

Par ailleurs les cédants d'après Bah (2009a) présentent ***4 types de profils*** :

- ***Détaché*** = lien distant avec l'entreprise = psychologie non-dominante = logique purement financière et commerciale (capables de céder et reprendre plusieurs entreprises au cours de leur carrière) = **deuil accepté** = peu de difficultés psychologiques et peu de conflits avec les repreneurs
- ***Attaché*** = valeur sentimentale attachée à l'affaire = motivé et préoccupé par la pérennité de leur affaire, le sort de leur personnel et par le prix de vente éventuel = **deuil normal**
- ***Contraint*** = démarche subie = cession sous la pression de difficultés internes ou externes (obligation familiale, maladie, accident, difficultés financières de l'entreprise, sentiment de fatigue, lassitude, incapacité d'accompagner le développement de l'entreprise, tracasseries administratives) = **deuil difficile**

car départ forcé et imprévu + sentiment d'échec et d'injustice d'où obstacles au deuil et difficultés à se projeter dans l'avenir

- ***Indécis*** = cédants qui affirment vouloir vendre, mais en réalité qui sont incapables de quitter leur entreprise =rétractations face aux repreneurs, surévaluation de l'entreprise, doutes sur les compétences du repreneur, refus de garantie de certains éléments lors des audits, ... = **deuil refusé** = impossibilité de couper le lien avec l'entreprise ou de s'investir en dehors d'elle, d'où obstacles au deuil et difficultés à se projeter dans l'avenir

Pour les deux derniers profils, le lien avec l'entreprise est plus difficile à rompre. Le plongeon dans l'inconnu génère une profonde détresse psychologique (stress élevé, anxiété chronique, nervosité extrême, dépression, ...), un repli sur soi et un blocage dans le processus de deuil aboutissant à un état mélancolique ++ plus ou moins accompagné de manifestations somatiques (insomnie, palpitations, perte d'appétit et de poids, ...) pouvant perdurer après la transmission ou la liquidation.

Pour le dirigeant « attaché », le processus est plus ambivalent. Le travail de deuil sera d'autant mieux accepté et assumé qu'il se sera investi parallèlement dans d'autres activités qui lui permettront de rebondir et de se réinvestir dans une nouvelle vie.

- **Les pistes d'actions**

Quelle que soit la nature du stress rencontré par les dirigeants d'entreprises ou les travailleurs indépendants, pour mettre en route un travail préventif, il est essentiel pour le médecin du travail, via les liens qu'il va tisser avec ceux-ci, de les informer et de travailler en réseau concerté et le plus en amont possible

- pour les problématiques économiques et/ou organisationnelles génératrices de stress évoquées ci-dessus, avec l'équipe pluridisciplinaire du service de santé au travail quand cela relève de son domaine de compétence, les services de soin spécialisés, mais aussi avec des réseaux d'experts, partenaires nouveaux pour lui, susceptibles de les conseiller et de les aider, ceux gravitant régulièrement autour de leur entreprise (juristes, experts-comptables, commissaires aux comptes, ...), ou d'autres plus occasionnels (notaires, consultants, ...), enfin, avec les chambres consulaires dont ils relèvent (CCI Chambre des métiers et de l'artisanat, chambre d'agriculture, ...)
- pour les problématiques liées à la nécessaire distanciation, avec des partenaires professionnels également nouveaux pour lui : psychologues spécialisés en psychothérapie cognitive et comportementale, coachs professionnels, ...),
- et pour ces deux problématiques, pourquoi pas, via un travail plus en lien avec les structures du portail du rebond.

Dans ce cadre et d'une façon pratique :

- le dirigeant a la capacité de diriger mais l'entreprise est en difficulté, privilégier SOS entrepreneurs ++, second souffle,
- le dirigeant est en souffrance psychologique, privilégier le dispositif APESA, la cellule d'écoute Amarok (risque d'épuisement professionnel, stress, problèmes professionnels, ...), Recréer,
- l'entreprise est liquidée, privilégier 60 000 rebonds++, Second souffle.

Entreprise fonctionnant normalement destabilisée plus ou moins brutalement par un problème de santé touchant son dirigeant

Dans cette deuxième configuration, l'entreprise fonctionnant normalement jusqu'à la survenue du problème de santé de son dirigeant, les solutions à générer et à mettre en œuvre consistent essentiellement à imaginer et à créer des systèmes de remplacement.

Les travailleurs indépendants et les dirigeants d'entreprises présentant un évènement de santé

Il semble intéressant, pour comprendre comment les choses fonctionnent à l'heure actuelle, de mentionner dans ce chapitre les données d'une étude réalisée par l'ARACT Nouvelle Aquitaine en 2018 (Travailler avec une maladie chronique évolutive : le cas des dirigeants de très petites entreprises : TPE, artisans, commerçants, professionnels libéraux, Dominique BARADAT, Maxime CESCOSSE, Marion DEFFEZ))

Comme nous l'avons dit, plus la taille de l'entreprise est petite, plus elle est fragile et plus la question du maintien de son activité en cas de maladie (ou d'accident) du dirigeant s'avère problématique (1 entreprise sur 3 est en cessation d'activité 2 ans après le diagnostic d'un cancer chez le dirigeant).

31% des indépendants et dirigeants d'une TPE confrontés à des problèmes de santé sont atteints d'une maladie chronique évolutive.

Si les personnes salariées atteintes de maladies chroniques évolutives, affections souvent invisibles mais à fort impact sur l'activité professionnelle, sont amenées à mettre en place des systèmes de régulations personnelles et professionnelles pour pouvoir continuer à travailler, lorsque ces évènements de santé touchent le dirigeant, les modes de régulation mis en place par ceux-ci se font souvent au détriment de leur santé, pour permettre que perdure l'activité de l'entreprise. Des solutions alternatives empiriques, peu anticipées et parfois familiales permettent de pallier les premières urgences, mais la mise en place de solutions plus pérennes et plus pertinentes est indispensable pour coconstruire des outils et une méthodologie de maintien en emploi adaptés à leur situation particulière, et donc pour prendre en compte et essayer d'assurer, pendant ces périodes de vulnérabilité, la survie de l'entreprise.

Ceci est d'autant plus vrai que :

- D'une part, cette problématique, pour laquelle nombre d'entre eux se trouvent démunis, représente pour les dirigeants d'entreprises, une demande majeure.
- D'autre part, parce que jusqu'ici, en l'absence de prise en compte de leur suivi de santé par les services de santé au travail et quelle que soit la taille de l'entreprise, les dirigeants, en raison d'une forte méconnaissance des différents types d'aides existants, de leur légitimité à pouvoir y prétendre et d'une attente de réponse à leurs préoccupations premières qui sont le soin et la prise en charge médicale dans ces circonstances,, se tournent dans l'immense majorité des cas, vers des interlocuteurs moins pertinents pour pouvoir répondre à ces problématiques professionnelles (médecin traitant (74%), médecin hospitalier ou spécialiste (52%) ...), les autres acteurs et en particulier les acteurs de l'emploi n'étant que très peu mis à contribution (RSI, MSA ou CARSAT (11%), médecin du travail (9%), comptable association de gestion (5%), Agefiph (7%) assistante sociale du conseil départemental (4%), chambre des métiers, CCI, chambre d'agriculture, syndicat professionnel (2%), association de malades (4%), cellule maintien cap emploi, MDPH, groupements d'employeurs (1%), autre (3%), personne en particulier (2%).
- Par ailleurs, même si la plupart des personnes atteintes de maladies chroniques, peuvent faire l'objet d'une reconnaissance en qualité de travailleur handicapé et accéder à ce titre à des aides au maintien dans l'emploi et à des services comme ceux de l'Agefiph, beaucoup d'entre eux ne font pas la démarche et ne sollicitent pas les cellules maintien cap emploi, qui pourraient cependant les aider à aménager leur poste de travail ou à les faire accéder à des formations professionnelles.

Lorsqu'ils se trouvent confrontés à de telles situations et afin de mieux gérer les impacts de leur problème de santé sur leur activité, 54% des dirigeants atteints de maladies chroniques évolutives expriment un besoin d'aides financières, 39%, des solutions organisationnelles pour réorganiser la manière de travailler et de gérer l'entreprise, 21%, des solutions pour se faire remplacer temporairement en soulignant que si des services de remplacements existent bien dans certains secteurs, ils ne fournissent pas toujours actuellement une réponse adaptée. Ceci peut laisser augurer une évolution croissante de ce pourcentage en cas d'amélioration du système actuel.

Par ailleurs, pendant les périodes où leur pathologie est plus difficile à supporter, ils sont confrontés à un dilemme :

- Soit tout mettre en œuvre pour atteindre les objectifs prévisionnels (et les revenus correspondants), aux prix de régulations coûteuses pour leur santé (augmentation du temps de travail par impossibilité d'assurer la même charge de travail du fait d'une fatigabilité accrue et de la gestion des effets secondaires des traitements) ce qui représente, pour eux une réelle mise en danger,
- Soit privilégier le cœur de métier en délaissant la gestion et la partie administrative, laquelle est parfois, certes, déléguée au conjoint ou à un membre de la famille ou à un salarié compétent si l'entreprise en compte, mais peut, aussi, ne pas être effectuée.

Comme nous l'avons dit précédemment, le système de maintien en emploi, de prévention de la désinsertion professionnelle actuellement existant est essentiellement conçu pour assurer la prise en charge d'un individu, en vue de son retour dans l'entreprise…

- Au poste qu'il occupait antérieurement, éventuellement aménagé en termes techniques et/ou organisationnels,
- Sur un poste différent sous couvert, le cas échéant, d'une formation et/ou d'un aménagement,

…Ou de l'accompagner …

- Vers un reclassement externe à l'entreprise après éventuelle formation,
- Vers une création d'entreprise,

…Ou, enfin, et en cas d'impossibilité de réaliser toutes les autres solutions, de veiller au mieux à sa préservation sociale.

Cette prise en charge individuelle, souvent initiée pendant une période où le travailleur est en arrêt de travail et au cours de laquelle l'entreprise fonctionne normalement, permet à la personne indemnisée par la CPAM et au réseau qui l'accompagne, de travailler de façon à peu près sereine, sous réserve, bien sûr, d'un signalement et d'une prise en charge précoces.

Toute autre est la situation du dirigeant d'entreprise « employeur».

S'il peut globalement bénéficier de la même prise en charge à titre individuel que celle dévolue aux salariés qu'il emploie, celle-ci n'est que partiellement adaptée à sa situation.

La gestion de la problématique du maintien dans l'emploi des dirigeants connaissant des restrictions médicales d'aptitude, des inaptitudes et des situations de handicap nécessite l'élaboration, en complément de la prise en charge individuelle dont ils bénéficient actuellement, d'une méthodologie basée sur le principe inverse de celle que nous avons évoquée pour les salariés, c'est à dire sur la protection de l'entreprise et de son collectif de travail pour préserver l'(les) individu(s).

Toutes les données statistiques que nous venons de communiquer témoignent de l'importance de la prise de conscience pour le bien de la collectivité nationale du rôle fondamental et indispensable du dirigeant d'entreprise (quelle que soit la taille et la nature de celle-ci) dans la vie de notre société et de la nécessité impérieuse de mettre en place une méthodologie et des outils propices à préserver sa santé et la poursuite de la vie de l'entreprise.

A signaler à ce propos (Source Association CAIRE 84) l'existence et le travail du réseau CAIRE (Cancer-Aide-Info-Réseau-Entrepreneur) il s'agit d'un réseau d'associations principalement implantés dans la région Provence Alpes Côte d'Azur, mais en cours de développement sur tout le territoire, qui assure une prise en charge gratuite et personnalisée des chefs d'entreprise, agriculteurs, artisans, commerçants, libéraux, travailleurs indépendants atteints d'un cancer mais aussi et plus généralement d'une maladie longue et invalidante et les accompagne pendant leur parcours de soin et lors de la reprise du travail (CAIRE 84, cité en source, est d'ailleurs accompagné par le service de prévention et de santé au travail du département, l'AIST 84). Coordonné par un(e) chargé(e) de mission, animant un réseau de professionnels bénévoles, et travaillant en relation avec des structures ressources (URRSAF, Sécurité sociale des indépendants, CARSAT, MDPH, APESA, ...), cette association a pour objectif d'aider, via un réseau de bénévoles de cœur et de bénévoles experts, les publics concernés dans leurs démarches administratives, juridiques et sociales pendant la maladie ou lors de leur retour à l'emploi. La prise en charge peut être éventuellement complétée par un diagnostic socio-professionnel personnalisé, voire par un accompagnement en cas de projet de réorientation professionnelle. Outre le caractère gratuit et personnalisé, l'accompagnement est pluridisciplinaire (grâce à la mobilisation possible de l'ensemble des acteurs intervenant dans l'activité professionnelle) et personnalisé (suivi des dossiers et sollicitation des acteurs pertinents).

Il peut concerner la personne physique (le/la chef(fe) d'entreprise : information aux droits, aides sociales et financières, protection sociale et santé, dispositifs de maintien en emploi), la personne morale (l'entreprise/la société) (dispositifs de maintien de l'activité de l'entreprise, conseils et stratégies d'entreprise, aides financières).

Les dispositifs de remplacement existants

Actuellement, à l'exception du monde agricole où les choses sont plus avancées, les dispositifs de remplacement, lorsqu'ils existent, sont peu nombreux, peu connus, peu diversifiés, pas toujours efficaces. Ils sont mis en œuvre essentiellement dans le cadre d'actions de prévention tertiaire et ne permettent pas, dans un grand nombre de cas, de maintenir l'entreprise, dont le dirigeant est souvent le seul homme clé, en activité. Dans ces conditions et surtout si la déstabilisation est brutale, l'issue est bien souvent, pour le dirigeant, le recours à son assurance « homme clé » si elle a été souscrite, la fermeture pour l'entreprise vulnérabilisée, et le licenciement pour les salariés de celle-ci.

Dans ce cadre, au vu de ce qui a été réalisé dans le monde agricole, la création d'un système d'entraide mutuelle visant à permettre le remplacement provisoire du dirigeant ou du travailleur indépendant, pourrait probablement permettre :

- d'une part d'assurer dans ces circonstances une pérennité de l'entreprise que ce soit pendant la période consacrée à la réalisation des soins et avant la reprise d'activité du dirigeant, ou en cas d'absence de possibilité pour lui de reprendre son activité, en favorisant une transmission dans des bonnes conditions de l'entreprise,

- d'autre part, de travailler plus en amont du process de désinsertion qu'actuellement, via la mise en place de mesures préventives.

Nous allons tout d'abord décrire les dispositifs existants dans cette configuration.

Les Services de Remplacements (SR) agricoles en France[129]

Par comparaison avec d'autres professions indépendantes, le monde agricole a mis en place depuis 1972, sur la base d'initiatives locales, un système de remplacement bien structuré, départementalisé, appelé depuis 2009 „Service de Remplacement France „ qui préfigure ce qu'il serait souhaitable d'élargir aux autres professions indépendantes et que nous allons détailler.

L'objectif des services de remplacement

Il est de répondre à diverses demandes des agriculteurs (souhait de meilleure qualité de vie, besoin de sécurité et promotion de l'homme). Il repose sur une conception originale qui consiste à remplacer des non-salariés par des salariés en s'organisant collectivement à l'instar de la politique de développement agricole[130].

Trois grands principes les guident

- La responsabilité des agriculteurs et leur solidarité face à leurs problèmes,
- L'engagement des organisations professionnelles,
- L'adhésion et l'appui financier des organismes économiques agricoles.

Les organisations professionnelles agricoles visent à améliorer les conditions de vie des agriculteurs (trices), des associés d'exploitation, des aides familiaux., à contribuer à sécuriser le fonctionnement des exploitations en assurant la continuité des travaux en cas d'absences choisies ou subies, à développer la formation et la promotion des femmes et des hommes au service de l'agriculture par la prise de responsabilités professionnelles en leur permettant de s'absenter de leur exploitation en toute sérénité.

L'organisation du SR

Elle repose sur une gestion associative par des agriculteurs bénévoles engagés, délivrant une prestation de service à leurs adhérents, cette adhésion ouvrant des droits (être remplacé) mais aussi des devoirs (respect des règles du remplacement,

129. Source Rapport N°19068 de la CGAAER Dominique RIFFARD et Dominique TREMBLAY
130. Ces services de remplacement demeurent toutefois peu connus des services déconcentrés de l'Etat en région. Les Directions Régionales de l'Alimentation, de l'Agriculture et de la Forêt (DRAAF) disposent de faibles moyens et d'une expertise limitée pour intervenir en termes d'emploi ; elles n'investissent ce domaine en règle générale que sous l'angle de la formation et leur action ne concerne pas directement les SR. Quant aux DREETS, elles méconnaissent les SR, exercent une très faible pression sur ces structures, sauf lors de la survenance d'accidents du travail graves ou mortels. En revanche, les représentants des collectivités territoriales reconnaissent les SR et les subventionnent, soit directement, soit en finançant des remplacements pour des catégories ciblées.

respect des statuts et des règles de l'association, participation à la vie du service), ce, afin d'assurer le bon fonctionnement des services.

Les SR, dont les bénévoles s'engagent personnellement à soutenir des personnes via la mise en œuvre de fonds propres à l'association ou de partenariats nécessaires avec les institutions compétentes, exercent une mission d'utilité sociale via des actions diverses (remplacement des agriculteurs en cas de coups durs, démarche humaniste de solidarité et de soutien lors de situations très pénibles (décès, accidents graves…) Ils sont départementalisés (ou localisés) et permettent, *via* un maillage sur l'ensemble du territoire (sauf pour les territoires ultramarins à l'exception de la Réunion), d'offrir l'ensemble de ces prestations à tous les agriculteurs sur le territoire national.

Le fonctionnement en réseau, déjà signalé comme étant essentiel dans la méthodologie de maintien individuel des travailleurs, est également ici présent et fondamental. Il favorise en effet :

- Une proximité de terrain entre les adhérents (et leurs besoins), les salariés et candidats au métier d'agent de remplacement, et les centres de décisions,
- Une réactivité via les relais de terrain (informations, alertes)
- Une efficacité dans la gestion de dossiers impossibles à gérer à titre individuel,
- Une représentativité politique, du fait de leur groupement et donc de leur poids économique et politique fort.

Parmi les objectifs stratégiques existants et en cours d'élaboration des SR, et qu'il faudra également prendre en compte et créer pour les dirigeants d'entreprise étrangères au monde agricole, on peut noter le besoin de :

- Trouver de la main d'œuvre disponible pour les emplois offerts par ceux-ci, en intégrant la nécessité croissante de pouvoir fournir des agents de remplacements compétents pour des agriculteurs engagés dans des démarches qualité ou des productions très spéciales,
- De sécuriser le remplacement pour l'entreprise,
- De mutualiser les outils de gestion et des services afin d'être plus productifs en matière d'animation au plus près des adhérents (diagnostic des besoins, formation des adhérents à la fonction d'employeur),
- De concilier les valeurs du remplacement avec un service professionnel[131].

131. Pour se faire une idée de l'importance prise par ces systèmes de remplacement dans le monde agricole, nous donnerons à titre indicatif quelques données supplémentaires :
Sur le plan statistique et analytique, les éleveurs, soumis à des besoins de remplacement plus importants liés à l'astreinte de l'activité qu'ils exercent auprès des animaux, sont les plus grands utilisateurs des services de remplacement, avec, pour conséquence, la domiciliation des services les plus importants dans les zones d'élevage (Mayenne =3208 adhérents, Finistère =2094 adhérents). Les adhérents, plutôt âgés, comprennent 74% d'hommes, 24% de femmes, ce qui semble en corrélation avec la répartition des sexes des chefs d'exploitation sur l'ensemble de la France (80% d'hommes). 42% des adhérents exercent en exploitation individuelle, 27% en groupement agricole d'exploitation en commun

Les motifs de recours au remplacement

Concernant les motifs du recours au remplacement (4 753 987 heures de remplacement pour 37 125 utilisateurs en 2018), les accidents du travail, maladie, décès représentent plus du tiers de l'activité (37,7%) pour un pourcentage d'utilisateurs limité à 24,6%. Les utilisateurs de remplacement pour le motif congés sont plus nombreux (58,9%) pour un volume d'activité inférieur au tiers de l'activité des SR. Les arrêts pour maternité génèrent un nombre d'heures important (13,8%) pour peu d'utilisatrices (4,8%).

Nous ne décrirons pas tous les items du tableau de répartition par motifs (2018) mais nous focaliserons sur certains d'entre eux :

- **Les remplacements pour accident-maladie-décès**

Les formes classiques d'entraide (famille, voisins), disponibles en cas de coup dur empêchant l'exploitant malade ou accidenté d'accomplir ses tâches, se sont progressivement érodées, du fait de la charge de travail croissante des exploitants et de la réduction concomitante de la main-d'œuvre familiale, rendant vitale la mise en place d'un agent de remplacement pour assurer la continuité de l'exploitation sur ses tâches les plus essentielles (traite et alimentation du bétail par exemple). Cette démarche, prioritaire pour les SR, est source de grandes difficultés en termes d'organisation en raison du caractère souvent imprévisible de la majorité des arrêts de travail et de la nécessité d'adaptation immédiate à des situations très diverses.

Des financements assurantiels ont été mis en place pour limiter le coût du recours au salariat de remplacement (actuellement, le reste à charge pour l'adhérent se situe autour d'un taux de 42% des produits enregistrés par les SR), via l'établissement de partenariats entre les SR et la Mutualité Sociale Agricole ; par ailleurs, cette coopération s'est développée au sein du régime de sécurité sociale et de l'action sanitaire et sociale des caisses de MSA. En complément, les SR ont conclu le 15 septembre 2007, sur la base d'un accord-cadre national, des contrats d'assurance de groupe avec Groupama[132].

La part de ces financements est en forte hausse, représentant 41% des produits comptabilisés par les SR.

Peuvent s'y ajouter, selon les régions, des subventions des conseils départementaux, des dispositifs de solidarité instaurés par certains SR sur leurs réserves financières, voire exceptionnellement des aides des coopératives.

- **Le remplacement pour maternité-paternité**

L'allocation de remplacement accordée en cas de maternité est déterminée par les articles L 732-10 à 12 du Code Rural et de la Pêche Maritime.

(GAEC) et 26% en exploitation agricole à responsabilité limitée (EARL).

132. Dernier avenant conclu entre SRF et Groupama le 02 07 2019 concernant les garanties du contrat de groupe et adaptant les conditions de gestion à la directive UE 2016/97 du 20 janvier 2016 sur la distribution d'assurances.

Ce même code prévoit, à l'Article L 732-12-1, le versement d'une allocation pour permettre au père de se faire remplacer par du personnel pendant son congé paternité.

La loi de financement de la sécurité sociale pour 2019, dans le but de faire converger les règles applicables au congé maternité entre les différents régimes sociaux, a créé un régime d'indemnités journalières maternité pour les agricultrices (55,51 Euros par jour pris en charge) en fixant à 112 jours la durée maximale d'indemnisation. Pour en bénéficier, la durée minimale d'arrêt de travail a été portée de 2 à 8 semaines dont 2 semaines de congé prénatal et 6 semaines de congé post natal.

A signaler que ces besoins de remplacement sont plus facilement anticipables par les SR, leur permettant plus aisément de proposer des solutions de remplacement adaptées dans ces circonstances.

Par ailleurs, la MSA a conclu en 2002 avec SRF une convention cadre visant à élaborer un modèle type de convention annuelle définissant les rôles respectifs des caisses de MSA et des SR pour la mise en œuvre du remplacement maternité ; ces conditions sont adaptables par chacune des caisses. En 2018, devant le constat que 40% des agricultrices ne bénéficiaient ni d'un congé ni d'une indemnité, la caisse centrale de la MSA a défini en 2018 (lettre CCMSA à toutes les caisses du 15 mai 2018) des procédures incitant les agricultrices à utiliser leurs droits et à avoir recours aux SR. L'allocation de remplacement, exonérée de CRDS/CSG, est versée directement par la MSA au service de remplacement choisi par les bénéficiaires de l'allocation. Dans le cas où le remplacement ne peut pas être effectué par l'intermédiaire d'un SR, le versement de l'indemnité journalière intervient à titre subsidiaire de l'allocation de remplacement.

- **Le remplacement pour la formation et le développement agricole**

Pour favoriser la participation aux actions de développement agricole et leur formation continue, le ministère de l'Agriculture et de l'Alimentation (MAA) encourage financièrement le remplacement des agriculteurs participant à ces actions, via le versement de subventions prélevées sur les fonds du CasDR. Ces aides sont affectées à des remplacements liés au développement agricole (hors mandats professionnels), avec une durée maximale et des prises en charge variant de 25 à 75%[133].

La mise en œuvre de ces actions et financements est réalisée en lien avec les Chambres régionales d'agriculture dans le cadre de l'action élémentaire spécifique inscrite dans leur Programme Régional de Développement Agricole et Rural (PRDAR) « Accompagner l'appui au remplacement en agriculture ».

En raison de l'évolution sociétale (aspiration au temps libre, modification de l'organisation familiale avec conjoint travaillant fréquemment hors de l'exploitation...), mais également dans le cadre d'une prévention des risques psychosociaux, d'autres dispositifs de remplacements et d'aides ont été mis en place.

---

133. Le volume financier consacré sur la durée du programme national de développement agricole et rural à cet objet s'élève en consolidation nationale à 2 millions d'Euros

- **Le remplacement pour congés**

Pour les SR, ce motif de recours au remplacement constitue le second en nombre d'heures, mais le premier en nombre d'utilisateurs (en particulier les éleveurs). Cette croissance a été boostée par la création du crédit d'impôt au titre des dépenses de remplacement pour congés des exploitants agricoles institué par l' Article 25 de la Loi d'orientation agricole N° 2006-11 du 05 janvier 2006.

- Les bénéficiaires sont tous les chefs d'exploitations agricoles ou d'entreprises agricoles mettant en valeur leur exploitation à titre principal, que ce soit dans un cadre individuel ou dans celui d'une société de personnes, si leurs revenus sont imposés dans la catégorie des bénéfices agricoles. Il est défini à l'Article 200 undecies du Code Général des Impôts.
- Les conditions d'attribution de ce crédit d'impôt nécessitent :
  - D'une part, que l'activité exercée requière la présence du contribuable sur l'exploitation chaque jour de l'année. Pour les activités d'élevage, cette condition est réputée satisfaite ; pour les autres activités agricoles, elle doit être démontrée par un calendrier de travaux,
  - D'autre part, que le remplacement ne fasse pas l'objet d'une prise en charge au titre d'une autre législation,
- Enfin qu'il respecte le règlement (UE) N° 1408/2013 de la Commission du 18 12 2013, relatif à l'application des articles 107 et 108 du traité sur le fonctionnement de l'Union Européenne aux aides de minimis dans le secteur de l'agriculture[134].

Le montant du crédit d'impôt est égal à 50% des dépenses de remplacement effectivement supportées dans la limite de 14 jours de remplacement pour congé. Pour ce calcul, le coût d'une journée de remplacement est plafonné à 42 fois le taux horaire du minimum garanti [135].

- **Le remplacement pour l'aide au répit**

Mis en place à titre expérimental en 2017, à la demande de la Confédération Paysanne et pour régler des situations difficiles par le Ministère de l'Agriculture et de l'Alimentation (MAA), avec une enveloppe de 4 millions d'euros d'argent public la première année, le dispositif de gestion a été confié à la MSA (sur la base d'un cahier des charges annuel et d'un financement par le Fonds National d'Action Sanitaire et Social (FNASS)).

- L'objectif de ce remplacement, est stipulé dans le préambule de la convention cadre MSA sur l'aide au répit.

... « *Dans un contexte de crises agricoles successives, aux difficultés économiques peuvent s'ajouter des situations de délitement des liens familiaux et sociaux, de*

134. Le montant total des aides de minimis octroyées par l'état membre à une exploitation agricole ne peut en 2020 excéder 20 000 Euros sur une période de trois exercices fiscaux

135. Prévu à l' Article L 3231-10 du Code du travail, le minimum garanti est fixé à 3,65 Euros en 2020.

repli sur soi, voire de dégradation de l'état de santé et plus particulièrement de l'état psychologique des personnes touchées. Des situations d'épuisement professionnel ou burnout sont également notées chez les agriculteurs. Aussi pour accompagner efficacement les agriculteurs touchés et agir de façon préventive, la MSA promeut une stratégie globale et partenariale qui associe et engage l'ensemble des acteurs concernés. Cette stratégie s'articule autour d'un dispositif d'accompagnement social pour l'accès au répit pour prendre soin de soi et de ses proches. Pour lever les freins de l'accès au répit, les CMSA s'appuient sur le dispositif d'aides au remplacement des agriculteurs en situation d'épuisement porté par l'Etat dans le cadre de consolidation et de refinancement des exploitations agricoles. (...) Ce dispositif s'adresse aux agriculteurs en situation d'épuisement professionnel, situation qui se traduit par l'expression d'un mal-être ou d'un problème de santé...»

- Les bénéficiaires sont tous les agriculteurs et salariés de la production en situation d'épuisement professionnel (Exploitant agricole, chef d'exploitation ou d'entreprise agricole, quel que soit le secteur de production, salarié d'une structure de production/transformation (coopératives) d'un secteur d'activité exposé aux crises agricoles.

Comme nous avons pu le voir, le système de remplacement mis en place par les agriculteurs offre une palette de champs d'interventions assez large qui, certes, permet d'offrir des prises en charge en prévention tertiaire (maladie, accident, handicap, ...), mais aussi des prises en charge préventives plus en amont (formations, aide au répit, congés, ...).

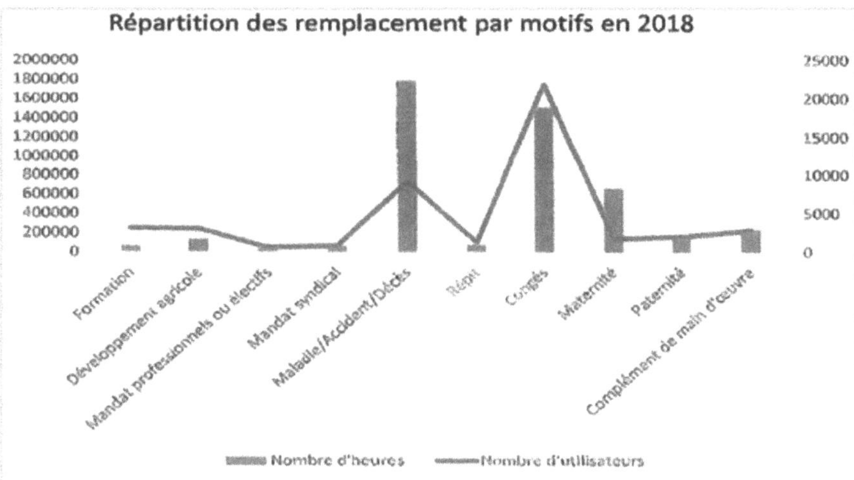

Source : OEE SRF 2018

Les dispositifs de remplacement existants pour les professions non agricoles

Des possibilités de remplacement ont été mises en place...

- Pour certaines professions libérales par leurs Conseils de l'Ordre respectifs,
- Pour les commerçants, dans certaines conditions et dans un cadre restreint

...afin que le dirigeant accidenté, malade ou désirant prendre des vacances, puisse, dans ces circonstances, bénéficier du secours temporaire d'un remplaçant.

Les professions libérales

Les Conseils de l'Ordre respectifs, lorsqu'ils prévoient une procédure de remplacement dans le cadre de l'exercice de la profession et lorsque le remplacement ne s'effectue pas dans le cadre de modalités d'entraide et de collaboration entre associés, vérifient au préalable les qualifications des postulants susceptibles de figurer sur la liste des remplaçants qu'ils tiennent à disposition des praticiens, élaborent des modèles de contrats spécifiques, veillent au respect des règles éthiques et déontologiques inhérentes à l'exercice de la profession. Par ailleurs, des annonces spécifiques pour des demandes ou des recherches de remplacement figurent dans les journaux ou sur les sites professionnels.

Des contrats de remplacement peuvent ainsi être établis, (par exemple pour les médecins, ...)

Concernant les notaires, en règle générale, le notaire associé peut prendre le relai du notaire absent ou indisponible pour raison de santé.

En cas de nécessité d'organiser une suppléance, (ce qui semble assez rare dans les faits), la Chambre des notaires saisit le Procureur de la République. Le service public ne pouvant être interrompu, cette démarche aboutit dans des délais rapides.

Pour les pharmaciens, il ne semble pas exister de système de remplacement. L'officine est en règle gérée, en l'absence du pharmacien titulaire, par le pharmacien adjoint.

Il n'y en a pas non plus pour les kinésithérapeutes, les solutions de remplacement s'effectuant, semble-t-il, de façon efficace et rapide, via des annonces et le « bouche à oreille ».

Les experts-comptables, les commissaires aux comptes ne disposent pas de systèmes de remplacement.

Les artisans

Ils ne semblent pas disposer non plus de systèmes de remplacement.

Les commerçants

Il ne semble pas exister de dispositif particulier de solution de remplacement pour les commerçants, à l'exception d'un service mis en place par le cabinet d'affaires Michel SIMOND spécialisé dans la cession et l'acquisition de commerces et d'entreprises, service uniquement dédié aux activités de bar-tabac-presse-française des jeux-PMU et hôtels-bureaux (hôtels sans restauration)*, avec, peut-être, l'arrière-pensée de pouvoir réaliser, le cas échéant, des cessions ou acquisitions de commerces[136].

Notion également de l'existence dans certaines enseignes de la grande distribution de directeurs itinérants.

Les dirigeants de TPE PME

Il ne semble pas existor de système de remplacement en dehors de mesures organisationnelles ou de délégations de compétences éventuellement mises en place par le dirigeant en amont de la survenue de l'évènement de santé qui le frappe.

136. Pour plus de renseignements à ce sujet consulter le site de l'observatoire de la Franchise.

Chapitre 13

Vers la création d'un système de remplacement à destination des dirigeants d'entreprise et des travailleurs indépendants et la recherche de la préservation de l'entreprise

Introduction

Vues les données statistiques exprimées en introduction de ce chapitre, il est bien évident que, lorsque l'on s'intéresse à la santé du dirigeant, la prise en compte de la préservation de l'entreprise et de son collectif de travail est d'une part, indispensable au rétablissement de la santé du dirigeant « employeur », à son adhésion à l'accompagnement en réseau proposé, d'autre part, représente un enjeu sociétal et économique majeur pour préserver l'emploi et la vie dans l'ensemble des régions.

A noter que, plus l'entreprise est de petite taille, moins les enjeux en termes de nombre d'emplois sont importants (sans pour autant essayer, autant que possible, de les préserver) et plus la méthodologie de maintien employée se rapproche de la méthodologie individuelle existante, à savoir :

- La prise en charge précoce d'un dirigeant en situation d'arrêt de travail (accident de travail, maladie...), et, au mieux, protégé par son organisme de protection complémentaire,
- La demande de reconnaissance de sa qualité de travailleur handicapé,
- La mise en œuvre d'un travail d'accompagnement concerté et coconstruit en réseau (médecin soignant, médecin conseil, médecin du travail, cellule maintien cap emploi...) autour de sa situation individuelle,
- Sa préservation sociale et celle de sa famille en cas d'impossibilité de maintenir en activité son entreprise.

Plus elle est grande, plus les enjeux en termes d'emplois sont importants et plus la méthodologie de maintien doit intégrer, dans l'accompagnement qu'elle apporte au dirigeant, des outils visant à préserver le collectif de travail.

Pour les professionnels concernés, la prise en compte de la préservation de l'entreprise, repose sur un travail préventif en amont de la désinsertion, un travail à but curatif, et une boîte à outils.

Le travail en amont de la désinsertion

La prévention de la désinsertion par l'information et la sensibilisation aux futurs risques professionnels

Jusqu'à présent, les travailleurs indépendants et, en particulier, les artisans, mais aussi très certainement, un grand nombre d'auto ou de micro-entrepreneurs ne bénéficiaient d'aucun suivi de la part des services de santé au travail, sauf s'ils avaient auparavant exercé leur profession en tant que salariés.

La seule période de leur vie professionnelle au cours de laquelle une information et des messages de sensibilisation et de prévention pouvaient leur être délivrés était donc leur période d'études ou d'apprentissage, ce qui rend compte de l'importance du rôle des centres de formation des apprentis et/ou des centres de formation professionnelle dans la prévention de la désinsertion professionnelle des futurs artisans ou professionnels indépendants.

Connaître les risques auxquels leur métier futur va les exposer, leurs dangers pour la santé, les moyens de protection collectifs et/ou individuels à mettre en place pour y parer, constitue en effet l'ossature sur laquelle ils vont pouvoir bâtir, indépendamment de la survenue d'un évènement aléatoire de santé, une gestion sur la durée de leur carrière professionnelle.

Ceci est d'autant plus essentiel, que ces métiers sont, pour la plupart, exercés à titre individuel, tantôt familial, l'épouse assurant les tâches administratives, les contacts clients, voire la comptabilité, tantôt au sein de petites structures, extrêmement fragiles ; cette vulnérabilité est d'autant plus aigüe que, dans un contexte général de baisse du nombre de candidats à l'apprentissage, et donc de difficulté à trouver du personnel compétent et formé, les professionnels sont en surcharge permanente de travail, assujettis à des délais de réalisation de travaux très longs et que, dans cette configuration, les risques de survenue d'un évènement de santé (accident de la voie publique, accident du travail ou maladie professionnelle, maladie...) peuvent se trouver majorés.

La prise en charge de leur suivi par les services de santé au travail va donc être l'occasion de faire passer des messages d'information et de prévention, d'apporter le soutien de l'équipe pluridisciplinaire à ces professionnels afin de prévenir autant que possible leurs risques de désinsertion.

La prévention de la désinsertion par la délégation de compétences

Comme nous l'avons vu dans la première configuration, la délégation de compétences, effectuée en amont du problème de santé, offre un double avantage :

- Celui d'aider le dirigeant en lui permettant de réorganiser ses tâches, (transfert d'un certain nombre de tâches vers un collaborateur de confiance, orientation de son activité vers de nouvelles tâches au profit de son entreprise, voire de sa vie personnelle avec prise de recul et définition de priorités par rapport à celle-ci, ...),

- Celui de pouvoir s'appuyer, lors de la survenue de problèmes de santé, sur des collaborateurs et de mieux pouvoir protéger son entreprise ainsi que son parcours professionnel dans ces circonstances.

La prévention de la désinsertion par le Service de Santé au Travail[137]

En raison de leur forte charge de travail, des préoccupations permanentes que leur pose leur entreprise et de l'état de stress chronique qui en résulte, de facteurs extérieurs potentiels également, les dirigeants d'entreprise et les travailleurs indépendants sont susceptibles de voir apparaître tout un ensemble de perturbations de leur santé plus ou moins intriquées entre elles.

Les troubles du sommeil

Les chefs d'entreprise, artisans, commerçants, professions intellectuelles supérieures et cadres intermédiaires sont les catégories les plus touchées parmi les 25% de Français qui dorment moins de 6 heures/ nuit. Selon l'étude pratiquée sur la population française de Leger et al. (2000), le fait de dormir moins de 6H/ nuit et de travailler plus de 10 heures/ jour est une prévalence à l'insomnie et à la somnolence. Or, selon la DARES (2003-2010), les travailleurs non-salariés travaillent au moins 53,4 heures/ semaine, 88% des dirigeants de TPE (O. Torres) travaillent plus de 40 heures/ semaine dont 1/3 plus de 60 heures. 57% travaillent 6 jours par semaine.

La surcharge de travail, la saturation cognitive, le stress, la solitude, le manque de flexibilité et la polyvalence ont des incidences directes sur la qualité et la quantité de leur sommeil. La qualité de sommeil est médiocre pour bon nombre d'entre eux. Les femmes se plaignent plus souvent d'insomnie que les hommes et les troubles du sommeil sont plus fréquents chez les personnes âgées.

Les troubles de la qualité du sommeil

Les troubles les plus fréquents sont ceux de l'endormissement, les éveils nocturnes ou les réveils précoces.

- L'insomnie de la phase initiale du sommeil (latence d'endormissement), c'est-à-dire le déséquilibre de la balance veille/sommeil est caractérisé par un endormissement difficile > 30 minutes au moins 3 nuits sur 7.
- Les troubles de la continuité du sommeil où la nuit est fragmentée par de nombreux éveils de plus ou moins longue durée au cours du sommeil,

137. La santé des dirigeants d'entreprise : De la souffrance patronale à l'entrepreneuriat salutaire, 3e édition (Professeur TORRES Editions DEBOECK Supérieur)

- L'insomnie de la phase terminale du sommeil (réveil précoce et subit pendant la nuit avec incapacité de se rendormir).

Ces troubles de la qualité du sommeil génèrent une sensation de sommeil insuffisant, pauvre en quantité et en qualité, non réparateur et générateur de fatigue et de somnolence. Ils entraînent des dysfonctionnements diurnes (manque de tonus ou d'enthousiasme pour achever le travail, céphalées, irritabilité, tensions physiques et psychiques, difficultés de concentration, humeur morose (Dib 2009), ...).

Les troubles quantitatifs du sommeil

Les besoins de sommeil sont variables d'un individu à un autre, déterminés par de nombreux facteurs (caractéristiques physiques, (âge, genre) et génétiques (petits ou gros dormeurs), réactions psychologiques propres à chaque individu, habitudes horaires du milieu familial, environnement, typologie circadienne, rythme circadien de la vigilance, ...).

Sur le plan pratique, l'estimation quantitative de la dette de sommeil est appréciée par la comparaison des quantités d'heures de sommeil pendant la semaine de travail avec celles du week-end et celles des vacances. La supériorité du nombre d'heures dormies pendant le week-end (selon Kageyama et al. (2001)) est un révélateur du besoin réel d'heures de sommeil et des stratégies de récupération adoptées par les individus.

Or, d'après l'étude faite par l'observatoire Amarok sur un échantillon de 287 dirigeants de PME entre mai et juillet 2014, il apparaît que les dirigeants interrogés disent en moyenne dormir 6h43 en période de travail alors qu'ils estiment qu'ils auraient besoin de 7h56 pour être en bonne forme, soit un peu moins que ce qu'ils dorment pendant leurs vacances (8h09) heures. Cela révèle une dette de sommeil en période de travail pour la majorité d'entre eux.

Cette dette de sommeil vise à être récupérée par la sieste et/ou le sommeil de week-end et semble en moyenne de 1h51/ semaine.

Les troubles quantitatifs du sommeil génèrent plus de somnolence que de fatigue. A signaler l'intérêt +++ de la sieste pour parer aux baisses de vigilance et de performance.

Les pratiques alimentaires des dirigeants d'entreprise

Les artisans, commerçants, agriculteurs et chefs d'entreprise présentent une prévalence de l'obésité, pathologie caractérisée par un excès de masse grasse, nettement supérieure à celle d'autres professions et catégories socioprofessionnelles. L'augmentation constante de celle-ci, dans la population pose des problèmes en termes de santé publique car elle expose à des facteurs de risques de survenue de problèmes de santé plus ou moins graves (troubles cardiovasculaires, respiratoires, endocriniens, rhumatologiques, psychologiques, cancers, ...).

Sur le plan statistique (INSEE 2007), après les agriculteurs, (16%), suivis des ouvriers (12 à 13%), viennent les chefs d'entreprise, artisans et commerçants (11 à 12%), suivis de peu par les employés, les cadres et professions intellectuelles supérieures n'en constituant que 5%.

Par ailleurs, si l'on isole les chefs d'entreprise des commerçants et artisans, ceux-ci apparaissent en 2e position après les agriculteurs avec un IMC (Indice de masse corporelle = poids en Kg divisé par la taille en mètre au carré) légèrement supérieur à 26. A noter que les femmes chefs d'entreprise, même si elles ont une prévalence supérieure à l'obésité que la moyenne des françaises, ont un IMC moyen plus bas que leurs homologues masculins (24).

Les facteurs déterminants des pratiques alimentaires directement **liées à l'exercice du métier de dirigeant sont** :

Le manque de temps

Il concourt à déstructurer les repas (saut de certains repas (petit déjeuner par exemple), alimentation en dehors des heures de repas, grignotage, déjeuner sur le lieu de travail, travail en déjeunant, déjeuners écourtés ou avalés rapidement, repas avec entrée + plat ou plat+ dessert ou restauration rapide).

Les dirigeants, en raison de leur charge de travail déjeunent principalement au bureau ou au restaurant. Ils peuvent également, du fait de la nécessité d'être immédiatement réactifs à ce qui se présente dans un contexte de rythme soutenu de travail, d'activités brèves, variées et fragmentées, déjeuner « sur le pouce », avoir des horaires de repas irréguliers, d'autant plus qu'ils se déplacent fréquemment. La vitesse de prise de repas joue également un rôle sur le poids en augmentant le temps pour que le signal de satiété parvienne au cerveau.

Le saut de repas augmente la quantité énergétique ingérée dans le repas suivant ou le grignotage, génère une prise de poids par moins bonne assimilation du glucose qu'en cas de prise de 3 repas/ jour, et accélère le stockage du glucose sous forme de graisse dans l'organisme.

Les prises alimentaires hors repas sont constituées pour 93% d'entre elles par des snacks sucrés (barres céréales ou chocolatées). Elles apportent une sensation de plaisir et favorisent surtout chez les femmes et selon leur fréquence, un risque d'obésité. Répétées dans le climat de stress et de manque de temps qui rythme les journées du dirigeant, elles peuvent être en cause dans l'apparition de ces prises de poids.

Les repas en restauration rapide sont plus riches en lipides et glucides et favorisent la prise de poids.

Les artisans, commerçants et chefs d'entreprise arrivent en tête en ce qui concerne les repas d'affaires. 37% (statistiques assurance maladie sécurité sociale 2001) déjeunent au moins une fois par semaine en repas d'affaires et 42% au moins deux fois par mois. Par ailleurs, ces catégories socioprofessionnelles semblent être celles qui ont la plus forte consommation d'alcool. Selon des statistiques (assurance maladie sécurité sociale et comité d'éducation pour la santé 2001) le « nombre de verres bus la veille » est de 3,4.

Enfin, une activité physique régulière suffisamment fréquente diminue le risque d'obésité. Chez les dirigeants d'entreprise, faute de temps disponible, la pratique sportive est moins soutenue que pour la moyenne des français.

Le stress

Les dirigeants d'entreprise sont pour la plupart soumis au stress pour de nombreuses raisons : évolution du carnet de commandes, gestion du personnel, craintes d'impayés, charge de travail, situation de trésorerie, ...).

Or il existe un lien entre le stress et la quantité d'aliments ingérés. La consommation d'alcool est plus importante lors des semaines stressantes que lors de celles qui ne le sont pas, l'alimentation en restauration rapide, la consommation de fromages et de produits sucrés sont également plus importantes pendant les semaines stressantes. Il n'est pas noté chez eux de variations et d'adaptation de leurs activités physiques pendant ces périodes.

Enfin, le stress favorise le stockage des graisses dans la zone de l'abdomen et modifie les modalités de sécrétion de certaines hormones dans un sens de prise de poids.

Le manque de sommeil

La diminution répétée du temps de sommeil peut induire une augmentation en fin de journée du cortisol plasmatique, hormone agissant sur la régulation du métabolisme des lipides, protéines et glucides. Ceci est à l'origine d'une augmentation de la sensation de faim et d'une augmentation de la quantité des aliments consommés, ce qui favorise la prise de poids.

En entravant les mécanismes hormonaux de régulation pondérale et en diminuant l'assimilation du glucose, elle favorise le stockage de celui-ci sous forme de graisse dans le tissu adipeux.

Le dérèglement hormonal agit donc, dans ces circonstances, sur les pratiques alimentaires via les quantités consommées et via l'assimilation métabolique du glucose.

L'absence de restaurant d'entreprise

Liée à la taille restreinte des entreprises et au faible nombre d'employés, très peu de TPE et PME disposent d'un restaurant d'entreprise d'où déjeuners plus que de moyenne au restaurant ou dans la restauration rapide, consommation usuelle de plats plus riches en glucides et en lipides, prises de plats seul ou plat + dessert ou entrée+ plat, plutôt que de menus complets.

Le rôle du dirigeant de PME

Ce rôle le prédispose, pour faire vivre son réseau et fructifier les opportunités d'affaires à des contacts fréquents avec clients et prospects et donc, fréquemment à des repas d'affaires, repas pris au restaurant, avec consommation de plats plus riches en lipides et glucides, consommation d'alcool.

Les pistes d'actions

En conclusion de ce chapitre, le Service de santé au Travail peut apporter sa touche en termes de prévention en prodiguant aux dirigeants d'entreprise et travailleurs indépendants, des informations et/ou en leur dispensant conseils et/ou des sensibilisations sur les items décrits ci-dessus et qui les concernent (Troubles du sommeil, hygiène alimentaire, addictions, risque routier, ...)[138].

Le travail curatif, la création d'un système de remplacement

Une fois le problème de santé survenu, la protection de l'entreprise ne peut trouver une solution que dans la mise en place d'un système de remplacement par (ou en lien avec) leurs organismes professionnels pendant la période où ils sont empêchés d'exercer.

Le cadre légal[139]

En premier lieu, le chef d'entreprise peut recourir à un contrat à durée déterminée pour se faire remplacer sur une période donnée. Le Code du Travail prévoit qu'un Contrat à durée déterminée (CDD) peut être conclu pour remplacer :

- un chef d'entreprise artisanale, industrielle ou commerciale,
- une personne exerçant une profession libérale,
- son conjoint participant effectivement à l'activité de l'entreprise à titre professionnel ou habituel,
- un associé non salarié d'une société civile non professionnelle, d'une société civile de moyens d'une société d'exercice libéral,
- le chef d'une exploitation ou d'une entreprise agricole.,
- un aide familial,
- un associé d'exploitation,
- leur conjoint participant effectivement à l'activité de l'entreprise ou de l'exploitation agricole.

138. A signaler également, en conclusion de leur travail effectué en 2011, une suggestion des auteurs de l'étude « Affections longue durée et différences de morbidité entre travailleurs salariés et indépendants » citée page 99 de transformer les indemnités journalières pour arrêt de travail en une assurance pour perte d'exploitation afin de permettre à ces professionnels de mieux prendre le temps de s'accorder dès le début, les soins nécessaires en améliorant l'observance des arrêts de travail prescrits par leur médecin

139. Service social Ubi conseil 24 03 2017, BPI France création

Deux types de CDD peuvent être rédigés :

- un contrat à terme précis, fixant la date de fin du CDD si le dirigeant connaît la durée de son absence (durée maximale du contrat en l'absence de convention ou accord de branche étendu = 18 mois),
- un contrat à termes imprécis c'est-à-dire, prenant fin au retour du dirigeant remplacé.

Le remplaçant peut être intégré à l'entreprise avant le début de l'absence du dirigeant afin de permettre la transmission des informations et des consignes nécessaires à sa prise de fonction, le terme du contrat peut être porté au surlendemain du retour du dirigeant.

Par ailleurs, le remplacement du chef d'entreprise peut être partiel ou complet.

Le contrat de travail doit être établi par écrit (sinon il sera automatiquement requalifié en contrat à durée indéterminée) et un exemplaire devra être remis au salarié[140] au plus tard dans les 2 jours ouvrables suivant l'embauche. Si ces deux dispositions ne sont pas respectées, risque de sanctions pénales (amende de 3750 Euros ou 7500 Euros en cas de récidive, et/ou emprisonnement de 6 mois).

Sur ce contrat doivent obligatoirement figurer :

- Définition précise du motif de recours à un CDD (apporter toutes précisions permettant d'apprécier la réalité du motif),
- Nom et qualification de la personne absente,
- Date d'échéance du terme si le contrat en comporte un,
- Date minimale du terme, s'il n'en comporte pas,
- Clause de renouvellement du CDD, le cas échéant (La simple mention de cette clause n'oblige pas l'employeur à renouveler le contrat),
- Désignation du poste de travail (avec précisions si ce poste comporte des risques particuliers pour la santé et la sécurité du salarié),
- Durée de la période d'essai s'il y en a une. Elle doit être au maximum d'un jour par semaine dans la limite de 2 semaines pour un contrat d'une durée de 6 mois ou moins, d'un mois pour un contrat d'une durée supérieure à 6 mois.
- Intitulé de la convention collective éventuellement applicable,
- Montant de la rémunération et ses différentes composantes (Celle-ci ne peut être inférieure à celle que percevait dans la même entreprise un salarié[140] sous CDI et occupant les mêmes fonctions),
- Nom et adresse de la caisse de retraite complémentaire et de l'organisme de prévoyance.

L'omission ou l'inexactitude de certaines mentions peut entraîner la requalification du CDD en CDI. Si l'omission de la convention collective applicable n'entraîne pas cette requalification, l'omission de la qualification de la personne remplacée entraîne une telle requalification. Un CDD non signé par le salarié est réputé conclu pour une durée indéterminée (arrêts n° 4031P, 4054 PB, et 3875 P de la

Cour de cassation du 26 10 1999). Des sanctions pénales (amende de 3750 Euros ou 7500 Euros en cas de récidive et/ou un emprisonnement de 6 mois) sont applicables en cas de non-respect du principe d'égalité de rémunération entre les salariés précaires et les salariés permanents)[140].

Tout en étant conscient des difficultés, nous allons essayer d'imaginer différentes pistes de solutions (non exhaustives) pour permettre le maintien en activité de l'entreprise en cas de problème de santé du dirigeant. Pour cela nous allons tout d'abord décrire le système déjà mis en place par le monde agricole et particulièrement l'action des services de remplacement et leur financement.

Le remplacement du dirigeant en France dans le monde agricole[141]

Introduction

Comme nous l'avons détaillé en partie précédemment, le monde agricole a progressivement mis en place, à l'échelon national et sur un mode fédératif, via un maillage du territoire, un service associatif de remplacement d'utilité sociale efficient (proximité du terrain, réactivité, efficacité dans la gestion des dossiers), permettant d'assurer des missions dans des circonstances variées (accident, maladie, décès, maternité-paternité, formations, congés, aide au répit...) pouvant toucher les agriculteurs. Cette organisation n'a pu se mettre en place qu'en instituant une stratégie de collaboration interactive entre divers organismes (ministère de l'Agriculture et de l'Alimentation, organisations professionnelles, Mutualité Sociale Agricole, compagnies d'assurances (Groupama), ...).

Le fonctionnement de ce système repose sur l'emploi temporaire de travailleurs salariés pour remplacer des travailleurs indépendants non-salariés. Il implique de pouvoir faire face aux besoins d'emploi pour les remplacements, d'assurer une professionnalisation croissante de ceux-ci, de mutualiser les services afin de dégager du temps au plus près des adhérents. Son financement est couvert majoritairement par des sources externes, les adhésions et facturations des prestations représentant environ 42% du coût total des services. Pour ce qui est des remplacements pour maladie, accident, décès qui nous intéressent plus particulièrement, des relations ont été établies entre le service de remplacement, la MSA et les assurances mutuelles agricoles pour trouver des nouveaux financements et abaisser le coût du recours au salariat de remplacement ; la coopération s'est développée et institutionnalisée dans le cadre du régime de sécurité sociale et de l'action sanitaire et sociale des caisses de MSA. Des accords complémentaires aux contrats d'assurance de groupe ont été conclus en 2007 avec Groupama sur la base d'un accord cadre national.

140. Le remplaçant n'effectue pas toujours ses missions en tant que salarié. Il peut intervenir sous d'autres modalités en fonction des structures impliquées pour son recrutement (forfait journalier, par exemple).
141. Rapport CGAAER N°19068 sur les services de remplacement en agriculture : Dominique RIFFARD et Dominique TREMBLAY).

Il faut par ailleurs signaler que des emplois nouveaux ont été créés pour assurer ces remplacements et le fonctionnement du système. Pour illustrer ce fait, il faut noter un nombre d'agents de remplacement recensés en 2018 de 14 672. Sur le graphique suivant, on peut noter une forte croissance des effectifs entre 2000 et 2010, avec la mise en place d'environ 2000 Emplois en CDI et une progression des CDD (60% d'augmentation comparée à une croissance des adhérents de 20%).

La période de 2010 à 2018, plus stable en CDI, a donné lieu à une croissance permanente des CDD (20% d'augmentation des contrats pour 6% d'adhérents supplémentaires). A noter qu'en 2018, 2347 salariés étaient employés dans les services de remplacement agricoles en CDI (dont 360 administratifs), les autres, soit 84%, étaient en CDD, pour des durées hebdomadaires souvent incomplètes et des rythmes de travail variables selon les remplacements effectués, mais cela permettait de répondre à des besoins ponctuels ou d'urgence avec plus de souplesse. Il faut toutefois mettre en exergue la part importante de travail réalisée par les agents recrutés en CDI (46%) qui ne représentent que 16% du nombre total des agents (agents administratifs exclus).

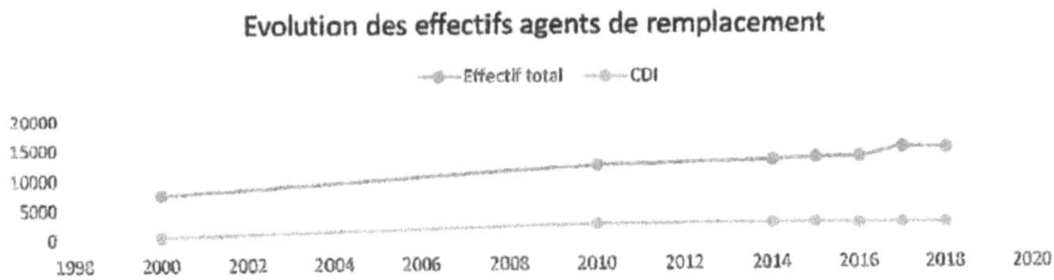

Source : OEE SRF 2018

CGAAER Rapport n° 19068

L'action des services de remplacement agricoles et son financement[142]

L'organisation territoriale des services de remplacement agricoles (SRA)

Le SRA est structuré de façon à mailler le territoire, de l'association locale à l'organisation départementale et régionale ; A chaque échelon, ces acteurs fédérés visent à apporter le meilleur des services pour remplacer les adhérents agriculteurs, ce qui implique en permanence pour eux de progresser en termes d'organisation, de formation des remplacements et dans le recrutement de ces derniers.

142. : Rapport N°19068 de la CGAAER Dominique RIFFARD et Dominique TREMBLAY

- **Au plan national, l'association nationale Service de Remplacement France (SRF)**

Son Conseil d'administration est composé de 3 collèges :

- Le collège organisations professionnelles agricoles (4 Jeunes agriculteurs (JA), 3 Fédération nationale des syndicats d'exploitants agricoles (FNSEA), 3 Chambre d'agriculture France (APCA), 3 Conseil national des caisses de crédit et de mutualité agricole (CNCCMA)
- Le collège utilisateurs (18 représentants des régions (2 administrateurs pour les grosses régions)
- Le collège Fédération nationale des groupements d'employeurs agricoles et ruraux (FNGEAR) + coordination rurale+ confédération paysanne avec 1 siège chacun
- 1 représentant du bureau emploi de la Direction générale de la performance économique et environnementale des entreprises (DGPE) au ministère de l'Agriculture et de l'alimentation (MAA) s au titre du contrôle du bon usage des fonds CasDAR (Compte d'affectation spéciale Développement Agricole et Rural).

Il s'appuie sur une petite structure de 4 personnes 1 directeur, 1 secrétaire et 2 chargées de mission).

- **Au plan régional**

Les régions fédérées en associations ont été créées avec l'impulsion de financements publics et sont les têtes de réseaux légitimes pour échanger avec les conseils régionaux, (qui apportent des financements au titre de leurs compétence économique), les DREETS, les DRAAF (Direction régionale de l'alimentation, de l'agriculture et de la forêt), ainsi qu'avec les autres partenaires plus spécifiques dans chacune des régions.

- Elles sont le relais des SR départementaux pour leur représentation au sein de SRF,
- Elles sont les responsables des articulations des financements CasDAR en lien avec les chambres d'agriculture régionales,
- Elles ont, pour les SR, un rôle d'animation et de développement en termes de professionnalisation, d'attractivité de l'emploi, de formation, de sécurisation juridique des interventions, mais aussi, d'innovation dans les modes d'organisation ou de partenariats, afin de faire progresser les services rendus aux adhérents du service.

- **Au plan départemental et local**

Selon l'histoire qui a constitué pour chacun d'entre eux l'organisation du remplacement et pour assurer une forte diversité d'actions et de services rendus à leurs adhérents, plusieurs modèles organisationnels ont été mis en place par les agriculteurs. Nous en décrirons deux, mis en place par quatre services de remplacement.

- *Le mode fédératif*

Mis en place par les services de remplacement de la Mayenne (32 000 jours de remplacement) et du Doubs (21 000 jours de remplacement), très orientés vers l'élevage, ces structures à forte activité reposent sur des dynamiques d''associations locales de remplacement administrées par des bénévoles qui assurent la gestion de proximité des besoins de remplacement. Elles diffèrent légèrement sur les activités en lien avec le niveau départemental.

Concernant le SRD du Doubs, il compte une cinquantaine d'agriculteurs engagés dans les 17 associations. Ils assurent les fonctions de gestion du planning, de trésorerie et de relation avec les adhérents. La fonction pivot de chaque association est celle du responsable de planning, indemnisé pour le temps consacré au suivi des adhérents, des missions de remplacement et des agents. Le SRD gère les payes, la comptabilité, des actions de promotion de l'emploi pour le compte des SR locaux et impulse une dynamique d'animation au réseau des associations locales. La directrice du SRD est par ailleurs à temps partagé avec les autres structures en charge de l'emploi agricole dans le Doubs (Fédération départementale des syndicats d'exploitants agricoles, Groupement(s) d'employeurs).

Concernant les SR locaux de la Mayenne, leurs présidents gèrent les embauches des salariés, l'établissement des contrats de travail, les relations avec les adhérents, animent les réunions au sein de leur SR avec l'appui de la responsable administrative départementale. Les trésoriers assurent la gestion administrative, l'établissement des payes des agents de remplacement, la facturation, la comptabilité (support = progiciel national DEMETER) et bénéficient de l'appui technique de la fédération départementale. Les responsables de planning gèrent les mises à disposition des agents auprès des adhérents.

Le SRD assure une fonction support en termes de gestion des contrats d'assurance, de veille juridique et d'appui au logiciel DEMETER. Il effectue également, en lien avec le SRR des Pays de Loire, le suivi des actions de promotion et d'attractivité de l'emploi en Mayenne

- *Le mode « service départemental »*

Nous décrirons les organisations mises en place par les SR du Rhône (viticulture et diversification, 7 500 jours de remplacement) et de la Charente (élevage, 5 500 jours de remplacement). Tous deux ont constitué des secteurs d'intervention pour décentraliser les fonctions opérationnelles des SR au plus près des adhérents.

Le SR du Rhône assure seul sur le département la réponse aux besoins de ses 900 adhérents et dispose de 40 équivalents temps pleins (ETP).

Une animatrice, de formation juriste en droit social, partagée avec la FDSEA 69 anime une équipe de 4 agents administratifs répartie sur 4 secteurs géographiques. Leur rôle est d'assurer l'ensemble des fonctions que peut assurer un SR (suivi des adhérents, gestion du planning des agents de remplacement, facturation des prestations (via le logiciel DEMETER.

Les difficultés majeures de fonctionnement du service rencontrées sont liées à la gestion de la diversité des productions et au manque de salariés. Par ailleurs, le président du SR fait état d'une désaffection des adhérents (certains considérant que l'association tourne bien sans eux, d'autres alléguant que le travail de leur exploitation limite leur disponibilité de bénévoles).

Le SR de la Charente (524 adhérents, 14 ETP) mutualise son organisation et ses moyens avec la structure départementale des groupements d'employeurs agricoles et ruraux (GEAR). Cette gestion commune permet d'adapter la prestation par rapport aux besoins des agriculteurs, des compétences des agents et du tarif acceptable.

La directrice commune aux deux groupements d'employeurs pilote une équipe de 3 animatrices, chacune ayant l'objectif de trouver des missions de remplacement pour assurer le financement de leur emploi. Elles animent un secteur géographique (suivi personnalisé des besoins des adhérents en termes de besoins d'emplois, suivi des prestations de remplacement en termes qualitatifs,

Une personne est affectée à la gestion du planning et des ressources humaines (entretiens individuels, gestion et évolution des compétences, fidélisation).

Ce service assure une gestion du remplacement sur un modèle économique. Toute heure doit être bénéficiaire en prenant en compte tous les coûts d'un service de qualité., dont la rémunération de la compétence.

A charge pour le SR de trouver des modalités de subventionnement pour abaisser le coût horaire pour l'utilisateur.

La valeur de l'humain reste au cœur de son action en plaçant le binôme exploitant/remplaçant au centre de ses préoccupations, ce qui est en accord avec celle retrouvée dans les dispositifs de gestion des situations d'urgence portés en partenariat avec la MSA.

Des budgets propres pour chaque échelon associatif

Le réseau des SR avec ses échelons départemental, régional et national a été bâti à partir de la mise en place d'associations autonomes indépendantes sur le plan juridique et comptable, mais liées entre elles par des mécanismes de remontées d'adhésions des associations locales et des flux concernant les financements des différents types de remplacement.

Dans cette approche budgétaire globale non certifiée comptablement concernant 372 budgets d'associations (358 associations locales et départementales, 13 associations régionales, 1 fédération nationale) le salaire des agents de remplacement représente plus de 80% des charges des services de remplacement.

- **Un service à coût limité pour les associations locales**

Dans les 20 départements qui ont conservé ce mode organisationnel mais qui ont, historiquement, contribué à l'installation et à la mise en place du service local, les associations restent indépendantes, même si elles sont fédérées au niveau départemental. Les subventions des communes ou des structures inter communales qui les finançaient jusqu'ici ont tendance à disparaître.

Elles sont bâties sur le modèle économique d'un service de proximité, facturant au prix coûtant des charges de gestion (charges de personnel consolidées, remboursement des frais des bénévoles responsables du planning, participation financière aux services mutualisés rendus par le SRD, charges diverses de fonctionnement). Une part de l'adhésion des membres de l'association remonte vers le niveau départemental. Chaque association communique au SRD son calcul de prix de revient horaire qui sert notamment de référence à la fixation du barème horaire conventionné avec la MSA.

- **Des stratégies départementales différenciées influant sur le coût du remplacement**

Les associations départementales constituent l'élément structurant des SR sur un territoire départemental. Elles apportent un service de proximité de qualité associé à des actions de professionnalisation du service. Par conséquent, le besoin de structurer le niveau départemental implique un budget plus important puisqu'il nécessite de financer des emplois permanents pour l'animation et la gestion.

Les budgets des SR départementaux ont en communs les flux financiers liés aux actions nationales et régionales.

L'animateur en charge du SRD a en charge :

- la gestion de la prise en charge des mandats syndicaux, des montants attribués au remplacement pour la formation des exploitants,
- la contractualisation des actions de formation des agents de remplacement,
- le lancement des actions de promotion de l'emploi.

En raison du caractère très opérationnel de ce niveau départemental, les dirigeants des SRD ont souvent opté pour l'emploi d'animateurs à temps partagés, avec des prises en charges ou des subventionnements d'organisations agricoles institutionnelles ou syndicales [143].

Par ailleurs, indépendamment des opérations communes entre SRD, deux stratégies budgétaires, en adéquation avec les modes fédératifs ou départementaux choisis ont été constatées.

Pour les SRD s'appuyant sur un réseau d'associations locales (par exemple le Doubs) et pour lesquels l'objectif premier est de rendre le service de remplacement le plus accessible financièrement, les responsables, exerçant souvent localement à titre bénévole, appliquent une gestion serrée des charges de personnel et des frais de gestion afin de limiter les coûts (coût horaire facturé = 17 Euros) et d'entretenir la proximité entre les associations locales et les adhérents. La cohésion des adhérents a été renforcée au niveau départemental par la création d'une caisse de solidarité (prélèvement de 23 Euros par adhérent) pour financer

143. La chambre d'agriculture du Rhône subventionne le SRD à hauteur de 13 745 Euros

des remplacements dans des situations particulièrement difficiles, hors cadre de financement habituels.

Pour les SRD s'orientant vers la construction d'un modèle économique pour faire fonctionner leur SR (Par exemple, la Charente), l'objectif est de réaliser une activité de remplacement obéissant au principe de qualité totale à chaque étape de la prestation servie. Ceci implique :

- le recrutement et l'embauche de compétences adaptées, mieux reconnues et rémunérées,
- un diagnostic des besoins des agriculteurs en fonction des systèmes d'exploitation pour affiner au mieux les prestations,
- un suivi des remplacements pour évaluation de leurs qualité et ajustement des pratiques.

Les charges nouvelles inhérentes au fonctionnement sur ce modèle impliquent un coût plus important (coût horaire facturé = 21 Euros). Afin d'atténuer ce surcoût, les initiateurs de la démarche recherchent des co-financements extérieurs (partenaires institutionnels ou collectivités) afin de diminuer les charges de structure du SRD et donc, indirectement le coût horaire. Dans le département de la Charente cité en exemple, le Conseil Départemental apporte une subvention conséquente au SR dans le cadre de sa politique de soutien à l'élevage complétée par le financement d'heures de remplacement via la cellule « agri-diff ».

- **Un échelon régional d'animation financé pour des projets et pour assurer la relation et la médiation avec le niveau national**

Les associations régionales s'appuient sur l'expérience des SRD. La gestion des Programmes Régionaux de Développement Agricole et Rural (PRDAR), dotée d'une subvention nationale de 2 millions d'Euros + les subventions des fonds syndicaux et de formation+ cotisations des associations départementales ont fourni les moyens budgétaires lors de la mise en place des SR régionaux.

L'échelon régional véhicule des transferts d'expériences entre les différents SR, innove sur des actions de promotion de l'emploi et d'attractivité des métiers, défend l'intérêt économique du remplacement auprès des institutionnels régionaux. Cet investissement trouve un écho auprès des collectivités régionales et les services déconcentrés de l'Etat qui identifient un interlocuteur représentant l'activité de remplacement en agriculture.

Pour illustrer l'intérêt des financeurs régionaux, citons la région Nouvelle Aquitaine avec l'octroi d'un programme d'appui en ressources humaines de 278 000 Euros, celle des Pays de Loire avec 84 000 Euros pour le programme de financement des agriculteurs partant en formation.

- **Un équilibre financier à conforter pour l'échelon national**

Comme les associations qu'elle fédère, la fédération nationale est responsable de son budget. Celui-ci est constitué pour 20% par le montant des cotisations des associations de remplacement adhérentes, les autres ressources pour un montant de 866 086 Euros au compte d'exploitation de 2018 proviennent à 60% de subventions, la plus importante étant celle versée par le ministère de l'Agriculture et de l'Alimentation pour l'exercice des mandats syndicaux reversée sous forme d'aide au remplacement aux organisations syndicales agricoles. Les revenus de prestations de services s'élèvent à 104 887 Euros.

Les charges de personnel pour ses quatre salariés restent modérées et couvertes par les cotisations mais l'effectif réduit limite l'action de la fédération nationale heureusement relayée par les délégués régionaux.

Le développement et la maintenance du logiciel de gestion DEMETER sont confiés à une filiale recapitalisée en 2018, le SRF en détenant environ 65% des parts.

Le modèle économique de gestion repose sur deux piliers équilibrés avec, pour 50%, le versement des cotisations des adhérents et, pour 50% et de manière plus fragile, par des subventions et des prestations liées à des rémunérations de frais de gestion ou des prestations d'études aléatoires par nature. Il pourrait être rapidement fragilisé en cas de survenue de modifications de financement d'actions nationales

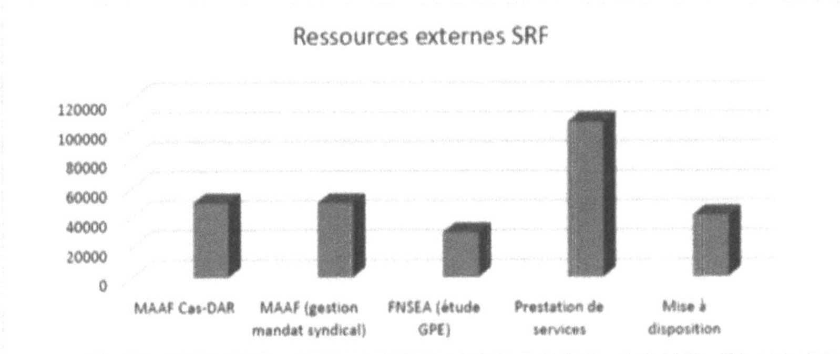

Source : Rapport commissaire aux comptes SRF 2018

(Source Rapport CGAAER n° 190068)

L'écosystème des partenariats

- **<u>Les partenaires et les conventionnements</u>**

Les SR, prestataires d'un service de main d'œuvre à leurs adhérents, ne peuvent pas agir seuls et sont donc en interactions avec leurs financeurs et les structures les aidant à recruter du personnel. Les partenariats tissés varient selon les territoires, l'histoire des SR, leur dynamisme et le portage professionnel des structures départementales. Il est toutefois avéré que la constitution d'un SR départemental est propice à l'établissement d'une relation solide avec les institutionnels.

- *Le réseau des MSA*

Les SR entretiennent des liens institutionnels avec les caisses de MSA dans toutes les régions pour :

- La gestion du régime maternité/paternité,
- La fixation du barème des prestations extra-légales en fonction du prix de revient d'une journée de remplacement,
- La mise en œuvre de l'aide au répit.

Toutefois la politique d'action sanitaire et sociale fixée par chaque caisse de MSA peut limiter ces relations dans les départements couverts par des caisses affichant des priorités n'incluant pas l'aide au remplacement, mais, en revanche, les rendre plus étroites dans celles affichant une politique partenariale associant l'ensemble des structures agricoles agissant dans le champ du social. C'est particulièrement le cas lorsqu'elles ont développé une activité « MSA services », fondée sur cette association (département de la Charente par exemple). Dans ce cas, outre la participation au repérage et au traitement des situations difficiles en lien avec les travailleurs sociaux de la MSA, le SR agit dans la continuité de l'action sociale de la MSA en fournissant des services aux territoires ruraux, comme toutes les autres associations créées dans ce cadre. Cet exemple charentais ancre la vocation sociale des SR et ces activités de services, menées en partenariat, permettent à la MSA comme aux associations qu'elle fédère, d'être mieux reconnues.

– *Groupama*

Si les agriculteurs bénéficient, via la MSA, des assurances sociales au titre du régime de la sécurité sociale des indépendants, dans le cadre d'un partenariat privilégié mis en place avec un assureur par les SR, il leur est apparu essentiel de souscrire une assurance complémentaire pour la couverture des risques liés à la personne, les contrats d'assurance pour les accidents et maladies répondant à un vrai besoin.

Organisés dans un cadre collectif sous forme de contrats de groupe afin de réduire le coût pour l'adhérent, ils ont pour but de permettre à tous de se faire remplacer [144].

Toutefois chaque caisse régionale Groupama est assureur de plein droit et établit sa propre stratégie en fonction des objectifs d'équilibre qu'elle arrête.

En Loire Atlantique, par exemple, l'offre tarifaire et les garanties sont déclinées par Groupama Océan en fonction de l'âge des adhérents (au bénéfice des jeunes agriculteurs), de la durée des franchises avant prise en charge et du nombre d'heures de remplacement journalier. Le reste à charge sur chaque heure remplacée est limité pour les adhérents.

Au plan de la gestion, le partenariat entre Groupama et SRF, (avenant conclu le 02 juillet 2009) a été redéfini pour tenir compte de la directive UE 2016/97 sur la distribution d'assurances.

A signaler que la loi et les statuts des SR laissent le jeu ouvert à d'autres assureurs pour intervenir sur le remplacement, mais que ceux-ci, jusqu'ici, se sont montrés peu intéressés. (En sera-t-il de même pour le monde extra-agricole ?)

144. Lors d'une visite de terrain, un jeune agriculteur a déclaré aux missionnés que cette garantie complémentaire santé était au même prix que l'assurance de son tracteur.

A noter que le dispositif assurantiel présente des limites concernant les populations âgées. Le vieillissement et la dégradation de la situation de santé des adhérents, particulièrement en périodes de crise où ils sont davantage sollicités, sont sources d'arrêts de travail plus longs et non couverts par les contrats de groupe.

Les auteurs du rapport CGAAER n° 19068 préconisent, pour garantir la continuité des exploitations dans un contexte de vieillissement de la population agricole et d'augmentation des risques professionnels sources d'arrêts de travail plus longs, de renforcer cette protection assurantielle limitée à 15 jours dans le contrat de base. Par ailleurs, ils préconisent également de réfléchir à une politique tarifaire plus attractive dans le cadre de la politique de soutien à l'installation des jeunes agriculteurs, ces derniers étant réticents à adhérer à ce type de contrats. Enfin ils pensent souhaitable d'intégrer l'assurance des personnes dans les réflexions en cours sur les assurances des aléas de l'agriculture centrées sur la protection de l'outil économique (2e pilier Fonds national agricole de Mutualisation Sanitaire et Environnementale).

– *Les acteurs du développement agricole*

Indépendamment des relations tissées récemment avec diverses structures agricoles sur la question de l'emploi (voir infra), les SR sont localement en relation plus ou moins étroites avec le syndicalisme agricole, les chambres d'agriculture et les organismes concourant au développement agricole.

Le SRF a, par ailleurs, noué plusieurs partenariats :

L'un, auquel le réseau des SR s'associe, avec l'Assemblée Permanente des Chambres d'Agriculture (APCA) dans le cadre d'un projet relatif à la transmission, qui vise à maintenir l'activité des exploitations (maintien de la production, du foncier, de la continuité administrative) en cas d'arrêt brutal de l'activité (accident grave, décès, abandon du cheptel, ...) et à permettre, en parallèle leur transmission

Un autre, avec le mouvement rural de la jeunesse chrétienne (MRJC), dans le cadre du projet « jeunes acteurs du rural et de l'agriculture », dont l'objectif est le développement des territoires ruraux, l'innovation pour et par les jeunes et l'engagement des jeunes au sein de leur territoire.

Le SRF est de plus impliqué dans le développement de modules de formation et dans une enquête auprès des futurs installés.

Il effectue enfin des travaux d'enquêtes et d'analyse utiles à la connaissance des besoins des agriculteurs et à la professionnalisation de la relation employeurs-salariés qui restent peu diffusés. Il est souhaitable que ces travaux réalisés par l'échelon national, via le partenariat du réseau de correspondants régionaux avec les acteurs du développement agricole, bénéficient d'une audience plus répandue.

- **Le partenariat sur l'emploi agricole**

– *Des besoins de main-d'œuvre difficiles à satisfaire*

Les SR, du fait du manque de main-d'œuvre et de la faible attractivité des métiers agricoles, sont confrontés à des difficultés pour honorer l'ensemble des demandes de remplacement, ce, dans un contexte général d'emploi en croissance en leur sein (9784 CDD en 2010 pour 12 282 en 2017, soit + 25,5%).

Ces emplois de remplacement ont en outre plusieurs caractéristiques qui accroissent la difficulté à recruter :

Particularité des emplois de remplacement	**Pistes de solutions mises en route**
- Soudaineté du besoin de remplacement des agriculteurs défaillants, - Brièveté des missions, - Adaptation à de multiples utilisateurs, - Durée du travail irrégulière et travail du week-end, - Déplacements entre exploitations, - Travail isolé et responsabilité ponctuelle d'une exploitation, - Réticence des agriculteurs à confier leur exploitation et leurs animaux à un tiers inconnu	- Recrutement de salariés expérimentés plutôt que diplômés, au mieux dans l'environnement rural immédiat (faible mobilité des salariés en milieu rural) - Lorsque le réseau de gestionnaires bénévoles est encore suffisamment dense, veille assurée par les correspondants locaux des SR sur les travailleurs disponibles, les jeunes en pré-installation ou en vacances scolaires en vue de renforts ponctuels, - Lorsque la départementalisation est plus avancée, les SRD s'associent à des démarches de promotion de l'emploi agricole visant à attirer de la main-d'œuvre non issue du milieu agricole et du monde rural - Intermédiation des SR entre utilisateurs et salariés

- *Une association croissante aux actions locales de promotion de l'emploi agricole*

Après une période de concurrence, la profession et les organisations professionnelles agricoles ont compris qu'elles devaient travailler ensemble pour attirer des travailleurs (notamment des jeunes) et les former en fonction des besoins spécifiques formulés par les entreprises, quitte, pour ces dernières, à proposer des emplois attractifs.

Certains SR sont associés aux actions départementales communes de promotion de l'emploi agricole et ont créés des liens plus étroits avec l'agence nationale emploi formation en agriculture (ANEFA) et ses antennes locales (ADEFA), en particulier sur les bourses de l'emploi agricole, ainsi qu'avec Pôle Emploi et les établissements d'enseignement publics et privés afin de faire connaître leurs besoins et d'attirer des demandeurs d'emploi et des élèves.

D'autres (Maine et Loire et Rhône par exemple) ont créé une structure départementale associative au service de l'emploi agricole intégrant les syndicats agricoles, la chambre d'agriculture, le SR et le Groupements d'employeurs agricoles et ruraux (GEAR), qui réalise des actions de communication et de promotion des emplois agricoles, recueille et analyse les besoins en main d'œuvre exprimés par les employeurs agricoles, publie les offres d'emploi, enregistre les demandes d'emploi. Elle se charge ensuite, en relation avec les instances officielles chargées de l'emploi et de la formation, et, en s'appuyant sur les différentes structures la composant, de mettre en adéquation les formations des futurs salariés agricoles avec les divers besoins exprimés (agents de remplacement, salariés permanents qualifiés, saisonniers, ...). Cette organisation offre une attractivité plus grande car elle favorise également la construction de parcours d'emploi entre les diverses structures employeuses et donc, une continuité d'activité pour les salariés.

Les actions locales tirent bénéfice des travaux et études réalisées par SRF et de l'animation du niveau régional en cours de structuration. SRF a répondu à un appel à proposition 2015-2020 établi dans le cadre du programme national de développement agricole et rural (PNDAR) à destination des organismes nationaux à vocation agricole et rurale (ONVAR) dont l'objectif est de faire évoluer les métiers et compétences des agents de remplacement pour répondre aux nouveaux besoins des exploitations agricoles tournées vers l'agroécologie.

SRF s'est engagé à concevoir, en partenariat avec des laboratoires de recherche, le réseau des chambres d'agriculture et celui des Maisons familiales et rurales (MFR), des outils et méthodes de constitution de vivier et de Gestion prévisionnelle des emplois et compétences (GPEC) et à les expérimenter dans trois régions pilotes. Les animateurs régionaux travaillent à l'amélioration qualitative de l'offre, à la promotion de l'engagement dans les actions agricoles de développement et de formation et à la professionnalisation des services de remplacement de leurs régions respectives (Côtes d'Armor, Finistère, Maine et Loire, Marne, Vendée).

- *Des relations historiques avec l'enseignement agricole de faible portée*

SRF (étude sur les interactions entre les SR et les établissements d'enseignement agricole réalisée en 2019) met en évidence des contacts limités avec les établissements publics et privés d'enseignement agricole. 5 SR interviennent plus d'une dizaine de fois dans les différents établissements de leur département pour se faire connaître et promouvoir les emplois qu'ils proposent. Ceci a pour conséquence que le nombre de salariés recrutés en 2019 au sortir de l'enseignement agricole (tous types de contrats : CDD, CDI, Temps complet ou partiel) ne dépasse la dizaine qu'en Bretagne, Orne, Vendée, Nord avec un record en Lot et Garonne (80) et Maine et Loire (100).

Les auteurs du rapport CGAAER n° 19068 ont constaté dans les trois régions qu'ils ont visitées des relations nombreuses avec les lycées agricoles, les MFR et les centres de formation professionnelle et de promotion agricoles pour adultes (CFPPA). En Nouvelle Aquitaine, des contacts établis avec les directeurs des établissements d'enseignement agricole publics et des MFR visent à assurer la formation complémentaire des agents de remplacement et à former les utilisateurs des SR à être employeurs.

La participation accrue des SR aux opérations départementales de promotion de l'emploi valorise auprès des établissements d'enseignement et de formation le métier d'agent de remplacement et son intérêt pour les jeunes dans le cadre d'actions communes avec les autres acteurs de l'emploi agricole.

L'action publique d'appui aux SR

- **L'aide fiscale par le crédit d'impôt**

Ce dispositif, décrit au paragraphe inhérent au remplacement pour congés, est structurant, stabilisé apprécié par les adhérents des SR, notamment les éleveurs, (prise de recul essentielle dans ce secteur confronté à des difficultés économiques récurrentes, meilleur équilibre familial par apport d'une réponse positive à l'aspiration aux congés des femmes d'exploitants agricoles de plus en plus nombreuses à travailler à l'extérieur).

Il semble, pour les auteurs du rapport CGAAER n°19068, satisfaisant et porteur de résultats, a eu un effet réel sur le dynamisme de l'activité des SR et sur la confortation des contrats de travail en apportant des périodes de travail stables et prévisibles. Il doit faire l'objet d'une évaluation par le ministère de l'agriculture et de l'alimentation fin 2022.

- **L'aide du CasDAR à la structuration du réseau et à sa professionnalisation**

La stratégie d'appui de l'Etat aux SR via le CasDAR a apporté les résultats suivants :

- Préparation des agriculteurs aux mutations de l'agriculture en les encourageant à participer aux actions de développement agricole et aux formations,
- structuration régionale des SR pour éviter une trop grande hétérogénéité des actions départementales, via l'action SR inscrite dans les PRDAR,
- accroissement des compétences des gestionnaires des services locaux avec évolution vers un fonctionnement en mode projet via le financement national de SRF orienté vers la professionnalisation et l'attractivité des emplois.

- **L'intervention des services déconcentrés de l'Etat en région**

Les constatations sont les suivantes :

- Les SR sont peu connus des services déconcentrés de l'Etat en région,
- Les Directions régionales de l'alimentation, de l'agriculture et de la forêt (DRAAF) disposent de faibles moyens et d'une expertise limitée pour intervenir en matière d'emploi (s'ils s'y investissent),
- Les DREETS méconnaissent les SR, exercent, sauf survenance d'accidents graves ou mortels, une très faible pression de contrôle sur eux.

- **L'intervention des collectivités territoriales**

Les représentants des collectivités territoriales rencontrés par les auteurs du rapport reconnaissent les SR et les subventionnent, soit directement, soit en finançant des remplacements pour des catégories ciblées d'agriculteurs (jeunes, populations fragiles).

Les conseils régionaux considèrent les SR comme des services très utiles au remplacement des agriculteurs partis en formation, pour la préparation des jeunes à l'installation et, plus généralement, pour assurer la continuité économique des exploitations.

Les conseils départementaux encouragent le service social qu'ils rendent aux agriculteurs exposés à des difficultés.

Les systèmes de remplacement agricoles en Europe[145]

Trois pays européens avaient été signalés aux auteurs du rapport par SRF comme ayant des dispositifs de remplacement à destination des agriculteurs, la Hollande, la Suisse et la Belgique. Ceux-ci ont pu recueillir des informations sur les deux premiers ainsi que sur l'Allemagne et l'Autriche.

Le système hollandais proche du modèle de l'entreprise de travail temporaire française

- Caractéristiques des exploitations agricoles : exploitations plus grandes, employant du personnel, résultats et revenus plutôt favorables,
- Mécontentement des agriculteurs en lien surtout avec l'excès de normes environnementales menaçant l'équilibre économique de leur modèle d'exploitations
- Peu d'intervention de l'Etat sur les questions sociales agricoles et aucun financement des organismes de remplacement des agriculteurs,
- La question de la détresse sociales et du suicide est moins prégnante qu'en France.
- Remplacements assurés via des organismes spécialisés dans la fourniture de main d'œuvre, bien organisés sur le plan du recrutement (appel fréquent à des travailleurs étrangers (Polonais notamment)., et fonctionnant sur un mode de portage salarial (Mise à disposition de la main d'œuvre et gestion de la paperasse pour l'utilisateur).

Certains de ces organismes viennent de la coopération agricole et sont organisés comme des groupements d'employeurs. Par exemple, ABEOS., coopérative installée dans l'est des Pays-Bas et issue du regroupement d'associations locales œuvrant dans l'« *agricultural business care* », se présente comme une entreprise de travail temporaire agricole présentant de multiples implantations locales. Elle emploie 250 salariés à temps complet, formés et qualifiés sur plusieurs domaines du secteur agricole (lait, porcs, volailles, polyculture, arboriculture) et propose à ses adhérents une prise en charge de leurs adhérents (arrêts maladie, congés, besoins ponctuels de main-d'œuvre d'appoint).

145. Rapport N°19068 de la CGAAER Dominique RIFFARD et Dominique TREMBLAY

La coopérative nationale solidaire en Allemagne

- Financement des services de remplacement agricoles par l'assurance sociale pour l'agriculture, la sylviculture et l'horticulture (SVLFG)[146], au statut de coopérative nationale solidaire qui, après réception et vérification de la demande, dispatche la demande à l'une des quatre assurances sociales en charge du contexte (assurances vieillesse, maladie, responsabilité civile, soin).
- Financement limité aux services portant sur la gestion des terres agricoles, horticoles ou forestières et se limitant aux activités de culture et d'élevage de courte durée et difficilement reportables (exemple : traite, récolte). Pas de financement des services agricoles auxiliaires (exemple : fromagerie, tourisme à la ferme, fleuriste),
- Financement d'un service d'aide-ménagère,
- Motifs de financement différents selon la caisse d'assurance sociale prenant en charge les coûts, proches de ceux couverts dans le régime Français (accident du travail, maladie, maternité),
- Prise en charge par la caisse d'assurance soin d'un remplacement pendant 10 jours pour les cas d'assistance et soins à un parent malade perturbant la gestion de l'exploitation (chef d'exploitation, conjoint, ses enfants, les enfants placés et les membres de la famille travaillant dans l'exploitation),
- Recrutement des agents de remplacement par la SVLFG ou par les associations proposant des services d'aide agricole, les personnes employées, à titre temporaire ou à temps complet, par les associations devant avoir une formation d'agriculteur ou d'aide-ménager.

Le *Maschinenring* est une structure associative d'entraide, avec des filiales commerciales fonctionnant sous la forme de SARL, proposant des services de remplacement à ses membres. Elle emploie 2500 personnes pour tous ses secteurs d'activité et est en lien avec une majorité d'exploitations agricoles (192 000 sur 280 000 en Allemagne).

Les dépanneurs agricoles et ménagers suisses

- Prise en charge des services de remplacement aux agriculteurs par l'assurance maladie des agriculteurs qui peut être souscrite dans différentes caisses, le coût de cette assurance maladie étant variable selon la franchise annuelle choisie (comprise entre 300 et 2500 CHF) et la cotisation mensuelle correspondante. L'assuré prend en charge 10% des coûts, une fois le montant de la franchise atteint[147].

146. https ://www.svlfg.de/betriebshilfe-haushaltshilfe
147. Sources : https://www.cnav.ch/files/3/NE-FlverPrimes2020.pdf
https://www.prometerre.ch/s3/site/1545814686_19for00p0101195.10rglementdudpannagefamilialservicerurald entraideetagricole.pdf

- Principale caisse = Agrisano (130 000 membres), comprenant 23 agences régionales installées dans les cantons suisses et rattachées à la chambre cantonale d'agriculture. Couverture sous certaines conditions strictement appliquées (accident ou maladie, maternité, recrutement en périodes de pics de travail, service militaire) du coût des dépanneurs et aides familiaux mis à disposition à hauteur de 50 CHF/jour (47 Euros) pendant 30 jours. Les salariés ont un statut d'intérimaires et sont financés directement par l'organisme. En cas de recours par l'agriculteur à une association / fondation tierce reconnue par Agrisano (organisations de dépannage agricole, d'aide au ménage, d'aide et de soins à domicile) celle-ci rembourse l'avance de frais faite par l'exploitant.
- Un exemple de structure fournissant un service de dépannage agricole, la SECADA, (association fribourgeoise d'entraide et de dépannage). Bénévole, elle est rattachée à l'Union des paysans fribourgeois, le syndicat agricole régional. Mise à disposition et attribution de « dépanneurs » à des exploitants (congés maladie, service militaire, surcharge de travail, décès, fête, vacances ou autres), l'attribution étant priorisée en privilégiant décès, accidents et maladies.

Elle réalise une centaine d'interventions par an (8000 heures de dépannage environ), dont 50% pour maladie. A recruté en 2019 26 travailleurs âgés de 21 à 69 ans, dont seulement 2 emplois permanents.

Elle propose enfin un « service ménager rural » (préparation des repas, travaux de nettoyage courants, lessive, transport, garde d'enfants, de personnes âgées ou handicapées.

Une aide au remplacement limitée en Autriche

- Prise en charge partielle de l'l'aide agricole par l'assurance sociale des indépendants (SVS) lors d'incapacité personnelle de l'exploitant, de son conjoint ou des membres de sa famille proche et seulement en l'absence de main-d'œuvre appropriée disponible,
- Financements conditionnés par des franchises et durées de prises en charge variables selon les motifs de recours à l'assistance

Le SVS fait appel aux employés des associations agricoles « maschinenring » (similaires aux maschinenring allemandes).

A la fin de la mission de remplacement, la SVS préfinance tous les coûts engendrés puis l'agriculteur est débité de la différence entre ce préfinancement et le montant des subventions qu'il perçoit. Le montant du subventionnement est de 9,5 Euros/ heure pour 8h/j maximum, puis à partir de 90 jours, de 6h/j maximum. La subvention ne doit pas dépasser 80% des dépenses totales engendrées[148].

Au total

Parmi les 4 systèmes explorés, le SRF, vu sa proximité avec l'assise sociale mise en place, peut tirer des enseignements bénéfiques des exemples allemands et

148. https://www.svs.at/cdscontent/?contentid=10007816739

suisses. L'intervention des organismes coopératifs d'assurance maladie pour organiser et financer le remplacement a une ampleur plus grande que celle existant en France avec le partenariat SRF MSA. Ceci renforce les moyens d'action de ces organismes, l'extension des prestations servies aux aides à domicile aux familles du milieu rural, et donc, les services mis en place [149].

Le remplacement du dirigeant dans le monde non-agricole

Introduction

Concernant le monde non agricole où peu de choses existent actuellement en cette matière, les problèmes à résoudre pour mettre en place un système de remplacement sont en théorie les mêmes, à savoir la volonté de collaboration interactive entre les organismes concernés (Ministères et Secrétariats d'Etat dont relèvent les diverses professions, Organisations professionnelles ou Conseils de l'ordre respectifs, Caisse Primaire d'Assurance Maladie, Mutuelles et Compagnies d'assurances, Structures susceptibles de proposer des remplaçants…), dans le but de préserver les entreprises et leurs emplois.

Tout comme dans le monde agricole et certainement de façon beaucoup plus aigüe encore, se pose le problème de la diversité et de la complexité des situations susceptibles de nécessiter des interventions au regard de la multiplicité des secteurs d'activité concernés.

Néanmoins, l'apriori avancé qui énonce que si les agriculteurs ont pu coconstruire leur système de remplacement, c'est parce que ledit remplacement consistait essentiellement à fournir « des bras » (labourage, traite et alimentation des animaux…), et que les professions non-agricoles auront beaucoup plus de mal à créer un système analogue, semble à la réflexion ne pas forcément tenir totalement la route et être à nuancer.

En effet et d'une part, comme le rapport CGAER N° 19068 le stipule, la nécessité croissante et constante de professionnalisation, oblige ce système à évoluer en permanence pour s'adapter aux progrès techniques et à la spécialisation croissante des exploitations agricoles.

D'autre part, les professions agricoles ont réussi à mettre en place à l'échelon national avec leur réseau de tutelle, bien qu'elles soient beaucoup moins nombreuses (700 000), un système de remplacement cohérent et évolutif, intéressant les « cœurs de métiers » sur la base d'une entraide mutuelle et d'un maillage territorial.

Enfin, les professions non-agricoles, même si l'impératif de professionnalisation, vu la diversité sans commune mesure des métiers, est encore beaucoup plus exacerbé dans le monde extra agricole, tirent leur avantage de leur nombre

149. En France les ADMR gèrent les services à la personne en milieu rural indépendamment, de la MSA et des SR même si des relations existent entre ces différents organismes

(2,8 millions), de leur diversité, de leur concentration et de leur proximité potentielle sur les divers bassins d'emploi. Ces conditions rendent probablement moins difficile la mise en place d'un système d'entraide mutuelle intéressant, dans un nombre important de situations, « les cœurs de métiers » respectifs.

Dans ce contexte, la construction du système de remplacement, des dispositifs assurantiels qu'il induit et des modalités de suivi du dirigeant et/ou du travailleur indépendant par le service de santé au travail vont revêtir des particularités, certes, en partie communes avec celles du système de remplacement agricole, mais aussi très distinctes.

Les structures susceptibles d'être réservoirs potentiels de remplaçants

L'Association pour l'emploi des cadres (APEC)

C'est une association française paritaire et privée, répartie sur l'ensemble du territoire, financée par les cotisations des cadres et des entreprises du secteur privé. Elle assure un service et un conseil aux entreprises pour optimiser leurs recrutements et la gestion de leurs compétences internes, aux cadres, pendant tout leur parcours professionnel, sur les sujets concernant leur emploi, ainsi qu'aux jeunes diplômés de l'enseignement supérieur. Elle vise à améliorer le fonctionnement du marché de l'emploi des cadres. Elle fait partie des 5 acteurs nationaux du conseil en évolution professionnelle (CEP) et du compte personnel d'activité (CPA).

Dans ce cadre, l'APEC pourrait développer un focus sur cette problématique afin de pouvoir proposer à certains de ses demandeurs d'emplois (seul ou plusieurs selon les besoins de l'entreprise) pendant la période d'indisponibilité du chef d'entreprise, des missions de remplacements en CDD. Ce dispositif pourrait être pris en charge sur le plan financier, par le dispositif assurantiel « Homme Clé ».

Ce système pourrait, le cas échéant, donner l'occasion aux demandeurs d'emploi qui sont intervenus dans l'entreprise de s'y insérer au retour du dirigeant, ou celle, de leur proposer d'autres missions de ce type, Ce pourrait également être une opportunité, pour le dirigeant en difficulté et incapable de reprendre son activité, de transmettre son entreprise dans de bonnes conditions et de préserver l'emploi de ses salariés.

Les sociétés de portage salarial[150]

Il existe en France près de 300 sociétés de ce type hébergeant 90 000 travailleurs indépendants en portage salarial. Ce dispositif, à la croisée des chemins entre l'entreprenariat et le salariat, séduit des professionnels recherchant une solution simple, rapide et sécurisée pour se lancer en freelance sans les inconvénients liés à la création d'entreprise. Il offre une solution pour des travailleurs indépendants souhaitant concilier, d'une part, la liberté de l'entrepreneur en se consacrant pleinement à la réalisation de leurs prestations et au développement

150. Guide du portage salarial

de leur activité professionnelle, et, d'autre part, la protection sociale du statut de salarié. Bref, le portage salarial est une forme d'emploi qui permet d'effectuer une activité professionnelle indépendante sans créer d'entreprise, en utilisant les services d'une entreprise de portage salarial pour gérer tous les aspects administratifs, financiers et juridiques liés à cette activité. Il s'agit donc d'une relation tripartite dans laquelle la société de portage salarial signe un contrat de travail avec le professionnel autonome et un contrat de travail avec le client de celui-ci. Le portage salarial, depuis 2017, est devenu une branche professionnelle autonome dotée d'une convention collective. Il est défini dans le Code du Travail (Article L 1256-1) comme :

- D'une part, la relation entre une entreprise dénommée « entreprise de portage salarial » effectuant une prestation auprès d'une entreprise cliente, qui donne lieu à la conclusion d'un contrat commercial de prestation de portage salarial,
- D'autre part, le contrat de travail conclu entre l'entreprise de portage salarial et un salarié désigné comme étant le « salarié porté », lequel est rémunéré par cette entreprise.
- Les activités de portage salarial sont réservées à des professionnels proposant des prestations intellectuelles ou commerciales dans les domaines de l'informatique, de l'immobilier, des ressources humaines, du BTP, du développement durable, de l'agroalimentaire ou encore de l'industrie.

En sont exclues certaines activités de service à la personne et les activités réglementées (experts-comptables, avocats, médecins…).

Ces sociétés peuvent donc, en théorie et si elles possèdent les ressources humaines compétentes, assurer le remplacement temporaire de « l'homme clé » et permettre le maintien de l'activité de l'entreprise pendant l'absence de son dirigeant ou de celui-ci.

Les managers de transition[151]

Ce sont des cadres expérimentés à même de mener toutes les missions stratégiques au sein de l'entreprise. Ils apportent une solution pérenne à des situations de crise ou de transformation, quel que soit le niveau hiérarchique, le département ou la durée de leur mission dans l'organisation au sein de laquelle ils interviennent. A leurs qualités professionnelles qui leur confèrent une légitimité indéniable pour diriger provisoirement une entreprise, une filiale ou un service, ils présentent également des qualités humaines, une disponibilité, une écoute, une flexibilité, une grande capacité d'adaptation, une vision macro et micro, une détermination, une facilité à communiquer avec leurs pairs et leurs équipes.

Leurs interventions peuvent s'exercer plus particulièrement dans 3 directions :

151. Reactive Executive

- activités de transformation : Transformation digitale, changement de business model, amélioration de la performance, conduite de changement, gestion de projets stratégiques, fusion, acquisition, carve out[152], développement à l'international, cotation en bourse, ...
- activités de retournement[153] : Redressement, retournement, restructuration, baisse d'activité, fermetures de sites ou d'usines, contrôle financier, plans de sauvegarde de l'emploi, conflit social, cession de l'entreprise ou d'une activité, ...
- activités de management relai : urgence managériale, remplacement temporaire d'un dirigeant suite à, un départ, à l'absence temporaire d'un cadre dirigeant (maladie, maternité, formation, accident, ...) ou au décès d'un dirigeant de l'entreprise. ils peuvent donc remplacer au pied levé un directeur dont le rôle est essentiel ou guider des actions innovantes lors d'un changement majeur dans l'organisation et les procédures.
- bien qu'ils jouent un rôle temporaire à un poste, l'action des intérim managers s'inscrit dans la durée.

Un certain nombre de structures disposent d'un panel de managers de transition experts dans un domaine stratégique, peuvent aider et accompagner le dirigeant dans sa quête, partout en France. Nous citerons, sans qu'il s'agisse d'une liste exhaustive :

Nom de la structure	Adresse	Téléphone
Reactive executive	120 Avenue des Champs Elysées 75 008 PARIS	Tel : 01 83 62 46 69
SNR Partners	5 rue Agar 75016 PARIS	Tel : 01 46 45 44 92
Lum Transition	17 rue Scribe 75 009 PARIS	Tel : 09 72 47 91 28
	31 Allée de Chartres 33000 BORDEAUX	
	94 rue Servient 69003 LYON	Tel : 04 72 84 60 60
MCG Managers	4 place Louis Arnaud 75603 PARIS cedex 12	Tel : 01 73 02 03 80
	199 rue Hélène Boucher 34170 CASTELNAU LE LEZ	Tel : 04 67 99 46 13
Michael PAGE		Tel : 0140 08 40 00
Wayden	37 avenue des Champs Elysées 75008 PARIS	Tel : 01 83 62 23 62, e-mail : contact@wayden.fr
Managers en mission (portage salarial)	18 rue de Londres 75009 PARIS	Tel : 01 53 43 03 90

152. Une opération d d'activité e Carve out (ou détourage) est la cession par une société ou un groupe de sociétés d'une branche
153. Le retournement d'entreprise regroupe des pratiques de gestion, restructuration et refinancement des entreprises en difficulté en vue de leur redressement : Il s'agit d'une approche positive de la gestion des entreprises en crise, dans le but de la préservation de leur activité et des emplois.

Le coût de l'intervention d'un manager de transition dépend de plusieurs facteurs (expérience dans le domaine concerné, compétences en lien avec la problématique, complexité, durée et urgence de la mission, son statut et la structure dans laquelle il évolue, intervention à temps partiel, temps partagé ou temps plein, structure parisienne ou provinciale, ...). Il est dans une fourchette de 1000 à 2000,00 Euros/ jour et peut très probablement être pris en charge dans le cadre d'un contrat d'assurance homme-clé.

Bras droit des dirigeants (BDDD)[154]

Cette structure originale, bâtie en 2008 par Monsieur Bruno DORON, franchisée en 2013 et bénéficiant d'antennes locales réparties sur tout le territoire, repose sur un concept innovant et très opérationnel : accompagner les dirigeants de TPE/PME dans leur développement commercial avec pour objectif d'apporter des résultats concrets et, de préférence, à court terme. Partie du principe que diriger une entreprise est passionnant mais difficile (gérer, encadrer, recruter, produire, réfléchir, communiquer, acheter, anticiper, ...), elle a cherché à répondre à cette problématique des dirigeants de TPE/PME en créant et développant un réseau de cadres opérationnels pour apporter une expertise métier et épauler le dirigeant de façon externalisée à temps partagé. Ce mode d'organisation, initié d'abord en direction des TPE et PME sans encadrement, s'adresse à toutes les entreprises (TPE, PME, startups et ETI). Il vise à offrir à des entreprises qui n'ont pas le besoin ou les moyens d'intégrer un salarié à temps plein et pour qui cette pratique est une vraie opportunité, un cadre externalisé à temps partagé et ce, pour des durées éventuellement prolongées. BDDD est constitué de plusieurs réseaux experts, dont la majorité de métiers qui composent classiquement un CODIR. Assez fréquemment, plusieurs Bras Droits d'expertises différentes interviennent au sein de la même entreprise et constituent ainsi un CODIR externalisé à temps partagé (Direction Commerciale, Direction Marketing Digital, Direction des Ressources Humaines, Direction Générale, Direction Financière, Stratégie et Développement de Franchise).

Ce réseau peut permettre d'offrir à des dirigeants, en incapacité d'exercer suite à un évènement de santé, des solutions de remplacement en leadership ou en « secondship », probablement finançables *via* un contrat d'assurance « Homme Clé ».

Les structures du Portail du Rebond

Un partenariat semble tout à fait intéressant à initier avec ces structures, qui prennent déjà en charge des dirigeants d'entreprises et des travailleurs indépendants, pour travailler en réseau avec elles dans le cadre :

- des problématiques, économiques et de stress, décrites dans la première configuration,

154. https ://www.brasdroitdesdirigeants.co/a-propos/

- des accompagnements de dirigeants ou travailleurs indépendants présentant des problèmes de santé et/ou un handicap, pouvant fragiliser leur entreprise et/ou nécessiter une assistance,
- de pistes de solutions en termes de remplacement temporaires avec financement assurantiel « homme clé », mais aussi et pourquoi pas, en termes de rebond pour les personnes suivies, via une insertion dans une nouvelle entreprise, voire une reprise d'entreprise et un nouveau projet professionnel.

Les entreprises de travail temporaires

Mises en œuvre le plus couramment pour fournir aux entreprises des salariés intérimaires, elles semblent susceptibles de pouvoir leur fournir, dans certains cas et pour assurer un intérim, des possibilités de recours à des personnels plus susceptibles d'être ressources de remplacement pour les dirigeants d'entreprise et les travailleurs indépendants.

L'association h'UP entrepreneurs

Un partenariat peut enfin être imaginé avec cette association qui accompagne des travailleurs handicapés dans la création ou la reprise d'entreprises.

Un dispositif d'entraide susceptible d'être utilisable en tant que réservoir potentiel de remplaçant ou de fonction support : le prêt de main d'œuvre entre entreprises[155]

Ce dispositif de prêt de main d'œuvre a été conçu pour pallier les difficultés de recrutement dans certains secteurs en tension ou pour éviter le chômage partiel en cas de baisse d'activité. Il permet à l'entreprise prêteuse de mettre à disposition d'une autre entreprise utilisatrice des salariés pendant une durée déterminée. Ce prêt doit obligatoirement, sauf exceptions[156], être à but non lucratif.

- **Modalités d'organisation**

Le prêt de main-d'œuvre nécessite au préalable l'accord explicite du salarié concerné, accord consigné dans un avenant au contrat de travail. Cet avenant doit préciser les éléments suivants : Tâches confiées dans l'entreprise utilisatrice, horaires et lieu d'exécution du travail, caractéristiques particulières du poste de travail, possibilité de prévoir une période probatoire par accord entre l'entreprise prêteuse et le salarié. En cas de refus par le salarié, celui-ci ne peut pas être sanctionné, licencié ou faire l'objet d'une mesure discriminatoire. De même l'arrêt

155. https://demarches.interieur.gouv.fr/professionnels/pret-main-d'uvre-entre-entreprises
156. Exceptions = travail temporaire par les entreprises d'intérim, travail à temps partagé, agence de mannequin par le titulaire de la licence d'agence de mannequin, prêt de sportifs mis à disposition de la fédération sportive délégataire en tant que membre d'une équipe de France, mise à disposition de salariés auprès d'un syndicat. L'entreprise prêteuse doit uniquement facturer à l'entreprise utilisatrice les salaires versés aux salariés, les charges sociales qui y sont liées et les frais professionnels remboursés au salarié

de la période probatoire par l'une des parties avant sa fin n'est pas un motif de sanction ou de licenciement. A signaler que la période probatoire est obligatoire si le prêt de main-d'œuvre entraîne une modification d'un élément essentiel du contrat de travail (rémunération ou durée du travail par exemple). Chaque partie peut mettre fin à la période probatoire.

L'entreprise prêteuse et l'entreprise utilisatrice doivent signer une convention de mise à disposition désignant un seul salarié. Cette convention doit mentionner les informations suivantes : durée de la mise à disposition, identité et qualification du salarié, mode de détermination des salaires, des charges sociales et des frais professionnels facturés à l'entreprise utilisatrice par l'entreprise prêteuse.

L'employeur de l'entreprise prêteuse doit consulter le comité économique et social préalablement à la mise en œuvre d'un prêt de main-d'œuvre et l'informer des différentes conventions signées, des risques inhérents particuliers pour la santé ou la sécurité du poste à pourvoir dans l'entreprise utilisatrice. Parallèlement dans l'entreprise utilisatrice, le comité social et économique doit être informé et consulté préalablement à l'accueil de salariés mis à disposition dans ce cadre.

- **Statut du salarié mis à disposition**

L'entreprise utilisatrice est responsable des conditions d'exécution du travail pendant la mise à disposition. Le salarié mis à disposition a accès aux installations et moyens de transport collectifs dont bénéficient les salariés de l'entreprise utilisatrice. Pendant la période de prêt, le contrat de travail qui lie le salarié à l'entreprise prêteuse n'est ni rompu ni suspendu. Le salarié continue d'appartenir au personnel de l'entreprise prêteuse et de bénéficier des dispositions conventionnelles comme s'il exécutait son travail dans son entreprise d'origine. La mise à disposition ne remet pas en cause la protection dont bénéficie un salarié protégé. A la fin de la période de prêt, le salarié retrouve son poste de travail d'origine ou un poste équivalent, sans que l'évolution de sa carrière ou de sa rémunération n'en soient affectée.

- **Les sanctions en cas de prêt de main-d'œuvre illicite** : Sur le plan pénal jusqu'à 2 ans d'emprisonnement et 30 000 Euros (montant porté à 150 000 Euros pour une personne morale). Peines complémentaires possibles (interdiction d'exercer certaines activités professionnelles, exclusion des marchés publics, publication du jugement dans les journaux, ...) voire sanctions administratives (suppression des aides publiques, remboursement des aides publiques déjà perçues, fermeture de l'entreprise, ...).

Nota Bene

- **Prêt d'une grande entreprise à une jeune entreprise ou PME** : Ce prêt est possible, sous réserve que cette mise à disposition ne soit pas effectuée au sein d'un même groupe, pour améliorer par exemple la qualification de sa main-d'œuvre. L'opération de prêt de main d'œuvre peut être « sous-facturée » et être considérée comme à but non lucratif si l'ensemble des conditions suivantes est rempli :
  - L'entreprise prêteuse emploie au moins 5000 salariés ou appartient à un groupe d'au moins 5000 salariés,
  - L'entreprise utilisatrice a moins de 8 ans d'existence ou est une PME de moins de 250 salariés ou une structure d'intérêt général ou d'utilité publique,
  - La durée du prêt est limitée à 2 ans maximum.

- **Mécénat de compétences** :
  - L'entreprise prêteuse emploie au moins 5000 salariés ou appartient à un groupe d'au moins 5000 salariés.
  - L'entreprise peut mettre gratuitement à disposition des salariés auprès d'un organisme d'intérêt général pour mobiliser pendant un temps leurs compétences.
  - En contrepartie, l'entreprise prêteuse bénéficie d'une réduction fiscale équivalente aux dons en faveur d'une œuvre d'intérêt général (associations, œuvres ou organismes d'intérêt général, fondations ou associations reconnues d'intérêt public, Fondations d'entreprise, établissements d'enseignement supérieur ou d'enseignement artistique publics ou privés à but non lucratif agréés).

Dans une démarche de solidarité et d'entraide entre très grandes entreprises et PME <250 salariés, ce type de prêt peut-il être développé et offrir au dirigeant de PME ou de TPE fragilisé une solution temporaire en termes de fourniture de fonction support supplétive ou de remplacement ??? Ce type de dispositif, à défaut d'offrir une opportunité de solution constante, pourrait être mis en route par une grande entreprise en direction d'un de ses sous-traitants ou d'un de ses clients, vulnérabilisé ?

Les structures susceptibles de créer des activités de remplacement

Une réflexion pourrait être engagée, dans certains cadres d'activité particuliers, sur l'opportunité d'un élargissement du champ d'intervention des entreprises de coaching professionnel à des missions temporaires de maintien de l'activité de l'entreprise en cas de problème de santé du dirigeant.

Le principe de ce coaching pourrait consister à maintenir en bon ordre de marche une entreprise qui dysfonctionne et pourrait probablement être utilisé avec bénéfice, dans certains cas, pour des dysfonctionnements induits par de tels évènements de santé.

Ce pourrait par exemple être opportun pour aider à gérer les situations de dirigeants d'entreprises artisanales, pour lesquels aucun système de remplacement n'est prévu par leurs organismes professionnels, aucun remplacement par d'autres artisans locaux n'est possible à mettre en place en raison de la concurrence qui s'exerce entre eux, ce qui peut entraîner des conséquences extrêmement dommageables pour l'entreprise, voire engager sa survie et donc, l'emploi de ses salariés.

Le coaching temporaire pourrait être éventuellement exercé, le cas échéant après une reconversion professionnelle vers ces activités de coaching, par un artisan d'expérience capable de tutorat ou par un artisan retraité.

Il faut signaler ici l'intérêt du maillage territorial et de la collaboration entre responsables de secteurs du service de remplacement départemental avec ceux des départements limitrophes.

La transmission de l'entreprise aux salariés : SCOP - Société coopérative et participative[157]

C'est une société coopérative (SARL, SAS ou SA) dont les associés majoritaires sont les salariés. Réunis autour d'un même projet économique et des mêmes valeurs, ils s'impliquent totalement dans l'entreprise. Elle peut être créée dans tous les secteurs d'activité (commerce, industrie, artisanat, services, multi média et même certaines professions libérales réglementées (architectes, géomètres-experts, experts-comptables, vétérinaires).

La Scop se constitue un patrimoine propre (réserves financières impartageables), cette impartageabilité (impossibilité de les incorporer dans le capital social ou de les distribuer) favorisant sa pérennité.

Pour prétendre à l'appellation de Scop et au bénéfice des dispositions prévues par les textes législatifs ou réglementaires, la société doit être inscrite par arrêté individuel sur une liste dressée par le ministère du Travail Cette liste, gérée par la Confédération générale des Scop est publiée, chaque année, au Journal officiel.

157. Source : BPI France - https://bpifrance-creation.fr/structures-juridiques/entreprendre-less/scop-societe-cooperaive-participative

Tableau comparatif sur les spécificités des Scop : *(Source : D'après BPI France, Confédération générale des Scop)*

	SA classique	SA Scop	SARL classique	SARL Scop ou SAS	Commentaires
Associés (minimum)	2	7 parmi les salariés	2	2 parmi les salariés	– La loi impose la présence de deux salariés « équivalents temp plein » (ce qui peut correspondre à plusieurs temps partiels) – Associés salariés = au minimum 65% des voix, 51% des parts (aucun salarié ne peut détenir >1/2 du capital) – Les salariés associés participent aux choix stratégiques de l'entreprise lors de l'assemblée générale. Tout nouvel embauché a vocation à devenir associé s'il le souhaite et selon les modalités fixées par les statuts. – La loi crée un lien spécifique entre les deux statuts, salarié et associé. Sauf disposition contraire dans les statuts, la renonciation à la qualité d'associé (sauf retraite, licenciement économique, invalidité) entraîne la rupture simultanée du contrat de travail et la rupture du contrat de travail entraîne la perte de la qualité d'associé. – Les associés extérieurs « investisseurs » (personnes physiques ou morales ne travaillant pas dans l'entreprise) = au maximum 35% des droits de vote, 49% des parts. – Comme tout associé de Scop, possibilité d'investir en titres participatifs qui ne leur donnent pas de droit de vote, mais qui leur attribuent une rémunération plus forte (partie fixe+ complément variable fonction des résultats de l'entreprise) Le nombre d'associés extérieurs dépend donc du nombre d'associés salariés.
Capital minimum	37 000 euros	18500 euros	Fixé librement	30 euros (soit au minimum une part de 15 euros/associé)	– Pour une SA Scop il ne peut être <18500 euros. Les apports en numéraire doivent être libérés d'au moins 25% de leur montant au moment de la constitution de la société, le solde devant être libéré dans les 3 ans.
Capital fixe/ variable	Fixe	Variable	Fixe ou variable	Variable	

Le fonctionnement s'effectue sur un mode de **management participatif**. Dans une SARL ou une SAS, les dirigeants sont élus par les associés salariés pour une durée maximale de 4 ans.

Dans une SA, la durée du mandat du dirigeant est au maximum de 6 ans. Ils sont rééligibles et peuvent être révoqués à tout moment par l'assemblée des associés ou le conseil d'administration. Ils sont, comme dans toute société, responsables de leurs fautes de gestion. Les dirigeants mandataires sociaux sont assimilés à des salariés (notamment au regard de l'assurance chômage).

Les bénéfices de l'entreprise sont répartis en 3 parts :

- Une part « entreprise » comprenant d'une part, une fraction minimale de 15% prélevée jusqu'à ce que le montant de la réserve s'élève au montant le plus élevé atteint par le capital, d'autre part une fraction affectée à une réserve statutaire dite « fonds de développement » (ce seuil, fixé par les statuts, doit être au minimum de 1%), enfin une partie des réserves peut être modifiée en prévision pour investissement (PPI) . Ceci engage la Scop à investir en matériel sous 4 ans et lui permet de faire sortir ces sommes de l'assiette fiscale de l'impôt sur les sociétés.
- Une part « salariés » (« part « travail ») est attribuée aux salariés associés ou non (minimum=25% mais globalement 40% en moyenne). Cette part peut tenir lieu de réserve spéciale de participation dans le cadre d'un accord de participation avec blocage pendant 5 ans, d'où pas de charges sociales ni patronales sur ces sommes à l'exception de la CSG et de la CRDS.
- Une part « associés » (« part capital »), qui ne peut être supérieure ni aux réserves, ni à la part « travail », est versée aux associés sous forme d'intérêts aux parts sociales (équivalent aux dividendes).

Tableau comparatif sur les spécificités des Scop : *(Source : D'après BPI France, Confédération générale des Scop)*

<table>
<tr><th></th><th>SA classique</th><th>SA Scop</th><th>SARL classique</th><th>SARL Scop ou SAS</th><th>Commentaires</th></tr>
<tr><td>Commissaire aux comptes</td><td>oui</td><td>oui</td><td>Uniquement si 2 seuils réglementaires sur 3 sont atteints</td><td>Uniquement si 2 seuils réglementaires sur 3 sont atteints</td><td rowspan="2">Les 3 seuils sont :
- Pour la SARL Total du bilan>1,5 millions d'euros, Chiffre d'affaires> 3,1 millions d'euros, nombre de salariés >50
- Pour les SAS Total du bilan>1 million d'euros, chiffre d'affaires > 2 millions d'euros, nombre de salariés >20

Les SARL et SAS qui n'atteignent pas 2 des 3 seuils doivent procéder annuellement à la révision coopérative (= examen analytique de la gestion administrative, financière et sociale de la coopérative. Il est assuré par des réviseurs agréés par le ministère du Travail (Urscop par exemple)</td></tr>
<tr><td>Révision coopérative</td><td>Non</td><td>Oui quinquennale</td><td>Non</td><td>Oui
- Annuelle en l'absence de commissaire aux comptes
- Quinquennale si commissaire aux comptes</td></tr>
</table>

Lors de la passation d'un marché public, un droit de préférence est attribué, à égalité de prix ou à équivalence d'offres, à l'offre présentée par une Scop.

Lors de la cession, le capital est remboursé aux associés en cas de départ (restitué sans plus-value avec possibilité de réévaluation indexée sur l'inflation).

En cas de liquidation, le boni peut être versé à une Scop, à l'union ou à la fédération des Scop, à une personne morale de droit public ou à une œuvre d'intérêt général, coopératif, professionnel ne poursuivant pas un but lucratif.

Création d'un statut de Scop d'amorçage (Loi sur l'économie sociale et solidaire du 31 juillet 2014). Il s'agit d'un statut provisoire qui donne la possibilité, notamment à un associé non coopérateur, de détenir provisoirement plus de la moitié du capital d'une Scop. Cela permet, en cas de transformation d'une société en Scop, d'offrir aux salariés qui n'ont pas la possibilité de détenir plus de la moitié du capital, les avantages fiscaux d'une Scop pendant 7 ans pour leur laisser le temps de devenir majoritaires. De la même façon, les coopérateurs peuvent décider d'utiliser les réserves de la Scop pour racheter les parts sociales souscrites par des associés non-coopérateurs dans les 7 ans suivant la transformation en Scop.

Tableau comparatif sur les spécificités des Scop : *(Source : D'après BPI France, Confédération générale des Scop)*

	SA classique	SA Scop	SARL classique	SARL Scop ou SAS C	ommentaires
Impôt sur les sociétés	Oui au taux de droit commun	Oui au taux de droit commun Exonération de la fraction des bénéfices distribuée aux salariés au titre de la participation salariale et de celle mise en réserve (si constitution de provision pour investissement (si accord de participation dérogatoire signé) IS sur la part distribuée aux associés sous forme d'intérêts	Oui au taux de droit commun	Oui au taux de droit commun Exonération de la fraction des bénéfices distribuée aux salariés au titre de la participation salariale et de celle mise en réserve (si constitution de provision pour investissement (si accord de participation dérogatoire signé) IS sur la part distribuée aux associés sous forme d'intérêts	
Contribution économique territoriale	Oui	Exonération	Oui	Exonération	
Pouvoir des associés	Proportionnel au capital détenu	1 associé =1 voix	Proportionnel au capital détenu	1 associé =1 voix	

Dotation aux réserves	Réserve légale 5% du résultat obligatoire	Réserve légale 15% du résultat + 1% pour le fonds de déve-loppement (43% en moyenne)	Réserve légale 5% du résultat obligatoire	Réserve légale 15% du résultat + 1% pour le fonds de déve-loppement (43% en moyenne)	
Capital individuel	Cession de parts entre asso-ciés ou à des tiers	Remboursé en cas de départ	Cession de parts entre associés ou à des tiers si capitaux fixe, remboursé en cas de départ si capital variable	Remboursé en cas de départ	
Valorisation du patrimoine	La plus-value est distribuée ax associés lors de la cession de parts, de la liquidation de la société ou d'une distribution de réserves	Restitution du capital investi	La plus-value est distribuée ax associés lors de la cession de parts, de la liquidation de la société ou d'une distribution de réserves	Restitution du capital investi	

Procédure d'agrément : Adresser la demande de reconnaissance du statut de Scop/ lettre recommandée avec accusé de réception au ministre chargé du travail qui la transmet pour avis à la Confédération générale des sociétés coopératives (Contenu du dossier précisé par Décret du 23 mars 1993). Délai de réponse motivée du ministre = 2 mois à compter de la date de dépôt. La société, chaque année, devra communiquer au ministre chargé du Travail dans les 6 mois de la clôture de son exercice social un certain nombre d'informations sur le suivi de son activité. Le défaut de communication entrainera la nullité de l'inscription ministérielle et l'impossibilité de se prévaloir des avantages attachés au statut de Scop.

Les services des Urscop (9 unions régionales):

- Missions d'appui et de conseil
- Accompagnement pour les créations de nouvelles coopératives,
- Accompagnement des sociétés qui souhaitent se transformer en Scop

Les honoraires sont payés une fois la Scop créée. Les régions versent engénéral une subvention au créateur de Scop.

Contacts et informations : Confédération générale des Scop, 30 rue des épinettes 75017 Paris. Tel : 01 44 85 47 00 ou l'une de ses unions régionales (www.les-scop.coop)

Quels enseignements peut-on tirer de l'expérience du Service de Remplacement Agricole ?

Sur le plan structurel et organisationnel

Il semble préférable de privilégier dès le départ la mise en place d'une organisation fonctionnant selon un modèle « Service Départemental » s'inspirant par exemple de celui décrit par les auteurs du rapport CGAAER n° 19068 pour le département de la Charente, et ce, pour plusieurs raisons.

- Les modèles fédératifs reposent sur des dynamiques d'associations locales de remplacement administrées par des bénévoles et sont bâtis sur le modèle économique d'un service de proximité qui assure la gestion de proximité des besoins de remplacement. Ces associations restent indépendantes les unes des autres et devront de toute façon être fédérées au niveau départemental. Par ailleurs, leur financement, qui repose, pour les structures agricoles, sur des subventions de communes ou de structures inter communales à la pérennité plus aléatoire, ainsi que le bénévolat sous le régime duquel elles fonctionnent, source de démobilisation et de turn-over, peuvent les rendre beaucoup plus vulnérables. Enfin leur indépendance, leurs modalités organisationnelles et leur nombre sur un territoire départemental peuvent rendre plus difficile la mise en place d'une organisation globale et d'une pratique structurée homogène.
- Les associations départementales constituent l'élément structurant des SR sur un territoire départemental et apportent un service de proximité de

qualité, au caractère très opérationnel, associé à des actions de professionnalisation du service. Bien qu'elles nécessitent un budget plus important (financement d'emplois permanents pour l'animation et la gestion), elles fonctionnent sur un modèle économique (toute heure doit être bénéficiaire en prenant en compte tous les coûts d'un service de qualité, dont la rémunération de la compétence, à charge pour le SR de trouver des modalités de subventionnement pour abaisser le coût horaire pour l'utilisateur) et leur objectif est de réaliser une activité de remplacement obéissant au principe de qualité totale à chaque étape de la prestation servie. Comme dans le modèle charentais, il permet de répartir entre quelques animateurs(trices) les différents bassins d'emplois du département afin de mieux mailler le territoire et de travailler au plus près et de la façon la plus réactive possible au contact des adhérents[158]. Par ailleurs, la mutualisation de l'organisation et des moyens du service de remplacement avec ceux de la structure régionale des groupements d'employeurs (GEAR) mise en place par le service charentais ainsi que la direction commune et la préoccupation constante de placer la valeur de l'humain (binôme dirigeant/remplaçant) au centre de l'action, pourraient être une piste intéressante à explorer et, pourquoi pas, avec le Centre de Ressources des Groupements d'Employeurs (CRGE).

De plus, ces associations départementales semblent bénéficier, et pour plusieurs raisons, de la dimension et de la légitimité idéales pour communiquer et travailler en réseau avec les autres structures présentes sur le département. En outre, si l'on se réfère à l'expérience agricole, il semble que l'utilité des services de remplacement soit bien perçue par les représentants des collectivités locales, les conseils régionaux et départementaux, ce qui facilite le travail coopératif en réseau avec ces organismes, voire leur soutien et l'obtention de subventions.

Enfin, représentant une « France miniature », le modèle départemental permet d'être en effet en lien étroit et plus légitime avec celles -ci car :

- Un grand nombre d'administrations (la Région, l'URSSAF,...), d'organismes d'assurance sociale (Caisse Primaire d'assurance maladie, MSA,...) de structures compétentes pour gérer les problématiques de handicap et/ou d'emploi (Cap emploi, Pôle emploi, Agefiph, ...) d'organisations professionnelles (Unions patronales, Chambre de commerce et d'industrie, Chambre des métiers et de l'Artisanat, Chambre d'agriculture, UIMM,, UMIH, CPME, CAPEB, ...), de conseils de l'Ordre, y sont représentées au moins par une antenne locale (voire régionale) compétente,
- Un nombre significatif de groupements d'employeurs y exercent leur activité, sont susceptibles d'être informés puis de mobiliser de façon synchrone et concertée leurs membres sur cette thématique qui représente, d'une façon générale, une demande majeure des dirigeants et des professions indépendantes,

158. Il est possible d'imaginer que ces animateurs (trices) puissent également travailler en réseau avec leurs homologues des départements limitrophes afin d'accroitre leurs possibilités de recherches, à proximité, de solutions de remplacement

- Il existe dans le département ou à proximité immédiate, un certain nombre de représentants d'organismes susceptibles d'être sources de solutions de remplacement en « leadership » ou en « second-ship » (APEC, Sociétés de portage salarial, Bras droit du dirigeant, managers de transition, sociétés de coaching...), de représentants de compagnies d'assurances, d'organismes de formation,
- Plusieurs Services de Santé au Travail interentreprises sont présents qui vont être (ou qui sont déjà) amenés à prendre en charge le suivi des dirigeants d'entreprises dans le cadre de leur secteur géographique et/ou de leur domaine d'activité, [159] .
- En revanche et contrairement à ce qui est réalisé dans le monde agricole, il sera sans doute compliqué, voire impossible, dans l'immense majorité des cas de faire réaliser le remplacement des dirigeants et des travailleurs indépendants par des salariés appartenant au service de remplacement et ce, pour plusieurs raisons :
  - La grande diversité des situations, des qualifications requises et des professions,
  - Le montant important des charges salariales dans le budget du service de remplacement agricole (93,6% des charges du service de remplacement),
  - Le niveau de rémunération probablement bien supérieur à celui des grilles salariales appliquées en matière de salariat agricole pour les remplaçants des dirigeants et travailleurs indépendants.

159. A titre informatif et d'exemple, dans le Gard, PREVY dont le siège est à Nîmes, le CMIST sur la région d'Alès et sur 90% du territoire de la Lozère, l' AMT de la région de Marcoule), plus la Mutualité Sociale Agricole, vont s'associer et participer à une action pilote départementale et fédérative, à l'intention des dirigeants d'entreprise et des travailleurs indépendants, mise en place avec la DREETS et l'ARACT Occitanie ainsi qu'avec la CARSAT Languedoc Roussillon, dans le cadre du Plan Régional d'insertion des Travailleurs Handicapés (PRITH), dont je porte le projet. Cette action a pour but de générer sur le département, par un travail commun, la création d'un service de remplacement départemental. Ce projet, utile et indispensable pour donner aux services de santé au travail des moyens méthodologiques crédibles de prise en charge préventive et curative à leurs dirigeants adhérents vulnérabilisés, démontre l'intérêt porté par les services de santé au travail à ces derniers et leur dynamisme. Par ailleurs, l'aspect fédératif de l'action inter services mise en place est indispensable à la réussite du projet car, dans le cas contraire, cela irait à l'encontre de la réalisation de celui-ci en fractionnant les bassins d'emploi, en diminuant le nombre et la diversité des professionnels présents sur ces bassins et donc, en diminuant les chances de pouvoir agir avec efficacité sur les problématiques inhérentes aux cœurs de métiers. Enfin, cette action commune des divers services de santé s'intègre parfaitement à l'esprit d'entraide mutuelle qui va devoir animer et être construit par leurs adhérents.
Cette action a pour finalité d'être ensuite étendue aux autres départements.

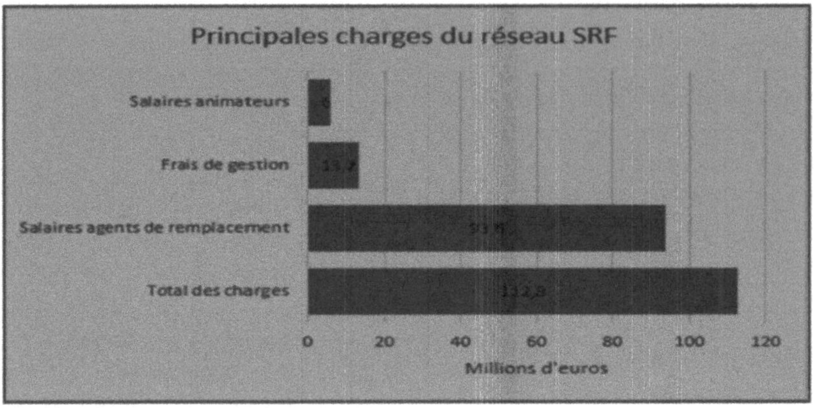

Source : SRF 2018

D'après le rapport CGAAER n° 19068 et SRF 2018, voici le tableau des principales charges du réseau SRF

Dans ces conditions, même si l'animation sectorielle et les principes d'entraide mutuelle demeurent fondamentaux et doivent être mis en place, comme l'ont fait les agriculteurs, dans le cadre d'un maillage de proximité sur les bassins d'emplois, le remplacement dans le monde extra agricole va devoir être organisé de façon très différente, c'est-à-dire sur le modèle d'une petite structure commune, polyvalente, réactive, financée par les cotisations des adhérents, au coût de fonctionnement beaucoup plus modéré (*cf* coût des salaires des animateurs+ coût des frais de gestion sur tableau ci-dessus) dans lequel les dispositifs d'entraide locale et l'étroitesse de la collaboration en réseau avec les organismes susceptibles d'être sources de remplaçants, mais aussi avec les services de remplacement des départements limitrophes et leurs réseaux, seront essentiels et fondamentaux.

Cette structure, par sa polyvalence, créera, certes, beaucoup moins d'emplois directs que le service de remplacement agricole, mais assurera tout un ensemble de prestations aux adhérents, dont la gestion du service de remplacement. Par le canal du travail avec les réseaux établis, elle pourra, par contre et très certainement, générer beaucoup d'emplois indirects.

Dans le cadre de sa polyvalence, cette structure devra avoir la capacité d'assurer une mutualisation de tâches transversales « hors cœur de métier [160] », avec pour corolaires la solidarité et la réciprocité de proximité. Ceci permettra d'offrir aux dirigeants d'entreprises malades, mais contraints de continuer à travailler pour maintenir leur chiffre d'affaires, la possibilité de déléguer une partie de leur travail d'entrepreneur (administratif, comptabilité (en l'absence de cabinet d'expertise comptable), achats, réseaux, communication…), et donc, de se concentrer

160. La suggestion de la création de ce type de structure émane des conclusions de l'enquête ARACT Nouvelle Aquitaine (Dominique BARADAT, Maxime CESCOSSE, Marion DEFFEZ) sur les dirigeants d'entreprise atteints de maladies chroniques évolutives.

pendant cette période, sur leur cœur de métier. A signaler dans ce cadre la possibilité de nouer éventuellement une collaboration avec le réseau CAIRE. En l'absence de ce dispositif, les dirigeants d'entreprise peuvent en effet être amenés, malgré la plus grande fatigue liée à la maladie elle-même et/ou aux effets secondaires du traitement, à augmenter leur temps de travail, ce, au détriment de leur propre santé déjà fragilisée.

Lors de tels évènements de santé graves (maladie, accident, handicap, ...) pouvant engager la pérennité de l'entreprise, le financement des prestations fournies par la structure pourra très probablement, en cas de souscription préalable, relever des garanties inhérentes à un contrat d'assurance « homme clé », et/ou d'une prévoyance individuelle s'il s'agit d'un travailleur indépendant.

Par ailleurs, cette structure pourra, comme cela a été fait en Charente, avec la MSA, pour les agriculteurs, établir un lien et une coopération étroite avec le service social de la CPAM pour gérer les situations difficiles.

Cette structure pourra en outre proposer tout un ensemble de prestations pour les adhérents (commandes groupées, négociation de contrats d'assurance, fonds de solidarité, ...), mais aussi et pourquoi pas, créer un **portail informatique** commun à tous les adhérents (ou à développer, par adhésion, le portail payant déjà mis en place par la Chambre de commerce et d'industrie du Gard). Ce portail, classé par rubriques, pourrait, de par sa taille et son attractivité, offrir à tous ses membres une visibilité en ligne beaucoup plus grande en termes de vitrine de leurs fabrications, des produits ou prestations de services assurés. Pour des commerçants par exemple, cela pourrait, en cas de problème de santé, leur permettre la poursuite d'une activité en ligne, la structure d'entraide commune pouvant, le cas échéant, être en capacité, via les membres du réseau, d'organiser la logistique des acheminements.

Il peut être également intéressant pour cette structure polyvalente, vu la quête plus ou moins récurrente de solutions de trésorerie pour les TPE, PME et travailleurs indépendants, de réfléchir à la mise en place d'un partenariat avec des sociétés de cautionnement mutuel (voir encart page suivante) existantes (Sources : BPI France formation, Générali, vade-mecum les s**ociétés de cautionnement mutuel** leur nature et leur fonctionnement Genève 10-14 décembre 2001, équipe de travail OIT/PFS-Fedart Fidi, OIT/PFS Sabrina de Gobbi,Fedart Fidi, Dino Barranu, Roberto Campaniello, Paolo Nardelli, Guiseppe Vivace) qui facilitent l'obtention de crédits bancaires par leurs membres en garantissant la banque qui prend le risque (Voir encart pages suivantes).

Nota Bene

Une société de caution mutuelle (SCM) est un établissement de crédit constitué en société coopérative entre commerçants, industriels, artisans, sociétés commerciales, membres de professions libérales et/ou par divers organismes de promotion. C'est une association à but non lucratif qui appartient aux petits entrepreneurs qui y adhèrent. Son objet est d'apporter une garantie bancaire à ses membres. Son principe de fonctionnement repose sur la solidarité, la réciprocité entre ses membres et sur une mutualisation des risques, chaque souscripteur contribuant à la constitution d'un fonds commun (qui peut également être alimenté par des fonds d'organismes publics le cas échéant) qui pourra ensuite être utilisé pour servir de garantie et rembourser une banque si un emprunteur est défaillant. La caution mutuelle s'adresse à tout professionnel (créateur ou repreneur d'entreprise, chef d'entreprise (artisan, commerçant, profession libérale) sollicitant un prêt d'honneur ou un crédit bancaire. Les SCM sont constituées de commerçants, d'artisans, d'industriels, de sociétés commerciales, de professionnels libéraux ; elles sont rarement généralistes et, le plus souvent, sont spécialisées dans un secteur d'activité. Elles garantissent le remboursement d'un emprunt bancaire réalisé dans le cadre d'investissements professionnels de deux façons possibles :

- garantie directe de l'emprunteur auprès de la banque,
- assurance d'une contre -garantie à la banque qui prend le risque.

Elle peut également intervenir lorsqu'un cautionnement est exigé par la loi (garantie aux clients de leurs membres lorsqu'ils ont recours à des agences immobilières, administrateurs de biens, etc.).

Son siège social est, en règle générale, situé au siège même des associations professionnelles qui sont à leur origine, ou accueilli par les chambres de commerce, afin de regrouper différents services au même endroit, de faciliter les échanges entre les opérateurs (association professionnelle / SCM), de permettre un gain de temps important pour les entreprises.

Le coût de la garantie dépend des organismes, l'entreprise qui demande la garantie devant cependant :

- cotiser à un fonds de garantie (cotisation remboursable s'il n'y a pas eu intervention du fonds),
- payer une commission de risque, soit en une fois au début du prêt, soit échelonné pendant toute la durée de celui-ci.

Il est d'environ 2% du total du prêt et sur ces 2%, la SCM va prélever environ 20 à 25% pour elle. Une fois le remboursement de l'emprunt terminé, la SCM pourra restituer à l'emprunteur, en l'absence d'incident de paiement, une partie de la somme non utilisée, soit entre 75 et 80% du montant de la caution.

Mode de fonctionnement :

En cas d'impossibilité de remboursement, la SCM prend en charge le solde de l'emprunt à hauteur de son engagement.

Avantages :

- pour la banque, rapidité du remboursement en cas d'incident de paiement par l'emprunteur par le fonds collectif, pas de frais supplémentaires dans le cadre d'une procédure de contentieux.
- pour l'emprunteur, avantage financier car la caution mutuelle est un acte sous seing privé, qu'il n'y a pas besoin de faire appel à un notaire, que cela rend plus rapide le traitement du dossier d'emprunt et qu'en l'absence d'incidents de paiement, le souscripteur peut récupérer une grosse partie de sa caution. Par ailleurs, le coût de la caution mutuelle est inférieur à celui d'une hypothèque et, en cas de défaillance, l'emprunteur peut négocier avec la SCM un rééchelonnement du montant de sa dette.

Les organismes compétents sont :

La **SIAGI** garantit la quasi-totalité des établissements bancaires et coopère avec BPI France (signature d'une convention de délégation pour une co garantie sur les crédits destinés au financement de la reprise et des investissements dans l'artisanat et les activités de proximité), (http://www.siagi.com/index.php)

Certaines interviennent auprès d'un réseau bancaire spécifique (SOCAMA/ prêts de la Banque Populaire et de la BRED (https://www.socama.com/), CGEC (https://www.c-garanties.com)/ groupe BPCE).

OSEO intervient pour les commerçants (https://www.oseo.fr/),

Interfimo intervient dans le cadre du financement des professions libérales (https://www.interfimo.fr/).

D'autres SCM existent (voir site de **l'Association française des sociétés financières**)

Le banquier saura orienter l'emprunteur vers la SCM la plus adaptée à son secteur d'activité, mais ce dernier est libre de passer par la SCM de son choix.

Dans le contexte de quête permanente de liquidités accompagnant la vie des TPE, PME et des travailleurs indépendants et afin de diminuer le « stress bancaire » induit par ces situations, il peut être également utile pour la structure commune fédérée par les dirigeants et travailleurs indépendants de réfléchir à utiliser une partie des cotisations des adhérents pour générer et provisionner des fonds propres afin de se doter d'une société de caution mutuelle qui pourrait co-garantir, en partenariat (ou sous forme de filiale) avec les SCM existantes, leurs prêts auprès des établissements de crédits et, par là même, faciliter leur accès à des ressources financières. A noter l'intérêt pour la SCM d'opérer dans un contexte territorial restreint afin de permettre une connaissance plus approfondie des entrepreneurs.

Pour tous renseignements plus complets se référer à la référence citée en source : *vade-mecum les sociétés de cautionnement mutuel leur nature et leur fonctionnement Genève 10-14 décembre 2001, équipe de travail OIT/PFS-Fedart Fidi, OIT/PFS Sabrina de Gobbi,Fedart Fidi, Dino Barranu, Roberto Campaniello, Paolo Nardelli, Guiseppe Vivace).*

Sur le plan assurantiel[161]

La construction d'une protection assurantielle adaptée semble incontournable pour les dirigeants d'entreprises privées et les travailleurs indépendants et essentielle à la réussite du projet. Nous allons bien sûr essayer de donner des indications générales en matière d'assurance et laisser les dirigeants et travailleurs indépendants opter pour les modalités assurantielles et la compagnie d'assurance qui leur semblent les plus efficientes par rapport à leur situation.

Quels commentaires tirer du paragraphe consacré au partenariat Groupama/SRF ? [162]

- Tout d'abord que les contrats d'assurance pour accidents ou maladies répondent à un vrai besoin des dirigeants et travailleurs indépendants et que la souscription d'une assurance complémentaire, en sus des assurances sociales gérées par la MSA ou la Caisse primaire d'assurance maladie, est importante pour la couverture des risques liés à la personne.
- Ensuite, que des contrats de groupe peuvent, certes, réduire le coût et rendre accessible à tous, le remplacement, mais qu'il faut tenir compte du fait que les caisses régionales d'assurances ont souvent une autonomie pour gérer leur propre stratégie et définir leurs objectifs d'équilibre. Ainsi les offres tarifaires peuvent varier selon les régions et les garanties à couvrir (Par exemple : la prise en charge de congés pour les régions d'élevage). Elles peuvent-également tenir compte de l'âge (en privilégiant les plus jeunes), des durées des franchises avant prise en charge, du nombre d'heures de remplacement journalier.... En matière de contrat de groupe, le dispositif assurantiel est confronté à des limites en ce qui concerne la gestion des

161. Prévoyance CAP Agipi et Generali, Banque populaire, Service public.fr, MaxiAssur
162. Rapport CGAAER n° 19068

populations âgées, le vieillissement et la dégradation de l'état de santé, l'augmentation des risques professionnels, se traduisant par des arrêts de travail plus longs et n'étant pas couverts par ceux-ci.

- Par ailleurs, la protection assurantielle mise en place par les agriculteurs était en 2018 (Source : *Rapport CGAER n° 19068*) limitée à 15 jours dans le contrat de base et nécessitait d'être renforcée, car très insuffisante pour garantir la continuité des exploitations[163].
- Enfin les auteurs du rapport préconisaient la mise en place d'une politique tarifaire plus attractive de soutien à l'installation en direction des jeunes agriculteurs, plus réticents à souscrire.

Quels commentaires émettre par rapport à la construction assurantielle du système de remplacement, non-agricole ?

Pour les adhérents du service de remplacement, la souscription d'une couverture complémentaire va s'avérer d'emblée indispensable pour plusieurs raisons :

Dans le système de remplacement agricole, le reste à charge du coût horaire du remplacement pour les agriculteurs (*cf* rapport CGAAER n° 190689) est compris entre 17 et 21 Euros selon le mode organisationnel et les stratégies budgétaires adoptés. Ce montant est bien sûr en corrélation avec les échelles de rémunération du remplaçant et il est bien évident que le coût horaire résiduel, sauf obtention de co-financement auprès de partenaires institutionnels extérieurs ou de collectivités visant à diminuer les charges de structure et donc, indirectement, le coût horaire, ne pourra très probablement pas être du même ordre en ce qui concerne les dirigeants d'entreprise et les travailleurs indépendants.

Par ailleurs, la nature et le montant des garanties à couvrir vont différer (de la même façon que le suivi et l'accompagnement par le service de santé au travail) en fonction de la taille de l'entreprise. En effet, plus celle-ci dispose d'un effectif important et plus la protection du collectif de travail s'avère essentielle, plus elle est petite, plus le modèle assurantiel choisi se rapproche de la protection individuelle. Il pourra donc, en fonction de la taille de l'entreprise et des désirs du dirigeant, être opportun d'associer prévoyance collective et individuelle.

Les différents contrats de protection assurantielle du dirigeant d'entreprise et du travailleur indépendant

Les contrats d'assurance multi risques professionnels

D'une manière générale et indépendamment de la couverture de leurs problèmes de santé, les dirigeants d'entreprise et les travailleurs indépendants peuvent souscrire des assurances multi risques professionnels afin de couvrir les conséquences financières des dommages [164].

163. Cet objectif de maintien et de pérennisation de l'activité de l'entreprise et, par conséquent des emplois induits, constitue un paramètre essentiel et fondamental dans la construction du service de remplacement non-agricole, partagé et commun avec celui du SRA

164. À noter que la plupart des assureurs proposent des contrats par types de métiers (les formules de

Les dommages peuvent concerner le local professionnel, protéger matériel et marchandises lors des déplacements en dehors des locaux, faire face aux charges d'exploitation si l'activité du dirigeant ou du travailleur indépendant est momentanément interrompue ou réduite suite à un sinistre garanti, assurer une protection juridique. Ils peuvent également concerner les dommages occasionnés à des tiers (responsabilité civile exploitation, responsabilité civile professionnelle), ce que nous allons plus particulièrement développer ci-après.

La responsabilité civile professionnelle et la responsabilité civile exploitation[165]

La responsabilité civile est l'obligation légale de réparer les dommages directs ou indirects causés à un tiers. Elle concerne les particuliers et les professionnels. La responsabilité civile professionnelle (RC Pro) est spécifique aux pros. En effet, une entreprise, de par ses salariés, son chef d'entreprise ou ses sous-traitants, ..., peut, dans le cadre de son activité, involontairement causer des dommages et/ou des préjudices à un client, un voisin, un passant, ...

- **La responsabilité civile professionnelle**

Elle **protège l'entreprise contre les dommages** (matériels, immatériels, corporels) qu'elle pourrait causer à un tiers et ***qui trouvent leur origine dans la réalisation même de la prestation*** (erreur ou oubli commis au moment de l'exécuter).

Il s'agit d'une assurance **obligatoire en France pour les « professions réglementées**[166] **»**, encadrées par des dispositions législatives et réglementaires spécifiques :

- Professionnels de santé (médecins, dentistes, ostéopathes, ...) pour couvrir les conséquences parfois très lourdes d'une erreur médicale,
- Les métiers de conseil tels que les professionnels du droit (avocat, juristes, ...) en cas d'erreur ou de négligence occasionnant une perte de chance pour l'un de ses clients,
- Les professionnels du bâtiment,

---

base peuvent être complétées par des options en fonction du budget). Il est important d'évaluer, préalablement à la souscription, les risques inhérents à l'activité de l'entreprise, de demander plusieurs devis, de vérifier les limitations et exclusions de garantie (par exemple, exclusion des dommages ou pertes d'exploitation liées à une pandémie), les plafonds et franchises.
Le montant de la cotisation d'assurance et l'éligibilité à son offre sont fonctions d'un certain nombre de paramètres, notamment :
- chiffre d'affaires réel ou prévisionnel, cotation financière, solvabilité,
- sinistralité antérieure,
- taille (effectifs, superficie des locaux, ...) et statut de l'entreprise,
risques complexes ou non auxquels le souscripteur peut être exposé selon son secteur d'activité..

165. Sources : Le lynx.fr, MAAF pro, MMA, Banque populaire

166. À noter que l'obligation de souscrire une assurance en responsabilité civile professionnelle risque de s'imposer à partir du 01 01 2024 pour tous les travailleurs indépendants.
À signaler que dans la plupart des compagnies d'assurances il existe des critères d'exclusion communs ne permettant pas de couvrir la responsabilité civile professionnelle : faute intentionnelle, actes illégaux (concurrence déloyale, contrefaçon), amendes pénales et pénalités, risques couverts par d'autres contrats, mission mal exécutée par un salarié non qualifié.

- Les experts-comptables,
- (Voir liste complète en annexe).

Le montant de la cotisation peut varier en fonction de nombreux facteurs :

- Taille de l'entreprise (plus l'entreprise a de salariés, plus le risque s'accroît et plus le prix de la RC pro s'élève) et statut juridique (le statut de micro-entreprise influencera le prix à la baisse, par comparaison avec une forme sociale avec des statuts et une activité plus développée),
- Chiffre d'affaires de l'entreprise prévisionnel ou réalisé (De manière parfaitement dissociée de la taille de l'entreprise, pour une compagnie d'assurances, plus le chiffre d'affaires est élevé, plus le risque est grand car les sommes mises en jeu sont importantes),
- Secteur d'activité de l'entreprise (et par conséquent les risques spécifiques encourus par chaque branche d'activité),
- Nombre de garanties et leur étendue, (Ne pas s'assurer pour certains risques par souci d'économies peut exposer à des dangers financiers bien plus importants).

Dans tous les cas, il est important d'être transparent et honnête avec l'assureur de façon à mettre en place un contrat le plus adapté possible à la réalité de l'entreprise et aux risques qu'elle encourt

- **La responsabilité civile exploitation**

Elle **garantit** les responsabilités encourues en cas de **dommages** causés à des tiers **survenant pendant la réalisation des prestations ou la vie courante de la société** et ne résultant ni de l'exécution d'une prestation, ni d'une erreur ou faute professionnelle[167].

Bien qu'elle ne soit actuellement imposée par la loi que pour les activités réglementées, il semble que, dans tous les cas de figures, la souscription d'une assurance responsabilité civile professionnelle représente une sécurité pour l'entreprise. Cela semble également être fortement conseillé dans le cadre de micro (ou auto-entreprise) où le dirigeant est responsable de tout dommage matériel ou corporel causé à un tiers dans le cadre de son activité, ce qui peut occasionner des pertes financières importantes, éventuellement susceptibles de mettre en péril, non seulement l'entreprise, mais aussi sa situation personnelle. Dans ce cas en effet, le dirigeant est sous le régime de l'entreprise individuelle et son patrimoine personnel peut être saisi pour régler une indemnisation.

A signaler que la responsabilité civile associée au contrat multirisque habitation ne couvre pas en règle générale les risques liés à une activité professionnelle. A signaler également que, dans certains cas, le micro-entrepreneur doit obligatoirement souscrire une assurance responsabilité civile professionnelle (Se renseigner auprès du centre de formalités des entreprises, de la Chambre de Commerce et d'Industrie ou de la Chambre des métiers). Même si elle n'est pas toujours

167. Il ne faut pas la confondre avec la garantie « perte d'exploitation » qui porte sur les biens de l'entreprise et qui vise à compenser une baisse de chiffre d'affaires suite à un sinistre subi par l'entreprise

obligatoire, la souscription d'une assurance responsabilité civile professionnelle est fortement recommandée.

Enfin, comment faire la part des responsabilités entre celles incombant au dirigeant absent et celles du remplaçant en cas d'accident survenant pendant la période de remplacement et causant un dégât à un tiers interne ou externe à l'entreprise si les dispositions de l'Article L.4121-1 du Code du Travail*ont été respectées ? Comment protéger l'un et l'autre ?

***Article L4121-1**

7. Version en vigueur depuis le 01 octobre 2017[169]

Modifié par Ordonnance n°2017-1389 du 22 septembre 2017 - art. 2

L'employeur prend les mesures nécessaires pour assurer la sécurité et protéger la santé physique et mentale des travailleurs.

Ces mesures comprennent :

1. Des actions de prévention des risques professionnels, y compris ceux mentionnés à l'article L. 4161-1 ;

2. Des actions d'information et de formation ;

3. La mise en place d'une organisation et de moyens adaptés.

L'employeur veille à l'adaptation de ces mesures pour tenir compte du changement des circonstances et tendre à l'amélioration des situations existantes.

Quelles modalités mettre en place devant la quasi-inexistence de systèmes de remplacement dans la plus grande partie des professions libérales et des professions non-agricoles ? Il semble souhaitable de proposer au remplaçant ainsi qu'au dirigeant de l'entreprise remplacé d'être protégés par la souscription d'une garantie assurantielle en responsabilité civile professionnelle.

A titre d'exemple dans ce domaine, celui mis en place par le Conseil de l'Ordre des médecins (profession règlementée) pour organiser les remplacements entre confrères.

- Disposer, avant l'obtention de la thèse, d'une licence de remplacement[169]
- Signature d'un contrat type de remplacement entre le médecin remplacé et le médecin remplaçant visé par le Conseil de l'Ordre,
- **Par ailleurs, le remplaçant est seul responsable de ses fautes et a l'obligation légale de souscrire une assurance garantissant sa responsabilité civile (article L. 1142-2 du code de la santé publique)**. Il doit également s'affilier à la CARMF et à l'URSSAF.

168. Source : Légifrance
169. Voir questionnaire en annexe

Dans le contexte d'un remplacement hors milieu réglementé il apparaît souhaitable de recommander au remplaçant et au remplacé la souscription d'une garantie « Responsabilité Civile Professionnelle ». Cette prise de garantie n'est pas jusqu'ici obligatoire mais semble devoir être conseillée car le risque que l'entreprise soit mise en cause par un client, un fournisseur, un salarié ou un tiers, est important et les conséquences financières peuvent être dramatiques pour celle-ci.

Un focus particulier en termes de responsabilité civile doit être accordé au secteur de la construction avec un certain nombre d'assurances obligatoires ou recommandées.

Deux contrats d'assurances sont obligatoires (Loi Spinetta 1978) exposant les non-souscripteurs à des peines d'emprisonnement et à payer des amendes.

- **La responsabilité civile décennale**

Sous réserve d'une **souscription avant** le démarrage des **travaux**, elle **garantit** la réparation des dommages qui apparaissent **après** leur **réception** (travaux de construction, d'extension et de rénovation sur la structure du bâtiment). Le délai démarre le lendemain de la signature du procès-verbal de réception des travaux.

Tout **constructeur** d'un ouvrage neuf ou existant est **responsable** des dommages (désordres affectant la solidité de l'ouvrage (ouvrage de fondation et d'ossature, ouvrage avec fondations (véranda, terrasse, piscine enterrée, ...), malfaçons compromettant la solidité des éléments d'équipement indissociables des ouvrages (canalisation, plafond, plancher, chauffage central, huisseries, installation électrique encastrée, ...), de viabilité (réseaux, assainissement), de fondation, d'ossature, de clos et de couvert, de voirie (chemin d'accès)),. qui peuvent survenir sur la construction **pendant 10 ans**. Le contrat couvre les malfaçons qui n'étaient pas décelables lors de la réception des travaux.

La responsabilité du constructeur est engagée à l'égard du maître d'ouvrage (avec lequel il est lié par un contrat de louage d'ouvrage) et des acquéreurs successifs du bien. Il faut bien sûr que les travaux concernés aient fait l'objet d'une ouverture de chantier pendant la période de validité du contrat.

Avant l'ouverture du chantier, le professionnel a l'obligation de remettre à son client l'attestation de souscription (modèle de contrat individuel : https://www.service-public.fr/particuliers/vosdroits/R44868). Par ailleurs, en cas de vente d'un logement dans les 10 ans suivant sa construction, la mention de l'existence, ou de l'absence des assurances obligatoires, doit être annexée au contrat de vente.

A noter, d'une part que les constructeurs étrangers doivent justifier que leur garantie couvre la responsabilité décennale selon la loi française pour les contrats exécutés en France, d'autre part que les sous-traitants, du fait de leur absence de lien direct avec le maître d'ouvrage, sont exclus du champ d'application de la garantie décennale. Ils demeurent toutefois responsables des obligations sur lesquelles ils se sont engagés envers le constructeur.

A noter en outre, qu'en cas de dépôt de bilan du constructeur ayant souscrit l'assurance, la garantie décennale peut être mobilisée par le maître d'ouvrage (coordonnées de l'assureur sur l'attestation d'assurance remise par le constructeur) ou par l'intermédiaire du mandataire liquidateur chargé de la procédure collective **(https://entreprendre.service-public.fr/vosdroits/F31195)** ouverte à l'encontre du constructeur.

NB : A noter enfin que si le constructeur souhaitant contracter son assurance « garantie décennale » est confronté à un refus d'assurance, il peut contacter dans les 15 jours qui suivent le bureau central de tarification (Lettre recommandée avec avis de réception) 1 rue Jules Lefebvre 75 009 PARIS (Téléphone : 01 53 21 50 40 ; courriel : bct@agira.asso.fr) pour résoudre le problème.

- **La garantie « Dommage-Ouvrage »** [170]

Qu'il s'agisse d'un particulier ou d'une entreprise, qu'il soit propriétaire, vendeur ou mandataire du propriétaire de l'ouvrage (syndic, gérant de société civile immobilière, administrateur de biens, ...), le maître d'ouvrage, personne publique ou privée pour le compte de laquelle des travaux ou un ouvrage immobilier sont réalisés, doit obligatoirement contracter, avant l'ouverture du chantier, une assurance « dommage-ouvrage » (DO) afin d'être en mesure de rembourser ou d'exécuter des réparations couvertes par la garantie décennale sans rechercher les responsabilités de chacun.

Cette assurance garantit les malfaçons affectant la solidité de l'ouvrage et le rendant inhabitable ou impropre à l'usage auquel il est destiné (fissures importantes, effondrement de toiture, ...) ainsi que celles qui compromettent la solidité des éléments d'équipement indissociables des ouvrages de viabilité, de fondation, d'ossature, de clos et de couvert. Il peut s'agir d'éléments dont la dépose, le démontage ou le remplacement ne peuvent se faire sans détériorer la construction (canalisations encastrées par exemple).

Elle les garantit qu'ils soient apparents ou inapparents lors de la réception des travaux et prend en principe effet à la fin du délai d'un an de la garantie de parfait achèvement Elle peut cependant couvrir les réparations de dommages relevant de la garantie décennale lorsqu'ils ont fait l'objet de réserves à la réception des travaux. Le maître d'ouvrage saisit l'assureur DO pendant l'année de garantie de parfait achèvement s'il constate que l'entrepreneur n'effectue pas les réparations après avoir reçu une mise en demeure.

A noter qu'en cas de vente d'un logement dans les 10 ans suivant sa construction, le notaire doit préciser dans le contrat de vente si les travaux sont garantis ou non par une assurance DO. Cette assurance couvre tous les propriétaires successifs de l'ouvrage.

Elle prend fin 10 ans après la réception des travaux, c'est-à-dire, en même temps que la garantie civile de responsabilité décennale.

170. Source : Services-public.fr

NB : A noter que si le maître d'ouvrage désirant contracter une assurance « dommage ouvrage » est confronté à un refus d'assurance, il peut contacter dans les 15 jours qui suivent le bureau central de tarification (Lettre recommandée avec avis de réception) 1 rue Jules Lefebvre 75 009 PARIS (Téléphone : 01 53 21 50 40 ; email : bct@agira.asso.fr) pour résoudre le problème.

- *D'autres contrats d'assurances peuvent être souscrits* : (non décrits dans cet ouvrage)
- Assurance tous risques chantier,
- Responsabilité civile du maître d'ouvrage,
- Assurance constructeur non réalisateur,
- Garantie de dommages immatériels,
- Garantie biennale (idem= garantie de bon fonctionnement)

Les contrats d'assurance en relation avec le maintien en emploi

Les contrats de prévoyance

- **Les contrats de prévoyance individuels**

Il ont pour but de protéger contre les aléas de la vie et ont été élaborés, d'une part, pour garantir des prestations financières en cas d'arrêt de travail pour maladie ou invalidité et pour assurer aux proches, en cas de décès, des capitaux ou des rentes ainsi que des prestations de services en cas de maladie grave, d'autre part pour préparer au cours de la vie active une protection contre les conséquences financières d'une éventuelle perte d'autonomie.

- L'incapacité

D'une façon générale, la survenue d'un accident, d'une hospitalisation ou même d'une maladie entraine des conséquences financières pour la personne concernée (ici un dirigeant d'entreprise ou un travailleur indépendant), laquelle se retrouve en arrêt de travail, et donc, dans l'impossibilité de percevoir des revenus. Le régime obligatoire, comme nous l'avons vu dans le chapitre inhérent au régime de base de protection sociale, verse des indemnités, c'est-à-dire un revenu de remplacement, pour compenser la perte de revenu, mais son versement n'est pas immédiat et son montant inférieur au revenu de la personne. En complément des prestations du régime obligatoire et pour maintenir le niveau de vie, la souscription d'un contrat de prévoyance prévoyant un revenu complémentaire en cas d'arrêt de travail semble essentielle et incontournable pour les dirigeants d'entreprise et les travailleurs indépendants.

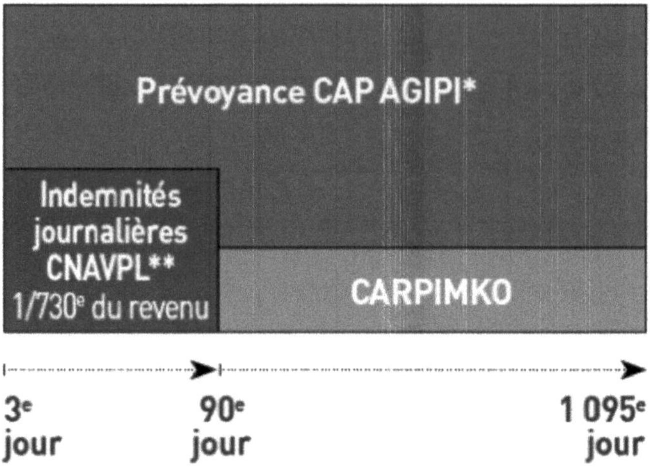

Exemple d'un masseur-kinésithérapeute dépendant de la caisse CARPIMKO (Source AGIPI)[171]

En cas d'arrêt de travail, deux types de garanties peuvent être souscrites :

- l'indemnité perte de revenu et, donc, le revenu complémentaire nécessaire au maintien du niveau de vie, est définie et convenue avec l'assureur lors de la souscription du contrat,
- le remboursement des frais professionnels qui prend en charge le règlement des frais professionnels (loyers, taxes, assurances professionnelles, salaires des collaborateurs, charges, etc...) pendant l'arrêt de travail.

– L'Invalidité

En cas d'accident ou de maladie grave, le dirigeant ou le travailleur indépendant peut se retrouver dans l'incapacité totale de travailler ou dans une situation où sa capacité de travailler soit fortement réduite et ce, parfois définitivement. On parle alors respectivement d'invalidité totale ou partielle.

Bien souvent et comme nous l'avons vu précédemment, le régime obligatoire verse une pension d'invalidité, mais celle -ci est souvent insuffisante pour maintenir le niveau de vie d'avant l'accident ou la longue maladie.

Il est donc également essentiel de mettre en place une prévoyance complémentaire en ce sens, afin de compléter la pension versée par le régime obligatoire et de maintenir le niveau de vie. Cette souscription peut donner accès à des

171. Adaptation par l'agent d'assurance des garanties CAP en fonction du revenu, des prestations versées par la CNAVL et du régime obligatoire (CNAVL : Caisse d'Assurance vieillesse des professions libérales minimum = 50% de 40% du PASS (22 Euros/ jour), Maximum = 50% de 3 PASS (169 Euros/ jour))

prestations diverses (se renseigner auprès des compagnies d'assurances) susceptibles de pallier à des situations difficiles:

- En cas de maladie grave, possibilité de souscrire à la garantie du versement *d'un capital « maladie grave »* avant l'âge de 67 ans (cancer, infarctus du myocarde, maladie de Parkinson, sclérose en plaques, etc, ...) afin de faire face aux charges quotidiennes, mais également de financer des aménagements du logement que peut nécessiter l'état de santé. Par ailleurs, il peut être possible, en cas d'immobilisation au domicile ou d'hospitalisation liée à une maladie grave, de bénéficier de prestations d'assistance ponctuelles (garde d'enfant, prise en charge d'une aide-ménagère).
- *En cas d'invalidité totale (>66%) ou partielle (en deçà),* la prise de garantie assure un complément de revenu sous forme de rente, éventuellement bonifiée si des options sont souscrites à cet effet, pour maintenir le niveau de vie de l'assuré que cette invalidité soit totale ou partielle. Certains contrats permettent d'opter pour une rente d'invalidité à complément viager garantissant un complément de revenu à la retraite.
- *Le capital invalidité :* la souscription à cette option ouvre la possibilité de percevoir un capital pour procéder aux différents aménagements que nécessite la situation nouvelle ((installation d'une rampe d'accès pour fauteuil roulant par exemple),
- *La garantie relais autonomie :* Permet d'être assisté en cas de survenue d'un état de dépendance et des frais que cet état peut entraîner, La protection contre cette perte d'autonomie, pouvant être prise en charge après 65 ans, doit être anticipée par une cotisation initiée au plus tôt pendant la vie active et offre une rente permettant de faire face aux frais (aide-ménagère, assistante de vie, ...)
- Le décès[172]

En cas de décès, cette prévoyance permet à l'assuré de laisser un capital à ses proches et de les prémunir contre d'éventuelles difficultés financières. L'assuré peut déterminer le montant du capital qu'il leur destine, capital qui peut lui être versé directement en cas de perte totale et irréversible d'autonomie survenant avant le 67e anniversaire. Le capital à destination des bénéficiaires peut être triplé en cas de décès directement lié à un accident et être versé, soit directement, soit converti en rente sur une durée maximale de dix ans ou jusqu'au décès du bénéficiaire.

En cas de décès, la souscription d'une garantie « rente éducation » assure le versement d'une rente éducation aux enfants de l'assuré jusqu'à leur 26e anniversaire, permettant ainsi de mener leurs projets, sans condition de poursuites d'études ou de rattachement fiscal.

172. NB : Pour les garanties « décès » et « perte totale et irréversible d'autonomie », il existe en règle générale des limites d'âge révolus à l'adhésion et au terme

En cas de décès, la souscription d'une garantie « pension de conjoint » permet à la personne désignée de disposer d'une pension destinée à maintenir son niveau de vie et à faire face, seul, aux frais quotidiens

Les rentes en garantie d'un contrat « rente éducation » et « pension du conjoint » peuvent être versées au souscripteur en cas de perte totale et définitive d'autonomie survenant avant le 67e anniversaire.

Déductibilité fiscale

A noter qu'une partie de ces cotisations est déductible du revenu imposable. De nombreuses garanties du CAP sont éligibles au dispositif Madelin (rente éducation, pension du conjoint, rente viagère temporaire, indemnités perte de revenu, remboursement des frais professionnels, complément au régime professionnel, rente d'invalidité) ? La loi Madelin permet aux travailleurs non-salariés de déduire de leur revenu imposable les cotisations versées au titre d'un contrat Madelin afin de s'assurer avec un contrat prévoyance.

- **Un contrat de prévoyance collectif, le contrat d'assurance « Homme Clé »**[173]

Statistiquement (Enquête du cabinet Fidal (2014) sur la pérennité et la transmission d'entreprises réalisée auprès de 115 dirigeants d'entreprise), environ 15% des sociétés transmises après décès du dirigeant ne parviennent pas à surmonter sa disparition et font faillite. Par ailleurs, 30 à 40% des entreprises doivent cesser ou réduire leur activité suite à la disparition ou à l'incapacité d'un collaborateur indispensable. Selon le baromètre CSA 2020 réalisé en septembre 2020 auprès de 400 travailleurs indépendants et dirigeants de TPE, seuls 32% des dirigeants disent connaître l'assurance « homme-clé » et 25% seulement des entreprises en sont équipées.

L'homme clé, c'est la personne qui, dans l'entreprise, possède un savoir-faire, une technique, une expertise et des responsabilités uniques, le rendant par là-même indispensable au fonctionnement de celle-ci et à la réalisation de son chiffre d'affaires

Il s'agit en règle générale du fondateur et chef d'entreprise, mais il peut également s'agir de collaborateurs (commercial très performant, nez chez un parfumeur, chercheur dans un laboratoire...par exemple).

La souscription d'un contrat d'assurance « homme clé » vise à pallier l'absence de celui sans qui une entreprise ne peut survivre en assurant sur le plan pécunier la prise en charge de la perte d'exploitation, le remboursement des prêts bancaires, les frais de réorganisation. Elle aide à trouver, autant que possible, un remplaçant à l'homme clé, à maintenir l'image de marque de l'entreprise, à conserver la confiance des partenaires, des clients et des investisseurs.

173. Source Generali

La souscription de ce contrat s'adresse à toutes les entreprises, quel que soit leur statut juridique. Elles doivent identifier le (ou les) homme(s) clé(s) et le(s) assurer (un contrat doit être souscrit par besoin garanti et par personne clé assurée ; il n'est pas possible d'assurer plusieurs têtes sur un même contrat)). Ce sont elles les bénéficiaires du contrat.

À noter qu'en règle générale, l'adhésion à ce type de contrat est ouverte aux personnes morales qui souhaitent assurer des personnes physiques.

À signaler, que la souscription de ce type de contrat d'assurance doit être anticipée[174].

Le montant des capitaux à assurer, déterminé par le chef d'entreprise avec son expert-comptable, est très variable selon les entreprises (détermination par exemple de la perte de marge brute occasionnée par la disparition de l'homme clé). L'entreprise doit donc définir le montant et les garanties les plus adaptées à sa situation et, dans ces circonstances, un conseil avisé par l'assureur est important pour déterminer le meilleur niveau de garantie et de cotisation. Le montant de la prime est fonction du capital à assurer, de l'âge, du sexe, de la pratique sportive, du fait de fumer ...et de l'état de santé de l'homme clé. Les formalités préalables concernant l'homme clé en termes d'enquête de santé varient entre un simple questionnaire de santé si le capital souscrit est peu élevé et un bilan plus complet assorti d'examens complémentaires si les capitaux en jeu sont plus importants.

L'assurance est susceptible de couvrir diverses situations :

- **L'incapacité temporaire de travail**, qu'elle survienne en cas d'accident ou de maladie avec versement éventuel d'indemnités journalières à l'entreprise pour couvrir les frais professionnels.
- **Le décès de l'homme clé,** avec alors deux types d'indemnisations :
  - *Système indemnitaire* : indemnité fixée en fonction du préjudice subi (perte de marge brute consécutive au décès de l'homme clé) ; exemple : entreprise assurée pour 1 million d'Euros, perte de marge brute = 500 000 Euros, capital versé par l'assurance =500 000 Euros.
  - *Système forfaitaire :* capital forfaitaire versé à l'entreprise défini en fonction des besoins de celle-ci dès la souscription du contrat : entreprise assurée pour 1 million d'euros, capital versé suite au décès de l'homme clé=1 million d'Euros.
- **La perte d'un associé** au sein d'une entreprise (décès ou perte totale et irréversible d'autonomie) pour faciliter le rachat des parts par les autres associés et préserver ainsi la gouvernance,
- **La couverture d'engagements à court, moyen ou long terme** en cas de disparition du dirigeant ou de l'entrepreneur individuel si l'assurance des

174. Ce n'est pas l'homme clé qui s'assure à titre personnel. L'entreprise est donc le souscripteur et le bénéficiaire du contrat et l'homme-clé n'est que l'assuré.
Certains hommes clés ne peuvent pas être assurés. Par exemple certaines compagnies d'assurance définissent un âge maximum à ne pas dépasser (entre 55 et 65 ans en général).

emprunteurs n'est pas éligible, afin de préserver financièrement l'entreprise (versement d'un capital pour rembourser les emprunts de l'entreprise),

- **L'aspect fiscal** : L'entreprise peut déduire, chaque année, les primes versées de son bénéfice imposable au titre de charge d'exploitation.

En cas de sinistre, l'indemnité versée à l'entreprise s'ajoute aux bénéfices de l'exercice en cours et est donc imposable. En cas de décès de l'homme clé, possibilité d'étalement à part égales sur 5 ans de ce bénéfice exceptionnel (1/5e l'année du versement puis 1/5e par an, les 4 années suivantes).

A noter que la protection « associés » ne bénéficie d'aucun avantage fiscal et que les cotisations ne sont pas déductibles.

- **Un « melting-pot » des deux**[175]

Selon la taille et les besoins de l'entreprise.

175. Dans le cadre de la prescription d'une reprise de travail à mi-temps thérapeutique, si le contrat de versement des indemnités journalières le stipule, la compagnie d'assurance ajuste sa participation en fonction du montant des indemnités journalières versées par la sécurité sociale du travailleur indépendant, de façon à assurer le maintien du montant prévu au contrat

Chapitre 14

Les modalités de suivi du dirigeant ou du travailleur indépendant par le service de prévention et de santé au travail interentreprise dans le cadre des offres socle et spécifique de services

La Loi 2021-1018 du 02 08 2021 prévoit, pour assurer le suivi des dirigeants et des travailleurs indépendants, la mise en place, par les SPSTI, d'une offre socle et d'une offre spécifique de services.

L'offre socle de services (Article L 4621-4 Code du Travail) fait référence à la prise en charge de dirigeants et/ou de travailleurs indépendants (salariés ou non-salariés) employeurs de salariés dont le suivi est assuré par le SPSTI.

L'offre spécifique de services (Article L 4621-3 Code du Travail) se rapporte au suivi de travailleurs indépendants non-salariés exerçant seuls.

Les modalités, la nature et le contenu du suivi

Les différentes modalités organisationnelles de prise en charge du dirigeant ou du travailleur indépendant par le Service de Prévention et de Santé au Travail Interentreprises

L'architecture du suivi préventif du dirigeant d'entreprise ou du travailleur indépendant repose sur une connaissance, un suivi, beaucoup plus intimes de l'entreprise et des liens contractés par le dirigeant ou le travailleur indépendant avec celle-ci. A partir de cette connaissance, la prise en charge accompagnatrice, sur la durée, doit être orientée vers le repérage et/ou le signalement et/ou le traitement préventif précoce des facteurs de désinsertion professionnelle qu'ils soient induits par des problématiques économiques ou qu'ils relèvent d'un problème de santé. Indépendamment des autres thématiques relevant de l'offre socle ou spécifique de services et qui doivent être traitées, le médecin du travail, pour effectuer ses missions de conseil en termes de maintien en emploi et de prévention de la désinsertion professionnelle, n'a bien entendu aucune latitude pour se substituer à des professionnels extérieurs vers lesquels il doit pouvoir les orienter, mais doit avoir la capacité de leur délivrer des informations à propos d'organismes, de dispositifs et d'aides existants ainsi que sur les contacts à prendre pour y accéder.

Afin d'appréhender de façon globale le suivi du dirigeant ou du travailleur indépendant, la collaboration de plusieurs professionnels de santé du SPSTI est indispensable et cette prise en charge est nécessairement pluridisciplinaire.

Trois modalités organisationnelles de prise en charge peuvent être envisagées par le SPSTI.

Médecin du travail référent pour l'ensemble des adhérents du SPSTI

Concernant le maintien en emploi et la prévention de la désinsertion professionnelle, cette organisation s'apparente à une prestation globale de services (type cellule PDP) ; elle ne garantit pas une prise en charge très personnalisée, adaptée, fluide et réactive par méconnaissance des entreprises concernées et manque de lien de proximité avec leur dirigeant. Par ailleurs sur le plan pratique et vu l'importante activité que chaque médecin du travail orchestre déjà sur son propre secteur géographique, il semble très difficile de pouvoir leur attribuer sauf, peut-être, après mise en place préalable de formations spécifiques et dans un cadre pluridisciplinaire, l'ensemble des missions de conseil à destination des dirigeants d'entreprise et des travailleurs indépendants du SPSTI. Si le SPSTI choisit malgré tout d'opter pour la mise en place de ce mode de prise en charge tout en apportant à ses dirigeants adhérents un suivi personnalisé, cela implique la création, au sein du service, d'une structure pluridisciplinaire (Médecin du travail, IDEST, psychologue, ...) dédiée très étoffée.

Pour pallier cet inconvénient, le SPSTI peut éventuellement opter pour la mise en place de cellules PDP pluridisciplinaires sectorisées plus petites offrant un lien et, par conséquent, un travail concerté plus proches avec les partenaires extérieurs en charge du secteur (cellule maintien cap emploi, assistante sociale CPAM, animateur (trice) du service de remplacement, ...)

Médecin du travail en charge du secteur géographique où est situé l'entreprise

Sous réserve que celui-ci s'approprie le suivi du dirigeant au même titre qu'il exerce déjà celui de ses salariés, ce modèle lui donne l'opportunité d'avoir une vision plus complète de l'entreprise, d'exercer un suivi beaucoup plus global, plus proche et plus intime. Par un travail de conseil basé sur la confiance et la durée, il lui permet d'accompagner celle-ci dans les évènements heureux ou malheureux qui rythment sa vie, transformant, de fait, le médecin du travail en « médecin traitant de l'entreprise ». Le suivi de celle-ci s'en trouve par conséquent profondément bouleversé et ce mode de prise en charge peut enfin déboucher plus volontiers sur des demandes d'interventions en matière de prévention secondaire voire primaire.

Cependant, ce modèle présente un inconvénient potentiel. En effet, en assurant dans la durée les missions de conseil préventif qui sont les siennes vis-à-vis du dirigeant (ou du travailleur indépendant) et de ses salariés, il ne peut que se retrouver par moment, dans des situations ambigües où les intérêts des uns et des autres divergent et où il doit malgré tout arbitrer et prendre les décisions qu'il estime légitimes mais qui peuvent froisser et créer du ressentiment. Ce peut être le cas, par exemple, pour les procédures d'inaptitude initiées pour les salariés de l'entreprise, les conséquences financières parfois importantes qu'elles peuvent impliquer, qui peuvent fragiliser l'entreprise et le lien de confiance de l'entrepreneur vis-à-vis du praticien.

Si le SPSTI opte pour ce mode organisationnel, il est important pour le médecin du travail de bien poser le cadre dès le départ.

Médecin(s) du travail référent(s) sur un secteur départemental du SPSTI

Ce système organisationnel, sous réserve que l'ensemble des médecins du secteur soient d'accord et formés au maintien en emploi du dirigeant ou du travailleur indépendant, pourrait présenter un certain nombre d'avantages :

- Agir sur un secteur départemental géographique plus restreint et donc, avec une proximité plus grande par rapport aux entreprises à prendre en charge,
- Pouvoir dissocier le travail préventif de conseil en termes de maintien en emploi et de prévention de la désinsertion professionnelle des dirigeants de celui de leurs salariés en travaillant en réseau concerté sur ces thématiques entre confrères, tous référents du secteur, sur les entreprises du secteur dont ils ne suivent pas les salariés. Ceci permettrait, dans la mesure où, jusqu'ici, aucune modalité de suivi n'a été mise en place, d'instaurer une prise en charge dissociée pour les dirigeants et les travailleurs indépendants, d'éviter les situations potentiellement ambigües évoquées au paragraphe précédent et donc, de préserver la neutralité du médecin du travail et le travail en confiance et sur la durée de celui-ci avec les dirigeants des entreprises qui lui sont affectés.
- Faciliter les échanges entre les praticiens en charge des acteurs (dirigeants/salariés) des entreprises concernées,

Cela impliquerait enfin la réalisation de staffs entre confrères et la mise en place d'une cellule PDP sectorielle plus restreinte.

La Nature et le contenu du suivi du dirigeant ou du travailleur indépendant par le SPSTI

Sur le plan de la prestation apportée, le suivi préventif du dirigeant d'entreprise ou du travailleur indépendant ne peut pas être calqué sur celui dont bénéficient les salariés, mais doit revêtir un caractère particulier. En effet, l'entreprise peut être considérée comme un être vivant interagissant en permanence en fonction des contingences internes ou externes émaillant sa vie. Ceci implique, pour le dirigeant, des capacités d'analyse, d'inventivité, d'adaptation, de réactivité, de fluidité, pour le SPSTI, d'être conscient de ces paramètres, de pouvoir s'y adapter, et pour les partenaires extérieurs, que cet être vivant peut être malade, vulnérabilisé, accidenté, handicapé.

Les modalités de ce suivi vont être dépendantes d'un certain nombre de facteurs :

Facteurs liés au SPSTI

- Le cadre de l'offre de services proposée par le SPSTI (offre socle ou offre spécifique) qui implique des prises en charge différentes,
- Pour l'offre socle, les risques professionnels auxquels les dirigeants sont exposés ; ils vont conditionner la nature, la périodicité du suivi et la surveillance clinique et para clinique,
- Les risques professionnels spécifiques (économiques et de santé) abordés dans les chapitres précédents consacrés au maintien en emploi et à la prévention de leur désinsertion professionnelle ; ils vont conditionner les demandes de visites occasionnelles et le médecin du travail devra pouvoir apporter des réponses en termes d'écoute, d'information (dispositifs d'aides accessibles par exemple) de conseils et d'orientation vers les partenaires du réseau concerté les plus aptes à les aider en fonction des problématiques rencontrées.

Facteurs liés au statut social du dirigeant ou du travailleur indépendant

La mise en place d'aides et d'accompagnements spécifiques et l'accessibilité à ceux-ci sont une nécessité incontournable en termes de maintien en emploi et de prévention de la désinsertion professionnelle.

Le statut social choisi par le dirigeant ou le travailleur indépendant pour créer son entreprise joue en effet un rôle déterminant en ce qui concerne l'accessibilité aux aides et accompagnements dont il peut bénéficier.

En effet, que le dirigeant ou le travailleur indépendant relève d'une couverture CPAM ou MSA, à l'heure actuelle, indépendamment du fait que les risques économiques et de santé sont identiques, le statut juridique choisi lors de la création de l'entreprise et les conditions d'exercice qu'il implique, peuvent rendre inaccessible à un dirigeant salarié ou assimilé salarié (44%) l'attribution d'aides dévolues à un dirigeant non-salarié (56%) et mettre en péril l'existence de l'entreprise. Ceci est en lien avec des spécificités en termes de cotisations sociales auxquelles sont astreints les travailleurs indépendants non-salariés et qui n'incombent pas aux dirigeants salariés. C'est, par exemple, le cas pour l'aide aux cotisants en difficulté, l'aide financière exceptionnelle aux actifs, l'accompagnement au départ à la retraite, ...

Dans ces conditions, pratiquement un dirigeant ou travailleur indépendant sur deux n'a pas, actuellement, accès à certaines aides, en particulier économiques, ce qui induit une inégalité des chances entre ces deux populations. Cette différence de traitement rend très difficile pour ceux qui en sont victimes de pouvoir s'arrêter de travailler, de consacrer du temps à leur santé et de s'inscrire dans la dynamique de leur maintien. Elle rend également très compliqué pour le SPSTI, en raison de l'absence de clarté et de visibilité pour les personnes en charge de l'orchestration du maintien, d'assurer en toutes circonstances une prise en charge homogène, crédible et efficace.

Ceci est d'autant plus délétère que les risques de fragilisation, du fait de problèmes économiques ou de santé, concernent des entreprises qui, pour la quasi-totalité d'entre elles, ne disposent pas (ou peu) de fonctions support et/ou de trésorerie. Le maintien en emploi du dirigeant ou du travailleur indépendant (et par ricochet, celui de ses salariés) est donc indissociable de la prise en compte des difficultés rencontrées par l'entreprise, qu'elles soient économiques et sources de problèmes de santé ou qu'elles soient secondaires à un évènement primitif de santé.

Des pistes d'homogénéisation peuvent sans doute être envisagées :

- Mise en place de cotisations ouvrant droit aux aides pour les dirigeants jusqu'ici non bénéficiaires,
- Mise en place de contrats assurantiels spécifiques, ...

Enfin, l'intérêt pour le dirigeant (même salarié ou assimilé-salarié) ou pour le travailleur indépendant de faire une demande de reconnaissance de sa qualité de travailleur handicapé est très restreint (aide à l'aménagement de son poste de travail, de son véhicule, carte de priorité ou de stationnement, Allocation adulte handicapé, ...).

Les aides et accompagnements de l'Agefiph, que nous avons précédemment décrit, lui sont, certes, ouverts, mais ils ne sont pas destinés à l'aider dans les situations (économiques ou de santé) où lui-même (et son entreprise) sont impactés et handicapés.

La création par l'Agefiph (ou d'autres organismes ?) d'une boîte à outils spécifique à destination des dirigeants, quel que soit leur statut juridique, susceptible de leur apporter une aide en cas de difficultés économiques ou de santé semble incontournable pour compenser la situation de handicap relative au caractère entrepreneurial de leur activité.

Indépendamment des services que pourraient rendre ces dispositifs dans le cadre d'une prévention tertiaire (consolidation des entreprises concernées et maintien de leur activité, moindre nécessité de recours aux cellules d'écoute...), elle offrirait au Médecin du Travail, en charge d'orchestrer le suivi préventif de santé du dirigeant, le management de l'équipe pluridisciplinaire et l'implication des cellules maintien cap emploi, des outils adaptés à la prise en charge globale du problème à traiter.

LE REGIME SOCIAL DES STRUCTURES UNIPERSONNELLES (Source BPI France création)

Entrepreneur individuel				EURL	SASU
Régime classique jusqu'au 14 05 2022	Statut unique de l'entrepreneur individuel à compter du 15 05 2022	Micro-entrepreneur	EIRL		
Régime social du dirigeant					
Travailleur indépendant		Travailleur indépendant mais mode de calcul et de paiement des cotisations sociales simplifié (régime micro-social)	Travailleur indépendant	Travailleur indépendant (gérant associé unique) Assimilé-salarié (gérant tiers)	Assimilé salarié
Assiette de calcul des cotisations sociales					
Bénéfice imposable	-Entreprise individuelle soumise à l'impôt sur le revenu = Bénéfice imposable -Entreprise individuelle soumise à l'impôt sur les sociétés = Rémunération nette + part des dividendes reçus >10% du bénéfice net si ce bénéfice est supérieur au patrimoine affecté (en attente du décret d'application)	Chiffre d'affaires	-EIRL soumis à l'impôt sur le revenu = bénéfice imposable -EIRL soumise à l'impôt sur les sociétés =Rémunération nette+ la part des dividendes reçus supérieure à 10% du bénéfice net, si ce bénéfice est supérieur au patrimoine affecté	-EURL soumise à l'impôt sur le revenu = bénéfice imposable ou chiffre d'affaires si régime fiscal de la micro-entreprise -EURL soumise à l'impôt sur les sociétés = rémunération nette+ dividendes pour la fraction supérieure à 10% du capital social, des primes d'émission et des sommes versées en compte courant	-SASU soumise à l'impôt sur le revenu = Rémunération nette -SASU soumise à l'impôt sur les sociétés = rémunération nette

L'offre socle de services

Préambule

Jusqu'à présent, en raison du suivi exclusif des salariés, de l'absence de prise en compte des problématiques qui leur sont spécifiques et malgré les conseils prodigués par le médecin du travail et son équipe pluridisciplinaire dans un certain nombre de domaines (création ou mise à jour de la fiche d'entreprise, aide à l'élaboration du document unique d'évaluation des risques professionnels, participation aux réunions du CSE, conseils en rapport avec l'aménagement de nouvelles installations, actions diverses de sensibilisation vis-à-vis du personnel, aide à l'évaluation des risques professionnels, ...), la perception que les dirigeants ont du service de santé au travail demeure dans un certain nombre de cas plutôt mitigée voire négative (sentiment d'inutilité, de coût démesuré des cotisations par rapport aux prestations fournies majoré par l'espacement des visites médicales périodiques, confusion avec l'inspection du travail, vécu négatif des inaptitudes prononcées pour leurs salariés et des conséquences financières parfois élevées qu'elles induisent, ...).

L'évolution législative en attribuant au Service de Prévention et de Santé au Travail Interentreprises (SPSTI) la prise en charge de la santé des dirigeants d'entreprise et des travailleurs indépendants et en instaurant un suivi à leur égard, va profondément modifier cette perception et les rapports que le médecin du travail entretient avec l'entreprise. Ceci est d'autant plus d'actualité que les SPSTI doivent être en capacité, suite à la promulgation du décret N° 2022-653 du 25 avril 2022, de justifier de la mise en place d'une offre socle de services.

Ce décret *(Source Action Santé Travail)*, prévu par la loi du 02 Août 2021, ne concerne pas uniquement les dirigeants ou les travailleurs indépendants. Il a pour but d'améliorer d'homogénéiser sur l'ensemble du territoire, la qualité, la visibilité et l'accessibilité du suivi en santé au travail. Il crée et précise **l'offre socle de services** que devront assurer les SPSTI envers leurs entreprises adhérentes et leurs travailleurs.

Dans ce cadre, chaque service devra obligatoirement intégrer dans ses actions, les missions suivantes :

- la prévention des risques professionnels,
- le suivi individuel de l'état de santé de chaque salarié, tout au long de sa carrière, tel que prévu par la réglementation,
- la prévention de la désinsertion professionnelle via la création et l'animation d'une cellule de prévention de la désinsertion professionnelle.

La création de cette nouvelle offre socle de services **sera assortie** de la mise en place d'**une procédure de certification des SPSTI** pour en garantir la qualité de mise en œuvre.

Le suivi du dirigeant d'entreprise relevant de l'offre socle[176]

Les visites initiales et périodiques

En ce qui concerne les visites médicales, hormis les cas où le dirigeant (ou le travailleur indépendant) se retrouve exposé, du fait de sa participation à des activités l'exposant à des nuisances pouvant relever d'un régime de surveillance individuelle renforcée (SIR) ou adapté (SIA) et où il doit, dans ces conditions, bénéficier d'un suivi médical périodique analogue à celui mis en place pour ses salariés, le suivi de celui-ci reposera sans doute sur le principe d'un suivi individuel « classique », auquel s'adjoindront quelques spécificités, suivi qu'on pourrait qualifier de « **Suivi Individuel Rapproché** ».

Dans le cadre de ce suivi individuel rapproché, on ne peut que constater qu'un dirigeant ou un travailleur indépendant est déclaré de façon très fréquente, lors de son inscription sur le portail adhérent, comme relevant d'une surveillance individuelle classique. Il est, par conséquent, en règle générale, naturellement orienté, pour sa visite d'information et de prévention initiale (VIPI), vers l'IDEST (infirmier(ère) diplômé(e) en santé au travail) et fait l'objet de la délivrance d'une attestation de suivi. Dans ce contexte, sauf problème particulier et orientation par l'IDEST, il est susceptible d'échapper, si le professionnel de santé qui effectue la VIPI (voire cinq ans plus tard, la visite périodique) n'est pas un médecin du travail, un médecin collaborateur ou un interne en médecine du travail, à tout suivi médical.

Ce constat met en évidence :

- le rôle très important de l'IDEST(infirmier(ère) diplômé(e) en santé au travail), porte d'entrée naturelle du dirigeant ou du travailleur indépendant au sein du SPSTI.
- Le caractère volontiers interactif et pluridisciplinaire de la prise en charge.

Le contenu de la visite initiale

Il implique :

- d'une part la *réalisation d'un entretien infirmier* non seulement similaire à celui effectué pour les salariés, mais bien sûr au contenu complété par des éléments spécifiquement dédiés au dirigeant (ou travailleur indépendant) et à la connaissance beaucoup plus intime du fonctionnement général de son entreprise et des liens qui l'unissent à elle et, par conséquent plus chronophage,

176. Chapitre élaboré en collaboration avec les membres du groupe de travail PREVY (Camille LINKE (IDEST), Laure ASTRUC (psychologue du travail), Maxence LECUYER (technicien intervenant en prévention des risques professionnels), mais aussi avec Géraldine DAUDET (psychologue du travail CMIST, Alès Lozère.

- d'autre part, un *entretien réalisé par le(a) psychologue du travail*, sur proposition d'orientation de l'infirmière, si les problématiques relevées lors de l'entretien infirmier font apparaître cette nécessité (souffrance, plainte, en lien avec le travail ou avec une situation personnelle/ familiale s'accompagnant d'un impact sur le travail) et/ou s'il le désire,
- enfin et au décours, une proposition systématique d'orientation vers le médecin du travail (ou une information systématique de celui-ci lors des staffs).

L'entretien infirmier initial du dirigeant ou du travailleur indépendant

Il comprend :

- **<u>Des éléments administratifs</u>**
  - personnels : date de l'entretien, Nom, prénom, date de naissance, numéro national d'identification de la sécurité sociale, adresse, numéro de téléphone, adresse électronique, nom et adresse du médecin traitant, situation familiale (célibataire ? vie familiale ? séparation, divorce ? veuvage ? ...), enfants à charge (nombre, sexe et année de naissance, études en cours ? lesquelles ? où ? sous quelles modalités et avec quel poids financier pour le foyer ?), parcours scolaire et universitaire, diplômes obtenus, cursus laboris (activités antérieures à la création ou à la reprise de l'entreprise), habitat personnel (propriétaire, locataire, date d'achat du bien, crédit en cours ? montant ? jusqu'à quand ? ...),
  - personnels en lien avec l'entreprise : statut social choisi et position du dirigeant dans l'entreprise (travailleur indépendant non salarié, gérant salarié ou assimilé, existence d'associé(s), ...), statut du conjoint par rapport à l'entreprise (pas d'activité professionnelle ? travail extérieur à l'entreprise (lequel ?), conjoint collaborateur ? statut du conjoint dans l'entreprise (salarié ou non) ? Poste occupé et nature des tâches accomplies ?), revenus fixes ou variables et reste à vivre pour le foyer, entrepreneuriat choisi ou subi ? ..., déplacements (routiers, ferroviaires, aériens nationaux ou internationaux) et leur fréquence, nombre d'heures de travail hebdomadaires et amplitude des horaires de travail quotidiens, travail le week-end et/ou en soirée, fréquence et durée moyenne des congés, influence du rythme de travail sur le climat familial, cabinet d'expertise comptable en charge de l'entreprise, existence de contrats assurantiels (prévoyance individuelle, collective, ou « melting-pot » des deux ?).

- **<u>Des éléments concernant l'entreprise proprement dite</u>**

Date de création ou de reprise, propriété des locaux, location ou acquisition en cours (recherche de difficultés à faire face aux échéances des crédits ?), nature de l'activité, nombre de salariés et métiers exercés, existence de fonctions support ou non (aide du conjoint, délégation de compétences, lien avec les partenaires économiques extérieurs (expert-comptable, fournisseurs et clients, ...), évolution des effectifs (croissance, stabilité, diminution, turn-over, climat social, ...), entreprise familiale (depuis combien de générations ?), appartenant à un groupe, sous franchise, indépendante, sous-traitante, ...), chiffre d'affaires, nature, nombre de ses clients, fournisseurs, intermédiaires et recherche de facteurs de fragilisation liés à ceux-ci pour l'entreprise (aléas concernant les retards de livraisons, de paiements, ...) ou en lien avec des évènements extérieurs (augmentation du coût des matières premières, des transports, de l'énergie, ...) pouvant être sources de quête financière+ ou- permanente et de stress bancaire, existence ou non de mécanismes mis en place avec la banque pour pallier le risque ? évolution de l'entreprise et de l'entrepreneur dans celle-ci, conjoncture économique, ...), projection à court, moyen ou long terme du dirigeant dans son entreprise.

- **Des éléments concernant la santé du dirigeant**
  - *Anamnestiques* : Antécédents personnels (professionnels ou non) médicaux, chirurgicaux, traumatiques du dirigeant ou du travailleur indépendant, situation de handicap ? pathologies en cours ? (et dans ce cas, nature, modalités du suivi de santé et traitements en cours (arrêt de travail ?) modalités d'adaptation mises en route dans l'entreprise pour la protéger (augmentation du temps de travail pour maintenir le chiffre ? concentration sur le cœur de métier au détriment du reste ? interlocuteurs contactés, réseaux mobilisés et résultats ?) antécédents familiaux, recherche d'antécédents d'expositions professionnelles pouvant nécessiter un suivi post-exposition, vérification de la validité des vaccinations obligatoires professionnelles ou non, appréciation du vécu au travail, du stress, de l'hygiène de vie (qualité et quantité de sommeil, alimentation (régularité des repas, des horaires de prise, architecture habituelle des repas, fréquence des repas d'affaires), consommation régulière d'alcool ? (Combien ? Depuis combien de temps ?), de tabac ? (Combien ? Depuis combien de temps ?), de médicaments ? (Lesquels), de drogue ? Pratique de loisirs, d'activités sportives ? ...
  - *Biométriques* : Taille, poids, tension artérielle, pulsations/minute, latéralité,
  - *Examen de la vue, de l'audition, ...,*
  - *Évaluation éventuelle, via échelles spécifiques*, du stress, de la satisfaction au travail (cf. outils développés par le Pr Olivier TORRES, Observatoire Amarok), du risque de burn-out....

L'entretien peut se conclure par la **présentation du service, de l'action du médecin** (accompagnement ultérieur potentiellement « rapproché » via des visites occasionnelles à la demande du dirigeant) **et des prestations éventuellement délégables à l'équipe pluridisciplinaire à son égard** (création ou mise à jour de la fiche d'entreprise et aide à l'élaboration du document unique d'évaluation des risques professionnels en y intégrant, bien sûr, les risques inhérents au dirigeant, études ergonomiques, analyse du risque chimique, actions de sensibilisation, prise en charge par psychologue, par assistante sociale, …), la sensibilisation du dirigeant ou du travailleur indépendant **à nous signaler précocement les évènements** (économiques et de santé) le concernant **pour travailler** avec lui le plus en **amont** possible des **processus de désinsertion professionnelle**.

L'entretien avec le (la) psychologue du travail dans le cadre de la visite médicale initiale (ou du suivi périodique) du dirigeant

Au regard des liens particuliers que le dirigeant noue avec son entreprise, des conséquences psychologiques qu'un dysfonctionnement économique ou de santé peuvent entraîner chez lui et des enjeux humains qui peuvent en découler, il semble essentiel d'assurer une prise en charge globale, certes médicale, mais intégrant également les compétences du (de la) psychologue du travail.

Cette prise en charge, dont nous ne décrirons ici que les grandes orientations, pourra se faire, tant lors des visites initiales, qu'éventuellement lors des entretiens périodiques ultérieurs ou sur demande du dirigeant ou du travailleur indépendant.

L'objet de l'entretien psycho social et organisationnel du dirigeant sera de repérer un ensemble d'éléments constitutifs à la fois du rapport entretenu par le dirigeant avec son entreprise, mais également, d'éléments sur lesquels il est (s'estime ?) en situation de confort et d'autres qui, pour lui, constituent un point de fragilité dans la gestion de l'activité de celle-ci.

Ainsi, cet(s) entretien(s) permettra(ont) d'apprécier différentes dimensions :

- **Le rapport du dirigeant à son entreprise**,

autour de notions telles que le caractère « pull » ou « push » de l'entrepreneur (cf. travaux du professeur Torres- observatoire AMAROK), du retentissement éventuel de l'entrepreneuriat sur l'équilibre familial,

- **Les niveaux de stress et de satisfaction et leur origine**
- **Le lien, qu'il a avec les différents interlocuteurs de l'entreprise,** *internes (collaborateurs (trices) et externes (client(e)s, fournisseur(s), partenaire(s), prestataire(s)…),*
- **Son mode de conduite de l'activité et de délégation**

au travers d'un tableau des tâches, inspiré de celui initialement élaboré par Dr. A. Jabès et JP. Paray, qui sera notamment complété d'une partie « déléguée/délégable » pour chacune des activités considérées,

- **Les compétences** autour de la gestion du risque, de l'incertitude, des contraintes, de la capacité à prendre des décisions seront explorées.

De même, *les compétences commerciales* (marketing, vente), celles en lien avec la production et l'*approvisionnement*, les compétences en *management* (gestion des ressources humaines), en lien avec le développement (projets, recherche et développement, innovation) ainsi que celles en finances, comptabilité (administration gestion) ou encore les compétences en lien avec la *recherche d'informations* (veille stratégique, ressources externes, ressources internes) feront également l'objet d'une auto évaluation.

Le but ici, comme dans tous les outils proposés au chef d'entreprise tout au long de la démarche, *est de créer les conditions pour que le chef d'entreprise auto-analyse, dans un contexte de soutien et de réflexivité, ses modes de fonctionnement à l'égard des différents constituants techniques, administratifs, financiers, commerciaux, technologiques et humains de l'activité.*

Cette analyse permettra, dans une logique de prévention, d'opérer les changements correctifs ou résolutifs de certaines difficultés, et dans une logique plus « curative », d'organiser les aides et les prises de relais pour la continuité de l'activité

La visite médicale initiale du dirigeant dans le cadre du suivi individuel rapproché

Deux situations sont possibles :

- le dirigeant (ou le travailleur indépendant) a été vu préalablement par l'infirmier(ère) et/ou le (la) psychologue du travail. Le médecin du travail prend connaissance des données de (ou des) entretiens et échange avec celui-ci à propos des éléments recueillis. Il lui réitère, via la demande de visites occasionnelles, de lui signaler précocement les évènements (économiques et de santé) le concernant pour travailler avec lui le plus en amont possible des processus de désinsertion professionnelle. Il complète l'entretien infirmier et/ou celui du (de la) psychologue du travail en lui expliquant la méthodologie qui va être mise en route pour le maintenir en emploi, prévenir sa désinsertion professionnelle, préserver au mieux son entreprise, ainsi que les réseaux qu'il pourra mobiliser et les dispositifs d'aides qui pourront être sollicités.
- le dirigeant (ou le travailleur indépendant) n'a pas été vu préalablement par l'infirmier(ère). Il réalise alors l'ensemble de la prestation (entretien infirmier et visite médicale initiale) et l'oriente, si les problématiques relevées lors de l'entretien font apparaître cette nécessité et/ou s'il le désire, vers le (la) psychologue du travail.

Le contenu des entretiens infirmiers et/ou visites médicales périodiques (ou occasionnelles)

Il vise à permettre aux professionnels de santé du SPSTI, à partir des données recueillies lors de la visite initiale, d'actualiser de façon périodique leurs connaissances et d'adapter leur suivi par rapport à l'évolution de l'entreprise, de la santé du dirigeant ou du travailleur indépendant.

Lors des visites périodiques, l'entretien médico-psycho-professionnel semble intéressant à maintenir pour assurer un suivi actualisé et global du dirigeant ainsi que de la situation de l'entreprise.

L'offre spécifique de services

Préambule

La loi du 02 Août 2021 prévoit, comme nous l'avons dit précédemment, la prise en charge, par les SPSTI, des travailleurs indépendants qui souhaiteront s'y affilier et, par conséquent, l'obligation de pouvoir leur proposer une offre de services spécifique dans les trois domaines cités plus haut et prévus par l'offre socle[177].

Dans ce cadre, les SPSTI. doivent obligatoirement être en capacité, via la cellule de prévention de la désinsertion professionnelle existante qui gère déjà les salariés de leurs adhérents ou via la création et l'animation d'une cellule spécifiquement dédiée, d'assurer les missions inhérentes aux problématiques pouvant aboutir à leur désinsertion professionnelle.

Comme nous l'avons vu dans le paragraphe relatif aux travailleurs indépendants en France, il existe de fortes disparités en termes de revenus entre les activités les moins rémunératrices (Commerces de détail hors magasin, taxis-VTC, Services personnels, arts spectacles et activités créatives, enseignement) et celles générant les revenus moyens les plus élevés (Professions médicales, juridiques et comptables, commerce pharmaceutique). Ces dernières permettent en général à leur dirigeant de disposer des ressources nécessaires pour pouvoir embaucher des salariés et donc, dans ce cas, de bénéficier du suivi décrit pour l'offre socle.

Les premières, regroupant souvent des structures micro ou auto-entrepreneuriales, exercent dans un cadre beaucoup plus isolé et leurs entrepreneurs sont bien sûr :

- moins informés des dispositifs que la loi du 02 08 2021 leur offre, de l'existence des organismes, aides et accompagnements dont ils pourraient bénéficier,
- souvent non pris en charge par des structures susceptibles de les accompagner et/ou de les conseiller dans leur projet de création d'entreprise,
- beaucoup plus vulnérables sur le plan économique, ce qui majore, comparativement à la situation des dirigeants et travailleurs indépendants relevant de l'offre socle, les difficultés de leur entrepreneur à souscrire à une prévoyance, à consacrer du temps à sa santé et à s'inscrire dans une dynamique de maintien.

Ils sont, par conséquent, moins en capacité, voire peu enclins, à envisager d'adhérer à un SPSTI (les demandes d'adhésion restent très marginales) d'autant que l'offre spécifique dont ils relèvent n'est actuellement pas définie, que la méthodologie de maintien en emploi et de prévention de la désinsertion professionnelle

177. « Code du Travail (Article L 4621-3 nouveau à venir) ; Loi N° 2021-1018 (Art 23.2°) : Les travailleurs indépendants relevant du livre VI du Code de la Sécurité Sociale peuvent s'affilier au service de prévention et de santé au travail interentreprises de leur choix. Ils bénéficient d'une offre spécifique de services en matière de prévention, de suivi individuel et de prévention de la désinsertion professionnelle. »

qui doit leur être proposée et la connaissance des dispositifs d'aides et accompagnements susceptibles de leur être utiles ne sont pas actuellement parfaitement connus au sein des SPSTI.

Dans la situation qui est la leur, **l'offre de service proposée par le service de prévention et de santé au travail interentreprise doit**, pour obtenir leur adhésion, **revêtir un caractère spécifique et attractif particulier, être adaptée à leur condition de travailleurs indépendants en situation émergente** pendant les toutes premières années d'existence de leur entreprise. Dans ce contexte, leur prise en charge pourrait être conçue (en s'inspirant de ce qu'a mis en place la fondation « Entrepreneurs de la Cité » en matière d'assurance pendant les trois premières années de vie de l'entreprise) comme une démarche solidaire inclusive, tremplin vers une prise en charge « type offre socle ». Cette transition vers l'offre socle pourrait, bien sûr, se faire dans des délais beaucoup plus courts en cas de développement de l'entreprise et d'embauche de personnel.

La prise en charge pratique

La prise en charge pratique proposée, dont nous préciserons les modalités et le contenu, pourrait schématiquement être résumée dans le tableau simplifié suivant :

<table>
<tr><td colspan="3">L'offre spécifique de services
(Tableau simplifié)</td></tr>
<tr><td colspan="3">La loi du 02 Août 2021 prévoit la prise en charge, par les SPSTI, des travailleurs indépendants qui souhaiteront s'y affilier et, par conséquent, l'obligation de pouvoir leur proposer une offre de services spécifique.
(« Code du Travail (Article L 4621-3 nouveau à venir) ; Loi N° 2021-1018 (Art 23.2°) : Les travailleurs indépendants relevant du livre VI du Code de la Sécurité Sociale peuvent s'affilier au service de prévention et de santé au travail interentreprises de leur choix. Ils bénéficient d'une offre spécifique de services en matière de prévention, de suivi individuel et de prévention de la désinsertion professionnelle. »)</td></tr>
<tr><td>POPULATION CIBLEE</td><td colspan="2">Travailleurs indépendants non-salariés exerçant seuls (sans salariés)</td></tr>
<tr><td>OBJECTIFS</td><td colspan="2">Proposer :
• pendant les trois premières années d'existence de l'entreprise, une offre spécifique, attractive, solidaire, inclusive, adaptée à leur condition de travailleurs en situation émergente, tremplin vers une prise en charge « offre socle »,
• les années suivantes, un suivi spécifique adapté à l'évolution de l'entreprise.</td></tr>
<tr><td rowspan="2">MODALITES (trois premières années)</td><td colspan="2">Adhésion volontaire annuelle non reconductible par tacite reconduction (pas de périodicité)</td></tr>
<tr><td>Travailleur indépendant ne présentant pas de problème à l'adhésion
=
Entretien santé travail effectué par l'IDEST</td><td>Travailleur indépendant en surveillance individuelle renforcée et/ou présentant une problématique économique et/ou de santé et/ou en arrêt de travail et/ou en situation de handicap à l'adhésion et/ou orienté par un organisme extérieur
=
Visite médicale</td></tr>
</table>

<table>
<tr>
<td>CONTENU</td>
<td>Il comprend :
▪ Eléments anamnestiques (administratifs, concernant l'entreprise proprement-dite, la santé du travailleur indépendant),
▪ Eléments cliniques et paracliniques (biométrie, vue, audition, ..., +/- utilisation d'échelles d'évaluation),
▪ Orientation/examens complémentaires = médecin traitant,
▪ Conclusion
-Présentation du SPSTI (ses missions et ses professionnels pour les mettre en œuvre),
-Sensibilisation (prévention des risques liés à l'activité, hygiène de vie, ...,
-Sensibilisation à l'intérêt de souscrire une protection assurantielle,
-Sensibilisation à nous signaler précocement les évènements (économiques et de santé)
▪ Informations complémentaires délivrées :
- Proposition de participer à des ateliers de prévention organisés par le SPSTI,
- L'adhésion annuelle offre l'accès, pendant cette période, à une visite supplémentaire à leur demande ou à une étude de leur situation de travail par un technicien intervenant en prévention des risques professionnels,</td>
<td colspan="2">Elle comprend :
▪ Des éléments anamnestiques
- Administratifs,
-Concernant l'entreprise proprement-dite,
-Concernant la santé du travailleur indépendant,
-Concernant la nature et l'origine des difficultés rencontrées, des démarches mises en route (partenaires, réseaux, organismes mobilisés), les conséquences induites par la situation pour l'entreprise, l'existence d'une prévoyance individuelle,
▪ La prise de connaissance des éléments du dossier médical du travailleur indépendant (comptes-rendus médicaux, examens complémentaires biologiques, radiologiques, ...),
▪ Des éléments cliniques, le cas échéant,
▪ Une analyse globale de la situation,
▪ La mise en place d'une stratégie basée sur l'information et l'orientation (organismes, réseaux, aides et accompagnements existants).
▪ Information complémentaire
-L'adhésion annuelle offre l'accès pendant cette période, à une visite à leur demande ou à un entretien avec le (la) psychologue.</td>
</tr>
<tr>
<td>MODALITES EVOLUTIVES DU SUIVI</td>
<td>Embauche d'un salarié
dans un délai < ou = ou > à 3 ans = Passage au régime de l'offre socle</td>
<td>Persistance d'un exercice solitaire à 3 ans = maintien du service spécifique sous réserve d'adhésion</td>
<td>Cessation d'activité de l'entreprise = Arrêt du suivi spécifique</td>
</tr>
</table>

Les modalités et le contenu du suivi spécifique

Le suivi spécifique proposé repose sur le principe d'une adhésion annuelle, non reconductible par tacite reconduction (pas de périodicité) et est construit selon les modalités suivantes :

Travailleur indépendant ne présentant pas de problème à l'adhésion = Entretien santé travail effectué par l'IDEST

Cet entretien comprendra :

Des éléments anamnestiques

- **Administratifs**

– *personnels :* date de l'entretien, Nom, prénom, date de naissance, numéro national d'identification de la sécurité sociale, adresse, numéro de téléphone, adresse électronique, nom et adresse du médecin traitant, situation familiale (célibataire ? vie familiale ? séparation, divorce ? veuvage ? ...), enfants à charge (nombre, sexe et année de naissance, études en cours ? lesquelles ? où ? sous quelles modalités et avec quel poids financier pour le foyer ?), parcours scolaire et universitaire, diplômes obtenus, cursus laboris (activités antérieures à la création ou à la reprise de l'entreprise), habitat personnel (propriétaire, locataire, date d'achat du bien, crédit en cours ? montant ? jusqu'à quand ? ...),

– *personnels en lien avec l'entreprise* : statut social choisi, statut du conjoint par rapport à l'entreprise (pas d'activité professionnelle ? conjoint collaborateur ? travail extérieur à l'entreprise (lequel ?) à temps partiel ou à temps complet ? revenus fixes ou variables et reste à vivre pour le foyer ? entrepreneuriat choisi ou subi ? ..., nature des déplacements, mode et fréquence, rayon d'action (local, départemental, régional, national, ...), nombre d'heures de travail hebdomadaires et amplitude des horaires de travail quotidiens, travail le week-end et/ou en soirée, fréquence et durée moyenne des congés, influence du rythme de travail sur le climat familial, existence de contrats assurantiels (Responsabilité civile professionnelle, garantie décennale, prévoyance individuelle ?).

– *Concernant l'entreprise proprement dite*

Situation de l'entreprise (au domicile personnel ou distinct ?), date de création ou de reprise, propriété des locaux, location ou acquisition en cours (difficultés à faire face aux échéances des crédits ?, les biens personnels peuvent-ils être saisis en cas de difficulté par la banque ?), nature de l'activité, du mode d'exercice, des tâches effectuées et appréciation des risques professionnels qui peuvent en résulter, existence ou non de fonctions support (aide du conjoint, aides extérieures pour des tâches annexes au cœur de métier ?), chiffre d'affaires, partenaires économiques extérieurs (nature, nombre de ses clients, fournisseurs, intermédiaires, ...) avec recherche de facteurs de fragilisation liés à ceux-ci susceptibles d'être sources de quête financière+ ou- permanente et de stress bancaire, (forte dépendance ? (un seul client ? un seul fournisseur ? un seul intermédiaire (plateforme par exemple) ?), retards de livraisons, de paiements, ..., impact d'évènements extérieurs (augmentation du coût des matières premières, des transports, de l'énergie, ...), existence ou non de mécanismes mis en place avec la banque pour minimiser le risque (affacturage, par exemple), ...?, évolution de l'activité de l'entreprise depuis sa création ou sa reprise (croissance, stabilité, diminution, ...), évolution de l'entreprise et de l'entrepreneur dans celle-ci, conjoncture économique, ..., projection à court, moyen ou long terme du dirigeant dans son entreprise.

- **Concernant la santé du travailleur indépendant**

Antécédents personnels (professionnels ou non) médicaux, chirurgicaux, traumatiques du dirigeant ou du travailleur indépendant, situation de handicap ? pathologies en cours ? (et dans ce cas, nature, modalités du suivi de santé et traitements en cours (arrêt de travail ?) modalités d'adaptation mises en route dans l'entreprise pour la protéger (augmentation du temps de travail pour maintenir le chiffre ? concentration sur le cœur de métier au détriment du reste ? interlocuteurs contactés, réseaux mobilisés et résultats ?) antécédents familiaux, recherche d'antécédents d'expositions professionnelles pouvant nécessiter un suivi post-exposition, vérification de la validité des vaccinations obligatoires professionnelles ou non, appréciation du vécu au travail, du stress, de l'hygiène de vie (qualité et quantité de sommeil, alimentation (régularité des repas, des horaires de prise, architecture habituelle des repas, fréquence des repas d'affaires), consommation régulière d'alcool ? (Combien ? Depuis combien de temps ?), de tabac ? (Combien ? Depuis combien de temps ?), de médicaments ? (Lesquels ?), de drogue ? pratique de loisirs, d'activités sportives ? ...

Des éléments cliniques et paracliniques

- **Biométriques** : Taille, poids, tension artérielle, pulsations/minute, latéralité,
- **Examen de la vue, de l'audition,** ...,
- **Evaluation éventuelle**, via échelles spécifiques, du stress, de la satisfaction au travail (cf. outils développés par le Pr Olivier TORRES, Observatoire Amarok), du risque de burn-out....

Des éléments en termes d'orientation et d'examens complémentaires

L'IDEST orientera, s'il (elle) l'estime nécessaire, le travailleur indépendant vers son médecin traitant.

L'entretien peut se conclure par

- *la présentation du SPSTI,* de ses missions (prévention des risques professionnels, suivi individuel de l'état de santé des travailleurs, prévention de la désinsertion professionnelle) et des divers professionnels qui les mettent en œuvre.
- *la sensibilisation à la prévention des risques propres à leur activité* et à l'importance de préserver leur santé, via une bonne hygiène de vie (délivrance de messages, proposition de participer à des ateliers de prévention organisés par le SPSTI, remise de flyers, ...),
- la sensibilisation à *l'intérêt* pour eux et **leur famille d'une protection assurantielle** (trousse de première assurance, s'ils entrent dans les critères d'attribution, notamment),

- la sensibilisation à nous signaler précocement les évènements (économiques et de santé) les concernant pour travailler avec eux le plus en amont possible des processus de désinsertion professionnelle.

L'IDEST peut également les informer

- que l'adhésion annuelle leur permet d'accéder, pendant cette période, à une visite supplémentaire à leur demande ou à une étude de leur situation de travail par un technicien intervenant en prévention des risques professionnels,
- qu'en cas de souffrance psychique en relation avec leur travail ou avec des problèmes personnels interagissant avec celui-ci, ils peuvent sans doute, via le courrier d'adressage rédigé par leur médecin traitant ou leur spécialiste, bénéficier d'une prise en charge psychologique dans le cadre du parcours « mon psy »,
- qu'en cas de difficultés financières ou de santé, outre les dispositions prévues dans leur contrat s'ils ont souscrit une assurance,

  - le dispositif « HELP » précité peut être mobilisé (formulaire de demande national pdf) auprès de leur Caisse d'Assurance Maladie d'affiliation. Ce dispositif permet de mobiliser des acteurs institutionnels (URSSAF (voir aides décrites précédemment), allocations familiales, assurance maladie, assurance retraite) et de débloquer des soutiens. Dans ce cadre, et parmi bien d'autres mesures d'assistance (aide au remplacement du travailleur indépendant malade, embauche d'un salarié si le travailleur indépendant est malade, ...), le dispositif d'aide à l'accompagnement et au maintien de l'activité décrit précédemment (cf table des matières) peut également prendre en charge des consultations supplémentaires auprès du SPSTI.
  - Le réseau CAIRE (cf table des matières) qui accompagne gratuitement les travailleurs indépendants atteints d'une pathologie longue et invalidante pendant leur parcours de soins et dans leur retour à l'emploi, peut également être, pour eux, une source de soutien.

Travailleur indépendant en surveillance renforcée et/ou présentant une problématique économique et/ou de santé et/ou en arrêt de travail et/ou en situation de handicap à l'adhésion et/ou adressé par un organisme extérieur = Visite médicale

Le médecin du travail reprend, dans le cadre de sa consultation,

Les éléments anamnestiques et biométriques décrits dans l'entretien santé travail infirmier, prend connaissance des éléments du dossier médical du travailleur indépendant (comptes-rendus médicaux, examens complémentaires biologiques, radiologiques, ...), peut éventuellement compléter la consultation par un examen clinique, mais centre bien évidemment son interrogatoire sur la *nature et l'origine des difficultés* du travailleur indépendant, sur les *démarches qu'il a mises en route dans la situation qu'il traverse*, les *partenaires, réseaux, organismes qu'il a contacté et mobilisé,* les conséquences que la situation entraîne pour l'entreprise.

Après analyse globale de la situation et de ses difficultés, il l'oriente vers les réseaux qui pourraient lui être utiles, lui apporte une information sur les dispositifs d'aides et d'accompagnements existants, ce, dans le cadre d'une stratégie visant à le maintenir en emploi, prévenir sa désinsertion professionnelle, préserver au mieux son entreprise.

Il peut également lui signaler que :

- l'adhésion annuelle lui permet d'accéder, pendant cette période, à une visite supplémentaire à sa demande ou à un entretien avec le(a) psychologue du travail,
- que, pour les difficultés financières ou de santé qu'ils rencontrent, outre les dispositions prévues dans leur contrat s'ils ont souscrit une assurance, il peut être intéressant de contacter
  - le dispositif « HELP » précité peut être mobilisé (formulaire de demande national pdf) auprès de leur Caisse d'Assurance Maladie d'affiliation. Ce dispositif permet de mobiliser des acteurs institutionnels (URSSAF (voir aides décrites précédemment), allocations familiales, assurance maladie, assurance retraite) et de débloquer des soutiens. Dans ce cadre, et parmi bien d'autres mesures d'assistance (aide au remplacement du travailleur indépendant malade, embauche d'un salarié si le travailleur indépendant est malade, ...), le dispositif d'aide à l'accompagnement et au maintien de l'activité décrit précédemment (cf table des matières) peut également prendre en charge, s'il est en difficulté, des consultations supplémentaires auprès du SPSTI.
  - Le réseau CAIRE (cf table des matières) qui accompagne gratuitement les travailleurs indépendants atteints d'une pathologie longue et invalidante pendant leur parcours de soins et dans leur retour à l'emploi, peut également être, pour eux, une source de soutien.

Le cas particulier du suivi des salariés exerçant en parallèle une activité indépendante

Il arrive que des salariés vus en visite médicale initiale, périodique ou occasionnelle nous signalent qu'ils exercent en parallèle une activité micro ou auto-entrepreneuriale en complément.

Comme nous l'avons vu précédemment, 16% des travailleurs non-salariés sont pluriactifs dont 75% exercent une activité salariée en parallèle, notamment en raison de l'insuffisance de revenu générée par l'activité non salariée. Cette proportion concerne un tiers des micro-entrepreneurs.

Si le dirigeant ou le travailleur indépendant ne sont pas adhérents au service pour ce qui touche à leur activité auto ou micro-entrepreneuriale, c'est l'occasion d'aborder avec eux le métier exercé, d'évoquer avec eux les risques auxquels celui-ci peut les exposer et les précautions à prendre, de les informer de la possibilité d'adhérer au SPSTI, dans ce cadre, afin de bénéficier d'une prise en charge plus complète via le suivi spécifique mis en place par celui-ci à leur intention.

Les portes d'entrée actuelles du dirigeant d'entreprise ou du travailleur indépendant dans le SPSTI et leurs conséquences en termes de maintien en emploi et de prévention de la désinsertion professionnelle

Comme nous l'avons dit précédemment (Enquête ARACT Nouvelle Aquitaine (Dominique BARADAT, Maxime CESCOSSE, Marion DEFFEZ) en l'absence de prise en compte de leur suivi de santé par les services de santé au travail et quelle que soit la taille de l'entreprise, les dirigeants, en raison d'une forte méconnaissance des différents types d'aides existants, de leur légitimité à pouvoir y prétendre et d'une attente de réponse à leurs préoccupations premières qui sont le soin et la prise en charge médicale dans ces circonstances, se tournent jusqu'ici dans l'immense majorité des cas, vers des interlocuteurs moins pertinents pour pouvoir répondre à ces problématiques professionnelles (médecin traitant (74%), médecin hospitalier ou spécialiste (52%) ...).

Les autres acteurs et en particulier les acteurs de l'emploi ne sont que très peu mis à contribution (RSI, MSA ou CARSAT (11%), médecin du travail (9%), comptable association de gestion (5%), Agefiph (7%) assistante sociale du conseil départemental (4%), chambre des métiers, CCI, chambre d'agriculture, syndicat professionnel (2%), association de malades (4%), cellule maintien cap emploi, MDPH, groupements d'employeurs (1%), autre (3%), personne en particulier (2%).

Cette situation qui fait intervenir successivement le soin, l'assurance maladie et qui fait l'impasse sur l'orientation précoce vers les acteurs de l'emploi, est d'autant plus regrettable que, lorsqu'ils se trouvent confrontés à de telles situations et afin de mieux gérer les impacts de leur problème de santé sur leur activité, 54% des dirigeants atteints de maladies chroniques évolutives expriment un besoin d'aides financières, 39%, des solutions organisationnelles pour réorganiser la manière de travailler et de gérer l'entreprise, 21%, des solutions pour se faire remplacer temporairement, toutes quêtes qui font l'objet d'une recherche de solution dans cet ouvrage.

En effet, indépendamment d'une demande de visite faite par le médecin traitant, le médecin conseil ou le dirigeant/travailleur indépendant pendant une période d'arrêt de travail, les portes d'entrée existantes dans le SPSTI relèvent :

D'une orientation et d'une prescription par la Caisse Primaire d'Assurance Maladie

Comme nous l'avons vu précédemment, les consultations médico-professionnelles effectuées en interne ont été supprimées en janvier 2023. Le dispositif a été externalisé et ces consultations, prises en charge par la CPAM à hauteur de 250 euros/consultation, consistent en trois consultations auprès du service de prévention et de santé au travail (pour un montant total de 750 Euros). Elles ont été rattachées au dispositif d'**aide à l'accompagnement et au maintien de l'activité** (AMA). Les bénéficiaires sont des dirigeants ou des chefs d'entreprise indépendants, non nécessairement en situation d'arrêt de travail indemnisé (hors professions libérales), dont le problème de santé est susceptible d'induire une mise en péril de la pérennité de leur entreprise. Le circuit emprunté par le bénéficiaire est le suivi du soin (médecin traitant (ou spécialiste), prescripteur de l'arrêt de travail, assurance maladie, versement des indemnités journalières).

Sauf signalement extrêmement précoce par le médecin traitant (ou le spécialiste) à la caisse d'assurance maladie et déclenchement extrêmement rapide de sa prescription par celle-ci, le médecin du travail, hors-circuit jusque-là, risque de devoir gérer des situations vues très (voire trop) tardivement. L'absence fréquente de souscription de prévoyance, l'inexistence de services de remplacement et de « boite à outils spécifique », l'hétérogénéité de l'accessibilité aux aides, souvent dépendantes du statut social choisi au départ par l'entrepreneur, rendent cette prise en charge tardive encore plus délétère, d'autant que le médecin du travail, qui doit orchestrer le maintien, doit mobiliser précocement des réseaux adaptés à la situation à traiter.

A la différence en effet de ce qui se passe pour un salarié, **la prescription d'un arrêt de travail** pour un dirigeant ou un travailleur indépendant **doit constituer un signal d'alerte** pour les services de la CPAM le réceptionnant.

La durée de l'arrêt de travail, en effet, **doit être la plus courte possible afin de protéger** au mieux **l'entreprise.**

Tout cela illustre le caractère **d'urgence de la prise en charge**, de la nécessaire fluidité et réactivité des soignants et de la CPAM à repérer et orienter le dirigeant ou l'entrepreneur indépendant vers le médecin du travail.

À signaler que pour faciliter l'orientation par la CPAM de l'entrepreneur indépendant vers le SPSTI via l'AMA, encore faut-t 'il que le SPSTI ait mis en place ses offres socle et spécifique de services à leur intention[178].

178. Pour s'assurer du signalement très précoce du risque de désinsertion professionnelle du dirigeant et de l'entrepreneur indépendant, il est essentiel, pour la CPAM, de communiquer et de mettre en place une sensibilisation à cet effet en direction des soignants. L'adjonction d'une ligne à cocher mentionnant un risque de désinsertion professionnelle sur les formulaires Cerfa relatifs aux arrêts maladie et accident du travail/maladie professionnelle, afin de faciliter le repérage par le médecin conseil de ces situations et la convocation rapide de l'assuré, serait certainement pertinente, a fortiori dans les situations intéressant la santé des dirigeants et travailleurs indépendants.

Quelle prestation proposer aux dirigeants et travailleurs indépendants dans le cadre de l'offre socle ou spécifique lors des trois consultations AMA ?

- *La première consultation,* à mon sens, doit comporter à la fois le même recueil de données via l'intervention des mêmes intervenants que ce qui est prévu dans les paragraphes consacrés à la visite initiale pour les dirigeants relevant de l'offre socle (IDEST et/ou psychologue du travail et médecin du travail) ou de l'offre spécifique (IDEST ou médecin du travail +/- intervenant en prévention des risques professionnels). Dans le cadre de l'offre spécifique, la prise en charge AMA permet l'accès de l'auto-/micro-entrepreneur au (à la) psychologue du travail du SPSTI.
- *Lors de cette première consultation,* le (la) psychologue du travail doit évaluer l'importance du retentissement, sur l'état psychique du dirigeant, du problème de santé rencontré et des risques de désinsertion que celui-ci peut induire pour l'entrepreneur. Le médecin du travail doit ensuite, avec les éléments recueillis par l'IDEST et le(la) psychologue du travail, faire le point avec le dirigeant ou l'entrepreneur indépendant sur la nature de ses problèmes de santé, les traitements et suivis en cours, la vision qu'il a de son avenir dans ces circonstances, les dispositions qu'il a prises pour préserver, autant que faire se peut, le fonctionnement de son entreprise, les éléments limitant et/ou bloquant la reprise de son activité, les moyens matériels, techniques, organisationnels qui pourraient lui être utiles dans ce contexte, ... Le médecin du travail doit ensuite construire avec lui une stratégie de prévention de sa désinsertion professionnelle, l'informer des dispositifs et aides existants, l'orienter vers les interlocuteurs et/ou organismes les plus aptes à l'aider dans ces circonstances.
- *Les deux autres consultations* sont médicales mais aussi, si cela est nécessaire, psychologiques ; leur but est, d'une part, de faire le point sur l'avancement et l'évolution du dirigeant par rapport à sa prise en charge, d'autre part, d'établir le bilan final tracé de celle-ci. Un retour d'information vers le médecin traitant et le médecin conseil semble également légitime.

Dans un objectif de travailler le lien entre le soin et le travail, il serait intéressant de repérer à travers le parcours « mon psy » les situations nécessitant une orientation vers le SPSTI. En effet, le parcours « mon psy » précédemment signalé, bénéficie du même circuit du soin, excluant le médecin du travail, que celui décrit pour l'AMA emprunté par le dirigeant ou le travailleur indépendant. Il concerne tous les assurés. Ainsi, le médecin qui rédige le « courrier d'adressage », oriente l'assuré vers le(la) psychologue le(la) plus adapté(e) à la prise en charge thérapeutique de sa problématique. Il pourrait être intéressant, par exemple dans les problématiques inhérentes à leur contexte professionnel (stress lié à des difficultés économiques, stress bancaire, stress lié à la surcharge de travail, technostress, syndrome dépressif du dirigeant, risque de burn-out, ...), qu'il préconise à l'assuré/ dirigeant et/ou travailleur indépendant de faire une demande d'AMA auprès de la CPAM (peut-être via le dispositif HELP) afin d'être orienté le plus précocement possible vers le SPSTI.

D'une orientation par le réseau CAIRE

Une deuxième source d'orientation vers le SPSTI pourrait être le réseau CAIRE qui gère, pour 80% de son activité, des micro-et auto-entrepreneurs pendant leur maladie ou lors de leur retour à l'emploi. Le médecin du travail pourrait également orienter vers le réseau CAIRE, dans le cadre de la PDP, les auto-et micro-entrepreneurs qui pourraient bénéficier du soutien de leur réseau.

En dehors de ces deux portes d'entrée, le SPSTI est, pour l'instant et en l'absence d'adhésion, limité à mettre en place des outils d'information concernant le suivi des travailleurs indépendants non-adhérents, à communiquer avec leurs organismes professionnels représentatifs, à éditer éventuellement des flyers sur les risques inhérents aux professions exercées et les mesures de prévention à mettre en place, à réaliser à leur intention des sensibilisations variées.

La diffusion et la mise en place au sein des SPSTI d'une méthodologie de maintien en emploi et de prévention de la désinsertion professionnelle, le développement d'un travail avec les réseaux susceptibles d'être utiles dans les deux configurations décrites, la connaissance des organismes, dispositifs, accompagnements et aides pouvant être proposés devraient permettre une adhésion plus large de ces travailleurs.

Pour conclure ce chapitre

Il faut insister sur la nécessité de généraliser la sensibilisation et la formation des professionnels des services de santé au travail amenés à prendre en charge salariés et travailleurs indépendants à cette méthodologie de maintien afin de permettre, par une homogénéisation des savoirs et des pratiques, par la dynamisation du management de l'équipe pluridisciplinaire (entretiens infirmiers préalables à la visite de pré reprise, réalisation par les Infirmiers(ères) en Santé au Travail, dans le cadre de l'entretien infirmier ou d'actions en milieu de travail, de tableaux des tâches, par exemple) l'accès à une égalité des qualités de prise en charge (et donc des chances) pour les publics concernés.

Force est enfin de constater, à la lecture de cet ouvrage que de nombreux acteurs, conscients de la problématique, interviennent déjà, chacun à leur échelon et dans leur domaine, autour de ces thèmes, qu'ils ont chacun mis en place de nombreux dispositifs, mais que ceux-ci sont peu connus (souvent même d'un organisme à un autre), peu lisibles et, par conséquent, ne permettent pas aux professionnels chargés de gérer la dynamique du maintien, ni aux publics visés, faute d'informations, d'accéder dans un grand nombre de cas à ces prestations.

Il semble donc, à mon sens, indispensable (sans vouloir forcément déposséder de leurs prérogatives les organismes concernés), si l'on veut optimiser et pouvoir orchestrer la prise en charge en créant un réel travail fluide, personnalisé et en réseau,

- De faire l'inventaire de tout ce qui existe,
- De réorganiser les choses en mettant en place un réel travail de collaboration inter institutionnel,
- D'informer les professionnels qui vont être amenés à gérer ces situations extrêmement diverses, de la palette des prestations mises en place par tous ces organismes,
- De centraliser ces informations de façon à permettre aux intervenants d'orchestrer leur mise en œuvre, en lien avec le Service de Prévention et de Santé au Travail.

Indépendamment des services que pourrait rendre cette organisation du travail collaboratif dans le cadre d'une prévention tertiaire (consolidation des entreprises concernées et maintien de leur activité, réduction de la durée des arrêts de travail, moindre nécessité de recours aux cellules d'écoute…), elle offrirait au Médecin du Travail, en charge de la santé du dirigeant et du management de l'équipe pluridisciplinaire de maintien, des outils adaptés à la prise en charge globale du problème à traiter et, pourquoi pas d'aider, les dirigeants d'entreprises en amont, c'est-à-dire, en termes de prévention (secondaire voire primaire).

Conclusion

Conclusion

Avec l'évolution de la législation et l'extension des missions des services de prévention et de santé au travail à la prise en charge de la santé des dirigeants d'entreprise et des travailleurs indépendants, le Médecin du Travail doit désormais être en capacité, avec son équipe pluridisciplinaire et les réseaux qu'il peut mobiliser, d'assurer une mission de conseil et d'accompagnement beaucoup plus globale sur l'entreprise qu'auparavant et devenir ainsi le « médecin traitant de l'entreprise » dans son ensemble.

Un suivi rapproché des dirigeants, l'établissement d'une collaboration confiante et dans la durée avec eux, devraient permettre d'établir des liens plus intimes avec la vie et les problématiques de l'entreprise, et, par conséquent, non seulement agir dans le cadre des procédures tertiaires de sécurisation de leur parcours professionnel, mais aussi travailler avec eux plus en amont et de façon beaucoup plus globale et concertée au bénéfice de l'entreprise et de ses différents acteurs.

Que l'entreprise soit confrontée à des problèmes économiques susceptibles d'influer sur la santé du dirigeant, ou qu'elle soit déstabilisée par la survenue d'un évènement de santé le frappant, le médecin du travail va devoir, pour orchestrer au mieux et le plus en amont possible, les situations qui s'accompagnent de risques de désinsertion, créer un réseautage nouveau pour lui avec les partenaires économiques, juridiques gravitant autour de l'entreprise ou susceptibles de l'aider dans ces circonstances, et bénéficier de la mise en place d'un certain nombre de dispositifs et d'outils visant à maintenir l'activité de l'entreprise pendant la phase de soins, de façon à permettre l'inscription sereine du dirigeant dans ceux-ci et préserver l'outil et le collectif de travail.

L'action pilote engagée dans le département du Gard (voir en annexe) a pour but de générer ces outils, dispositifs et réseaux indispensables à la prise en charge du dirigeant. et donc de compléter la palette potentiellement existante.

Il s'agit d'une démarche complexe à mettre en place mais qui représente une avancée majeure sur le plan sociétal et humain, Elle implique d'élargir la notion de compensation du handicap jusqu'ici organisée avec un focus purement individuel, en lui adjoignant une dimension collective dans le contexte d'un handicap induit concernant l'ensemble de l'entreprise et pouvant la mettre en péril.

Cette protection de l'entreprise est d'autant plus impérative qu'elle concerne, en cas de problème de santé touchant leur dirigeant, des entreprises fonctionnant normalement jusqu'à la survenue de l'évènement, entreprises qu'il serait judicieux pour la collectivité, a fortiori dans un contexte de relocalisation et de réindustrialisation, de maintenir en activité, en assurant un intérim, en favorisant une insertion ou en facilitant une transmission, plutôt que de les voir disparaître.

L'impact de toute cette organisation future se mesurera en termes de gains :

- **En matière de santé** (moindre stress pour les dirigeants à consacrer du temps à leur santé, à s'inscrire plus précocement dans un processus de maintien, moindre stress des collectifs de travail pour leur avenir professionnel et donc matériel...),
- **En matière de maintien d'activité** dans les régions et en prévention de la désertification de celles-ci,
- **En matière d'amélioration de la cohésion sociale,**
- **En matière de création d'emplois nouveaux** pour animer les réseaux de remplacement, les « boites à outils » mises en place....

Annexes

Annexes

Liste des professions indépendantes réglementées et non réglementées (Source BPI France Création)

Liste des professions libérales dites «réglementées»

Les listes ci-dessous ne sont pas exhaustives et ne sont données qu'à titre indicatif. Elles ne peuvent constituer une référence.

Les professions libérales réglementées sont les plus connues. Elles ont été classées dans le domaine libéral par la loi et leur titre est protégé. Leurs membres doivent respecter des règles déontologiques strictes et sont soumis au contrôle de leurs instances professionnelles (ordre, chambre, ou syndicat).

Administrateur judiciaire
Agent général d'assurance
Architecte (1)
Architecte d'intérieur
Avocat (1)
Avocat au conseil d'Etat et à la Cour de Cassation
Avoué auprès des cours d'appel (2)
Chiropracteur
Chirurgien-dentiste (1)
Commissaire aux comptes
Commissaire-priseur (2)
Conseil en investissements financiers
Conseil en propriété industrielle
Diététicien (3)
Ergothérapeute (3)
Expert agricole, foncier et expert forestier
Expert devant les tribunaux
Expert-comptable (1)
Géomètre-expert (1)
Greffier auprès des tribunaux de commerce (2)
Huissier de justice (2)
Infirmier libéral (1) (3)
Directeur de laboratoire d'analyses médicales (3)
Mandataire judiciaire
Mandataire judiciaire à la protection des majeurs
Masseur-kinésithérapeute (1) (3)
Médecin (1)
Notaire (2)
Orthophoniste (3)
Orthoptiste (3)
Ostéopathe
Pédicure-podologue (1) (3)
Psychologue
Psychomotricien (3)
Psychothérapeute
Sage-femme (1)
Vétérinaire (1)

(1) Professions organisées en ordres professionnels

(2) Officiers publics ou ministériels : ils sont titulaires d'un office conféré par l'État et nommés par décision d'un ministre.

(3) Auxiliaires médicaux dont l'activité est réglementée par le code de la santé publique

Autres professions libérales

- Il n'existe pas de liste officielle des professions libérales dites «non réglementées».
- Pour l'administration fiscale, il s'agit des personnes qui pratiquent, en toute indépendance, une science ou un art et dont l'activité intellectuelle joue le principal rôle. Leurs recettes doivent représenter la rémunération d'un travail personnel, sans lien de subordination, tout en engageant leur responsabilité technique et morale.
- Certaines de ces professions sont totalement libres (ex : consultant), d'autres doivent obtenir une autorisation d'exercice ou effectuer une déclaration d'activité. (ex : éducateur sportif).

Cette catégorie regroupe toutes les professions qui exercent une activité ni commerciale, ni artisanale, ni industrielle, ni agricole et qui n'entrent pas dans le domaine des professions libérales dites «réglementées».

Liste des professions libérales relevant de la Cipav

A Accompagnateur de groupe Actuaire Agent d'enquêtes assermenté par les tribunaux Agent privé de recherches Analyste programmeur Animateur Archéologue Artiste non créateur d'œuvres originales (article L382-1du code de la sécurité sociale) Art-thérapeute	Assistant ethnographe Assistant informatique Assistant scolaire Assistant technique Astrologue Attaché de presse Audit et conseil Auto-école (si exploitant et moniteur)
C Cartographe Cartomancienne Chargé d'enquête à titre libéral Chercheur scientifique Chimiste Coach Coach sportif Concepteur de logiciel Concepteur rédacteur Conférencier Conseil (artistique, en gestion, en communication, d'entreprise, conjugal, etc.) Consultant	Contrôleur d'ascenseurs Contrôleur technique à la construction Chiromancien Coloriste conseil Contrôle de céréales et semences Coordinateur de travaux Copiste Correcteur lecteur Correspondant local de presse Correspondant sportif Coureur automobile Créateur industriel Créateur de sites internet

D Décorateur conseil (non inscrit au répertoire des métiers) Designer Dessinateur	Détective Développeur de logiciels Documentaliste

La liste des professions libérales affiliées à la Cipav a été réduite par la loi de financement de la sécurité sociale pour 2018.

Restent désormais affiliées à la Cipav les professions suivantes :

Accompagnateur de moyenne montagne Artiste non affilié à la maison des artistes Economiste de la construction Expert automobile Guide haute montagne	Guide conférencier Ingénieur conseil Maître d'œuvre Moniteur de ski

Liste des professions libérales ne relevant plus de la Cipav

E Economiste-conseil Ecrivain public Educateur sportif Enquêteur Enseignant	Ergonome Esotériste Etudes (d'environnement, de marchés, statistiques, techniques, etc.) Expert en assurances, en bâtiment, maritime, etc. Exploitant de brevet, licence ou marque
F Formateur	
G Généalogiste Géographe Géologue Géophysicien	Graphiste (non créateur d'oeuvre originale) Graphologue Guide interprète
H Iconographe Illustrateur Infographiste Informaticien Ingénieur d'affaires Ingénieur du son Interprète (conférencier, guide, traducteur) Inventeur	Historien Hydrogéologue J Joueur professionnel (sport individuel, bridge, etc.) L Lecteur

M Magnétiseur Maître d'oeuvre Médiateur pénal (en cas d'activité non occasionnelle) Médium Médiéviste Métreur	Métreur en peinture Métreur vérificateur Moniteur de sports Mots croisés (auteur) Musicothérapeute
N Naturaliste Naturopathe Noteur Numérologue	O Océanographe Oenologue Organisateur de foires et salons Orientateur
P Paysagiste (activité en bureau d'études, sans lien avec le cycle de la production végétale) Pilote Plasticien conseil Préparateur physique à domicile	Professeur (de musique, de sports, de langues, etc.) Programmeur Psychanalyste Psychosociologue
R Radiesthésiste Rédacteur Rédacteur documentaliste	Rédacteur scientifique Relations presse Relations publiques Répétiteur

Les professionnels qui ne relèvent plus de la Cipav ont basculé vers le régime de retraite de droit commun des travailleurs indépendants, depuis le 1er janvier 2018 pour les micro-entrepreneurs et depuis le 1er janvier 2019 pour les autres travailleurs indépendants.

S Sapiteur (expert) Sociologue Speaker Spéléologue Sportif professionnel	Statisticien Sténotypiste de conférences Styliste
T Technicien conseil Thermicien Topographe	Traducteur Transcripteur
U Urbaniste Urbaniste-aménageur Urbaniste-conseil	V Vérificateur Vérificateur de monuments historiques Voyante

Textes de références : La loi relative à la simplification du droit et à l'allègement des démarches administratives Août 2020

Coordonnées des Conseils Régionaux de l'Ordre des Experts-Comptables, (CROEC)

Région	Adresse	Coordonnées	Président et secrétaire général
Hauts de France	CROEC Hauts de France 10 rue de Tenremonde 59040 Lille Cedex	Tel : 03 20 15 80 80 Fax : 03 20 15 80 81 e-mail : contact@oec-hdf.com	Président : Hubert TONDEUR Secrétaire générale : Gaëlle DIARD
Normandie	CROEC Normandie 6 place Saint Marc 76175 Rouen Cedex 1	Tel : 02 35 89 02 16 e-mail : ordre@oec-normandie.fr	Président : Franck NIBEAUDO Secrétaire générale : Valérie POQUET
Île de France	CROEC Île de France 50 rue de Londres 75008 PARIS	Tel : 01 55 04 31 31 Fax : 01 55 04 31 70 e-mail : contact @oec-paris.fr	Présidente : Virginie ROITMAN Secrétaire général : Mickael BRUN
Grand Est	CROEC Grand Est 11 Avenue de la forêt noire 67084 STRASBOURG Cedex	Tel : 03 88 45 60 25	Président : Christian BERTHOLD Secrétaire générale : Anne Priscille PATOUT
Bretagne	CROEC Bretagne Espace Performance Bâtiment O 35 769 SAINT-GREGOIRE Cedex	Tel : 02 99 83 37 37 Fax : 02 99 83 34 30 e-mail : contact@ bretagne.experts-comptables.fr	Présidente : Carole PAUTREL-GLEZ Secrétaire générale : Loïz PIERRE
Pays de Loire	CROEC Pays de Loire 214 Allée des Haras BP 41845 49018 ANGERS Cedex 01	Tel : 02 41 25 35 45 Fax : 02 41 25 35 46 e-mail : accueil@ordec.fr	Président : Yannick MURZEAU Secrétaire Générale : Fabienne RACKI
Centre Val-de-Loire	CROEC Centre Val de Loire 19 rue Théophile Chollet BP 5205 45 052 ORLEANS Cedex 1	Tel : 02 38 24 09 24 e-mail : croec@centre.experts-comptables.fr	Président : Eric GERNEZ Secrétaire générale : Florence JAMBUT
Bourgogne Franche-Comté	CROEC Bourgogne Franche-Comté 5 place du rosoir BP 50956 21009 DIJON Cedex	Tel : 03 80 53 09 50 e-mail : contact@bfc. experts- comptables.fr	Président : Eric CORRET Secrétaire Général : Eric LAMBERT-MUYARD
Nouvelle Aquitaine	CROEC Nouvelle Aquitaine 28 rue Ferrière BP81 33025 BORDEAUX Cedex	Tel : 05 56 79 79 00 Fax : 05 56 79 79 01 e-mail : services@oec-nouvelle-aquitaine.fr	Président : Mikaël HUGONNET Secrétaire général : Alex LEVASSEUR

Auvergne Rhône-Alpes	CROEC Auvergne Rhône-Alpes 51 rue Montgolfier 69451 LYON Cedex 06	Tel : 04 72 60 26 26 Fax : 04 78 62 23 35 vmr@oecra.fr	Présidente : Odile DUBREUIL Secrétaire Générale : Virginie MAUREAU-REGALDO
Occitanie	CROEC Occitanie Le belvédère 11 boulevard des Récollets 31 078 TOULOUSE Cedex 4	Tel : 05 61 14 71 60 Fax : 05 61 55 33 29 e-mail : cro@oec-occitanie.org	Président Freddy NICOLAS Secrétaire générale : Evelyne DEMAYROLLES
Provence Alpes Côte d'Azur	CROEC Provence Alpes Côte d'Azur Tour Méditerranée 65 Avenue Jules Cantini 13298 MARSEILLES Cedex 20	Tel : 04 91 16 04 20 Fax : 04 91 16 04 27 e-mail : oecpaca@oecpaca.org	Présidente : Colette WEIZMAN Secrétaire générale : Malika TOUATI-LA-QHILA
Corse	CROEC Corse Résidence les jardins de Bodiccione Bâtiment C1 Boulevard Louis Campi 20 090 AJACCIO	Tel : 04 95 21 37 63 e-mail : oec.corse@corse.experts-comptables.org	Président : Guy DE SIMONE Secrétaire générale : Sylvie CHEVALIER-MAURIZOT
Mayotte	Comité Départemental de Mayotte Rue de la caserne Immeuble Archipel 2e étage BP 178 97600 MAMOUDZOU	Tel/ 06 39 69 66 60 e-mail : cdoec.mayotte@gmail.com	Président : Djoumoi RAMIA Secrétaire Général : Asmal AMEDI
Guadeloupe	CROEC Guadeloupe CWTC de Jarry Zone de commerce international 97122 BAIE-MAHAULT	Tel : 05 90 83 86 55 e-mail : contact@croexpertscomptables971.fr	Président : Dominique MAUGENNE Secrétaire Générale : Chantal JALTON
Guyane	Comité départemental de Guyane 29 rue du gouverneur Félix Eboué 97300 CAYENNE	Tel : 05 94 25 35 26 Fax : 05 94 25 35 69 e-mail : ordre@experts-comptables-guyane.fr	Présidente Nathalie RAMAGE Secrétaire générale : Sylvia JEAN PIERRE
Martinique	CROEC Martinique Centre d'affaires Valmenière Route de la pointe des sables Bâtiment A 1er étage 97200 FORT DE France	Tel : 05 96 64 02 26 Fax : 05 96 64 20 52 e-mail : ordexper@orange.fr	Président : Djibo MOSSI Secrétaire générale : Suzie JANVIER

Réunion	CROEC Réunion 36 bis rue Juliette DODU CS 30500 97405 SAINT-DENIS Cedex	Tel : 02 62 40 98 53 Fax : 02 62 90 29 69 e-mail : croec@croec-reunion.com	Présidente : Katy HOARAU Secrétaire Générale : Sophie DESMOT

LISTE DES CIP TERRITORIAUX

CIP IDF

CIP DE PARIS
Place de la Bourse - 75002 Paris
Pour prendre rendez-vous :
01 55 04 31 78
cip.prevention75@gmail.com

CIP DE SEINE ET MARNE
259, rue Pierre et Marie Curie
Parc d'activités - 77000 Vaux-le-Pénil
Pour prendre rendez-vous :
01 64 79 76 03 - contact@cip77.fr

CIP DES YVELINES
21 avenue de Paris - 78000 Versailles
Pour prendre rendez-vous :
01 30 84 78 83
cipyvelines@cci-paris-idf.fr

CIP DE L'ESSONNE
3, avenue du Général De Gaulle - 91090 Lisses
Pour prendre rendez-vous :
01 60 78 62 52 - contact@aecc91.com

CIP DES HAUTS-DE-SEINE
c/o CMA 92 - 17 rue des Venêts
92000 Nanterre
Pour prendre rendez-vous :
01 47 25 91 21 - **contact@cip92.fr**

CIP DE SEINE-SAINT-DENIS
CCI de Bobigny - 93000 Bobigny
Pour prendre rendez-vous :
07 64 79 57 65
cipseinesaintdenis@gmail.com

NORD-OUEST

CIP OUEST NORMANDIE - CALVADOS
1 rue René Cassin - Saint-Contest
14911 Caen Cedex 9
Pour prendre rendez-vous :
07 87 06 35 99

CIP COTES D'ARMOR
16, rue de Guernesey - 22000 Saint-Brieuc
Pour prendre rendez-vous :
02 96 63 55 35

CIP DE L'INDRE
24 Place Gambetta - 36028 Châteauroux Cedex
Pour prendre rendez-vous :
02 54 53 52 33 - cip@indre.cci.fr

CIP DE L'INDRE ET LOIRE
1 rue Schiller – 37200 Tours
Pour prendre rendez-vous :
0800 300 360

CIP DE LOIRE ATLANTIQUE
2 rue de l'Allier - 44100 Nantes
Pour prendre rendez-vous :
0 800 100 259

CIP MAINE ET LOIRE
14 Allée du Haras - 49018 Angers Cedex 01
Pour prendre rendez-vous :
0 800 100 259

CIP OUEST NORMANDIE - MANCHE
170 rue Lycette Darsonval
50009 Saint-Lô cedex
Pour prendre rendez-vous :
06 63 98 24 60

CIP DE MAYENNE
18 rue de Verdun - 53000 Laval
Pour prendre rendez-vous :
0 800 100 259

CIP DU MORBIHAN
10 boulevard des Iles - 56000 Vannes
Pour prendre rendez-vous :
0 800 005 056

CIP OUEST NORMANDIE - ORNE
CCIPN Délégation Orne – 12 Place du Palais -
61002 Alençon Cedex
Pour prendre rendez-vous :
02 33 82 82 82
raynald.hommet@normandie.cci.fr

CIP SARTHE
1 rue de Montauban
72000 Le Mans
Pour prendre rendez-vous :
0800 100 259
>

CIP SEINE NORMANDIE
6, place Saint-Marc - 76000 Rouen
Pour prendre rendez-vous :
02 35 89 02 16

CIP VENDEE
CMA – 35 rue Sarah Bernhardt –
85000 La Roche-sur-Yon
Pour prendre rendez-vous :
0 800 100 259

NORD-EST

CIP DE L'AISNE
Tribunal de Commerce
Place du Palais de Justice
02100 Saint-Quentin
Pour prendre rendez-vous :
03 23 62 64 10 ou 03 23 62 16 74

CIP DU DOUBS
CCI Saône - Doubs,
46 avenue Villarceau - 25042 Besançon Cedex
Pour prendre rendez-vous :
03 81 25 25 25
Cip25@saone-doubs.cci.fr

CIP CHAMPAGNE
1bis rue Maurice Hollande - 51000 Reims
Pour prendre rendez-vous :
03 26 85 18 78
mhaulin@oecgrandest.fr

CIP DE MOSELLE
10-12 avenue Foch - 57000 Metz
Pour prendre rendez-vous :
03 87 52 31 26 – dae@moselli.cci.fr

CIP COTE D'OPALE
19 rue de Nieuport, 1 rue du Dyck
59140 Dunkerque
Pour prendre rendez-vous :
06 82 21 10 69
cipdunkerque@orange.fr

CIP DE L'OISE – Beauvais et Compiegne
19 rue d'Allone - 60000 Beauvais
Pour prendre rendez-vous :
03 44 79 80 23 - Cip-oise@cci-oise.fr

CIP ALSACE
Antenne de Strasbourg
11 avenue de la Forêt Noire - 67084 Strasbourg
Pour prendre rendez-vous :
03 88 60 14 68 - cip-alsace@hotmail.fr

CIP HAUTE SAÔNE
1 rue Victor Dollé
Zone Technologia - 70000 Vesoul
Pour prendre rendez-vous :
03 81 25 25 25
cip70@ saone-doubs.cci.fr

CIP SAÔNE-ET-LOIRE
CCI Saône et Loire,
1 avenue de Verdun - 71100 Chalon-sur-Saône
Pour prendre rendez-vous :
03 85 42 36 06
c.krumb@metropoledebourgogne.cci.fr

CIP DE BELFORT
1 rue du Docteur Charles Fréry
90004 Belfort cedex
Pour prendre rendez-vous :
03 84 54 54 65 – elablotiere.cci.fr

Liste des CIP Territoriaux en France – Mai 2022

LISTE DES CIP TERRITORIAUX

SUD-OUEST

CIP DE L'AUDE
3, Boulevard Camille Pelletan, CS 30011
11890 Carcassonne
Pour prendre rendez-vous :
06 63 27 73 98 - c.gil@aude.cci.fr

CIP CHARENTE
27 Place Bouillaud - 16000 Angoulême
Pour prendre rendez-vous :
06 19 63 99 31 - secretaire.cip16@gmail.com

CIP DE HAUTE-GARONNE
11, Boulevard des Récollets - 31400 Toulouse
Pour prendre rendez-vous :
0 806 11 03 92
cipdehautegaronne@gmail.com

CIP BORDEAUX
17 Place de la Bourse - 33000 Bordeaux
Pour prendre rendez-vous :
05 56 79 50 61
cip-bordeaux@bordeauxgironde.cci.fr

CIP LOT
CCI du Lot, 107 Quai Eugène Cavaignac
46000 Cahors
Pour prendre rendez-vous :
0 806 110 392

CIP DE LOT ET GARONNE
Val de Garonne Agglomération
35 rue Léopold Faye - 47200 Marmande
Pour prendre rendez-vous :
0 800 000 247 - cip47@vg-agglo.com

CIP DE BAYONNE
50-51 allées Marines - 64100 Bayonne
Pour prendre rendez-vous :
05 59 46 59 46
cip.paysbasque@bayonne.cci.fr

CIP DE TARBES
Centre Kennedy, 1 rue des évadés de France
BP350 - 65000 Tarbes
Pour prendre rendez-vous :
05 62 51 88 92 – fabienne.ferrand@tarbes.cci.fr

CIP TARN ET GARONNE
CCI de Montauban et Tarn et Garonne
53 avenue Gambetta - 82000 Montauban
Pour prendre rendez-vous :
0 806 11 03 92 – 05 63 22 26 26

SUD-EST

CIP DE l'AIN
1 rue Joseph Bernier
01002 Bourg-en-Bresse
Pour prendre rendez-vous :
04 74 32 80 57 – contact@cip-ain.fr

CIP ALPES HAUTE PROVENCE
264 rue Berthelot, Parc d'Activité Saint-Joseph
04100 Manosque
Pour prendre rendez-vous :
04 92 72 31 52 - contact@cip04.fr

CIP HAUTES ALPES
16 rue Carnot
05001 Gap cedex
Pour prendre rendez-vous :
04 92 56 56 05
s.honstettre@hautes-alpes.cci.fr

CIP ALPES MARITIME - NICE
CCI Nice Côte d'Azur,
20 bd Carabacel - CS 11259
06005 Nice
Pour prendre rendez-vous :
04 93 13 75 73

CIP DE L'HERAULT - Montpellier
CCI Entreprises - Zone aéroportuaire de Montpellier- CS 90066
34137 Mauguio Cedex
Pour prendre rendez-vous :
04 99 51 53 80 - cip@herault.cci.fr

CIP DU BASSIN ROANNAIS
4 rue Marengo
42334 Roanne
Pour prendre rendez-vous :
04 77 44 54 21 - guy.delorme@outlook.com

CIP LOIRE SUD
57 Cours Fauriel
42000 Saint-Etienne
Pour prendre rendez-vous :
06 18 57 82 46 - at.conseils@orange.fr

CIP HAUTE LOIRE
16 boulevard du Président Bertrand
43004 Le Puy-en-Velay
Pour prendre rendez-vous :
06 98 89 42 48

CIP HAUT CENTRE VAR
UPV 3 avenue Maréchal Juin
83300 Draguignan
Pour prendre-rendez-vous :
04 94 68 14 82 - jlantonini@orange.fr

CIP VAR - TOULON
Maison de Justice et du Droit -
Place Besagne -Traverse des Minimes
83000 Toulon
Pour prendre rendez-vous :
04 94 87 14 60 – ayela.marc@orange.fr

CIP DU VAUCLUSE
ZI de Courtine, 141, rue des Rémouleurs,
84000 Avignon
Pour prendre rendez-vous :
04 90 27 52 84 - cipvaucluse@gmail.com

OUTRE-MER

CIP GUADELOUPE
CCI des Iles de Guadeloupe, Rue Félix Eboué
97159 Pointe à Pitre cedex
Pour prendre rendez-vous :
0590 93 77 34 ou 0590 93 76 76
cipguadeloupe@guadeloupe.cci.fr

CIP MARTINIQUE
50 rue Ernest Deproge - BP 478
97200 Fort-de-France
Pour prendre rendez-vous :
0596 55 28 00
contact.cip.martinique@orange.fr

Liste des CIP Territoriaux en France – Mai 2022

Coordonnées des DREETS et commissaires au redressement productif (CRP)

Région	Adresse	Départements	Commissaire	coordonnées
Auvergne Rhône Alpes	DREETS Auvergne Rhône Alpes 1 Boulevard Vivier Merle 69 443 Lyon Cédex 03	03 (Allier) 15 (Cantal), 43 (Haute Loire), 63 (Puy de Dôme)	Roger TRUSSARDI	Tel : 04 73 43 01 11 Mobile : 06 07 84 01 85 e-mail : roger.trussardi@dreets.gouv.fr
		01 (Ain), 07 (Ardèche), 26 (Drôme), 38 (Isère), 42 (Loire), 69 (Rhône), 73 ((Savoie), 74 (Haute Savoie)	NN	e-mail : ara.crp@dreets.gouv.fr
Bourgogne Franche-Comté	DREETS Bourgogne Franche Comté	21 (Côte d'or), 39 (Jura), 71 (Saône et Loire), 89 (Yonne)	Jean Yves HINTERLANG	Tel : 03 80 76 29 42 Mobile : 06 21 32 47 97 e-mail : jean-yves.hinterlang@dreets.gouv.fr
		25 (Doubs), 58 (Nièvre), 70 (Haute Saône), 90 (Territoire de Belfort)	Marie ALLOY	Tel : 03 80 76 29 52 Mobile : 06 30 23 62 29 e-mail : marie.alloy@dreets.gouv.fr
Bretagne	DREETS Bretagne Immeuble le Newton 3 bis avenue de Belle fontaine TSA 71732 35 517 Cesson Sévigné Cedex	22 (Côtes d'Armor), 29 (Finistère), 35 (Ille et Vilaine), 56 (Morbihan)	Thierry CORMIER	Tel : 02 99 12 21 37 Mobile : 07 6384 60 62 e-mail : thierry.cormier@dreets.gouv.fr
Centre Val de Loire	DREETS Centre Val de Loire 12 Place de l'étape CS 85809 45000 Orléans	18 (Cher), 28 (Eure et Loir), 36 (Indre), 37 (Indre et Loire), 41 (Loir et Cher), 45 (Loiret)	Thomas ROBERT	Tel : 07 64 80 94 81// 02 38 77 68 93 e-mail : thomas.robert@dreets.gouv.fr
Corse	DREETS 2 chemin de Loretto BP 332 20180 Ajaccio	20 (Corse)	Marie Françoise BADACCI	Mobile : 06 70 18 29 81 e-mail : marie-francoise.baldacci@dreets.gouv.fr

Grand Est	DREETS Grand Est 6 rue Gustave Hirn 67 085 Strasbourg Cedex	67 (Bas Rhin), 68 (Haut Rhin)	Vincent FRANCHI	Tel : 03 69 20 99 25 Mobile : 07 61 33 29 18 e-mail : vincent.franchi@dreets.gouv.fr
		54 (Meurthe-Moselle), 55 (Meuse), 57 (Moselle), 88 (Vosges)	Philippe NICOLAS	Tel : 03 54 48 20 44 Mobile : 06 89 62 34 72 e-mail : philippe.nicolas@dreets.gouv.fr
		08 (Ardennes), 10 (Aube), 51 (Marne), 52 (Haute Marne)	Jennifer MOUY	Tel :03 26 69 92 74 Mobile : 06 10 53 45 32 e-mail : jennifer.mouy@dreets.gouv.fr
Hauts de France	DREETS Hauts de France Les arcades de Flandres 70 rue Saint Sauveur BP 456 59021 Lille	59 (Nord), 62 Pas-de-Calais)	Isabelle LORTHIOIR	Tel : 03 28 16 46 59 Mobile : 06 22 78 97 90 e-mail : isabelle.lor-thioir@dreets.gouv.fr
		60 (Oise), 80 (Somme)	Séverine DESLANDES	Tel : 03 22 22 42 87(ligne directe) Tel : 03 28 16 46 53 (secrétariat) Mobile : 06 67 98 26 52 e-mail : severine.des-landes@dreets.gouv.fr
Ile de France	DREETS Ile de France 21 rue Madeleine Vion-net 93000 Aubervilliers Adresse postale : 35 rue de la gare CS 60003 75 144 Paris Cédex 19	75 (Paris), 77 (Seine et Marne), 78 (Yvelines), 91 (Essonne), 92 (Hauts de Seine), 93 (Seine Saint Denis), 94 (Val de Marne), 95 (Val D'Oise)	Claire COQUELIN	Tel : 01 70 96 14 96 Mobile : 06 73 45 14 01 e-mail : claire.coquelin@dreets.gouv.fr

Nouvelle Aquitaine	DREETS Nouvelle Aquitaine Immeuble Le prisme 11,19 Rue Marguerite Crauste 33074 Bordeaux	33 (Gironde), 40 (Landes), 64 (Pyrénées Atlantiques)	Nicolas MORNET	Tel : 05 56 93 84 41 Mobile : 06 26 75 45 67 e-mail : nicolas.mornet@dreets.gouv.fr
		16 (Charente), 23 (Creuse), 87 Haute Vienne)	Arnaud LAGUZET	Tel : 05 49 50 20 59 Mobile : 06 59 84 54 76 e-mail : arnaud.laguzet@dreets.gouv.fr
		19 (Corrèze), 24 (Dordogne), 47 (Lot-et- Garonne)	Franck LHOSTE	Tel : 05 56 00 09 93 Mobile : 06 23 90 32 18 e-mail : franck.lhoste@dreets.gouv.fr
	DREETS Nouvelle Aquitaine Unité départementale 87 2 allée Saint Alexis 87000 Limoges	17 (Charente Maritime), 79 (Deux-Sèvres), 86 (Vienne)	Valérie PAUL	Tel : 05 49 50 20 61 Mobile : 07 62 23 60 59 e-mail : valerie.paul@dreets.gouv.fr
Normandie	DREETS Normandie Cité administrative 2 rue Saint Sever 76032 Rouen Cedex	27 (Eure), 76 (Seine Maritime)	Dominique LEPICARD	Tel : 02 27 05 90 16 Mobile : 06 29 25 33 87 e-mail : dominique.lepicard@dreets.gouv.fr
		14 (Calvados), 50 (Manche), 61 (Orne)	Fabien JUSTIN	e-mail : fabien.justin@dreets.gouv.fr
Occitanie	DREETS Occitanie 615 boulevard d'Antigone CS 19002 34064 Montpellier cedex 2	11 (Aude), 12 (Aveyron), 30 (Gard), 34 (hérault), 48 (Lozère), 66 (Pyrénées Orientales), 81 (Tarn)	Pascal THEVENIAUD	Tel : 04 30 63 63 32 Mobile : 06 07 90 96 68 e-mail : pascal.theveniaud@dreets.gouv.fr
		09 (Ariège), 31 (Haute Garonne), 32 (Gers), 46 (Lot), 65 (Hautes- Pyrénées), 82 (Tarn et Garonne)	Vincent LAUNAY	e-mail : vincent.launay@dreets.gouv.fr

Pays de Loire		44 (Loire Atlantique), 49 (Laine et Loire), 53 (Mayenne), 72 (Sarthe), 85 (Vendée)	Jean Philippe BEAUX	Tel : 02 53 46 78 19 Mobile : 07 61 88 13 90 e-mail : jean-philippe.beaux@dreets.gouv.fr
Provence-Alpes-côte d'azur	DREETS 23/25 rue Borde CS 10009 13285 Marseille Cedex 8	04 (Alpes-de-Haute Provence), 05 (Hautes-Alpes), 06 (Alpes -Maritimes), 13 (Bouches-du-Rhône), 83 (Var), 84 (Vaucluse)	Laurent NEYER	Tel : 04 86 67 34 13 Mobile : 06 07 30 03 03 e-mail : laurent.neyer@dreets.gouv.fr

Schémas des procédures préventives et collectives (Source Conseil National de l'Ordre des administrateurs et mandataires judiciaires),

Voir pages suivantes

CNAJMJ

Procédures de prévention

CONFIDENTIELLES

Quand ?	Pourquoi ?	Comment ?
• Difficultés avérées ou prévisibles • Pas de cessation des paiements (sauf conciliation)	**Accord amiable** avec les **principaux créanciers**	• **A l'initiative du dirigeant** • Honoraires libres

Mandat Ad Hoc

Ouverture : ordonnance du président du tribunal de commerce

Phase de **diagnostic** et de **négociation**

Résolution des difficultés

DURÉE ILLIMITÉE

Conciliation

État de cessation des paiements*

Ouverture : ordonnance du président du tribunal

- **Diagnostic** et **négociation**
- **Report ou échelonnement** pouvant être imposé aux créanciers dans la limite de 2 ans
- Possibilité d'**homologation** et privilège de **new money****

Accord sécurisé : Décision de justice

< 45 JOURS (facultatif)

DURÉE MAXIMALE D'UNE CONCILIATION : 5 MOIS

Rôle des administrateurs judiciaires	Diagnostic de la situation, négociations avec les créanciers, report et échelonnement des dettes, accompagnement auprès du Tribunal, recherche de repreneurs, résolution des conflits d'associés.

www.cnajmj.fr

CNAJMJ

NOUVEAUTÉ

CONFIDENTIELLE

Procédure de prévention
Mandat Ad Hoc de sortie de crise

PROCÉDURE MISE EN PLACE DEPUIS JUIN 2021 SUITE AU COVID

Quand ?

- Difficultés avérées ou prévisibles
- Pas de cessation des paiements
- Pour les entreprises de 0 à 10 salariés

Pourquoi ?

Résolution des difficultés et renégociation des dettes des petites entreprises

Comment ?

- **À l'initiative du dirigeant**
- Honoraires : 1 500 € pour les entreprises de 1 à 4 salariés et 3 000 € pour les entreprises de 5 à 10 salariés

Ouverture : ordonnance du président du tribunal de commerce

Phase de **diagnostic** et de **négociation**

3 MOIS MAX

Résolution des difficultés

Rôle du mandataire de justice (administrateur judiciaire et mandataire judiciaire)	Diagnostic de la situation, négociations avec les créanciers, report et échelonnement des dettes, accompagnement auprès du Tribunal, recherche de repreneurs, résolution des conflits d'associés.

CNAJMJ

Procédures collectives
La sauvegarde

NON CONFIDENTIELLES

Quand ?

Difficultés avérées
sans cessation des paiements

Pourquoi ?

Gel des dettes antérieures pour continuer l'activité

Comment ?

- **A l'initiative du dirigeant**
- Honoraires réglementés

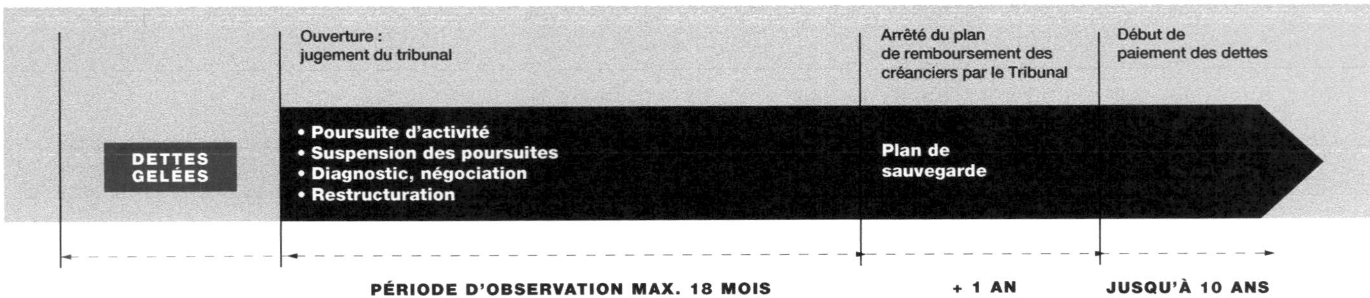

Rôle des administrateurs judiciaires ou mandataires judiciaires	Diagnostic de la situation de l'entreprise, négociations avec les créanciers, restructuration des dettes, accompagnement dans l'établissement du plan de sauvegarde auprès du Tribunal.

www.cnajmj.fr

CNAJMJ

NOUVEAUTÉ

NON CONFIDENTIELLE

Procédure collective
Le traitement de sortie de crise

PROCÉDURE MISE EN PLACE DEPUIS JUIN 2021 SUITE AU COVID

Quand ?
- Cessation des paiements
- L'entreprise peut payer ses salariés
- Pour les entreprises de moins de 20 salariés et moins de 3 millions d'euros de passifs déclarés

Pourquoi ?

Gel des dettes antérieures ou plan de continuation

Comment ?
- **À l'initiative du dirigeant**
- Honoraires réglementés
- Un seul professionnel (AJ ou MJ)

État de cessation des paiements*	Ouverture : jugement du tribunal	Arrêté du plan de remboursement des créanciers par le Tribunal	Début de paiement des dettes
DETTES GELÉES	**• Poursuite d'activité • Suspension des poursuites • Diagnostic, négociation • Restructuration**	**Plan de redressement**	
	PÉRIODE D'OBSERVATION MAX. 3 MOIS	**+ 1 AN**	**JUSQU'À 10 ANS**

Si pas de plan de remboursement possible → **REDRESSEMENT JUDICIAIRE OU LIQUIDATION JUDICIAIRE**

Rôle du mandataire de justice (administrateur judiciaire et mandataire judiciaire)	Diagnostic de la situation de l'entreprise, négociations avec les créanciers, restructuration des dettes, mise en place de la prise en charge des salaires, accompagnement dans l'établissement du plan de redressement auprès du Tribunal.

CNAJMJ

Procédures collectives
NON CONFIDENTIELLES

Le redressement judiciaire

Quand ?	Pourquoi ?	Comment ?
Cessation des paiement (<45 jours)	**Gel des dettes antérieures et prise en charge des salaires pour plan de continuation ou cession**	• **À l'initiative du dirigeant ou sur assignation** • Honoraires réglementés

Etat de cessation des paiements*	Ouverture : jugement du tribunal	Arrêté du plan de remboursement des créanciers par le Tribunal	Début de paiement des dettes
Prise en charge des salaires par les AGS **DETTES GELÉES**	• **Poursuite d'activité** • **Suspension des poursuites** • **Diagnostic, négociation** • **Restructuration**	**Plan de redressement**	
	PÉRIODE D'OBSERVATION MAX. 18 MOIS	**+ 1 AN**	**JUSQU'À 10 ANS**

Si pas de plan de remboursement possible → **PLAN DE CESSION**

Rôle des administrateurs judiciaires ou mandataires judiciaires	Diagnostic de la situation de l'entreprise, négociations avec les créanciers, restructuration des dettes, mise en place de la prise en charge des salaires, accompagnement dans l'établissement du plan de redressement auprès du Tribunal.

www.cnajmj.fr

CNAJMJ

La liquidation judiciaire

Quand ?

Pas de perspective de redressement

Pourquoi ?

- **Fermeture de la société**
- **Suspension des dettes et des poursuites pour le dirigeant**

Comment ?

- **À l'initiative du dirigeant**
- Honoraires réglementés

Etat de cessation des paiements*

Prise en charge des salaires par les AGS

DETTES GELÉES

Ouverture : jugement du tribunal

+15 JOURS

Licenciements sauf poursuite d'activité

- **Pas de poursuite d'activité (sauf exception)**
- **Cession de toute ou partie de l'entreprise et réalisation des actifs**
- **Reprise des contentieux, traitement social, dépollution ...**

OPÉRATIONS DE LIQUIDATION

Aucune poursuite des créanciers sur les dettes restant dues (sauf action en responsabilité)

Rebond immédiat du dirigeant, de l'exploitant : Il peut reprendre immédiatement toute activité (création d'une nouvelle société, emploi salarié, auto-entrepreneur...)

Rôle des mandataires judiciaires	Fermeture de l'entreprise, cession de tout ou partie des actifs matériels et immatériels, reprise des contentieux, traitement social, dépollution pour les entreprises industrielles, sous le contrôle du Tribunal.

www.cnajmj.fr

Descriptif de l'action pilote envisagée dans le département du Gard

L'action pilote consiste en la réalisation en 2024 d'un évènementiel en direction des dirigeants d'entreprise et des travailleurs indépendants du département. Cette action pilote est susceptible de s'inscrire dans le cadre du Plan Régional d'Insertion des Travailleurs Handicapés (PRITH).

Liste (non exhaustive) des partenaires susceptibles d'être intéressés par cette opération

Partenaires à l'origine et participant à l'action : DREETS et ARACT Occitanie, CARSAT Languedoc Roussillon, CNAM Paris, MSA ? PREVY, CMIST Alès Lozère, AMT Marcoule,

Partenaires institutionnels : Région Occitanie, CCI, CMA, Chambre d'agriculture ? Conseils de l'ordre divers (médecins, pharmaciens, masseurs- kinésithérapeutes, infirmiers, sages -femmes, vétérinaires, chirurgiens-dentistes, avocats, experts-comptables, géomètres experts, ...), Officiers publics ministériels (avoué auprès de la Cour d'Appel, commissaires-priseurs, huissiers de justice, notaires, ...), auxiliaires médicaux dont l'activité est réglementée par le CSP (diététiciens, ergothérapeutes, professions indépendantes réglementées, directeurs de laboratoire d'analyses médicales, orthophonistes, orthoptistes, pédicures podologues, psychomotriciens, ...), Conseil national des administrateurs et mandataires judiciaires (administrateurs et mandataires judiciaires), Organismes professionnels (unions patronales (U2P Gard (CGAD, CNAMS, UNAPL, CAPEB, CNATP), UPE 30), UIMM Gard Lozère, CGPME, FNTP FFB, ..., Groupements d'employeurs (CRGE), ...

Partenaires du handicap (Cap emploi, Agefiph, Up'tih, TIH Business, enthreprendre et handicap, centre comète, ...), et partenaires accompagnant les travailleurs indépendants malades (Caire 84),

Partenaires économiques (Agence pour la création d'entreprises, ADIE, BGE, France active, Initiative France, Centre d'information et de prévention des difficultés des entreprises (CIP), commissaire au redressement productif, CCSF, CODEFI (<400 salariés), CIRI (>400 salariés), URRSAF, cellules de soutien des TPE, PME, PMI, sociétés de cautionnement mutuel (SIAGI, OSEO, INTERFIMO, ...), BPI France, Banque de France, assureurs (Entrepreneurs de la cité par exemple) ..., ODASEA ? Agri-sentinelles ? solidarité-paysans ? ... structures susceptibles d'assurer une couverture chômage aux dirigeants, ...

Partenaires du portail du rebond (AMAROK, APESA, SOS Entrepreneurs, Recréer, Second souffle, 60 000 rebonds),

Partenaires du remplacement (APEC, Pôle emploi, sociétés de portage salarial, entreprises de travail temporaires, managers de transition, bras droit des dirigeants, sociétés de coaching, Service de remplacement agricole ? ...

<u>**L'évènementiel**</u> proprement-dit que nous souhaitons mettre en œuvre dans ce cadre pluri institutionnel, pluridisciplinaire, s'appuie sur le travail de recherche et d'écriture que j'ai réalisé et réunit, au sein du groupe de travail interservices constitué, les compétences présentes dans une cellule Prévention de la Désinsertion Professionnelle.

Cet évènementiel sera précédé par une information et une présentation préalable de la démarche auprès des partenaires avec recensement des dispositifs, aides, accompagnements qu'ils pourraient avoir mis en place. Il sera ensuite présenté aux dirigeants d'entreprise et travailleurs indépendants le jour de la manifestation, via divers supports de communication préétablis.

Ces supports pourront être utilisés pour des présentations orales (pour certains), mais aussi pourront également être des supports filmés.

Nous projetons de réaliser :

- des supports oraux et filmés sur les thématiques suivantes :
  - la méthodologie du maintien en emploi du dirigeant,
  - les modalités et le contenu du suivi des dirigeants et travailleurs indépendants par le SPSTI (offres socle et spécifique),
  - la proposition structurelle et organisationnelle de création et de mise en place par les dirigeants et les TI d'un service de remplacement départemental à leur usage,
- Un support filmé consistant, si possible, à interviewer le maintien en emploi d'un dirigeant ou d'un TI suivi par chaque SPSTI,

Nous espérons faire réaliser et présenter deux films et /ou communications supplémentaires :

- L'un par la CPAM relatif aux modalités de parcours, aux dispositifs de prise en charge qu'elle propose aux dirigeants et/ou TI, et en matière de PDP,
- L'autre, présentant les outils actuels (voire les perspectives à venir) de l'AGEFIPH pour s'adapter aux problématiques spécifiques de maintien rencontrées par les dirigeants ?

Cet évènementiel devrait être présenté sur une demi-journée.

Indépendamment des présentations, les divers partenaires pourront mettre en place des stands permettant aux dirigeants et TI de recueillir auprès d'eux les informations et documentations qui les intéressent.

Dans le cadre d'une exploitation nationale, ces films permettront d'assurer un support et une traçabilité à notre action.